Nancy V. Raine

JENSEITS DES SCHWEIGENS

Für Steve, in Liebe.

Und mit Hochachtung für Deborah S. Rose.

INHALT

Ich kam, das Wrack zu erkunden.
Worte sind Ziele.
Worte sind Landkarten.
Ich kam, den angerichteten Schaden zu sehen
und die noch vorhandenen Schätze.

Adrienne Rich
»Tauchen ins Wrack«

Definitionen, Lichter, wirf sie fort
und sprich von dem, was du im Dunkel siehst

Wallace Stevens
»Der Mann mit der blauen Gitarre«

PROLOG

»Die Sprache ist die Gesittung selbst …
Das Wort, selbst das widersprechendste, ist so verbindend … aber
die Wortlosigkeit vereinsamt.«

THOMAS MANN
Der Zauberberg

An einem Nachmittag im Oktober 1985 wurde ich von einem Unbekannten vergewaltigt, der sich durch die offene Hintertür in meine Wohnung schlich, als ich den Müll nach draußen brachte. Ich hatte dieser Tür höchstens eine Minute lang den Rücken gekehrt, während ich die grünen Tüten in die Mülleimer stopfte.

Auf den Tag und die Stunde genau sieben Jahre später trug ich den Müll aus einem anderen Haus, Tausende von Meilen entfernt von jener Wohnung. Als ich mich mit dem Rücken zur Straße über die Mülltonnen beugte, fiel die Angst jenes Tages genauso über mich her, als wäre seitdem nicht einmal eine Minute vergangen. Ich fuhr herum und starrte mit wild pochendem Herzen die Auffahrt entlang. Niemand da. Nur trockene, vom Wind getriebene Blätter, die im Licht, das durch die Bäume sickerte, auf spröden Kanten den Weg entlangraschelten.

Der Tag war jenem anderen Tag vor sieben Jahren sehr ähnlich – warm, die Sonne hell an einem makellosen Himmel. Damals war ich unverheiratet gewesen und hatte in Boston, Massachusetts, gelebt. Jetzt war ich verheiratet und lebte in Sausalito, Kalifornien. Aber mein Mann, Steve, war zur Arbeit gefahren. Ich war allein. Und brachte den Müll raus. Sieben Jahre – und diese so alltägliche Aufgabe war immer noch belastet. Ich lebte mit Angstattacken, so wie andere mit einer Krebserkrankung leben. Die Angst war immer da, lauerte wartend in der Dunkelheit, dicht unter der Oberfläche meiner Haut. Durch Assoziationen in einer Sprache, die nur ich kannte, konnte sie plötzlich ans Licht getaumelt kommen, dicht gefolgt von ihrer blinzelnden Brut, den Erinnerungen.

Als ich wieder im Haus war und die Tür hinter mir abgeschlossen hatte, dachte ich, wie seltsam es war, daß dieser Tag, der 11. Oktober 1992, der siebte Jahrestag meiner Vergewaltigung, soviel bedeutungsvoller war als mein Geburtstag. Und doch gab es an ihm nur Schweigen. Er war deshalb bedeutungsvoller, weil er der Todestag der Frau war, die ich neununddreißig Jahre lang gewesen war.

Jene Frau hatte eine Geschichte gehabt. Sie hatte ein Universitätsstudium absolviert und mehr oder weniger gleichzeitig eine kurze, unglückliche Ehe hinter sich gebracht. Sie hatte verantwortliche Positionen in der Regierung innegehabt, Artikel geschrieben, Gedichte veröffentlicht, unabhängige Dokumentarfilme produziert, mehrere gemeinnützige Kunstvereinigungen geleitet und eine eigene Beratungsfirma auf die Beine gestellt. Sie hatte Enttäuschungen gehabt, Strohhüte, Liebhaber, unerwiderte Telefonanrufe, Cellulitis, Schulden. Das Übliche. Am 11. Oktober 1985 starb sie. Eine andere Person wurde an diesem Tag geboren.

Und doch erinnerte sich niemand daran. Niemand heftete einen Orden an eine Brust. Nicht etwa, daß ich eine Heldin gewesen wäre, aber ich hatte überlebt. Und doch feierte niemand. Die von der Polizei hatten gesagt, ich sollte froh sein, daß ich nicht ermordet worden war. Ich wußte, daß sie recht hatten. Anderthalb Jahre nach der Vergewaltigung hatte ich einen Mann geheiratet, der einen Sohn und eine Tochter in mein Leben brachte, und war auf die andere Seite des Landes gezogen, um bei ihnen zu sein.

Steve und ich hatten viel Arbeit in ein halbzerfallenes Haus in einer üppig grünen Schlucht gesteckt, die von einem Bach durchflossen wurde, der das ganze Jahr hindurch über Steine plätscherte und unser Haus mit seiner Stimme füllte. Wir hatten ein Brombeerdickicht in einen Waldgarten verwandelt, mit gewundenen Pfaden und einem fröhlichen Durcheinander aus Farnen, Buschrosen, Waldmeister und Drachenwurz. Ich hatte neue Freunde und Kollegen gefunden. Hatte neue Hüte gekauft. Was ich inzwischen mein Leben nannte, war zusätzliche Zeit, die mir gewährt worden war.

Aber an dem Tag, an dem die Leute von der Polizei zu mir sagten, ich solle froh sein, empfand ich keine Dankbarkeit. Ihre Bemerkung erinnerte mich vielmehr an meine Machtlosigkeit, daran, daß sogar mein Überleben nicht in meiner Hand gelegen hatte. Es gibt keine Erklärung dafür, warum ich vergewaltigt wurde, keine Erklärung dafür, warum der Vergewaltiger mich nicht umbrachte, wie er es mir immer und immer wieder androhte. Es ist schwer, ohne Erklärung zu leben. Es schleudert einen in einen Mahlstrom gefährlicher Kräfte hinein, die zu benennen man die Macht verloren hat und die zu beschwichtigen einem die Rituale fehlen. Sieben Jahre nach jenem Tag fing ich gerade erst an, die Suche nach Gründen aufzugeben, fing gerade erst an, die Person aus Fleisch und Blut kennenzulernen, zu der ich geworden war und die ihre Jahrestage schweigend beging. Aber nach diesen sieben Jahren wollte ich mehr als Schweigen und Isolation. Ich wollte das Leben der Frau feiern, die am 11. Oktober geboren wurde.

Aber konnte ich mein Überleben schweigend und allein

feiern? Nicht wenn ich **feiern** oder **zelebrieren** definierte wie in Webster's Wörterbuch: Ein Sakrament oder eine feierliche Zeremonie öffentlich und mit angemessenen Riten begehen.

Es gab keine angemessenen Riten, keine öffentliche Zeremonie. Es schmerzte meine Familie und meine Freunde, sich zu erinnern. An mein Erlebnis zu rühren könnte wachrufen, was ich, wie sie hofften, vergessen hatte – jenen schrecklichen Tag, jene Stunden des Grauens. Sie hofften, mir die Erinnerung zu ersparen. Und sie meinerseits daran zu erinnern, daß ich keineswegs vergessen hatte, kam mir herzlos und sogar grausam vor, weil ich wußte, wie gern sie glauben wollten, daß ich vergessen hatte. Daher bestand unser Ritual aus Schweigen.

Ich dachte an die Zahlen. An die 1,5 Millionen Frauen in den Vereinigten Staaten, die nach den konservativen Statistiken des FBI in den fast zwanzig Jahren zwischen 1972 und 1991 Opfer von Vergewaltigungen oder Vergewaltigungsversuchen geworden waren. Und an die höhere Zahl des Census Bureau, die von 2,3 Millionen Vergewaltigungen in den fünfzehn Jahren zwischen 1973 und 1987 spricht. Unter Berücksichtigung der Tatsache, daß erwiesenermaßen nur ein geringer Teil aller Vergewaltigungen je zur Anzeige kommt – eine Studie aus dem Jahr 1992 ergab, daß nur etwa jede sechste Vergewaltigung polizeilich gemeldet wird –, dürfte die Zahl der zwischen 1972 und 1991 begangenen Vergewaltigungen eher bei neun Millionen liegen.

Als ich an meinem siebten Jahrestag an meinem Küchentisch saß, versuchte ich, diese Zahlen mit dem fast lückenlosen Schweigen in Einklang zu bringen, das die Tatsache umgibt, daß man vergewaltigt wurde und mit der Erinnerung daran leben muß – denn eine Vergewaltigung endet keineswegs damit, daß man »froh sein kann«. Das ist nur der Anfang. Aber ungeachtet der Zahlen gab es nur eine

Handvoll persönlicher Berichte, die Zeugnis über diese Erfahrung ablegten. Ich dachte an Wittgensteins Feststellung, daß die Grenzen der Sprache die Grenzen der Wirklichkeit sind. Waren Vergewaltigungen verbotenes Terrain für die menschlichste unserer Eigenschaften, die Sprache?

Ich war Schriftstellerin gewesen, aber seit der Vergewaltigung hatte ich kaum etwas geschrieben und nichts davon zu Ende gebracht. Die Gedichte und Essays, die ich vor der Vergewaltigung veröffentlicht hatte, schienen von einer Fremden geschrieben zu sein. Die Worte, die ich immer für etwas Lebendiges gehalten hatte, waren so spröde geworden wie die Blätter, die vor ein paar Minuten die Erinnerung an meine Vergewaltigung aus dem Wind hervorgerufen hatten. Warum hatte ich den Glauben an die heilende Macht der Sprache verloren? Ich hatte nicht ein einziges Wort über das geschrieben, was die tiefgreifendste Erfahrung meines Lebens war. Und es hatte den Anschein, als würde ich die Jahre auch weiterhin damit verbringen, um diese Erfahrung herumzuschreiben, aus einer Phantomwelt heraus, einer Welt, die am 11. Oktober 1985 endete.

Ich konnte dieses Schweigen nicht länger hinnehmen. Ich fing an, über den siebten Jahrestag meiner Vergewaltigung zu schreiben, und über die sechs, die ihm vorausgegangen waren. Und als ich nicht wußte, wie ich das, was ich schrieb, zu Ende bringen sollte, geschah etwas. Ein Bote vom Blumenladen am Fuß des Hügels brachte mir einen Strauß: »Einen glücklichen Siebten. Du bist nicht allein. In Liebe, Kate.«

Kate war die Tochter einer sehr guten Freundin von mir. Zwischen uns hatte immer eine ganz besondere Bindung bestanden. Ich hatte miterlebt, wie sie sich in diese Welt hineinkämpfte, als ich ihrer Mutter während der langen und schwierigen Geburt zur Seite stand, und war seitdem bei jedem wichtigen Ereignis ihres Lebens dabeigewesen.

In dem Sommer, in dem Kate ihren High-School-Abschluß machte, fand ich, sie sei jetzt alt genug, um ihr erzählen zu können, daß ich vor mehreren Jahren vergewaltigt worden war. Ihre liebevolle Reaktion brachte uns einander noch näher. Dann, in den Frühjahrsferien ihres ersten Jahres am College, wurde Kate in einem Nachtclub in Miami von einer Horde junger Männer attackiert. Der klinische Ausdruck für das, was diese Männer ihr antaten, lautet »manuelle Penetration«, was in den meisten, aber nicht in allen US-amerikanischen Bundesstaaten als Vergewaltigungsdelikt gilt. Irgendwie gelang es ihr, sich aus diesem Ort des Schreckens herauszukämpfen und auf die Straße und in Sicherheit zu flüchten. Aber da war ihr Kleid bereits völlig zerfetzt. Sie hatte Schnitte von Rasierklingen an den Beinen und blaue Flecken auf den Brüsten. Und sie hatte die Saat der Erinnerungen, an Finger und Hände und Worte, die sich mit der Zeit zu einem Dickicht der Gewalt auswachsen würden, so wie auch meine Erinnerungen es getan hatten.

Fünf Jahre nach diesem Angriff fragte sie mich: »Wie sage ich es Leuten, die nichts davon wissen? Die vielleicht mal gute Freunde werden? Wenn ich es nicht sage, wird ein Geheimnis daraus, etwas, wofür man sich schämen muß. Aber wenn ich es sage, machen die Leute es nur noch schlimmer. Sie fragen mich nie danach. Es ist ein Teil von mir, von der Person, die ich jetzt bin, aber sie wollen nichts davon wissen. So oder so, ich kann's nicht richtig machen. Egal, was ich sage, es ist immer falsch.«

Ich wußte keine Antwort.

Aber die Blumen, die Kate mir an diesem Tag schickte, besaßen Macht. Zum ersten Mal seit sieben Jahren empfand ich ein Gefühl der Verbundenheit und der Zusammengehörigkeit. Ich feierte meinen Jahrestag auf die einzige Weise, die ich kannte, und Kate war bei mir. Anders als all die anderen Jahrestage wurde dieser hier von jemandem geteilt. Und plötzlich wußte ich, wie ich das, was ich geschrieben hatte, zu Ende bringen konnte – indem ich ein Bild von Frauen heraufbeschwor, die in aller Offenheit gemeinsam marschierten, ihre Jahrestage feierten, ihre Namen aussprachen, Blumen in den Händen.

Der Essay, den ich an jenem Tag schrieb, erschien Anfang Oktober 1994 im *New York Times Magazine.* In den Wochen und Monaten, die auf die Veröffentlichung von »Die Wiederkehr des Tages« folgten, erhielt ich viele zutiefst ermutigende Briefe sowohl von Frauen als auch von Männern. Ohne Ausnahme beschrieben alle, die eine Vergewaltigung überlebt hatten, die Isolation, in die sie nach der Vergewaltigung hineingeworfen wurden, die lebensverändernden Auswirkungen, die diese Vergewaltigung hatte.

Eine Frau schrieb: »Jedesmal, wenn wir unsere Geschichte erzählen, trägt das dazu bei, die Macht abzuschwächen, die das Erlebnis selbst und die damit verbundene Scham über uns haben.« Ich stimme ihr voll und ganz zu. Aber es ist problematisch, unsere Geschichten zu erzählen, wie Kate herausgefunden hatte.

Mehrere Monate nachdem mein Artikel erschienen war, sagte eine Frau, die ich bei einem Mittagessen kennenlernte, nach ein paar freundlichen Worten über ihn: »Aber seien wir doch ehrlich. Niemand will etwas über diese schrecklichen Dinge lesen.« Woher kam dieser Widerstand dagegen, daß Überlebende von Vergewaltigungen Zeugnis über ihre Erfahrung ablegten? Gab es nichts Allgemeingültiges in unserem Kampf darum, unseren zerrissenen Geschichten einen Sinn abzugewinnen, so wie auch andere es mit schrecklichen Erfahrungen getan hatten? Hatten wir keine Schätze, die wir aus dem Wrack bergen konnten?

Das Schweigen der Überlebenden beruht, wie ich glaube, auf einer tiefsitzenden kollektiven Angst vor allem, was mit Vergewaltigungen zu tun hat, einer Angst, die an eine kulturelle Psychose grenzt. Wir alle leugnen. Wir mühen uns damit ab, Vergewaltigungen zu definieren. Wir unterscheiden zwischen »schwerer Vergewaltigung«, »Vergewaltigung nach Verabredungen« *(date rape)* und anderen Vergewaltigungsdelikten. Wir sezieren Fragen der Einvernehmlichkeit. Wir debattieren über die Bedeutung von Vergewaltigungen und darüber, was die alarmierenden Zahlen über unsere Gesellschaft aussagen. Wir diskutieren über Themen wie Bestrafung und Rehabilitation. Wir wissen nicht, ob Vergewaltigungen zur menschlichen Natur gehören und aus diesem Grund in gewisser Weise »normal« sind, oder ob sie eine groteske Abweichung darstellen.

Aber Schweigen hat den rostigen Beigeschmack von Scham. Die Worte »Halt's Maul« sind die schrecklichsten Worte, die ich kenne. Ich kann sie nicht hören, ohne daß es mir eiskalt über den Rücken läuft. Der Mann, der mich vergewaltigte, spuckte diese Worte in den Stunden, in denen er mich attackierte, immer und immer wieder aus – wenn ich schrie, wenn ich versuchte, ihn mit Worten davon abzubringen, was er tat, wenn ich protestierte. Ich hatte das Gefühl, daß diese Worte sieben Jahre lang – bis ich endlich zu sprechen anfing – in meine Seele eingesunken und zu einer Prophezeiung geworden waren. Und ich habe immer noch das Gefühl, daß genau diese Worte, die brutale Botschaft aller Tyrannen, die Dunkelheit aufrechterhalten, die dieses universelle Verbrechen bis heute umgibt. Das wirklich Beschämende ist, wie ich inzwischen erkannt habe, ihnen nachzugeben.

Ich habe dieses Buch geschrieben, um meinen Glauben daran zu erneuern, daß die Alchimie der Sprache die Macht hat, das Dunkel in eine Erinnerung zu verwandeln, die ich als meine eigene in Anspruch nehmen kann. Ich habe versucht, so getreu wie möglich aufzuzeichnen, was ich an dem Tag, an dem ich vergewaltigt wurde, und in den Jahren danach erlebt und empfunden habe. Aber auch, was ich auf der Grundlage dessen, was Fachleute über die Auswirkungen von Vergewaltigungen auf Geist, Körper und Seele beobachtet haben, an Einsicht in meine Erfahrung gewonnen habe. Ich habe aufgeschrieben, was mir auffiel, während ich mein Leben lebte und die Welt durch die Augen einer Frau betrachtete, die sich an eine Vergewaltigung erinnert.

Vergewaltigungen gelten seit langem als ein Verbrechen, das so unaussprechlich und für seine Opfer so beschämend ist, daß sie stumm gemacht und in schützende Anonymität gehüllt werden. Indem ich meine Erfahrung in Sprache kleide, hoffe ich, Vergewaltigungen weniger »unaussprechlich« zu machen. Ich hoffe, wenigstens einen Teil der Angst und der Scham zu vertreiben, die die Opfer stumm macht. Wenn ich etwas dazu beitragen kann, daß auch andere Überlebende sprechen können, wenn sie möchten, in einer Umgebung, die von informierter Akzeptanz geprägt ist, wird die Dunkelheit, die ich durchlebt habe, ein Segen gewesen sein. Die Opfer von Vergewaltigungen müssen ihre Erinnerungen für den Rest ihres Lebens mit sich tragen. Sie sollten nicht auch noch die Last des Schweigens und der Scham tragen müssen.

1.

DER VOGEL

Ein goldgefiederter Vogel
Singt in der Palme einen fremden Gesang,
ohne menschlichen Sinn, ohne menschliches Fühlen.

WALLACE STEVENS
»Vom bloßen Sein«

Manche Menschen glauben, daß ein Vogel erscheint, wenn jemand stirbt, und die Seele fortträgt. Vielleicht haben sie recht. Ein paar Minuten bevor ich vergewaltigt wurde, ließ sich ein Vogel, den ich noch nie zuvor gehört hatte, in den Zweigen des Kirschbaums vor meinem Küchenfenster nieder und fing an zu singen. Ich konnte ihn durch das kleine Fenster über der Spüle und durch das Filigran der butterzarten Blätter nicht sehen. Ich sah nur zitternde Puzzlestückchen eines lapislazuliblauen Himmels. Es war Herbst, eine Jahreszeit, die für mich immer eine Zeit des Neubeginns war. Ich bewegte mich immer noch im Rhythmus meiner Schulzeit, als das Jahr damit anfing, daß ich in neuen Sportschuhen durch die theatralisch bunten Wälder ging, um den Schulbus zu erwischen, und Hickory-, Eichen- und Ahornblätter sammelte, um sie in meinen Büchern zu pressen.

Die Stadtbäume befanden sich auf dem Höhepunkt ihrer Farbenpracht, als ich nach einem Jahr in Maine, wo ich einen längeren Beratungsauftrag angenommen hatte, nach

Boston zurückkam. Ich hatte das Gefühl, hier einen Neuanfang zu machen, obwohl ich vor dem Zwischenspiel in Maine schon fast ein Jahrzehnt in Boston gelebt hatte. An dem Tag, an dem ich vergewaltigt wurde, richtete ich mich in einem vertrauten Stadtviertel in einer neuen Wohnung ein und genoß das Gefühl, meine Welt zu ordnen, in Büchern herumzublättern, bevor ich sie in die Regale stellte, Kerzenhalter zu polieren und Geschirr abzuwaschen.

Der Vogel, der im Kirschbaum sang, schien mich willkommen zu heißen. Ich hätte ihn gern identifiziert, aber mein Vogelbuch lag hoffnungslos unauffindbar irgendwo im Durcheinander der im Wohnzimmer aufgestapelten Kartons. Also machte ich die Augen zu und lauschte. Ich weiß noch, daß die Töne einer nach dem anderen herabpurzelten. Sie schienen eine einzigartige Freude zu enthalten, als hätte sich das Licht des Altweibersommers in Klang verwandelt.

Ich weiß auch noch, daß der Gesang des Vogels mich an etwas erinnerte, was ich erst vor ein paar Tagen in Henry Bestons *The Outermost House* gelesen und mir in ein Heft notiert hatte, nämlich daß Tiere Sinne besitzen, die wir verloren oder überhaupt nie besessen haben, daß sie »nach Stimmen leben, die wir nie hören werden«. Ich war auf dem Land aufgewachsen und wußte genau, was Beston meinte. Die Kreatur, die auf so wundersame Weise diese süßen Töne hervorbrachte, ging über meine Begriffe, war ein geheimnisvolles Geschenk. Dem Lied zuzuhören war ein Gebet, eine plötzliche und mühelose Ausweitung meines Wesens. Selbst in der Stadt ging die Natur ihren eigenen Gang. Vögel sangen, die Blätter der Stadtbäume loderten, und die Wildpflanzen auf den unbebauten Grundstücken verwandelten ihre Blüten in pralle, samengefüllte Leiber. In jenen letzten Minuten, bevor das Grauen über mir zusammenschlug, fühlte ich mich gesegnet.

So plötzlich wie er gekommen war, war der Vogel – vielleicht ein Zugvogel auf seinem Weg nach Süden – wieder verschwunden, und das übliche Gemurmel der Stadt machte sich wieder bemerkbar: Verkehrsgeräusche auf der geschäftigen Straße einen Block weiter, eine ferne Sirene, das Geschrei von Kindern, die Baseball spielten. Ich kehrte mit neuer Konzentration an meine Arbeit zurück. Ich packte mein Besteck aus und räumte es in eine Schublade. Ich schärfte und spülte die Küchenmesser und legte sie nebeneinander auf die Arbeitsplatte. Dann stopfte ich das Packpapier in Plastiktüten und brachte sie durch die Hintertür zu den Mülltonnen neben dem Haus. Die Luft war ein sommerlicher Traum, noch süßer gemacht durch das Wissen, daß der Winter, der in New England hart sein kann, schon ungeduldig in den Kulissen lauerte. Während ich mit dem Rücken zur Hintertür die Mülltüten in die Tonnen stopfte, spitzte ich die Ohren, um den Vogel noch einmal zu hören, aber er war weg. Als ich wieder im Haus war, schloß ich die Tür hinter mir ab.

Es gibt nichts Beruhigenderes als eine verschlossene Tür – es sei denn, man hat den Teufel mit sich eingeschlossen.

Ich stehe an der Spüle und wasche eine Pfanne ab. Ich sehe meine Küchenmesser auf der Arbeitsplatte liegen. Ich sehe immer meine Küchenmesser. Ich stehe immer noch an der Spüle und wasche eine Pfanne ab.
Ein Sturm hinter mir, ein Aufprall. Mit einem gewaltigen Brausen saugt er die Luft um mich herum an. Ich kann nicht atmen. Wut verwandelt die Luft in Bimsstein. Ich kann nicht hören. Irgendwas ist in meinen Augen. Schmerz ist in meinen Augen. Ich mache sie zu, aber meine Lider treffen nicht aufeinander. Irgendwas ist in meinen Augen, irgendwas legt sich um meinen Hals, etwas Lebendiges. Etwas Wütendes und Schreck-

liches. Worte, aber ich kann sie nicht hören. Ich schlage um mich. Ein übler Geruch.
Mein Körper steht von innen in Flammen. Mein Blut rauscht, als wollte es entkommen. Ich höre nur dieses Rauschen. Es gibt keine Luft. Sie weicht aus mir heraus. Wer schreit? Ich weiß nicht, wer schreit. Ich kann nicht atmen.
Jetzt höre ich Worte. Das sind die Worte, die ich höre: Halts Maul halts Maul du Miststück du dreckiges Miststück du verficktes Dreckstück halts Maul hörst du mich du verficktes Dreckstück ich bring dich um wenn du nicht sofort das Maul hältst ich bring dich um.
Jetzt sauge ich Luft in meine Lungen. Ich bin ein Beutetier, das nach Luft schnappt.
Jetzt habe ich einen Gedanken: Das ist der Tod.
Jetzt habe ich ein Gefühl: Alles, um am Leben zu bleiben.
Jetzt fühle ich etwas Hartes, das sich von hinten an mich preßt. Ich weiß, was es ist. Es ist sein Penis.

Später habe ich mich oft gefragt: Hatte der Mann, der mich vergewaltigte, das Lied des Vogels auch gehört? Und falls ja, wie haben die Töne in seinen Ohren geklungen? Wie konnte er gehört haben, was ich hörte, und trotzdem sein, was er war? War der Vogel eine Warnung, die ich hätte beachten sollen? Wie hatte ich mich so lebendig fühlen und nicht spüren können, daß diese schleichende Dunkelheit immer näher kam? War ich etwa gar nicht wach gewesen, sondern hatte geschlafen? Anscheinend konnte ich nicht einmal meinen fundamentalsten Wahrnehmungen trauen. Die Gefühle der Ganzheit, die durch meine Verbindung mit der Natur ausgelöst worden waren, Gefühle, die seit meiner Kindheit wie ein Blick in den Himmel gewesen waren, wurden in einem einzigen kurzen Augenblick in Gefühle der Bedrohung umgewandelt.

In einem einzigen Moment wurde mir geraubt, was mir

immer ein Trost gewesen war. Das Lied eines Vogels wurde zum Vorboten des Bösen, zum Präludium eines Aufenthalts in der Unterwelt.

Der Vergewaltiger trug Hausschuhe. Das, so sagte die Polizei, lasse darauf schließen, daß er den Überfall geplant hatte. Die Hausschuhe waren riesig, und meine Beschreibung dieser Hausschuhe war alles, was die Polizei an Anhaltspunkten hatte. Es war nicht genug. Der Vergewaltiger griff mich von hinten an und hatte vom ersten Augenblick an den Vorteil der Lautlosigkeit und der Überraschung auf seiner Seite. Sein rechter Arm umklammerte meinen Hals, und ich konnte mich nicht freimachen. Die Finger seiner anderen Hand bohrten sich in meine Augen. Nachdem er mich auf diese Weise bewegungsunfähig gemacht hatte und nur noch meine Füße wild strampelten, zögerte er einen Augenblick. In diesem Augenblick erkannte ich, daß mein Mund noch frei war. Worte. Ich hatte immer noch Worte. Ich sprach Worte, als er anfing, mich zum Schlafzimmer zu stoßen. Worte, die versuchten, Vernunft herzustellen, wo es keine Vernunft gab. Ich wehrte mich mit aller Kraft gegen das Vorwärtsgestoßenwerden und sprach die Worte. Seine Finger lösten sich kurz von meinen Augen, und ich sah seinen Fuß, einen schmutzigen, abgetragenen Hausschuh. Seit diesem Tag schnürt mir der Anblick schmutziger Hausschuhe die Kehle zu. Er warf mich mit dem Gesicht nach unten aufs Bett und drückte mir sein Knie in den Rücken. Er drückte mit seinem ganzen, gewaltigen Gewicht auf mich herab, so daß ich dachte, er würde mir das Rückgrat brechen, wie einen Zweig. Ab diesem Augenblick richtete sich meine ganze Konzentration nur noch auf ihn, und eine eigenartige Ruhe nahm die Stelle meines Entsetzens ein. Er packte meine Arme und fesselte sie hinter meinem Rücken mit Klebeband. Dann riß er meinen Kopf hoch, indem er seine Hand in meine Haare krallte, und wickelte das Klebeband um meinen Kopf, über meine Augen. »Nein, nicht«, sagte ich. »Halt's Maul, du Fotze, sonst brech ich dir die Arme.« Er riß meine auf dem Rücken gefesselten Arme nach oben, um es mir zu demonstrieren, aber ich empfand keinen Schmerz. Dann warf er mich auf den Rücken, setzte sich auf meine Hüften, riß mein Hemd auf, zerrte meinen BH hoch, zog den Reißverschluß meiner Jeans auf und zerrte sie so weit runter, wie er konnte, ohne seine Position zu verändern. Dann mußte er sich neben das Bett stellen, um sie mir ganz auszuziehen. Er hatte Mühe mit meinen Schuhen, Schuhen mit flachem Absatz, die eng am Fuß saßen. Dann riß er mir die Unterhose herunter. In diesem Augenblick verschwand die Zeit in einer ewigen Gegenwart.

In den nächsten drei Stunden vergewaltigte er mich und quälte mich mit Schilderungen, wie er mich mit seinem Messer umbringen würde. Er beschrieb mir genau, wo er zustechen würde. Oder vielleicht, sagte er, würde er mich auch mit dem Kopfkissen ersticken. Er schien unentschlossen, welcher Methode er den Vorzug geben sollte. Mehrmals legte er das Kissen tatsächlich über mein Gesicht und drückte zu, so daß ich nicht mehr atmen konnte. Jedesmal rechnete ich damit zu sterben, aber jedesmal hörte er wieder auf, bevor ich das Bewußtsein verlor. Danach schlug er mir jedesmal mit der flachen Hand ins Gesicht, so wie man nach einer Fliege schlägt.

Insgesamt hinterließ sein Penis, obwohl er wie ein Knüppel benutzt wurde, keinen besonderen Eindruck. Was er damit machte, war die geringste meiner Sorgen. Jene Teile meines Körpers, die bis dahin intim und persönlich gewesen waren, gehörten nicht mehr mir, aber in dieser Hinsicht unterschieden sie sich nicht vom Rest meines Körpers, der ebenfalls nicht mehr mir gehörte. Es war seine Wut, ein heftiger, unirdischer Sturm, die mich in ein endloses Grauen stürzte.

Manchmal ließ er für eine Weile von mir ab und ließ seine Wut an meinen Sachen aus. Er schleuderte ein hölzernes Schmuckkästchen, das mein Vater für mich gemacht hatte, so heftig gegen die Wand, daß es zersplitterte. Er warf Lampen um, trat gegen Stühle, schmiß mit Gläsern um sich. Seine Wut steigerte sich, als er keine Zigaretten fand. Ich hatte erst vor einer Woche endlich mit dem Rauchen aufgehört. Während er immer und immer wieder nach Zigaretten verlangte, dachte ich darüber nach, welche Ironie es war, daß ich umgebracht werden würde, bloß weil ich zum ersten Mal seit zwanzig Jahren keine einzige Zigarette im Haus hatte.

Bevor er endgültig ging, tat er zweimal nur so. Inzwischen waren Stunden vergangen, und ich hatte mir einen zusätzlichen Sinn zugelegt. Obwohl meine Augen zugeklebt waren, konnte ich alles ganz deutlich »sehen«. Ich konnte um Ecken sehen. Ich konnte meine ganze Wohnung sehen, als wäre sie ein Hologramm, in dem ich mich frei bewegen konnte. Ich hatte keinerlei Bindung mehr an meinen Körper, obwohl ich nur eines wollte: ihn am Leben halten. Anscheinend war das etwas, was mein Körper wollte, und ich war nur noch Körper. Was immer das für ein Teil von mir war, der alles »beobachtete«, er fühlte sich nicht lebendig an, weil er keinen Körper mehr zu besitzen schien. Als der Vergewaltiger das erste Mal so tat, als ginge er, rührte ich mich nicht, weil ich wußte, daß er sich in der kleinen Speisekammer neben der Küche versteckte. Ich konnte »sehen«, wie er dort stand. Ich wußte, daß er mit mir Katz und Maus spielte. Ich lag da, nackt, gefesselt und wartend und bereitete mich, so gut es irgend ging, auf den nächsten Angriff vor.

Beim ersten Mal wartete er sehr lange, bevor er aus seinem Versteck hervorgestürzt kam und mich erneut ansprang. Das Messer, sagte er, ziele auf meine Kehle. Aber statt zuzustechen, drückte er noch einmal das Kissen auf mein Gesicht und verschwand dann wieder in seiner Höhle. Während er weg war, drehte ich mich auf den Bauch, so daß ich ihm den Rücken zuwandte. Ich dachte, daß ich einen Messerstich in den Rücken eher überleben würde, und fing an, die Bewegung zu üben, die ich machen würde, wenn er mit dem Messer zurückkam. Die linke Schulter würde ich im genau richtigen Augenblick hochreißen, so daß das Messer nur mein Schulterblatt treffen und der Stoß mein Herz verfehlen würde.

Ich wartete, sammelte meine Kräfte, »beobachtete«, wie er auf Zehenspitzen durch die Küche geschlichen kam und in der Schlafzimmertür stehenblieb. Er schien zu zögern. Dann sprang er auf das Bett und fing an, auf meinen Kopf einzuschlagen, als wollte er ein loderndes Feuer löschen. Kurz danach rannte er aus Gründen, die ich nie erfahren werde, zur Hintertür, schloß sie auf und verschwand im Sonnenlicht.

Der Forscher David Livingstone wurde einmal von einem afrikanischen Löwen angegriffen. Seine Beschreibung dieses Augenblicks hatte mich, als ich sie viele Jahre vor der Vergewaltigung das erste Mal las, so beeindruckt, daß ich sie im ersten der vielen Notizbücher festhielt, die ich immer neben mir liegen habe, wenn ich lese. Meine eigene Schockerfahrung ist bemerkenswert ähnlich.

Livingstone schildert, daß der Löwe ihn ansprang, als er auf einem kleinen Hügel stand, und ihn an der Schulter erwischte. Sie stürzten beide zu Boden. »Er brüllte dicht an meinem Ohr entsetzlich«, schrieb Livingstone, »und schüttelte mich dann, wie ein Dachshund eine Ratte schüttelt. Diese Erschütterung verursachte eine Betäubung, etwa wie diejenige, welche eine Maus fühlen muß, nachdem sie zum ersten Male von einer Katze geschüttelt worden ist. Sie versetzte mich in einen träumerischen Zustand, worin ich keine Empfindung von Schrecken und kein Gefühl von Schmerz verspürte, obschon ich mir vollkommen dessen bewußt war, was mit mir vorging... Diese eigentümliche Lage war nicht das Ergebnis irgendeines geistigen Vorgangs. Das Schütteln hob die Furcht auf und ließ keine Regung von Entsetzen beim Umblick nach dem Tiere aufkommen. Es mögen wohl alle Tiere, welche von den großen Fleischfressern getötet werden, diesen eigentümlichen Zustand empfinden, und ist dies der Fall, so erkennen wir darin eine gnädige Vorkehrung unseres allgütigen Schöpfers zur Verminderung der Todesqual.«

Während des Angriffs auf mich schien mein Entsetzen zu implodieren und sich zu verdichten, bis es wie ein hartes, trockenes Samenkorn war. Sobald diese alles verschlingende Angst von mir abgefallen war, nahm ein kaltes, sogar berechnendes Bewußtsein ihren Platz ein, beleuchtete alles gleichzeitig und zerstörte jede Fähigkeit, etwas zu empfinden. Ich stimme mit Livingstone überein, daß diese Betäubung gnädig ist, obwohl ich seine teleologische Erklärung nicht teile. Gott einmal beiseite gelassen, besitzt diese »eigentümliche« Empfindungslosigkeit Überlebenswert, weil nichts zu fühlen einen Aspekt des Geistes freisetzt, der unter normalen Bedingungen mit den Empfindungen des Körpers und der stetigen Ebbe und Flut von Emotionen angefüllt ist – einem Wust kleiner Wünsche und Sehnsüchte des Körpers und einem wirren Sammelsurium nagender und belangloser Gedanken. Sie alle waren Spreu, die vom Weizen gesondert und in den Wind geworfen wurde.

Ich war einzig und allein auf ihn fokussiert, mikroskopisch auf ihn fokussiert. Er war meine Welt. Er legte die Parameter dieser Welt fest, so geschrumpft und hassenswert sie auch war. Er war der Schöpfer dieser Welt, die nun von uns beiden bewohnt wurde. Er entschied, was möglich war und was nicht. Meinen bisherigen Maßstäben nach war seine Welt eine Welt des Wahnsinns, ein Universum der Wildheit, das sich auf Angst und Schmerz gründete. Ich hatte keine emotionale Reaktion auf dieses Universum und beobachtete es mit der Losgelöstheit eines Yogi.

In diesem Losgelöstsein, einem Zusand, den ich in dem Augenblick erreichte, in dem ich wußte, daß es körperlich kein Entkommen gab, erlebte ich seine Wut als ein eigenständiges Gebilde, als Schatten-Ich seiner körperlichen Existenz. Mir war klar, daß dieses Gebilde hungrig war und daß es sich von etwas in mir nährte – meinem Entsetzen, meinem physischen und psychischen Schmerz. Es zog seine Energie aus mir, und in den ersten Augenblicken der Attacke, als mein Entsetzen unkontrollierbar war, hatte es an Kraft gewonnen. Ich spürte, daß der Vergewaltiger wollte, daß ich bettelte und flehte und mich selbst demütigte, damit er dieses wütende Gebilde füttern konnte, das ihn mit seinem Hunger quälte. Unwillkürlich zog ich all meine Reaktionen zurück.

Ich wußte, daß das seine Brutalität möglicherweise noch vergrößern würde, aber mein emotionales Losgelöstsein war so groß und meine körperlichen Empfindungen so abgestumpft, daß es nicht mehr wichtig war. Ich war bei vollem Bewußtsein, hatte aber überhaupt keine Empfindungen mehr. Heute glaube ich, daß das Katz-und-Maus-Spiel, das er mit mir spielte, und auch das Zerstören meiner Sachen Versuche waren, den Energiestoß des ersten Augenblicks der Attacke zu wiederholen. Ich reagierte mit absoluter Gleichgültigkeit auf diese Wiederholungen, wie auch auf alle anderen Forderungen, die er an mich stellte. Ich spielte die Bewegungen durch, die von mir verlangt wurden, aber das war alles.

Das Bewußtsein, das mit dem einherging, was Livingstone einen träumerischen Zustand nannte, war perfekt facettiert und ungetrübt, und das Erleben dieses Bewußtseins war wie eine Art Tod. Mein Leben zog nicht an mir vorbei. Ich sah das Gesicht meiner Mutter nicht vor mir. Ich kannte die Worte von Gebeten, aber sie hatten keinerlei Bedeutung mehr, und ich benutzte sie nicht. Worte hatten keinerlei Bezug und keinerlei eigene Schönheit mehr. Erinnerungen verloren ihre Bedeutung, weil die Person, die sie gehabt hatte, nicht mehr existierte. Glaube war Ablenkung. Nichts, was ich vor dem Angriff des Vergewaltigers gewußt oder gefühlt hatte, schien auch nur im geringsten nützlich zu sein.

Es war schwer, mich im Lauf der Jahre von der Erfahrung dieser Irrelevanz freizumachen. Denkweisen, Gefühle, Gebete, Glaube, Liebe, Worte – alles Illusionen. Letztendlich ging es nur darum, noch eine weitere Sekunde am Leben zu bleiben, innerhalb der Logik jedes einzelnen Augenblicks, der gleichzeitig alle Augenblicke bedeutete. Diese Reduzierung hatte nichts Erhellendes. Wie es schien, war ich weit weniger, als ich immer gedacht hatte. Ich war nur ein Stück Fleisch, das alles tat, um sich in der Form zu erhalten, an die es sich gewöhnt hatte.

Was blieb und immer noch bleibt, ist die Erinnerung an diese Begegnung mit meiner eigenen Reduzierung. Sie sitzt wie ein Gletscher im Mittelpunkt meines Seins. Gelegentlich brechen vielleicht Stücke davon ab und stürzen ins Meer, aber der Gletscher selbst mit seinen gähnenden Klüften ist an die Küste gebunden. Was ich kenne, ist die Form dieser Küste, ein kalter und wortloser Ort, der für immer fremd und ungastlich ist. Ein Teil von mir ist für den Rest meines Lebens daran gebunden.

Kurz bevor der Vergewaltiger ging, wollte er von mir wissen, wo sein Messer sei. Während er diese absurde Frage stellte, schlug er mir immer wieder auf den Kopf. Ich wußte, daß vier ausgezeichnete Messer auf der Arbeitplatte in meiner Küche lagen, die Messer, die ich abgewaschen und geschärft hatte, bevor ich den Müll rausbrachte. Aber eigentlich meinte er, daß seine Wut, dieses hungrige Tier, das ihn trieb, befriedigt war – für den Augenblick. Er hatte, wie es aussah, seine Schärfe verloren.

»Woher soll ich denn wissen, wo Sie Ihr Messer hingetan haben?« sagte ich so gleichgültig wie möglich, ohne auf seine Schläge zu reagieren. »Ich kann ja nicht mal Sie sehen.«

Er schien darüber nachzudenken. Dann sagte er: »Wag ja nicht, dich zu bewegen. Ich beobachte dich. Wag ja nicht, dich in der nächsten Stunde zu bewegen, du blöde Fotze.« Er hatte diese Worte schon oft gesagt, aber dieses Mal war irgend etwas anders. Ich wußte, daß er tatsächlich gehen wollte. Er hatte jetzt Angst. Ich wußte, daß er zuviel Angst hatte, um mich umzubringen.

»Wieso sollte ich mich bewegen?« antwortete ich gelangweilt, als könnte ich mir nichts Schöneres vorstellen, als wie ein UPS-Päckchen verschnürt zu sein. Einen Augenblick zögerte er noch, dann floh er. Ich blieb höchstens eine Minute still liegen. Es war nicht einfach, das Klebeband von meinen Händen abzubekommen, da sie auf meinem Rücken zusammengeklebt waren. Ich zog die eine Hand nach unten und die andere nach oben, bis ich den Daumen der rechten Hand über die Kante des Bands schieben konnte. Alles schien sich in Zeitlupe abzuspielen, aber endlich waren meine Hände frei. Ich riß mir das Klebeband vom Kopf, riß mir büschelweise Haare aus. Ich fing an, Schmerzen zu empfinden, einen fernen, dumpfen Schmerz, der wie ein Zug war, den man von weitem hört.

Sobald ich frei war, platzte die Samenkapsel des Terrors, die in jenen Stunden in mich eingepflanzt worden war, und spuckte eine unkartographierte Insel aus, auf der ich gestrandet war. Es sollte ein ganzes Leben dauern, ihre Berge und Täler, ihre Küsten und Flußläufe zu erkunden, aber das wußte ich noch nicht. Ich stand verwirrt an ihrem Ufer. Grauen überwältigte mich. Mein Körper zitterte unkontrollierbar. Meine Gedanken waren mit einem grundlegenden, strukturellen Fehler behaftet. Sie waren wie Tassen ohne Boden. Worte fielen einfach durch sie hindurch, bezogen sich auf nichts mehr, nicht einmal mehr auf sich selbst. Ich stand so sehr unter Schock, daß ich nicht einmal mehr gehen konnte. Ich kroch zur Hintertür, ständig in der Angst, daß sie jeden Augenblick auffliegen und er zurückkommen würde. Wenn seine Wut sich von Entsetzen nährte, dann war jetzt Entsetzen in Überfülle vorhanden. Ich hatte nur einen Gedanken, die Tür abzuschließen. Das tat ich mit großer Mühe. Dann kroch ich durch das Gewirr umgekippter Stühle zurück zum Schlafzimmer, um mich anzuziehen. Es war mir jetzt ebenso unerträglich, nackt zu sein, wie es mir vor wenigen Momenten unerträglich gewesen war, in einer unverschlossenen Wohnung zu sein. Mein Hemd war zerrissen, aber ich hatte es immer noch an. Mein BH hing unter meinen Achselhöhlen. Ich hakte ihn fest und kroch auf der Suche nach meiner Unterhose und meiner Jeans durch die Trümmer meines Schlafzimmers. Die Luft auf meinem nackten Fleisch schien zu brennen wie Trockeneis. Ich fand die Jeans unter dem Bett, die Unterhose aber konnte ich nicht finden – diese dünne Membran aus Stoff, diese Spanne der Sicherheit, diesen schmalen Sims, der mich, sofern ich ihn erreichen konnte, vielleicht davor bewahren würde, in den Abgrund zu stürzen. Ich dachte, wenn ich meine Unterhose wieder anziehen könnte, könnte ich diese Sache, die ich noch nicht benennen konnte, ungeschehen machen. Aber sie blieb verschwunden, war in den Strudel der Gewalt hineingesaugt worden. Ich konnte mich nicht daran erinnern, daß ich auch noch andere Unterhosen hatte, in einem Koffer, dessen Inhalt der Vergewaltiger auf die Kommode gekippt hatte. Mit einem Gefühl der Niederlage zog ich auf dem Boden sitzend meine Jeans an. Meine Hände zitterten so stark, daß ich den Reißverschluß nicht hochziehen konnte, aber irgendwie gelang es mir, den Verschluß in der Taille zuzuhaken.

Das Telefon stand im Wohnzimmer, einen Kontinent von mir entfernt. Ich kroch zu ihm hinüber. Ich konnte mich nicht an die dreistellige Notrufnummer erinnern, 911. Später dachte ich beschämt an diesen Aussetzer, als wäre er ein Gradmesser meiner Unzulänglichkeit. Ich rief die Vermittlung an, weil auf der »0«-Taste auch die Buchstaben OPER – für *Operator*, Vermittlung – standen, die ich lesen konnte. Der Teil von mir, der sich losgelöst hatte, schwebte immer noch über mir. Er schien die zitternde Person, die das Telefon benutzte, nicht zu kennen.

Während ich darauf wartete, daß sich jemand meldete, hatte ich das Gefühl, die Luft um mich herum sei aufgeschlitzt worden. Ungebeten tauchte ein Bild vor mir auf, ein Bild von einem Riß im sichtbaren Raum, der nun nichts weiter war als ein dünnes Stück Stoff, das über ein anderes, dunkleres Universum gespannt war. Jeden Augenblick konnte sich ein weiterer Riß auftun, plötzlich und ohne Vorwarnung. Im Inneren jenes anderen Universums gab es wilde, unheilige Dämonen, die daraus hervorgeschossen kamen und ganz nach Belieben wieder darin verschwanden. Ich hatte das Gefühl, daß die Dämonen von der anderen Seite gegen den Stoff drückten und ich, wenn ich genau hinsähe, die Abdrücke ihrer Hände sehen könnte, die sich dagegen preßten, als suchten sie nach einem Schlitz, durch den sie sich hindurchzwängen konnten wie Wiesel, die ihre Pfoten durch ein Loch in einem Zelt schieben. Die wache Welt, wie ich sie gekannt hatte, war zu einer dünnen, durchlässigen Membran geworden, die jene andere Welt, die von Horrorgestalten bewohnt wurde, nicht zurückhalten konnte.

Ich wußte, daß ich nicht verrückt war, weil ich mich daran erinnerte, daß ich noch vor ein paar Stunden völlig normal gewesen war. Und doch empfand ich die Welt als einen Ort, an dem es reale Dämonen aus einer realen Hölle gab, so wie manche Wahnsinnige es tun, die nicht wissen, daß die Stimmen, die sie hören, und die Monster, die sie sehen, nicht real sind. Vielleicht trug die Tatsache, daß ich meinen Vergewaltiger nicht gesehen hatte, daß seine menschliche Gestalt mir nicht enthüllt worden war, zusammen mit der Plötzlichkeit seiner Attacke dazu bei, daß ich den Eindruck hatte, von einem Dämon attackiert worden zu sein. Ich wußte, daß Dämonen im körperlichen Sinn nicht real waren, diesen Glauben hatte ich schon in meiner frühen Kindheit abgelegt. Und doch war meine jetzige Erfahrung körperlich, und meine Überzeugung, daß die reale Welt nicht mehr war als ein dünnes Zelt voller Löcher, war so fest, wie die gegenteilige Überzeugung es noch vor ein paar Stunden gewesen war.

Obwohl die Intensität dieser Überzeugung in der Zwischenzeit nachgelassen hat, kann ich sie nicht völlig von mir abschütteln. Wenn ich im Garten arbeite, sehe ich mich manchmal um und betrachte seine Schönheit und habe einen Moment lang das Gefühl, daß er nicht mehr ist als ein wunderschönes Ei, aus dem jeden Augenblick ein räuberisches, reptilartiges, schleimiges Wesen, ein Krokodil vielleicht, mit dem Kopf zuerst hervorgekrochen kommen wird. Es fühlt sich an wie etwas, was ich weiß, nicht wie etwas, was ich mir einbilde.

Als Kind litt ich unter schlimmen, machtvollen Alpträumen. Ich träumte von Ungeheuern und Schrecken, die vielleicht Projektionen von Gefühlen waren, zu beängstigend und mächtig, um im wachen Zustand angenommen zu werden. Aber ich wachte immer auf. Und der Zustand des Wachseins unterschied sich immer genügend von dem des Traums, um keine Verwechslung aufkommen zu lassen.

Uns, die wir in der Ära nach Freud leben, ist bewußt, daß Träume ein Teil unserer selbst sind, Schöpfungen unseres Unbewußten. Wir können sie entweder nach Hinweisen auf unsere verborgenen Gefühle analysieren, oder wir folgen Jungs Ansatz und verstehen sie als Archetypen, als ursprüngliche Bilder, als apriorische Formen von Mythen, die der menschlichen Spezies eigen sind. Aber das englische Wort für Alptraum, **nightmare,** das dem deutschen **Nachtmahr** entspricht, bezog sich einst nicht auf einen Teil der Psyche, sondern auf fleischliche Wesen, die für real gehalten wurden. Entsprechend der ersten Definition im *Oxford English Dictionary* handelt es sich dabei um einen **Dämon** oder **Buhlteufel,** der nachts über Menschen oder Tiere herfällt, sich im Schlaf auf sie setzt und durch sein Gewicht Erstickungsgefühle hervorruft. Noch präziser wurden die weiblichen Dämonen **Sukkuben** genannt. Sie attackierten Männer im Schlaf. Die männlichen Versionen, die **Inkuben,** lauerten Frauen auf. Vergewaltigungen waren eine bevorzugte Form der Quälerei. Der *Webster's* definiert den **Alb** ebenfalls zunächst als böser Geist, von dem ehedem angenommen wurde, daß er Menschen im Schlaf überfällt. Die dann folgende Definition ist uns vertrauter: Ein Angsttraum, der den Schläfer für gewöhnlich weckt.

Wir wissen daß es ein Alptraum war, weil wir aufwachen und feststellen, daß es einer war. Aber für mich war die Erfahrung meiner Vergewaltigung ein Widerspruch, ein wacher Alptraum. Mein Geist war nicht mehr modern, sondern mittelalterlich. Nicht mehr erwachsen, sondern kindlich. Der Vergewaltiger war ein wirklicher Dämon, ein Inkubus, der bei hellem Tageslicht über mich hergefallen war. Die Erfahrung, diese Verwirrung über die Welt geworfen zu sehen, die ich als Erwachsene bewohnte, war ebenso mit Grauen beladen wie das, was sich an jenem Tag tatsächlich ereignet hatte. Plötzlich mußte all das Auseinanderdividieren von Realem und Irrealem, das ich als Kind hinter mich gebracht hatte, noch einmal durchgeführt werden.

Einen Alptraum, den ich mit sieben hatte, habe ich bis heute nicht vergessen. In diesem Traum verwandelte sich der Boden unter dem Flügel in unserem Wohnzimmer in einen grünen, mit Granitfelsen getüpfelten Hang, der die eine Seite eines Tals bildete, das von einem Fluß eingeschnitten worden war. In der Ferne waren Berge zu sehen, und im Vordergrund, in der Nähe des Flusses, stand eine windschiefe, verwitterte Hütte mit offener Tür. Vor der Hütte saß eine Frau mit einem Nähkorb auf dem Schoß. Neben ihr kauerte, nur von einem hauchdünnen Faden gehalten, ein Panther. Seine Augen waren grünlichgelb und gnadenlos, und sein ebenholzschwarzes Fell schimmerte im Sonnenlicht. Als ich am Flügel vorbeigehe, fällt mein Blick in dieses Tal, das mir im ersten Augenblick wunderschön vorkommt. Wie komisch, daß ich es vorher noch nie gesehen habe. Ich könnte dort spielen, und niemand würde etwas davon wissen. Dann hebt die Frau den Kopf und sieht mich neben dem Flügel stehen und zu ihr hinuntersehen. Und plötzlich weiß ich, daß ich in tödlicher Gefahr bin.

Mit einem bösen Lächeln greift sie in ihren Nähkorb und holt eine Schere heraus. Sie durchschneidet den Faden, der den Panther hält, und er springt auf, springt den Hang hinauf auf mich zu, wird immer größer, als er böse fauchend auf mich zustürmt. Ich renne zu meinem Zimmer, aber der

Panther ist schnell und legt die Distanz zwischen uns in langen Sprüngen zurück. Klauen krallen sich in meinen Rücken, sein riesiges Maul schließt sich um meine Kehle. Ich wache schreiend auf, zu verängstigt, um mich zu bewegen oder zu rufen. Zu verängstigt, um ins Zimmer meiner Mutter zu laufen, weil ich weiß, daß der Panther im Flur lauert.

Nach diesem Taum durchquerte ich unser Wohnzimmer wochenlang nur im Laufschritt, egal, ob Tag oder Abend. Ich wußte, daß die Frau und der Panther nicht wirklich da waren, aber ich hatte das Gefühl, sie wären es. Irgendwann fiel meiner Mutter auf, daß sich jedes beiläufige Schlendern durch Küche und Eßzimmer in einen Kurzstreckenspurt verwandelte, sobald ich in die Nähe des Flügels kam. Eines Abends fragte sie mich danach. Zögernd erzählte ich ihr von meinem Traum. Ich muß gespürt haben, daß ich irgend etwas über mich selbst preisgab, nicht nur meine Panik, sondern auch meine Verwirrung über das Wesen der Wirklichkeit, für die ich mich selbst eigentlich für zu alt hielt.

Meine Mutter nahm mich bei der Hand und ging mit mir zum Flügel. Sie ließ sich auf Hände und Knie nieder und kroch darunter.

»Siehst du?« sagte sie. »Hier ist nichts. Nur dumme alte Bretter.« Sie saß auf der Schwelle des Panthers, vornübergebeugt, um sich den Kopf nicht anzustoßen, und klopfte mit der Hand auf die Bretter, während Staubflusen am Saum ihres Kleides hängenblieben.

Danach hörte ich auf, durch das Wohnzimmer zu rennen, aber ich vergaß nie, wie das Tal aussah oder daß der Panther da unten neben der Frau hockte, nur von einem einzigen dünnen Faden zurückgehalten.

Ich umklammerte den Telefonhörer, drückte auf den Knopf mit der Aufschrift OPER und fragte mich, ob dieser Alptraum etwas war, was ich mir selbst angetan hatte. Das war die Erklärung, die ich immer für meine Alpträume gehabt hatte. Alpträume und sonstige Träume waren »Material« aus meinem Unbewußten. Ich schrieb sie auf. Sprach über sie. Ich war daran gewöhnt, mir meine Alpträume auf eine Weise zu erklären, die die Welt des Grauens auf mich persönlich beschränkte. Die zweite Erklärungsmöglichkeit war eine, die ich als Kind abgelegt hatte. An irgendeinem Punkt hörte ich auf zu glauben, daß das Ungeheuer, das unter meinem Bett lebte, mich packen würde, wenn mein Fuß unter der Decke hervorlugte. Ich hörte auf zu glauben, daß eine Hexe mit einem Panther unter dem Flügel hauste. Ich hatte die Formen des Schreckens als meine eigenen angenommen. Hatte sogar gelernt, ihre abscheulichen Eigenheiten und die düsteren Landschaften, die sie bewohnten, zu bewundern.

Aber jetzt waren die Monster, die in Alpträumen lebten, wieder real geworden. Das Ungeheuer, das sich drei Stunden lang in meiner Wohnung aufgehalten hatte, war nicht nur »dumme alte Bretter« gewesen. Es war schmerzlich, diese Überzeugung in mir selbst zu entdecken, und es war unmöglich, irgend jemandem zu beschreiben, was ich empfand. Und doch hatte ich keine andere Erklärung für das, was geschehen war, nicht in den ersten Stunden und Tagen nach dem Angriff.

Vielleicht beginnt ein Teil der Selbstvorwürfe, die eine so häufige Reaktion von Menschen sind, die vergewaltigt wurden, in diesen tiefen Gewässern des Unbewußten. Die Tatsache, daß ein Traum, den ich mit sieben hatte, die Gefühle einer Erfahrung enthielt, die ich zweiunddreißig Jahre später machte, mag relevant dafür sein, wie ich die Vergewaltigung erlebte. Vielleicht haben Opfer von Vergewaltigungen gerade deshalb, weil die Erfahrung ein wacher Alptraum ist, das Gefühl, den Vergewaltiger aus ihrem eigenen Unbewußten hervorgebracht, ihn selbst geschaffen zu haben. Obwohl wir wissen, daß der Vergewaltiger ein Wesen von außen ist – ein Wesen aus einer Welt, die so gefährlich ist wie ein Hurrikan, eine Überschwemmung, ein Erdbeben oder die Bombe eines Terroristen –, ähnelt er verinnerlichten Kindheitsängsten. In meinem Fall zumindest schien diese Ähnlichkeit, das Gefühl, das Objekt des unerklärlichen Hasses eines anderen geworden zu sein, in meinem Inneren zu komprimieren. Und die Tatsache, daß ich das alleinige Opfer und die einzige Zeugin war, schien das Gefühl einer schrecklichen Einsamkeit zu verstärken. Ein Seemann, der einen falschen Schritt macht und plötzlich bemerkt, daß er mutterseelenallein im Meer treibt, muß etwas Ähnliches empfinden, wenn er sieht, wie sein Schiff ohne ihn weitersegelt, in der kalten Unermeßlichkeit immer kleiner wird und schließlich hinter dem Horizont verschwindet.

Ich weiß nicht mehr, was ich zu der Frau von der Vermittlung sagte, die sich schließlich meldete. Der Klang einer menschlichen Stimme, selbst einer, die darauf trainiert war, unpersönlich zu klingen, war ein Schock. Ich spürte, wie ich nach innen stürzte. Ich muß nach der Nummer des örtlichen Polizeireviers gefragt haben, denn die Stimme nannte mir eine siebenstellige Nummer. Ich hängte ein. Der einzige Gedanke in meinem Kopf war diese Telefonnummer. Ich bin dafür bekannt, daß ich mir Zahlen nicht merken kann. Aber wenn ich diese Nummer vergaß, würde der Vergewaltiger zurückkommen, das wußte ich mit absoluter Sicherheit. Ich wählte die Nummer. Eine andere Stimme, eine männliche, meldete sich mit einem »Guten Tag«.

Um sagen zu können, daß ich vergewaltigt worden war, um das Wort aussprechen zu können, mußte ich alle Inkuben und säbelzahnbewehrten Monster meiner Kindheit von dem Ungeheuerlichen trennen, das meine Wohnung in ein

Trümmerfeld verwandelt hatte. Ich brachte das Wort kaum über die Lippen.

»Wer sind Sie?«
»Halts Maul, halts Maul, du Miststück, sonst bring ich dich um.«
»Ich muß Ihnen was sagen.«
»Was?«
»Ich habe eine Krankheit. Sie ist sehr ansteckend. Ich bin wirklich krank. Deshalb bin ich zu Hause.«
»Was für 'ne Krankheit?«
»Sie heißt Hepatitis B. Sie ist sehr ansteckend. Selten. Tödlich.«
»Halts Maul, du verfluchtes Miststück. Halts Maul. Ich bring dich um. Ich brech dir die Arme und dann schneid ich dich in Stücke, verfluchte Fotze.«

Soweit zu Worten.

Durch das Wohnzimmerfenster sehe ich den Streifenwagen vorfahren, aber ich kann mich nicht bewegen. Ich halte den Hörer des Telefons immer noch umklammert. Jemand fordert mich auf, die Tür zu öffnen, aber die Stimme klingt tot und unwirklich. Jemand hämmert an die Hintertür. Jemand macht die Hintertür auf. Ich bin es, die die Hintertür aufmacht. Ich trete einen Schritt zurück und halte mein zerrissenes Hemd mit einer Hand zusammen.

Ein großer, übergewichtiger Mann in den Fünfzigern steht in der Tür. Er trägt schwarze Schuhe in der Größe von Fischbrätern und eine dunkle Uniform. Er starrt mich an, ich weiche vor ihm zurück. Er hat Angst vor mir. Ich kann seine Angst fühlen. Ich kann sehen, daß er nicht weiß, was er sagen soll. Schweigen. Er sagt nichts. Ich habe entsetzliche Angst vor ihm.

Hinter ihm taucht eine Frau auf, und er tritt erleichtert

beiseite. Die Frau hat einen Erste-Hilfe-Koffer in der Hand. Hinter ihr sehe ich weitere Polizisten. Sie folgen ihr in die Küche. Wenn ich mit keinem von diesen Leuten spreche, denke ich, werde ich aufwachen. Polizisten kommen und gehen, während die Frau mit mir redet. Ich befinde mich im Inneren einer Luftblase, und all diese Leute sind im Wasser, das mich umgibt. Ich bin wie eine Wasserspinne, die an den Schilfhalmen unter der Wasseroberfläche ihr Nest aus Luftblasen baut. Sie holt sich die Luftbläschen von oben und trägt sie eins nach dem anderen nach unten, bis das Nest fertig ist. Dann krabbelt sie hinein. Drinnen ist es sicher.

Die Frau drängt mich sanft, mit ihr ins Krankenhaus zu fahren. Sie hilft mir, eine Jacke und Kleider zum Wechseln zusammenzusuchen, auch einen anderen BH und eine Unterhose, die ich aus dem Kleiderwust auf meiner Kommode hervorziehe. Sie macht mich darauf aufmerksam, daß der Reißverschluß meiner Jeans noch offen ist. Ich schäme mich, weil ich keine Unterhose anhabe.

»Ich kann meine Unterhose nicht finden«, sage ich zu ihr. »Er hat meine Unterhose gestohlen.« Ich krieche auf Händen und Knien herum und suche danach. Wie schrecklich, eine Unterhose zu stehlen, denke ich.

Die Frau will die Unterhose auch haben. »Was für eine Farbe hat sie?«

»Weiß. Mit kleinen blauen Blümchen.« Wir suchen zu zweit danach.

»Wir müssen jetzt gehen«, sagt die Frau nach einer Weile.

Ich will Wasser. Ich habe schrecklichen Durst. Ich bin jetzt in der Küche. Ich drehe den Wasserhahn auf. Mein Mund ist voller Schmutz. »Hat eine orale Penetration stattgefunden?« fragt die Frau.

»Ja«, sage ich.

»Kein Wasser«, sagt die Frau. »Sie würden Beweise wegspülen.«

Ihre Worte sind schrecklich: Ich will meinen Mund mit Feuer auswaschen. Was ist in meinem Mund? Schmutz ist in meinem Mund. In meinem Körper. Sein Schmutz.

Alles steht auf dem Kopf. Worte verlaufen rückwärts. Der Boden ist mit Sachen übersät, über die alle vorsichtig hinwegsteigen. Mein Schmuckkästchen ist völlig zersplittert. »Das hat mein Vater für mich gemacht«, sage ich zu den Anwesenden und sammle die Stücke ein. Ich halte zwei von ihnen aneinander, aber als ich sie loslasse, fallen sie wieder auseinander. Die Polizisten starren mich an. Ich will nicht ins Krankenhaus. Ich sage, daß ich die Wohnung aufräumen muß. Ich kann sie nicht so zurücklassen. Ich muß meine Unterhose finden. Die Frau hilft mir, den Inhalt meiner Handtasche zusammenzusuchen, weil ich ins Krankenhaus muß. Meine Brieftasche liegt leer auf dem Fußboden. Mein Portemonnaie liegt unter dem Bett.

Als ich in den Krankenwagen steige, dämmert es schon. Der Himmel ist lavendelfarben und grau. Als erstes bitte ich die Frau um eine Zigarette. Wie durch ein Wunder hat sie eine. Eine Salem. Das Menthol reinigt meinen Mund, verbrennt meinen Hals. Rauch ist Wasser. Alle Vögel sind tot.

Mach die Beine breit. Na los, mach schon, du dreckiges Miststück. Stöhn. Das ist nicht gut genug. Ich schneid dich in Stücke. Stöhn besser. Nimm ihn in den Mund. Wenn du mich beißt, bist du tot, du verficktes Miststück. Wenn du würgst, bring ich dich um. Sag mir, wie gut es war. Jetzt stirbst du.

2.

SCHATTENTANZ

Ich bin allein
mein Schatten läuft zu mir zurück, sich zu verstecken
und es ist kein Platz für uns beide
und das Grauen

W.S. Merwin
»Zweiter Psalm: Die Signale«

Ich war in meinem ganzen Leben nur ein einziges Mal in der Notaufnahme eines Krankenhauses, und zwar, als ich mir ein Rasiermesser in den Daumen rammte, mit dem ich den Deckel einer Farbdose abhebeln wollte. Ich blutete so stark, daß ich nicht einmal warten mußte. Nach achtzehn Stichen und einem Vortrag darüber, wozu es Schraubenzieher gibt, war ich wieder so gut wie neu. Dieses Mal blutete ich nicht. Ich hatte Prellungen an Rücken und Armen, aber es war nichts gebrochen. Ich war nicht bewußtlos geprügelt worden. Ich hatte blaue Flecken und einen psychischen Schock, aber ich stand noch auf den Beinen. Ich kam mir vor wie eine Simulantin, als ich an den Formalitäten und einem Warteraum voll kranker und verletzter Menschen vorbeigerollt wurde.

Weil ein Krankenhaus ein Ort ist, an dem man sich um Menschen kümmert, hoffte ich auf Trost und spürte auch, daß das Krankenhauspersonal mir diesen Trost gern gespendet hätte. Aber für ein Vergewaltigungsopfer ist die Notaufnahme eines Krankenhauses eine Art Außenstelle der Polizei, und die medizinische Behandlung, die einem zuteil wird, ist in erster Linie gerichtsmedizinischer Natur.

Nachdem die Mitarbeiter der Notaufnahme sich vergewissert hatten, daß ich keine ernsthaften Verletzungen davongetragen hatte, machten sie sich an den kriminologischen Teil der Arbeit und fingen an, Beweise zu sammeln, die vor Gericht verwendet werden konnten. Mein Körper gehörte immer noch nicht wieder mir. Er war Beweismaterial. Ich war keine Patientin, deren Wunden versorgt werden konnten. Ich war ein Tatort.

Ich wurde an eine Krankenschwester übergeben, die mich in einen kleinen Untersuchungsraum führte und mir sagte, ich dürfe weder Blase noch Darm entleeren, mich nicht waschen, nicht rauchen und nicht trinken. Ich mußte mich auf einen Bogen Packpapier stellen und mich ausziehen. Dann reichte sie mir ein Krankenhaushemd und wickelte meine Kleider in das Papier ein. Sie erkundigte sich nach meiner Unterhose. Ich sagte ihr, der Vergewaltiger hätte sie gestohlen. Dann ließ sie mich allein.

Das Zimmer war kalt, und es gab nichts, wo ich mich hinsetzen konnte, höchstens auf den Untersuchungsstuhl. Angewidert starrte ich erst auf die metallenen Halterungen, dann auf den Wasserhahn über dem kleinen Waschbecken aus Edelstahl. Ich hatte quälenden Durst. Es war, als hätte die Angst mich völlig ausgetrocknet. Staubflusen wirbelten durch meinen Körper. Mein Mund war voller Sand und Spinnen. Lange war ich mit meinem Durst in diesem Zimmer allein. Irgendwo in der Nähe stöhnte ein Mann. Mehr Zeit verging. Der Mann fing an zu schreien. Mein Durst wurde immer unerträglicher. Ich wußte, daß die Krankenschwestern und die Ärzte mit einem Notfall beschäftigt waren. Der schreiende Mann war ein wirklicher Notfall. Vielleicht lag er im Sterben.

Der Teil von mir, der sich während der Attacke des Vergewaltigers von mir losgelöst hatte, war immer noch von mir losgelöst, ein Schatten-Ich, das über mir kauerte wie ein Spatz, der darauf wartet, daß seine tote Gefährtin, die unter ihm auf dem Bürgersteig liegt, nach dem Hochgeschwindigkeitszusammenstoß mit einer Schaufensterscheibe wieder aufwacht. Dieses Schatten-Ich war dem Krankenwagen gefolgt und schwebte knapp außerhalb meines Körpers. Es beobachtete mich und meine Umgebung mit völliger Teilnahmslosigkeit. Die ständige Anwesenheit dieser Beobachterin, die erstmals während der Vergewaltigung in Erscheinung getreten war, war mir jetzt eine Qual. Je länger ich im Untersuchungszimmer wartete, desto mehr machte diese Abspaltung mir angst. Nichts war mehr vorhersehbar. Nichts hatte eine Fortsetzung. Ich war eine Sprache ohne Zeichensetzung oder Struktur. Verben baumelten zeitlos am Ende von Sätzen, Subjekte stürzten ins Bodenlose. Die Beobachterin konnte den Text lesen, aber sie schien mit den Gedanken woanders zu sein, wie jemand auf einer Party, der so tut, als würde er einem zuhören, dessen Blick aber auf jemand anderen gerichtet ist, mit dem er sich in Wirklichkeit unterhalten möchte.

Plötzlich wußte ich nicht mehr, wer die Person war, die da auf dem Untersuchungsstuhl saß. Ich wartete darauf, daß etwas geschah, das sich anders anfühlte als das, was an diesem Nachmittag geschehen war, aber ich war immer noch allein, verfangen in einer weiteren auf dem Kopf stehenden Logik. Diesmal war es die Logik des Krankenhauses, das versuchte, mich wie ein verletztes menschliches Wesen zu behandeln, während es mich aufs neue verletzte, Minute für Minute, indem die Mitarbeiter sich einfach um einen wirklichen Notfall kümmerten, indem sie einfach taten, wofür sie da waren. Ich war nicht empört über ihre Prioritäten, empfand keine Ressentiments gegen die Logik des schreienden Mannes im Nebenzimer. Ich begriff, daß ich diejenige war, die fehl am Platz war.

Ich spürte, daß die Wut und der Haß des Vergewaltigers immer noch an mir hafteten wie ein Geruch und daß die Krankenschwestern diesen Geruch spürten. Ich empörte mich nicht darüber, daß trotz aller Ausbildung, aller Kompetenzen und aller Hilfsbereitschaft niemand an diesem Ort des Heilens in der Lage war, mich in den Arm zu nehmen, und sei es auch noch so flüchtig. Niemand war dieser einfachsten aller menschlichen Gesten fähig, einer Umarmung, die ein Willkommenheißen und ein Trost ist, ein Ausdruck von Nähe, ein Beruhigen und ein Wertschätzen, das eine gemeinsame Menschlichkeit bestätigt. Zurückblickend ist mir klar, daß ich an ihrer Stelle vielleicht auch gezögert, vielleicht auch gespürt hätte, wie wund und empfindlich der Geist in dem mißhandelten Fleisch war, das zitternd vor mir stand. Was würde eine Umarmung bei einer Person bewirken, deren Körper sich nicht mehr anfühlte, als gehörte er ihr? In der seltsamen Zerrissenheit, in der ich mich an diesem Abend befand, wäre ich vielleicht nicht in der Lage gewesen, eine Umarmung zu ertragen. Ich werde es nie wissen. Eine dreistündige Untersuchung auf Spuren einer Vergewaltigung war jedenfalls alles andere als tröstlich.

In diesem Krankenhaus fühlte ich mich so, wie ein Tier sich vielleicht fühlt – ohne Worte, und daher ohne Verständnis und ohne ein Gefühl für Kontinuität. Jede Gefühlsregung war einzigartig und ungemischt. Ich wünschte mir »wirkliche« Verletzungen, die Art, die blutet. Die Art, die ein Arzt nähen kann. Die Art, die der schreiende Mann im Nebenzimmer wahrscheinlich hatte. Ich hatte alles in meiner Macht Stehende getan, um sie zu vermeiden, aber während ich ganz allein wartete und mich so fühlte, wie ich es tat, erkannte ich, daß »wirkliche« Verletzungen versorgt werden konnten. Ich hätte gern welche gehabt. Ich fragte mich, wer die Person war, die diese Gedanken dachte, weil ich gleichzeitig das Gefühl hatte zu sterben.

Der Vergewaltiger hatte etwas aus dem Zentrum dessen gestohlen, was ich als »Ich« gekannt hatte. Es war weg, genau wie Geld, Kreditkarten, Schmuck, Unterhose und was er sonst noch alles mitgenommen hatte. All diese materiellen Dinge, die mir nichts bedeuteten, würde die Polizei vielleicht wiederbeschaffen können, aber wie sollte dieses verschwundene Ich je zurückgeholt werden? Der Vergewaltiger selbst würde vielleicht verhaftet werden, aber die Frau, die nicht vergewaltigt worden war, würde er nie wieder herbeischaffen können.

Das Warten auf Fürsorge, die mir nicht gewährt werden konnte, war meine erste Begegnung mit der Welt außerhalb des Alptraums. Ich ahnte, daß diese Erfahrung ein Vorgeschmack auf das war, was die Zukunft mir bringen würde. Ich war abgeschnitten, nicht nur von mir selbst, sondern auch von anderen menschlichen Wesen. In diesem Augenblick dachte ich, daß es ein Fehler gewesen war, die Polizei zu rufen und mich ins Krankenhaus bringen zu lassen. Wenn ich den Alptraum für mich behalten hätte, würde er mit mir anfangen und enden. Ich würde ihn auf jene Stunden begrenzen können. Wenn niemand sonst etwas davon wüßte, könnte auch niemand sonst mich verletzen. So jedoch veränderte der Alptraum zwar seine Wellenlänge, aber er ging immer noch weiter.

Ich wehrte mich gegen den Gedanken, daß ich einen Fehler gemacht hatte, als ich die Polizei rief. Ich erinnerte mich selbst daran, daß eine Vergewaltigung ein Verbrechen war. Vergewaltigungen und Raubüberfälle und Morde waren Verbrechen. Verbrechen waren schlecht. Der Vergewaltiger war schlecht. Ich war gut, er war schlecht. Niemand durfte tun, was er getan hatte, und ungeschoren davonkommen. Aber ich hatte das Gefühl, als wäre das Vergewaltigtwerden das Verbrechen, weil jeden Augenblick ein Arzt kommen und mich auffordern würde, mich hinzulegen und meine Beine in die Schlaufen zu hängen.

Wenn ich nicht solche Angst vor dem gehabt hätte, was außerhalb des Untersuchungszimmers lag, wäre ich in die Nacht hinausgelaufen. Aber die Nacht war ein langer Flur, in dem ein Panther wartete. Ich war gefangen in einem Zimmer mit einem Wasserhahn, der mir Zugriff zu sämtlichen Wasservorräten der Stadt Boston bot, und ich starb vor Durst. Allein.

Die »Beobachterin« fing an, meine Verwirrung langweilig zu finden. Sie zog sich von mir zurück. In mir war kein Platz mehr für sie. Ich sah mich nicht mehr von der Decke aus, oder von einem Punkt knapp hinter meiner rechten Schulter. Ich war in mir selbst verloren, ohne Ausweg aus meiner inneren Welt, einsamer als die Einsiedler früherer Zeiten, die sich in Erdhöhlen verkrochen, um nie wieder hervorzukommen.

Es war notwendig, daß ich weiter funktionierte. Von diesem Augenblick an schien ich mich in einen menschlichen Gelbrandkäfer zu verwandeln, einen Käfer mit enorm langen Beinen, kilometerlangen Beinen, die mich in wundersamer Spannung auf der Oberfläche des normalen Lebens festhielten. Ich konnte weder tauchen noch fliegen. Ich hielt mich von schnellfließenden Gewässern fern und lebte an den Rändern stehender Tümpel. Ich mußte das Universum verlassen, das ich mit dem Vergewaltiger bewohnt hatte, und mich in eine unwirtliche Außenwelt hineinbegeben. Niemand merkte, daß ich ein Wasserkäfer war. Ich sah immer noch wie ein Mensch aus.

Das Leben, das ich gerettet hatte, war nicht wirklich *mein* Leben. Ich lebte von Augenblick zu Augenblick, warf die Karten so auf den Tisch, wie sie ausgeteilt wurden. Zum ersten Mal verstand ich meinen Fehler. Ich hatte eine Abmachung mit dem Vergewaltiger getroffen und bedauerte sie jetzt. Von jetzt an würden alle diese Abmachung beurteilen, angefangen bei der Polizei und den Ärzten, bis hin zu meiner Familie und meinen Freunden. Was, wenn er nie die Absicht gehabt hatte, mich umzubringen? Wieso hatte ich seinen Drohungen geglaubt? Wieso hatte ich nicht die körperliche Kraft besessen, mich in jenen ersten Minuten von ihm loszureißen? Gab es etwas in mir, das es mir erlaubt hatte, mich seinen ungeheuren Forderungen zu beugen? War ich ein verachtenswerter Feigling? Wieso hatte ich seinen hassenswerten Bedürfnissen nachgegeben, um ein Leben zu retten, das ich nicht einmal mehr als mein eigenes kannte?

Die Klugheit meiner Abmachung, schwand in dem Augenblick, in dem andere sie in Augenschein nahmen. Sie war mir völlig einsichtig erschienen, als nur der Vergewaltiger und ich den Alptraum bewohnt hatten, in dem ich zerbrach und wieder zusammengesetzt wurde, nach neuen Mustern, die eine Bedeutung zu haben schienen. Aber jetzt ergab diese Neuzusammensetzung keinen Sinn mehr. Und doch konnte sie nicht rückgängig gemacht werden. Sie hatte mich Zelle für Zelle verändert. Es war meine Schuld, daß ich noch am Leben war. Wenn ich besser gekämpft hätte, wäre ich jetzt entweder tot oder immer noch so, wie ich vorher gewesen war. So jedoch war ich weder das eine noch das andere. Ich war nichts als Beweismaterial.

Ich konnte nicht länger warten. Ich drehte den Hahn auf und ließ Wasser in meinen Mund laufen, ohne es zu schlucken. Ich spülte seinen Schmutz weg. Dann trank ich.

Ich bitte die Krankenschwester, draußen vor der Toilette zu warten. Während ich für den Test in den Becher uriniere, frage ich sie durch die geschlossene Tür, ob sie noch da ist.

»Bitte, gehen Sie nicht weg«, sage ich. Als ich fertig bin, folge ich ihr zurück ins Untersuchungszimmer.

Die Krankenschwester fotografiert meinen Körper mit einer Polaroidkamera. Sie fotografiert meine Handgelenke, an denen fingerförmige Flecke von der Farbe von getrocknetem Senf zu sehen sind. Sie fotografiert mein Gesicht. Meine Brüste. Meinen Hals. Meine Oberschenkel. Sie trägt ihre Untersuchungsergebnisse in ein Formular ein und steckt die Fotos in einen Umschlag. Meine Fingernägel werden saubergekratzt, meine Haare über einem Bogen Papier ausgekämmt. Strähnen werden ausgezupft. Noch mehr Umschläge. Dann nimmt sie mir zwei Ampullen Blut ab.

Eine Ärztin kommt herein, um die Unterleibsuntersuchung durchzuführen. Ich bin mir nicht sicher, ob ich die Untersuchung aushalten kann. In mir gibt es Beweismaterial, das gebraucht wird. Es wird den Schmerz der Instrumente in mir wert sein, sage ich zu mir selbst. Wenn ich nur noch ein paar Schmerzen aushalte, werden sie ihn kriegen. Als das Spekulum in mich eingeführt wird, beiße ich mir auf die Lippen. Als es sich in mir öffnet, denke ich nicht mehr, daß es das wert ist.

Das Zimmer ist dunkel. Die Ärztin schaltet das Deckenlicht aus und hält eine ultraviolette Lampe zwischen meine Beine. Sie benennt Stellen, an denen sie Sperma gefunden hat, das wegen der in ihm enthaltenen Bakterien in diesem geisterhaften Licht leuchtet. Ich bin erstaunt, daß sie Sperma in meiner Vagina gefunden hat. Zuerst kann ich es nicht glauben. Ich habe seinen Penis nicht in meinem Körper gespürt, obwohl ich »gesehen« habe, wie er hektisch auf mir pumpte, während ich unter der Decke schwebte. Ich sehe das Sperma vor mir, groß wie Maden. Ich schaudere zusammen und habe das Gefühl, mich zusammenzuringeln wie ein Wurm, der von einer Gartenschaufel in der Mitte durchgeschnitten wurde. Die Ärztin tupft meinen Anus mit einem großen Wattestäbchen ab, obwohl ich ihr gesagt habe, daß es keine anale Penetration gab. Ich habe das Gefühl, daß sie mir nicht glaubt. Dann kämmt sie meine Schamhaare, schneidet welche ab, zupft welche aus. Dann endlich nimmt sie das Spekulum heraus.

Jetzt nähert sie sich mit dem blauen Licht meinem Mund. Ich gestehe. Ich habe die Beweise vernichtet. Ich schäme mich wegen meiner Schwäche. Sie sagt, »zu dumm«, streicht aber trotzdem mit einem anderen riesigen Wattestäbchen in meinem Mund herum. Sie macht das Licht wieder an. Meine Haut ist blau vor Kälte.

Dann gibt sie mir Penicillin – zwei Spritzen in den Po und eine Tablette. Geschlechtskrankheiten. Tripper, Syphilis, Chlamydien, Trichomonaden. Wieder sage ich mir, daß der Schmerz es wert ist. Dann denke ich an Genitalherpes, Warzen. Und dann an Aids.

Die Ärztin fragt mich, wann ich meine letzte Periode hatte. Ich kann mich nicht erinnern. Sie erklärt mir, daß ich in sechs Wochen zurückkommen soll, zum Schwangerschaftstest, falls ich meine Periode bis dahin nicht bekommen habe. Sie gibt mir hochdosiertes Östrogen: zwei Tabletten jetzt, zwei in zwölf Stunden, die die Blutung auslösen sollten. Sie sagt mir, daß diese Tabletten Übelkeit hervorrufen können, und gibt mir noch eine andere Tablette. Falls ich mich übergeben muß, soll ich sie anrufen.

Ich hatte nicht an Geschlechtskrankheiten und Schwangerschaften gedacht, als ich um mein Leben feilschte.

Ich frage die Ärztin nach einer möglichen HIV-Infektion. Sie scheint überrascht über meine Besorgnis.

»Sehr unwahrscheinlich«, sagt sie, schreibt mir aber trotzdem eine Nummer auf, die ich anrufen soll, um einen Termin für den Test auszumachen. Sie sagt, daß das Virus nicht sofort festgestellt werden kann – ich kann mich erst in sechs Wochen testen lassen. Vielleicht werde ich noch Jahre später sterben, langsam und kostspielig. Ich stecke die Nummer in mein Portemonnaie. Die Ärztin gibt mir ein Rezept für ein muskelentspannendes Mittel. »Sie werden sich ein paar Tage sehr wund und unbeweglich fühlen«, sagt sie.

»Ich kann es nicht ertragen, an all die anderen Opfer da draußen zu denken.«

»Sie sind kein Opfer«, sagt die Ärztin. »Sie sind eine Überlebende. Irgendwas müssen Sie richtig gemacht haben, sonst wären Sie jetzt im Leichenschauhaus.«

1985 wußte ich nicht, daß das Infektionsrisiko bei einmaligem ungeschützten Verkehr mit einer Person mit unbekanntem HIV-Status sehr niedrig war – weniger als eins zu fünf Millionen. Weniger als 0,2 Prozent. Die Einschätzung der Ärztin, es sei sehr unwahrscheinlich, daß der Vergewaltiger mich mit HIV infiziert hatte, war korrekt, ihre Überraschung über meine Angst war verständlich. Aber auch wenn ich gewußt hätte, wie niedrig das Risiko war, hätte mich das nicht sehr getröstet. Ich wäre beruhigter gewesen, wenn sie gesagt hätte: »Völlig unmöglich.« Selbst diese eine »unwahrscheinliche« Möglichkeit von fünf Millionen gab mir das Gefühl, auf Glasscherben zu laufen. Fünf Jahre später, 1990, mutmaßte ein Medizinjournalist, daß das Risiko, sich bei einer Vergewaltigung durch eine Person mit unbekanntem Status mit HIV zu infizieren, bei 6 Prozent lag. Ich vermute, daß die Chancen nicht besser werden.

Es ist Zeit, mich anzuziehen, Zeit, die Sachen anzuziehen, die die Sanitäterin vorhin in meiner Wohnung mit mir zusammengesucht hat. Die Ärztin sagt, daß zwei Polizeibeamte darauf warten, mit mir zu sprechen. Sie fragt mich, ob ich dazu bereit und in der Lage bin.

»Ich will das Schwein kriegen«, sage ich.

»Nachdem Sie mit der Polizei gesprochen haben, werden wir Sie entlassen. Wir geben Ihnen einen Gutschein für ein Taxi.«

Plötzlich wird mir klar, daß ich nicht weiß, wo ich hingehen soll. Ich versuche, mich an meine Freundinnen und Freunde zu erinnern. Bis zu diesem Augenblick habe ich nicht an sie gedacht. Meine beste Freundin ist nicht in der Stadt. Sie besucht ihre Mutter in Florida. Ich frage die Ärztin, wie spät es ist. Es ist fast elf. Ich frage, ob ich von dem Apparat an der Wand des Untersuchungszimmers einen Anruf machen kann. Die Ärztin läßt mich ein paar Minuten allein. Ich ziehe mich an und rufe meine Freundin Sara an, die gerade ins Bett gehen will. Ich weiß nicht, wie ich ihr sagen soll, was passiert ist. Ich versuche, mich vorsichtig heranzutasten. Kein Grund zur Besorgnis. Ich bin im Krankenhaus. Nein, nichts Ernstes. Das heißt, es ist schon ernst, aber ich bin okay. Könnte ich vielleicht bei dir übernachten? Die Couch wäre prima. Tut mir leid, daß es so spät ist. Was?

Ich kann das Wort nicht aussprechen. Es ist zu schrecklich, um ausgesprochen zu werden. Wenn ich *es* jemandem erzähle, der kein professioneller Fremder ist, wird die Tatsache unkontrollierbar ins Schleudern geraten, wie ein Auto auf Glatteis. Aber ich muß es Sara sagen.

»Ich bin heute nachmittag vergewaltigt worden. In meiner neuen Wohnung.« Zum ersten Mal habe ich das Gefühl, die Tränen nicht länger zurückhalten zu können, aber die Polizeibeamten warten. Ich kann nicht zusammenbrechen.

»O mein Gott«, sagt Sara.

»Gott war heute nachmittag nicht in der Nähe«, sagte ich.

»Ich komme dich abholen.«

»Nicht nötig«, sage ich. »Das Krankenhaus besorgt mir ein Taxi. Er hat mein Geld gestohlen.« Ich zögere. Aus irgendeinem Grund ist es wichtig, Sara noch etwas zu erzählen. »Er hat meine Unterhose gestohlen.«

Einen Augenblick lang sagt Sara nichts. Dann: »Halt durch. Ich warte vor der Haustür auf dich.«

»Versprich, daß du vor der Haustür stehen wirst«, sage ich.

Ich bin angezogen. Ich sitze auf dem Untersuchungstisch und umklammere meine Handtasche. Ich habe versucht, den beiden Polizeibeamten gegenüber so präzise wie möglich zu sein. Ich denke an den Fernsehdetektiv Joe Friday. Ich höre ihn sagen: Nur die Fakten, Madam. Welche Zeit. Welcher Ort. Ich wiederhole die Worte, meine Worte, seine Worte. Die Polizisten hören sie nicht zum ersten Mal. Ich berichte, wo er das Klebeband hingetan hat, seinen Penis, seine Hände. Als ich sage, daß ich den Vergewaltiger nicht gesehen habe, sehen sie sich an. Die Frau hat eine gewaltige Mähne, blond gefärbt. Perfekt manikürte Hände. Lange, rotlackierte Fingernägel. Während sie mitschreibt, was ich sage, starre ich wie gebannt auf ihre Hände. Der Mann ist älter. Mager. Er steht an der Tür, hinter der Frau. Die Frau gibt mir ihre Karte. Ich soll sie anrufen, ins Revier kommen, um meine Aussage offiziell zu Protokoll zu geben. Ich registriere die Pistole, die sie am Körper trägt. Ich denke, was für ein Glück sie hat, eine Pistole zu haben, und so schöne Fingernägel.

Eine Woche später gab ich auf dem Revier meine offizielle Aussage zu Protokoll. Andrew, der Mann meiner Freundin Pamela, begleitete mich, weil ich zuviel Angst hatte, allein in meinen Stadtteil zurückzugehen. Viele Jahre lang war Andrew der einzige Mensch aus meinem Freundes- und Verwandtenkreis, der die Einzelheiten meiner Vergewaltigung kannte. Niemand sonst hat mich je danach gefragt. Er saß dabei, während ich meine Aussage machte, und versuchte, den Schmerz von den Fakten zu trennen, so wie ich.

Was Andrew oder ich in bezug auf diese Fakten fühlten, war irrelevant. Die Einzelheiten, die ansonsten unaussprechlich waren, waren für die Kriminalbeamtin von großem Interesse.

Die Anstrengung, den Schmerz von seiner Ursache zu trennen, steigerte mein Gefühl der Zerrissenheit. Die Fakten waren sowohl Erinnerung als auch unmittelbare Erfahrung, dazwischen schien es keinen Unterschied zu geben. Was der Vergewaltiger meinem Körper angetan hatte, lag nicht in der Vergangenheit, weil ich keine Vergangenheit hatte – weil die Erinnerung an das, was geschehen war, sich nicht wie eine Erinnerung anfühlte. Sie fühlte sich wie hier und jetzt an, wie die Gegenwart. Und doch mußte ich von dieser Gegenwart sprechen, als wäre sie Vergangenheit. Ich mußte das tun, damit der Vergewaltiger (der nach allem, was ich wußte, vielleicht in der Cafeteria gleich neben dem Polizeirevier eine Tasse Kaffee trank) weder mir noch einer anderen Frau je wieder antun konnte, was er mir angetan hatte.

Das Ergebnis dieser Zwickmühle war eine innere Starre. Ich hatte abwechselnd das Gefühl, daß alles, was geschehen war, jetzt in diesem Augenblick geschah, oder ich fühlte überhaupt nichts. Es war, als säße ich in einem Zug, der mit hoher Geschwindigkeit durch ein Gebirge raste, wo Flüsse und Wälder, durch die Geschwindigkeit des Zuges verschwommen, aber hell im Mittagslicht, plötzlich und ohne Vorwarnung schwarz wurden, wenn der Zug sich in einen dunklen Tunnel durch die Felsen stürzte. Nichts zu fühlen war das Leben im Tunnel. Und obwohl die Tunnel unvorhersehbar waren, waren sie eine Erlösung nach den verschwommenen Korridoren aus gleißendem Licht, die aus einer Vergangenheit auf mich einstürzten, die die Gegenwart war.

In dieser Starre machte ich meine offizielle Aussage. Nur eine Bemerkung, die die Beamtin machte, brannte sich in mein Gedächtnis ein, obwohl es, ähnlich wie bei Giftmüll, viele Jahre dauern sollte, bevor ich mich ihr nähern konnte.

»Das schlimmste war wahrscheinlich, zusammengeschnürt zu sein wie ein Brathähnchen, das gleich in den Ofen geschoben werden soll«, sagte sie.

Es ist seltsam, sich selbst als gerupftes, nacktes Hähnchen zu sehen, als ein Stück lebloses Fleisch. Noch seltsamer ist, daß dieses Bild den Charakter eines schmutzigen Geheimnisses bekam. Es wurde zum Bild meines vergewaltigten Selbst. Es war für mich schmerzlicher, diesem durch eine achtlose Bemerkung hervorgerufenen Bild zu begegnen, als mich an die Stunden zu erinnern, die ich mit dem Vergewaltiger verbracht hatte. Wieso das so war, weiß ich nicht. Vielleicht weil es, alles in allem, eine verdammt gute Metapher war.

Ich bitte die Krankenschwester, mit mir auf das Taxi zu warten. Als es kommt, geht sie auf die andere Seite und gibt dem Fahrer den Gutschein, während ich hinten einsteige. Ich lasse die Tür offen. »Kennen Sie den Mann?« flüstere ich der Krankenschwester zu, als sie kommt, um die Tür zu schließen. »Ja«, sagt sie. »Sind Sie sicher, daß er in Ordnung ist?« frage ich. Sie ist sicher, aber ich glaube ihr nicht. Trotzdem lasse ich zu, daß sie die Tür zumacht. Ich kann mich nicht an den Namen von Saras Straße erinnern, weiß nicht mehr, wie wir hinkommen sollen. Ich will schon wieder aus dem Taxi aussteigen, als es mir doch noch einfällt. Ich sage dem Fahrer, daß er zum Harvard Square fahren soll. Mein Schatten ist nicht im Wagen.

Ich kann mich nicht erinnern, wie der Taxifahrer aussah. Wenn ich an diese Fahrt zurückdenke, sehe ich nur einen Schatten auf dem Vordersitz. Derart gesichtslos, war der Fahrer die Personifizierung aller männlichen Fremden, von denen jeder einzelne ein Vergewaltiger sein konnte. Der Postbote. Der Mann, der hinter mir über den Bürgersteig ging. Der Mann, der vor dem Lebensmittelladen in seinem Auto wartete. Sie alle konnten Vergewaltiger sein.

Ich starrte auf den Hinterkopf des Fahrers und dachte, daß er *mein* Vergewaltiger sein könnte. Taxifahren wäre die perfekte Betätigung für einen Vergewaltiger. Die Beute kam von allein zu einem, man brauchte sie nicht einmal zu suchen. Der Vergewaltiger hätte mir in seinem Taxi zum Krankenhaus folgen und die ganze Zeit auf mich warten können. Ich dachte, daß ihm alles zuzutrauen wäre. Die Angst drückte mich immer tiefer in den Sitz, wo ich immer kleiner wurde. Ich umklammerte den Türgriff, damit ich mich beim geringsten Anlaß in die Lichtpfützen der Straßenlampen werfen konnte. Ich war wie eine der Küste vorgelagerte Insel, die von einer Sturmflut umspült wird. Ich hatte keine Ufer, keine Bestimmung, keine Grenze.

Ich sagte nichts, bis wir an den Harvard Square kamen. Dort sagte ich, er solle in die Massachusetts Avenue abbiegen.

»Hier, biegen Sie hier ab!« Wir rasten an dem kleinen Supermarkt an Saras Ecke vorbei.

»Drehen Sie um«, sagte ich und fing an zu weinen. Der Fahrer hielt an.

»Alles in Ordnung mit Ihnen, Lady?« sagte er.

Dieser Augenblick ist in meiner Erinnerung als ungeteiltes Ganzes gespeichert, und er bewahrt immer noch eine geheimnisvolle Bedeutung. Es war, als wäre ich auf eine Frequenz eingestellt, die nur monotone Geräusche übermittelte – das Geräusch von tausend Fingernägeln, die über Tafeln kratzten, tausend Metallbürsten, die Kupfertöpfe schrubbten, Millionen von Bienen, die in einer Metallkiste eingesperrt waren. Und plötzlich, aber nur für einen kurzen Augenblick, hörten die monotonen Geräusche auf, und ich hörte ein einziges, deutliches Wort. Für einen kurzen Augenblick kam die Frau, die nicht vergewaltigt worden war, zum Vorschein.

Mein Kater Larry hat in der Tierarztpraxis einen Spitznamen. Sie nennen ihn Satan, obwohl er zu Hause Süßer und Herzchen und Liebling gerufen wird. Larrys Vorbesitzer hatten mir erzählt, daß er von einem Auto überfahren worden war, als er noch klein war. Die Behandlung beim Tierarzt war lang und schmerzhaft gewesen. Sie hatten mich gewarnt, und ich hatte ihnen nicht geglaubt. Aber als ich die Verwandlung von Hauskatze zu Monster zum ersten Mal erlebte, sah ich eine Kreatur, die so bösartig und gefährlich war, daß sie nur von drei Menschen mit Schutzhandschuhen gebändigt werden konnte. Ich war fassungslos, was Angst bewirken konnte. Mitten in dem Versuch, Larry aus der Transportbox aus Pappe herauszuschütteln, die – völlig erfolglos – mit der Öffnung nach unten über den stählernen Untersuchungstisch gehalten wurde, legte ich anscheinend einen besonders zärtlichen Ton, wie ich ihn zu Hause benutzte, in meine Stimme. Und einen kurzen Augenblick lang war der Bann der Angst gebrochen. Larry hörte auf zu kreischen, löste die Krallen von den Ecken des Kartons und plumpste mit allen vieren auf den Tisch. Er blieb nur für den Bruchteil einer Sekunde ruhig, aber er hatte mich gehört.

Die Frage des Taxifahrers hatte auf mich eine ähnliche Wirkung. Es war die Frage eines menschlichen Wesens. Ich konnte nicht darauf antworten, aber ich hörte seine Stimme auf der anderen Seite meiner Angst.

Er reichte mir ein Taschentuch, machte eine Kehrtwendung und bog rechts in Saras Straße ein. Das Licht auf ihrer Veranda brannte, aber sie selbst war nicht zu sehen. Ihre Auffahrt war dunkel, und der nur schwach beleuchtete Bereich zwischen Straßenrand und Veranda schien voller versteckter Gefahren.

»Ist das das Haus?« fragte der Fahrer, weil ich mich nicht rührte.

»Ja«, sagte ich.

»Es ist alles in Ordnung«, sagte er.

Immer noch in das Taschentuch schluchzend, suchte ich die Straße ab. Ich konnte der Dunkelheit von Saras Auffahrt nicht trauen. »Würden Sie bitte warten, bis ich drin bin?«

Es war ein unendlich kleiner Vertrauensbeweis, aber es war schon der zweite, den ich in meinem neuen Zustand allein zuwege gebracht hatte. Der erste war gewesen, daß ich überhaupt in dieses Taxi eingestiegen war. Ich kann mich nicht erinnern, wann ich mich das erste Mal selbst in die Ungewißheit hineinkatapultiert hatte. Vielleicht, als ich zum ersten Mal durch das Zimmer kroch – den ganzen Weg bis zum Sessel meines Vaters. Allein in der ungeformten Weite einer Welt ohne Konzepte und daher ohne Worte. Vielleich irre ich mich, wenn ich mir einbilde, daß jener Augenblick sich anfühlte wie der, als ich die Tür des Taxis öffnete und zu Saras Tür lief. Aber ich denke es oft.

Ich hämmerte an ihre Tür, und nach einer Zeit, die mir wie eine Ewigkeit vorkam, kam sie endlich. Ich war völlig außer mir, weil sie ihr Versprechen nicht eingehalten hatte.

»Warum hast du nicht gewartet?« schrie ich. Dann warf ich die Tür hinter mir mit Wucht ins Schloß, während das Taxi sich draußen in Bewegung setzte.

3.

KÄSTCHEN

Die Zeit verläuft von Gegenwart zu Vergangenheit.

DOJEN ZENJI

Sausalito, Kalifornien, Januar 1993

Noch mehr Regen. Der Bach hat die Farbe von Butterkaramel mit schaumiger Sahne obendrauf.
Der Regen hat weitere Katastrophen in diese Region gebracht, in der lange überhaupt nichts geschieht und dann eine Menge auf einmal. Erst Brände und Erdbeben und jetzt auch noch Überschwemmungen und Schlammlawinen. All die Leute am Russian River, die ihre Fotoalben umklammern, während ihre Häuser vom Schlamm begraben werden.
Ich versuche, nicht daran zu denken, daß die San-Andreas-Spalte weniger als eine Meile von unserem Haus entfernt verläuft, gleich hinter der Landspitze. Dort reibt sich die pazifische Platte an der amerikanischen Platte und bewegt sich mit einer Geschwindigkeit von sechs Zentimetern pro Jahr in Richtung Nordwesten, es sei denn, sie bleibt irgendwo hängen. Ich habe die idiotische Vorstellung, daß der Regen die Gleitschienen schmieren und das ganze Gebilde sich losreißen und »The Big One« kommen wird, das große Beben.

Der Regen macht mich nervös. Ich will nicht, daß all diese Gefühle zurückkommen – nichts, dem man trauen kann, nicht der Erde, nicht einer verschlossenen Tür.
Ich versuche, nicht an das Bild zu denken, das ich gestern abend im Fernsehen gesehen habe: ein kleiner, weißer Hund, der im immer höher steigenden Wasser im Inneren eines Maschendrahtzauns im Kreis herumschwamm. Ich konnte nicht schlafen, weil ich ständig an diesen kleinen, weißen Hund denken mußte, und daran, wie sein Besitzer sich gefühlt haben muß, als er unter dem Rettungshubschrauber hing und sah, wie der Hund immer kleiner und kleiner wurde.

Das Leben muß vorwärts gelebt werden. Auf diese Art entwirrt sich der Faden. Das ist unsere Biologie, unser physisches Schicksal. Aber Kierkegaard hat irgendwo gesagt, daß das Leben nur rückwärts *verstanden* werden kann. Vielleicht hätte er sagen sollen, daß das Leben nur rückwärts *gelebt* werden kann. Ich habe das Gefühl, daß wir rückwärts leben, weil wir uns erinnern. Aber dieses Erinnern ist keine Rückkehr an einen fixen Punkt. Es ist eine Neuschöpfung, die der Gegenwart, die selbst ein beweglicher Punkt ist, Sinn verleiht.

Es gibt eine Chronologie des Verlusts, aber sie ist nicht linear. Die Stadien der Trauer, von denen wir in Psychologiebüchern lesen – Schock, Wut, Verleugnung, Kummer, Akzeptanz –, verlaufen nicht in ordentlich geregelter Aufeinanderfolge. Wir erleben sie nicht als fortschreitende Entwicklung, sondern als Kreisbahn. Verluste, die auf Katastrophen zurückzuführen sind, wirken wie die Geburt eines Universums. Materie explodiert mit Macht nach außen und zerplatzt zu einer unendlichen Zahl von Bewußtseinsformen, die vom Augenblick der Schöpfung an in alle Richtungen voneinander fortstreben. Die Erinnerung, unzuverlässig und kreativ, kehrt immer und immer wieder zu diesem Ausgangspunkt zurück, weil er der Beginn von Veränderungen ist, die sowohl die Vergangenheit als auch die Zukunft umschließen. Aber sie geht immer von einem Punkt aus, der sich vorwärts bewegt. Eine Katastrophe, ein Umsturz im alltäglichen Leben, bewegt sich auf diese Weise vorwärts, so wie alles andere auch.

Ratschläge wie »reiß dich zusammen«, »laß es endlich hinter dir«, »vergiß es«, die ich oft von den Menschen gehört habe, die mir am nächsten stehen, scheinen kaum vernünftige Forderungen zu sein. Tatsächlich sind sie besonders schmerzlich, da sie aus Liebe geäußert werden. Für die Überlebende einer Vergewaltigung gibt es nichts Ersehnteres, aber auch nichts Unmöglicheres, als Vergessen.

Zwölf Tage nach meiner Vergewaltigung fuhr ich zu meiner Familie nach Hause, zu jenem Ort, »wo sie dich, wenn du kommst, aufnehmen müssen«, wie Robert Frost sagt. Ich hatte in der Zwischenzeit wie ein Flüchtling gelebt, war ungefähr alle drei Tage von einer Freundin zur nächsten umgezogen, hatte mich wie eine Schubkarre mit nassem Zement durch die Tage geschoben. Tage, die von praktischen Notwendigkeiten bestimmt wurden, die wiederum von einer Liste zu erledigender Dinge diktiert wurden, die ich wie eine geheiligte Schriftrolle mit mir herumschleppte. Nachts kroch ich in den Zement hinein; morgens meißelte ich mich mit einem Zahnstocher wieder heraus. Meine Tagebucheintragungen aus diesen zwölf Tagen sind so inhaltsleer wie weißes Rauschen.

Meine einzige Erinnerung an die Reise von Boston nach Virginia ist die, daß ich im Logan-Flughafen im Terminal der United Airlines saß und darauf wartete, daß mein Flug aufgerufen wurde. Zwei Männer in grauen Geschäftsanzügen saßen mir gegenüber. Sie waren so harmlos wie zwei

Gläser Milch, aber ihre Nähe war mir schier unerträglich, so wie die des Taxifahrers es gewesen war. Ich hatte das Gefühl, die Luft um sie herum wimmele nur so von roten Pfeilen der Bedrohung. Es war quälend, ihnen so nah zu sein, aber ich hatte Angst, mich zu bewegen. Angst, sie auf mich aufmerksam zu machen. Ich versuchte, mich daran zu erinnern, wie ich mich früher verhalten hatte, wenn ich fremden Männern gegenübersaß. Ich konnte es nicht. Ich fühlte mich wie ein Beutestück. Millionen Jahre der Evolution, um der Nahrungskette zu entkommen, und hier war ich, ein Mittagessen für irgend jemanden. So ist es also, wenn man wahnsinnig ist, dachte ich.

Als das Flugzeug endlich abhob, war ich sicher, daß es abstürzen würde. Der Gedanke war eine Erleichterung. Irgendwo über New York holte ich meine Liste hervor und fragte mich, wer jeden einzelnen Punkt darauf durchgestrichen hatte.

ZU ERLEDIGEN

1. Tag: Samstag, 12. Oktober
Polizei in Wohnung treffen
Koffer packen/Papiere holen
Termin Klinik wg. zweitem Urintest
Zu Chris ziehen
Kreditkarten gestohlen melden

2. Tag: Sonntag, 13. Oktober
Tip von Chris wg. Whg. in Concord
Besichtigungstermin ausmachen
Übernachtung organisieren (Simone)
Beratungszentrum für vergewaltigte Frauen anrufen – allg. Infos

3. Tag: Montag, 14. Oktober, Kolumbustag
Zu Simone
Papiere besorgen
Übernachtung bei Linda organisieren

4. Tag: Dienstag, 15. Oktober
Zu Linda
Beratungszentrum für vergewaltigte Frauen – Termin
Termin Polizei wg. Aussage
Andrew anrufen – kommt er mit?
Fahrzeugstelle – neuer Führerschein
Vermieter anrufen – kündigen/Kaution zurückverlangen
Termin wg. Aidstest und Folgetest in 6 Wochen
Gas, Telefon, Strom abmelden

5. Tag: Mittwoch, 16. Oktober
Wohnungsbesichtigung Concord
S.J. anrufen – Artikel absagen
Opfer-Zeugen-Hilfe anrufen – allg. Infos

6. Tag: Donnerstag, 17. Oktober
Polizeirevier: 10.30 Uhr
Krankenversicherung anrufen wg. Kostenübernahme f. Beratung

7. Tag: Freitag, 18. Oktober
Umzugsfirma anrufen – Helfer organisieren
Telefongesellschaft anrufen wg. Anschluß Concord
Schlosser anrufen – zusätzliche Schlösser Concord
Geld an neue Vermieter – hinbringen

8. Tag: Samstag, 19. Oktober
Rechnungen bezahlen
Übernachtung organisieren (Sara)
Vermieter anrufen, Ankunft Spedition durchgeben

10. Tag: Montag, 21. Oktober
Zu Sara
Klinik, Urintest
Beratungszentrum: 9.30 Uhr
Adressenänderung bei Post – Post nachsenden an Sara
Flugreservierung Virginia
Helfer für Umzug anrufen – Instruktionen durchgeben
Kartons holen und mit Schlüssel zu G. bringen

11. Tag: Dienstag, 22. Oktober
Umzugstag: Ankunft Spedition noch mal an Vermieter durchgeben
Neue Kontaktlinsen abholen
Übernachtung organisieren (Neva)
Helfer anrufen – bedanken

12. Tag: Mittwoch, 23. Oktober
für Virginia packen
Klinik anrufen wg. Ergebnis Urintest
Polizei anrufen wg. Ermittlungsstand
Zu Neva

13. Tag: Donnerstag, 24. Oktober
Antibiotika auf Weg zu Flugplatz abholen
United Airlines, Flug 11.00 Uhr

Die praktischen Probleme, die mich in Boston festhielten, gaben meinem Körper Zeit zur Heilung. Ich war froh darüber, weil ich nicht wollte, daß meine Eltern die blauen Flecke an meinen Armen und Handgelenken oder meinen schlurfenden Gang, der einer alten Frau ähnelte, sahen. Zurückblickend weiß ich nicht, wie ich funktioniert habe. Ich konnte nicht schlafen, ich mußte mich zum Essen zwingen. Ich hatte keine erkennbare Identität, hatte überhaupt nichts in meinem Inneren, hatte kein Gefühl von Zukunft, obwohl ich Dinge tat, die darauf hindeuteten, daß ich eine haben würde. Ich wußte, daß ich meinen Freundinnen und Freunden eine Menge abverlangte, aber sie waren für mich nicht mehr real. Ich beobachtete sie aus einer anderen Dimension heraus. Sie lebten im großen Vorher, an einem Ort, an den ich nie zurückkehren konnte.

Ich schwankte zwischen Phasen einer alles vernichtenden Angst und einer lähmenden Erschöpfung, die es mir fast unmöglich machte, mich morgens anzuziehen. Furcht verwob Angst und Erschöpfung zu einer Erregung, die ein Ersatz für Energie war. Meine Freundinnen und Freunde halfen mir auf hunderterlei praktische Weise. Die Nachricht verbreitete sich schnell. Leute riefen mich an. Was sagte ich zu ihnen? Ich kann mich nicht erinnern. Ich existierte nicht.

Das Haus meiner Eltern sieht aus, als würde es nach Kalifornien gehören, in die Sierra Nevada, in die Santa-Cruz-Berge, nicht jedoch in die abgelegene Ecke in Fairfax County, Virginia, in der es tatsächlich steht. Es ist nicht das Haus, in dem ich aufwuchs. Das hatte der Staat Virginia requiriert, um das Grundstück für den Ausbau einer psychiatrischen Klinik nutzen zu können, ein Fall von Enteignung, in dem meine Brüder und ich eine gewisse poetische Gerechtigkeit sahen. Auf die für sie typische Art und Weise hatten meine Eltern auch dieser Angelegenheit etwas Positives abgewonnen und sich nur ein paar Meilen weiter ein neues Haus gebaut. Vollständig aus Zedernholz erbaut, thront es auf einem waldigen Hügel hoch über einem Bach. Von der Veranda aus gesehen, die die gesamte Westseite des Hauses einnimmt, beginnt in Bauchnabelhöhe der Wald. Meine Eltern hatten die einzige noch existierende Lehmstraße ausfindig gemacht, die nicht in irgendeiner Flugschneise liegt.

Sie holten mich am Flughafen ab. Die Erinnerung daran, wie die beiden mit tapferen Gesichtern nebeneinander in der Menge standen, das Gesicht meiner Mutter von Kummer gezeichnet, das meines Vaters von Wut, die er wie einen Hustenreiz mühsam unterdrückte, gehört zu den schmerzlichsten Erinnerungen jener ersten Tage. Der Vergewaltiger hatte auch ihnen weh getan. Die Gewalt, die er gesät hatte, breitete sich über die Leere aus und berührte alle, die ich liebte.

Auch ich setzte ein tapferes Gesicht auf, lächelte und winkte meinen Eltern zu. Meine Mutter umarmte mich. Ich konnte ihr Shampoo riechen. Es roch nach Flieder. Mein Vater hielt sich ein bißchen verlegen im Hintergrund, also streckte ich die Arme nach ihm aus. Passagiere drängten sich an uns vorbei. Falls die Männer in den grauen Anzügen unter ihnen waren, bemerkte ich sie nicht.

Anker glitten ins Wasser. Der staubige Geruch von Eichenlaub, das zu Haufen zusammengeharkt wird, die Düfte aus der Küche meiner Mutter, der Geruch nach Kiefernspänen und Schellack in der Werkstatt meines Vaters, die üppige Süße der Blätter, die in stillen Tümpeln unter den Wurzeln am Bachrand vor sich hinmoderten. Sie alle waren Häfen der Sicherheit, waren mir vertraut. Ich konnte aufhören, das Durcheinander meines Lebens zu ordnen, konnte aufhören, meine Freundinnen und Freunde mit Bedürfnissen zu belasten, die sie ängstigten und mich demütigten.

Mein jüngerer Bruder Ed, der damals Mitte Dreißig war, lebte vorübergehend in der Erdgeschoßwohnung meiner Eltern und ersparte mir dadurch das Eingeständnis, daß ich viel zuviel Angst hatte, um dort allein zu sein. Wenn es eine Hölle gab, dann lag sie im Erdgeschoß, da war ich mir ganz sicher. Ich bezog das Arbeitszimmer meines Vaters im oberen Stockwerk des Hauses. Dort gab es ein zweisitziges Sofa, das sich zu einem Bett aufklappen ließ, und ein winziges Badezimmer. Aber ich schlief nie dort. Ich schlief bei meiner Mutter.

Allein zu sein war mir unerträglich. Früher hatte ich das Alleinsein geliebt. Jetzt war es eine Fortsetzung des körperlichen Grauens, das sich, anders als Freude, in Zeitlupe entfaltet. Und so folgte ich meiner Mutter sechs Wochen lang den ganzen Tag, so wie ich es wahrscheinlich getan hatte, als ich zwei war. Vielleicht kam mein Verhalten ihr seltsam vor, vielleicht empfand sie mein Bedürfnis nach ihrer ständigen Gegenwart als einengend. Aber sie sagte nie etwas. Ich folgte ihr nach draußen, um Blätter zu harken, folgte ihr in die Küche, um das Mittagessen vorzubereiten, folgte ihr zum Briefkasten, um die Post zu holen, folgte ihr zurück in die Küche, um mit dem Abendessen anzufangen, folgte ihr am späten Nachmittag ins Wohnzimmer, wo sie sich gerne unter eine Wolldecke kuschelte, um eine Weile zu lesen.

Ein paar Tage nach meiner Ankunft saßen wir mit unseren Büchern auf der Couch. »Was liest du da?« fragte sie.

»Das Tibetanische Totenbuch«, sagte ich. Es war die dritte Auflage des Buchs von Evans-Wentz, mit einem Geleitwort von C. G. Jung. Meine Mutter las einen Taschenbuchroman, auf dem sich eine Frau in einem rotseidenen Morgenmantel an einen Mann lehnte, der von hinten ihren Arm faßte. Jeden Augenblick würden die beiden sich einander zuwenden. Hinter ihnen waren eine rote Pagode, ein scharfgezackter Berg und eine weitere Gestalt zu sehen – ein gutaussehender Chinese in einem gelben Gewand, die Arme vor der Brust gekreuzt, einen herausfordernden Ausdruck auf dem Gesicht.

Das Gesicht meiner Mutter nahm einen besorgten Ausdruck an. »Es ist eine Art buddhistisches Gebet für die Toten«, sagte ich, da ich wußte, daß meine Wahl ihr eigenartig vorkommen würde. Ich hatte ein paar Tage vor der Vergewaltigung angefangen, das Buch zu lesen – ich hatte am College westliche Philosophie belegt und mich seit Jahren zum Vergnügen immer wieder mit östlicher Literatur beschäftigt –, und dachte, wenn ich den Faden da wiederaufnehmen könnte, wo ich ihn fallen gelassen hatte, könnte ich den zeitlichen Riß überbrücken, der sich vor mir aufgetan hatte und zu der Frau zurückfinden, die nicht vergewaltigt worden war. Deshalb hatte ich das Buch eingepackt. Die Vergewaltigung und dieses Buch standen nur durch die zeitliche Nähe in einem Bezug zueinander. Aber mein Bedürfnis, eine Erklärung dafür zu finden, was mir passiert war, war überwältigend. Jede Erklärung, egal, wie unlogisch oder magisch, schien mir besser als nichts. Ich war völlig unfähig, mich länger auf eine Sache zu konzentrieren, aber ich schlug das Buch trotzdem auf.

Ich fing an, mir Gedanken darüber zu machen, ob etwa die Tatsache, daß ich ein Buch über den Tod des Egos gelesen hatte, die Vergewaltigung verursacht hatte. Vielleicht war ich tot und wußte es bloß nicht. Vielleicht war ich gerade im Sipa-Bardo unterwegs, dem dritten Stadium des Todes. »Dicke, schauervolle Finsternis ist dauernd vor dir, und mitten aus ihr heraus kommen solch schreckenerregende Ausrufe wie ›Schlage! Erschlage!‹ und ähnliche Drohungen.« Vielleicht hatte der Vergewaltiger einen Büffelkopf wie der Totengeist der Gelugpa oder war einer aus der Schar der grauenvollen Eumeniden. Ich ließ das Buch sinken und fing an zu weinen.

»Es wäre besser gewesen, wenn er mich umgebracht hätte«, schluchzte ich.

»Nicht für deinen Vater und mich«, sagte meine Mutter und nahm meine Hand.

»So hab ich es nicht gemeint«, log ich.

»Ich weiß, was du gemeint hast. Als dein Bruder starb, habe ich mich auch so gefühlt. Man glaubt, daß man nicht weiterleben kann – aber man tut es.«

»Was hab ich bloß getan, um das zu verdienen?«

»Nichts, mein Schatz«, sagte meine Mutter.

Abends, wenn meine Mutter und ich den Abwasch erledigt hatten, machten wir uns fürs Bett fertig. Wir stopften uns Kissen in den Rücken, um zu lesen oder uns Fernsehserien wie *Golden Girls und Mord ist ihr Hobby* oder aber *Sixty Minutes* anzusehen. Das Zimmer meiner Mutter sah genauso aus, wie es immer ausgesehen hatte. Der Schaukelstuhl, in dem sie ihre Babys gewiegt hatte, stand in der Ecke neben ihrem Schreibtisch, einer Reproduktion von Longfellows Schreibtisch mit Geheimfächern, die mich als Kind fasziniert hatten. Über ihrem Schreibtisch hing eine Reproduktion eines unsignierten Gemäldes, das ein graues Cottage an einem breiten Bach zeigte, der bewölktes Märzlicht und kahle Bäume widerspiegelte. Es strahlte Ruhe und Stille aus. Als ich noch klein war, liebte ich es, mir das Innere des Cottages vorzustellen und mir das Leben der Menschen auszumalen, die darin wohnten. Auf dem Frisiertisch meiner Mutter standen immer noch dieselben weißen, musizierenden Porzellanengel, von hinten widergespiegelt. Daneben ihr österreichisches Schmuckkästchen mit der Ballerina auf dem Deckel, die sich zur Melodie von »An der schönen blauen Donau« drehte.

Manchmal kam mein Vater, dessen Schlafzimmer auf der anderen Seite des gemeinsamen Badezimmers lag, zu uns herüber, um sich gemeinsam mit uns die Zehnuhrnachrichten anzusehen. Dann saßen wir zu dritt im Bett und sahen fern. Mama und Papa in den Siebzigern. Das Baby fast vierzig.

Sechs Jahre nach der Vergewaltigung erzählte ich einer guten Freundin von diesen Wochen, stolz auf mich selbst, weil ich sie mir genommen hatte, stolz auf meine Eltern, weil sie sie mir ermöglicht hatten. Irgend etwas an ihrer Reaktion ließ mich aufmerken. Über eine Vergewaltigung zu sprechen war gefährlich, wie meine junge Freundin Kate herausgefunden hatte. Abgesehen von den Polizeibeamten und meinen Therapeutinnen hatte niemand mich je gefragt, was genau an jenem Tag geschehen war. Zuerst war ich darüber erstaunt gewesen. Nach dem Loma-Prieta-Erdbeben von 1989 wurde ich oft gefragt, wie es gewesen war, ein schweres Erdbeben zu erleben. Meine eigene Geschichte zu erzählen und zu hören, wie meine Freunde die ihre erzählten, war beruhigend, vor allem in den ersten Wochen, als wir alle immer noch wackelige Knie hatten. Sogar jetzt noch, Jahre später, tauchen Teile dieser Geschichten, die inzwischen ein Teil unserer gemeinsamen Geschichte geworden sind, in unseren Gesprächen auf. Wir sprechen nicht mehr oft über das Erdbeben, haben es aber auch nicht vergessen.

Doch niemand wollte je etwas über meine Vergewaltigung wissen. Ich hatte Verständnis für das Zögern anderer Menschen, mich nach den Fakten zu befragen, die für die Polizeibeamten von so großem Interesse gewesen waren. Ich wußte, daß ihr Zögern zum Teil daher rührte, daß sie das Gefühl hatten, was mir zugestoßen war, sei zu intim, zu persönlich. Da eine Vergewaltigung unter anderem ein Angriff auf die Sexualorgane ist, trägt sie Spuren einer dunklen, schmutzigen Art von Sex in sich, die bei anderen Gewalttaten nicht vorhanden sind. Aber wie konnte irgend jemand denken, daß es sich dabei um ein sexuelles Erlebnis gehandelt hatte?

Trotzdem schmerzte mich die Weigerung der anderen, etwas über die Auswirkungen meiner Vergewaltigung zu hören, über die neuen Gedanken- und Gefühlsmuster, die sich Jahr für Jahr wie bunte Glasscherben in einem Kaleidoskop veränderten. Ich hatte den Eindruck, daß sich selbst gute Freundinnen und Freunde entweder zurückzogen, oder aber über mich urteilten.

Als ich meiner Freundin erzählte, daß ich sechs Wochen lang im Bett meiner Mutter geschlafen hatte, sah sie mich ungläubig an. »Du hast mit deiner Mutter in *einem* Bett geschlafen?« Wenn jemand eine Feststellung in eine Frage ummünzt, ahnt man gleich, daß etwas im Busch ist.

»Ja, schon.«

»Hast du je in einer Therapie darüber gesprochen?«

»Nein.«

»Findest du nicht, du solltest?«

»Eigentlich nicht«, sagte ich. »In Anbetracht der Umstände.«

»Also, für mich klingt das nach ungelösten Problemen«, kam sie zum Schluß.

Obwohl in der Zwischenzeit sechs Jahre vergangen waren, kränkte es mich, daß jemand, dem ich mich anvertraut hatte, etwas, was ich als heilenden Akt in Erinnerung hatte, für etwas Krankes hielt. Die Selbstzweifel, die eng mit den Selbstvorwürfen verwandt sind, unter denen die Überlebenden von Vergewaltigungen so oft leiden, lauern jahrelang wie ein schlafender Virus im Untergrund und warten nur auf einen Augenblick des Kompromisses. Ich fühlte mich ausgeliefert und schutzlos, als ich neben meiner Freundin saß, in meinen Kaffee starrte und wußte, daß »die Umstände« für sie nie einen Sinn ergeben würden.

Aber ich weiß eine gute Absicht zu schätzen, auch wenn sie schmerzt. Daß meine Freundin nicht verstehen konnte, was in mir vorging, hatte nichts mit Gefühllosigkeit zu tun, sondern mit Nichtwissen. Jede, der es seltsam vorkommt, daß eine Frau von neununddreißig Jahren ihrer Mutter sechs Wochen lang folgte ein kleines Hündchen, war eine von den Glücklichen – eine Frau, die nicht vergewaltigt worden war.

Ich hatte das Glück, daß meine Mutter die körperlichen Nachwirkungen des Grauens instinktiv verstand. Sie war klug genug zu sehen, daß ich in einer Angriffs- oder Fluchtreaktion feststeckte, wie die Nadel eines Plattenspielers in einem Kratzer. Es war wie Wildwasserfahren ohne Strecken ruhigen Wassers dazwischen. Ich kämpfte verzweifelt darum, oben zu bleiben, lebte nur von Sekunde zu Sekunde, ohne ein Gefühl dafür, wie es weitergehen könnte. Im Wirbel dieser Stromschnellen mußte ich schlafen, essen und all die üblichen Dinge des täglichen Lebens erledigen. Ich mußte eine Tasse Tee über das Floß tragen und durfte keinem gegenüber erwähnen, daß das Wasser, mein neues Medium, ein Band aus weißer Wut war. Daß meine Mutter neben mir auf dem Floß saß, frei von Angst und Zweifel, sogar beinahe heiter in ihrem Glauben, daß die Liebe alles überwindet, war ein Segen, der seine Heilkraft bis heute nicht verloren hat.

21. Oktober 1985

Meine erste Tagebucheintragung seit der Vergewaltigung. Worte kommen mir tot vor.
Letzte Nacht ein anonymer Anrufer, der ins Telefon gestöhnt hat. Ich bin sicher, daß er es war, daß er mich aufgespürt hat. Mom versucht, mich zu beruhigen, aber ich zittere am ganzen Leib und bekomme keine Luft mehr. Dad zeigt mir sein Gewehr, führt mich durch das ganze Haus und zeigt mir, daß alle Türen abgeschlossen sind. Er gibt mir einen Scotch, aber ich kann nicht aufhören zu weinen. Schließlich höre ich dann doch auf, weil ich sehe, wie sehr mein Weinen ihnen zu schaffen macht. Kann nicht schlafen, habe aber

Angst, aufzustehen und Mom zu verlassen. Anscheinend schlafe ich doch, wache aber auf, weil etwas über die Veranda schleicht. Hysterisch wecke ich Mom. Es ist nur ein Tier. »Nur dieser alte Waschbär«, sagt sie, als würde sie ihn kennen. Ich kann nicht wieder einschlafen. Mein Herz hämmert so laut, daß ich glaube, einen Herzanfall zu haben. Ich fühle mich so verletzlich. Ich weiß nicht mehr, wer ich bin.
Heute morgen fühlte sich mein Körper wie Blei an. Fuhr mit Mom zum Drugstore. Ein Mann ging an mir vorbei und blieb stehen. Hätte am liebsten nach Mom geschrien, habe es aber Gott sei Dank nicht getan. Schwitzte so stark, daß ich mein Hemd wechseln mußte, als wir nach Hause kamen.
Nachmittags zwang ich mich dazu, Mom zu helfen, das Laub zusammenzuharken und Unkraut zu hacken. Fühlte mich nach der körperlichen Betätigung besser. Mom sagte: »Du hast gerade einen Hartriegelsetzling abgehackt.« Ich war wie am Boden zerstört und fing an zu weinen. Ich war eine Idiotin. Anscheinend war alles, was ich tat, um mir selbst zu helfen, zum Beispiel das Arbeiten im Garten, nur ein weiterer Beweis für mein miserables Urteilsvermögen, meine Achtlosigkeit und meine Unaufmerksamkeit. Genau deshalb war ich vergewaltigt worden. Mom sagte, der Hartriegel sei nicht wichtig, sie hätte ihn sowieso weghaben wollen, es gäbe schon zu viele davon. Sie hackte einen weiteren ab, um es mir zu beweisen.
Gestern abend etwas sehr Merkwürdiges. Vor dem Einschlafen erinnerte ich mich an einen Traum, den ich hatte, als ich sechs oder sieben war. Der große böse Wolf war hinter uns her. Er trug einen roten Overall und einen Zylinder. Tom rannte vorneweg, weil er der Älteste und Schnellste war. Dad trug Eddie, Mom trug Johnny. Ich wußte, daß sie die beiden trugen, weil sie noch Babys waren. Ich rannte, so schnell ich konnte, blieb aber immer weiter zurück. Mom flehte mich an, schneller zu laufen, drehte sich um und streckte mir die

Hand entgegen. Ich konnte den heißen Atem des Wolfs in meinem Nacken spüren.

Ich glaube, ich habe einen Nervenzusammenbruch.

In meiner zweiten Woche in Virginia hatte mein Bruder einen Motorradunfall und verletzte sich den Rücken. Der Arzt verordnete fünf Tage Bettruhe, und ich verbrachte jeden Tag mehrere Stunden damit, mich um Ed zu kümmern. Ich fuhr ihn zum Arzt, brachte ihm das Frühstück, putzte seine Küche und wusch seine Wäsche. Ich fühlte mich gebraucht, richtiggehend nützlich.

Aber meine Hilfsbereitschaft beruhte vor allem auf dem heimlichen Schuldgefühl, daß ich das Pech mit nach Hause gebracht hatte. Ich hatte das Gefühl, machtlos zu sein, war aber gleichzeitig erfüllt von Allmachtsgefühlen, ähnlich wie ein Kind, das glaubt, daß es das Ungeheuer, das im Schrank lauert, zum Verschwinden bringen kann, indem es sich unter der Decke versteckt. Ich war eine Hiobsbotin. Man sollte mich besser allein in einem kleinen Boot aussetzen, um den Sturm zu besänftigen und die Mannschaft zu retten. Ich konnte diese Gefühle keinem anvertrauen, weil ich nicht gesagt bekommen wollte, daß sie verrückt waren.

Mein Vater hatte immer gehofft, daß Ed Priester werden würde, weil er der einzige von uns vier Kindern war, der ein ausgeglichenes Naturell hatte. In einem Haus voller mäkeliger Esser aß Ed alles. Während wir anderen nörgelten und quengelten und uns ständig über alles mögliche beklagten, war Ed zuvorkommend, fröhlich und hilfsbereit. Meine Brüder und ich hatten uns in alle vier Winde zerstreut, seit wir aus dem Haus waren, und ich war nicht mehr mit Ed allein gewesen, seit wir Teenager gewesen waren. Jetzt waren wir beide wieder zu Hause – mein Bruder, weil er aus Richmond weggezogen war, um einen neuen Job in Washington anzunehmen, und auf eine Wohnung in der Stadt wartete, und ich, weil ich wieder zwei Jahre alt war.

Ed und ich hatten uns immer gut verstanden. Als wir noch Kinder waren, hatten wir einmal einen richtigen Streit und beschlossen, ihn hinter dem Holzschuppen auszutragen. Da mein Vater meinen Brüdern strikt verboten hatte, Hand an mich zu legen, trafen Ed und ich die Abmachung, daß der Kampf unser Geheimnis bleiben würde, ganz gleich, wie er ausging, wobei wir davon überzeugt waren, daß dieser Ausgang blutig sein würde. Wir besiegelten unsere Abmachung mit einem feierlichen Handschlag. Dann marschierten wir zum Schuppen, zogen einen Strich zwischen uns, forderten uns gegenseitig heraus, ihn zu übertreten, schrien uns Beleidigungen zu, hoben die Fäuste – und brachen in Tränen aus. Es war der erste und letzte Streit, den wir je hatten.

Jetzt verkrochen wir uns in einer Art Einschub innerhalb der Erzählung der Vergewaltigung. Wir ließen Szenen aus unserer Kindheit aufleben und überboten uns gegenseitig mit amüsanten Episoden, die wir immer mehr ausschmückten. Ab und zu sprach ich über die Vergewaltigung und ihre Auswirkungen auf mich. Ed hörte mir zu, ohne je zu urteilen. Nichts, was ich über meine Gefühle sagte, schien ihn aus der Fassung zu bringen. Er hörte mir zu, als ich in minutiösen Details schilderte, welche praktischen Probleme ich gelöst hatte, bevor ich nach Hause kam. Er hörte mir zu, als ich jede noch so kleine Freundlichkeit aufzählte, die meine Freunde mir erwiesen hatten. Jede Entscheidung, die ich getroffen hatte, war richtig gewesen. Ich war klug, stark und gewitzt. Nichts hatte sich geändert. Ich war seine große Schwester. Ich mußte daran glauben können, daß es diese Person immer noch gab.

14. November 1985

So schwierig, in dieses Tagebuch zu schreiben. Früher einmal war es mir ein Trost.
Ich sitze im Bademantel auf der Veranda, von der Szenerie zum Schreiben animiert. Vier oder fünf Eichhörnchen huschten geschäftig im Laub herum, das dicht und braun auf der Erde liegt. Die Luft ist drückend, ähnlich wie im Frühsommer, aber mit einem leisen Hauch von Kühle. Die Blätter fallen von den Bäumen. Sie hören sich an wie Regen, weil so viele von ihnen durch die stille Luft fallen. Ich habe miterlebt, wie die Bäume sich von orange und rot zu braun verfärbten. Jetzt sind viele von ihnen kahl. Ich bin froh, daß die leuchtenden Farben verschwunden sind.
Ich habe meine Rückkehr nach Boston immer wieder hinausgezögert, weil ich mich noch nicht bereit fühle. Es macht mir schreckliche angst, auch nur an den Ansturm der Assoziationen zu denken, die mich dort erwarten, daran, wieder allein zu sein und zu wissen, daß es sich anfühlen wird, als würde der Wolf am Fenster lecken. Es ist deprimierend zu wissen, daß diese Gefühle bei mir bleiben werden. Für wie lange? Sie lähmen und behindern mich, aber es gibt keinen Ausweg. Ich darf beim Abschied nicht weinen. Mom und Dad drängen mich, länger zu bleiben, aber ich weiß, daß ich fahren muß. Ich habe Angst. Wenn ich weine, werden sie auch Angst bekommen.
Die Eichhörnchen jagen sich gegenseitig. Sie sehen so unbekümmert aus. Die Sonne ist durch die Wolken gebrochen, aber es liegt Regen in der Luft. Ich werde die Blätter von der Veranda fegen, bevor der Regen kommt.
Ich wünschte, ich wäre tot.

Als ich noch klein war, war die Werkstatt meines Vaters, ein großer Raum zwischen Garage und Haus, ein Königreich für sich, für uns Kinder streng verboten. In dieser Werkstatt wurde hart gearbeitet – sie war kein Ort für Kinder. In Nachtarbeit und an den Wochenenden planten und bauten meine Eltern unser erstes Haus. Der Anfang war ein Cottage mit drei Zimmern und einem Dach aus Teerpappe, an das ich mich nur von Fotos erinnere. Als ich neun war, hatten wir alle ein eigenes Zimmer. Mein Vater verlegte sämtliche Böden selbst, kleidete die Wandschränke mit Zedernholz aus, das er auf dem Grundstück geschlagen hatte, zimmerte die Glastüren fürs Wohnzimmer und die Schränke für die vier Badezimmer. Er verkleidete die Wände mit Rigipsplatten, verputzte, strich, mischte Zement. Während des Jahres, in dem mein Vater die Schränke und die Arbeitsflächen für die Küche aus knotigem naturgewachsenem Kiefernholz anfertigte, kochte meine Mutter mitten in dieser Baustelle Mahlzeiten für sechs Personen, reichte ihm Nägel an, holte Werkzeug herbei, verspachtelte Löcher, schmirgelte, lackierte, säuberte Pinsel – und versorgte nebenbei vier Kinder.

In der Werkstatt meines Vaters roch es immer noch nach Terpentin, Entrosterspray, Holzspänen und Sägemehl, aber sie war inzwischen viel bescheidener geworden, ein etwa drei mal vier Meter großer Raum neben der Waschküche, der seine frühere Dringlichkeit verloren hatte. Mein Vater baute jetzt nur noch Schiffsmodelle und hölzerne Kästchen, keine Häuser mehr. Die Kästchen waren aus exotischen Hölzern gemacht – Ebenholz, Coccobolo und Paduk – und mit ausgetüftelten Scharnieren versehen. Es gab Nähkästchen, die sich in mehreren Etagen öffneten, wenn man sie aufklappte, Truhen aus Mahagoni und Nußbaum, winzige Kästchen mit herausnehmbaren Zwischenböden und so klitzekleinen Scharnieren, daß sie auf eine Fingerspitze paßten.

Als Ed wieder zur Arbeit gehen konnte, verbrachten

mein Vater und ich die Vormittage in dieser Werkstatt. Kästchen in den verschiedensten Stadien der Fertigstellung – manche noch von Gummibändern zusammengehalten, während der Leim trocknete, andere schon bereit für die zweite Lackschicht – schimmerten im Licht der Sonne, das durch das Fenster fiel, das auf den Bach hinausging. Wir tranken unseren Kaffee und besprachen, was wir an diesem Tag tun wollten, dann machte mein Vater das Radio an, und wir arbeiteten einträchtig bis zum Mittagessen.

Die Herstellung der Kästchen folgte einer Ordnung, die nur ich verstand. Das erste war für Sara, die mich bei sich aufgenommen hatte, als ich aus dem Krankenhaus kam. Sie hatte mir verziehen, daß ich sie angeschrien hatte, weil sie nicht an der Tür auf mich gewartet hatte. Sie hatte ihren Posten nur einen Moment verlassen, um nach dem Essen zu sehen, das sie für mich vorbereitete – Pasta mit frischem Gemüse –, und mir ein Bad einlaufen zu lassen. Sie schüttete nach Geißblatt duftendes Badeöl aus einer blauen Flasche in die Wanne und brachte mir einen Gin Tonic mit einer Limonenscheibe, während ich mich weinend abschrubbte und das Gefühl hatte, nie wieder sauber zu werden. Sie legte mir ein Flanellnachthemd und ein Paar Pantoffeln bereit und lockte mich aus der Wanne an den Tisch, der mit ihrem besten Porzellan und einem silbernen Kerzenhalter mit einer elfenbeinfarbenen Kerze gedeckt war. Neben meinem Teller saß ein ziemlich mitgenommener Teddybär, der ihrem Sohn gehört hatte. Ich nahm ihn wochenlang mit ins Bett. Als ich gegessen hatte, packte sie mich in mein Bett – frische Laken auf der Couch, zwei Decken, eine Nachttischlampe, Bachs Goldberg-Variationen im Hintergrund, ein knisterndes Feuer im Kamin.

Das nächste Kästchen war für Linda, die Strategin, die meinen Umzug aus der Wohnung, in der ich vergewaltigt worden war, in eine neue Wohnung außerhalb der Stadt organisiert hatte. Sie hatte ausgetüftelt, wer was tun konnte, um mir zu helfen, sie hatte die Aufträge und Arbeitspläne verteilt, sie hatte die Liste der zu erledigenden Dinge aufgestellt, die ich in einem speziellen Notizbuch, das ebenfalls von ihr stammte, mit mir herumgeschleppt hatte. Sie hatte mich gehalten, wenn ich zusammenbrach, und sich gefreut, wenn ich wieder einen Punkt von meiner Liste streichen konnte.

Es gab ein Kästchen für Simone, die mich bei sich wohnen ließ und sich von ihrer eigenen Arbeit frei nahm, um mir bei meinen Erledigungen zu helfen. Und ein Kästchen für Chris, die meine neue Wohnung im Dachgeschoß eines viktorianischen Hauses in Concord, Massachusetts, dem Herzen von Thoreau-Land, gefunden hatte. Es gab eins für Andrew, der mich zur Polizei begleitet und dabeigesessen hatte, als ich meine Aussage machte, eins für Neva, die daran gedacht hatte, mir Geld zu leihen, ohne daß ich darum bitten mußte, und vier weitere Kästchen für die vier lieben Menschen, die meinen Umzug überwacht hatten, während ich in Virginia war.

Ich arbeitete mit großer Sorgfalt, schmirgelte das Holz, bis es sich so glatt wie Samt anfühlte, entfernte den Staub mit einem speziellen, ölgetränkten Lappen und schmirgelte es noch einmal. Mein Vater bohrte die Löcher für die Scharniere mit einem winzigen Elektrobohrer, und ich schraubte die Messingschrauben so ein, daß sie absolut plan saßen und ihre Köpfe sich flach in die Scharniere schmiegten. Das Holz saugte den Lack geradezu in sich ein, wobei sich winzige Bläschen bildeten, die dann in der Maserung verschwanden. Ich nahm Maß für die Innenauskleidung und schnitt das Wildleder mit einem Messer und einem Lineal zu.

Mit diesen Beschäftigungen vergingen die Tage. Wenn ich an den Kästchen arbeitete, fragte ich mich nicht nach dem Warum und machte mir keine Sorgen darüber, wie ich je wieder auf die Füße kommen sollte. Ich war ausschließlich auf Schmirgeln, Lackieren oder Verleimen konzentriert. Und ich war auf eine Weise, wie ich es als Kind nie gewesen war, mit meinem Vater zusammen. Die Zeit, die ich mit ihm in seiner Werkstatt verbrachte, war eine Zeit, die jede Vorwärtsbewegung verloren hatte und so reglos und still geworden war wie ein in Bernstein eingeschlossenes Insekt. Sie war ein Geschenk und eine Lehre. Als alle Kästchen fertig waren, brachte ich sie nach oben und zeigte sie stolz meiner Mutter, und gemeinsam verpackten wir sie einzeln in Geschenkkartons, die passend zur Innenauskleidung der Kästchen mit lavendelfarbenem Seidenpapier ausgeschlagen waren. Ich packte die Geschenkkartons in violettes Papier ein und band eine Satinschleife um sie herum.

Eines Morgens, als mein Vater gerade einen hölzernen Schnappriegel für eins der Kästchen machte, sagte er wie aus heiterem Himmel: »Wenn ich diesen perversen Mistkerl je in die Finger bekomme, bring ich ihn um, ganz langsam. Als erstes schneid ich ihm die Eier ab.«

Der Zorn meines Vaters hatte einen bitteren und unwillkommenen Beigeschmack, denn auch meine eigene Wut hatte monströse Ausmaße. Jedesmal, wenn ihr Rücken die Oberfläche meines Bewußtseins durchstieß, bekam ich es angesichts ihrer verborgenen, unfaßbaren Größe mit der Angst zu tun. Die Welle, die sie hinter sich zurückließ, schwappte über mir zusammen und riß mich kopfüber in eisiges Wasser, wo ich mich nirgends festhalten konnte. Ich konnte es nicht ertragen, ihren muschelbewachsenen Kopf anzusehen, weil ich Angst hatte, sie würde mich mit Haut und Haaren verschlingen. Sehr viel später sollte sie erneut an die Oberfläche kommen, in verschleierten Formen, die ihr nicht zu ähneln schien, aber trotzdem ihre Brut waren.

Sie war mit den blinden Fischen nach unten auf den Grund gesunken, um ihre Metamorphose zu vollziehen.

Ich wußte, daß es meinem Vater ein Bedürfnis war, seinen unsichtbaren Feind zu quälen, ich wußte, daß er die Worte sagen mußte. Aber ich wußte auch, daß sie keine Erlösung bringen würden. Sie würden ihn nur mit ihren Fallstricken umschlingen und ihm das Gefühl geben, noch hilfloser zu sein.

»Vielleicht kriegen sie ihn ja«, sagte ich. Wir wußten beide, daß das unwahrscheinlich war. Da der Vergewaltiger mich von hinten gepackt und mir die Augen zugeklebt hatte, bevor ich ihn sehen konnte, würde ich ihn bei einer Gegenüberstellung nicht identifizieren können. Die Polizei hatte nichts, woran sie sich halten konnte, bis auf die detaillierteste Beschreibung von Hausschuhen, die sie je gehört hatten. Wenn es bei einer Gegenüberstellung möglich wäre, die Augen zu schließen und die Verdächtigen zu beschnüffeln, würde ich ihn in einer Sekunde herausfinden.

»Selbst wenn sie ihn kriegen«, antwortete mein Vater, »ist er spätestens in ein oder zwei Jahren wieder draußen.« Ich kannte die Statistiken nicht, aber mein Vater hatte recht. Laut einem Bericht aus dem Jahr 1993 werden 98 Prozent aller Vergewaltiger nie geschnappt. Die zwei Prozent, die erwischt und verurteilt werden, können, wie es in diesem Bericht heißt, damit rechnen, im Durchschnitt ein Jahr oder weniger hinter Gittern zu verbringen.

Wenn ich diese Statistiken damals gekannt hätte, hätten sie selbst das winzige Hoffnungsfünkchen, daß mein Vergewaltiger vielleicht doch gefaßt werden würde, ausgelöscht. In meiner Phantasie sah ich, wie er vor seinen Kumpels mit seiner Tat prahlte, von denen einer ihn danach verpfiff. Das war der bestmögliche Fall, wie die Polizei mir ein paar Tage vor meiner Abreise nach Virginia mitgeteilt hatte. Er trat nie ein.

Damals wußte ich auch noch nicht, welche Auswirkungen dieses Verbrechen auf mich haben würde. Ich hatte keine Ahnung, daß ich, nicht der Vergewaltiger, zu einer lebenslänglichen Strafe verurteilt worden war. Wenn ich gewußt hätte, daß die meisten Vergewaltiger mit einem Klaps auf die Hand davonkommen, hätte ich mich wahrscheinlich noch isolierter gefühlt, als ich es ohnehin tat. Daß die meisten von ihnen ungestraft davonkommen, hätte mir bestätigt, daß ich überreagierte. Vergewaltigungen waren zwar schlimm, aber so schlimm nun auch wieder nicht. Sie waren nur ein-Jahr-im-Knast-schlimm, vergleichbar mit anderen heimtückischen Taten wie dem Ausstellen eines ungedeckten Schecks.

Die Wut meines Vaters an dem Tag, an dem er mit geballten Fäusten an seiner Werkbank stand, erfüllte mich mit Mitleid. Der Vergewaltiger war kein Mensch, sagte mein Vater, sondern schlimmer als ein Tier. Er müßte kastriert und bei lebendigem Leib verbrannt werden. Er wollte derjenige mit dem Messer sein, er wollte derjenige sein, der das Benzin über ihn kippte. Er würde einen Privatdetektiv engagieren, um den Kerl zu finden. Dann würde er ihn umbringen. Es war schrecklich, ihn zu hören und zu wissen, daß nur eins ihn trösten konnte – daß ich aufhörte zu leiden. Er war so voller Wut, weil er mich liebte und weil ich litt. Mein Leiden war das Problem.

»Ihn umzubringen würde nichts an dem ändern, was passiert ist«, sagte ich.

»Vielleicht solltest du nicht zurückgehen«, sagte mein Vater. »Er läuft immer noch irgendwo da draußen rum.«

»Dad, in Virginia gibt es auch Vergewaltiger.«

Er dachte eine Minute darüber nach. »Bist du wirklich sicher, daß du zurückgehen willst?« fragte er.

Ich wußte, daß er mich beschützen wollte, daß er mich mit seinem eigenen Leben verteidigen würde. Deshalb wollte er, daß ich blieb.

»Ich habe ein Leben in Boston – meine Arbeit, meine Freunde. Ich werde mir das alles nicht von diesem Schwein nehmen lassen. Ich komme schon klar, Dad.«

1995 besuchte ich Sara. Das Kästchen, das mein Vater und ich für sie gemacht hatten, stand auf ihrem Frisiertisch neben dem silbernen Spiegel und der dazu passenden Haarbürste mit den Initialen ihrer Mutter. Ich nahm das Kästchen in die Hand, betrachtete die Scharniere und strich mit dem Finger über den Deckel. Das Kästchen zu sehen erinnerte mich daran, wie glücklich ich mich schätzen konnte, daß ich diese Vormittage mit meinem Vater in der Werkstatt gehabt hatte, wie wertvoll die Erinnerungen daran waren, wie er inmitten seiner Werkzeuge und Pinsel und Lackdosen in einem kleinen See aus Morgenlicht an seiner Werkbank gestanden hatte. Das Versprechen, das ich meinem Vater damals gab, erfüllt sich allmählich, wenn auch nicht so, wie ich es mir vorgestellt hatte. Ich kehrte nicht in das Leben zurück, das ich verlassen hatte. Und es sollte ein ganzes Jahrzehnt dauern, bis ich die Beschaffenheit des Lebens akzeptieren konnte, das jenes andere Leben ersetzt hatte.

4.

TREIBGUT

Wer warf in der Dunkelheit die Hafenkette aus?
Dies ist keine Reise in bekanntes Land.

LOUISE BOGEN
»In See stechen«

Es ist Ende Februar 1993. Ich habe mich bei strömendem Regen aus dem Haus ausgesperrt. Kein Mantel, kein Portemonnaie. Nur die Autoschlüssel. Ich war mir selbst vorausgeeilt. Steve und ich können uns seit Jahren nicht einigen, ob wir für einen solchen Fall einen Schlüssel verstecken sollen oder nicht. Ich weiß, was passieren kann, wenn jemand ihn finden würde. Obwohl die Sorte Jemand, die ich im Kopf habe, keinen Schlüssel braucht. Als Kompromiß haben wir einen Schlüssel bei einer Nachbarin hinterlegt. Natürlich ist sie nicht zu Hause.

In den acht Jahren seit der Vergewaltigung habe ich meine Schlüssel noch kein einziges Mal verlegt. Schlüssel sind Auslöser. Deshalb gehe ich sorgsam mit ihnen um. Am Morgen vor der Vergewaltigung verlor ich meinen Autoschlüssel. Das Auto stand vor dem Haus einer Freundin, bei der ich eine Woche wohnte, weil ich noch keine Zeit gehabt hatte, meine Sachen auszupacken und meine neue Wohnung einzurichten. Jahrelang glaubte ich, ich sei vergewaltigt worden, weil ich den Autoschlüssel verloren hatte.

Hätte ich ihn nicht verloren, argumentierte ich, wäre ich nicht in meiner neuen Wohnung gewesen, sondern hätte eine Künstlerin für ein Kurzporträt interviewt, das ich für eine Lokalzeitung schreiben sollte.

Probleme mit Schlüsseln – sie zu verlieren oder sie nicht bei sich zu haben, wenn man sie braucht – sind sogar für Leute ein Ärgernis, die sich durch Unannehmlichkeiten nicht so schnell aus der Fassung bringen lassen. Für gewöhnlich sind sie ein Zeichen dafür, daß man zuviel zu tun hat. Ich hatte an dem Tag, an dem ich vergewaltigt wurde, zuviel zu tun, und der Verlust des Schlüssels kam mir aus diesem Grund zuerst fast wie ein Segen vor. May Sarton hat einmal gesagt, unbegrenzt Zeit zu haben sei der einzig wirkliche Luxus, ein Luxus, der ihr das Gefühl gebe, märchenhaft reich zu sein. Als ich an jenem Tag vor dem Haus meiner Freundin auf der Treppe saß und auf den Schlüsseldienst wartete, hatte ich plötzlich nichts zu tun. Ich hatte das Interview mit der Künstlerin auf einen späteren Termin verschoben und eine Verabredung zum Mittagessen abgesagt. Ich war reich. Der Kobold, der Socken, Schlüssel und Nagelfeilen stiehlt, hatte als Ausgleich für den Unfug, den er angestellt hatte, unverplante Zeit zurückgelassen – Zeit für mich. Zeit zum Auspacken.

Ich stehe in einer Telefonzelle und versuche, meinen Mann in seinem Büro in San Francisco zu erreichen. Ich mache mir Sorgen, daß er seinen Schlüssel vergessen haben könnte, was er oft tut. Ich muß lange warten, weil er sich in einer Konferenz befindet. Der Regen um die Telefonzelle wird immer dichter, läuft in Strömen an den Seiten herunter, so daß ich nichts mehr sehen kann. Als Steve endlich an den Apparat kommt, witzeln wir ein bißchen über die Situation, weil sie ein kleiner Sieg für seine Seite unserer Schlüsseldebatte ist. Aber ich bin trotzdem angespannt.

Als ich über die Golden Gate Bridge fahre, höre ich im Radio die Verkehrsmeldungen. Die Autos vor mir sind kaum zu sehen. Draußen geht es ganz schön ungemütlich zu, sagt der Sprecher mit fröhlicher Stimme und rattert die Unfälle herunter – ein umgekipptes Müllauto, ein umgestürzter Baum, eine wichtige Ausfallstraße nach Norden wegen einer Schlammlawine gesperrt. Ich merke, daß ich das Steuer so fest umklammere, daß meine Knöchel ganz weiß sind.

Nach dem Erdbeben im japanischen Kobe, als die Nachrichten voll waren mit Bildern von eingestürzten Autobahnen und schiefen, zwölfstöckigen Gebäuden, brachte ein lokaler Fernsehsender eine Computersimulation, in der zu sehen war, was bei einem Beben von gleicher Stärke und Dauer mit der Golden Gate Bridge passieren würde. Zum Glück war die Simulation abstrakt, von der Art, wie Computergraphiker sie lieben. Autos, Lieferwagen, Busse und Fußgänger waren dezent weggelassen worden, und man sah nur Linien, die einem auf dem Prinzip des Quadrats aufgebauten Spinnennetz ähnelten. Den Experten zufolge würde sich der südliche Teil der Brücke – der zwischen dem Pfeiler und Fort Point – aus seiner Verankerung reißen und in die Bucht stürzen. Der Rest der Brücke würde hin und her zucken wie eine Schlange, der man auf den Kopf tritt.

Der Radiosprecher teilt mir mit, daß es in der letzten Woche in der Bay Area fünfzig kleinere Erdbeben gab, größtenteils Stärke 1,0 auf der Skala, aber auch ein paar größere, vor allem längs des Calaveras-Grabens. Die Experten sagen, daß es sich dabei um eine ungewöhnlich hohe Aktivität handelt. Ich befinde mich jetzt auf dem mittleren Teil der Brücke. Ich habe das Gefühl, mich in zwei Teile aufzuspalten. Der eine Teil steuert das Auto und achtet auf den Sicherheitsabstand zu zwei roten Punkten, den Rücklichtern eines BMW. Der andere Teil beobachtet, was der erste Teil tut. Der Teil, der fährt, denkt zuviel. Der Teil, der beobachtet, ist wie betäubt. Ich versuche, die beiden Teile wieder zusammenzufügen, aber dadurch wird es nur noch schlimmer. Meine Konzentration zersplittert. Konzentration ist nur möglich, wenn man entspannt ist.

Ich bin jetzt auf dem letzten Teil der Brücke. Dem südlichen Teil. Dem, von dem die Experten sagen, daß er einstürzen wird. Hinter mir fährt ein Bus viel zu dicht auf mich auf. Plötzlich habe ich das Gefühl zu fallen. Der Bus donnert an mir vorbei. Ich schaue aus dem Fenster und sehe, wie die Leute in dem überfüllten Bus durcheinanderpurzeln. Ihre Münder öffnen sich zu kleinen Ovalen. Der Fahrer umklammert das Steuer. Alles spielt sich in Zeitlupe ab. Der Teil von mir, der fährt, schreit, aber kein Ton ist zu hören. Der andere Teil beobachtet distanziert. Alles ist allein meine Schuld – weil ich mich aus dem Haus ausgesperrt habe. Aber ich befinde mich immer noch auf der Straße, und die Straße ist immer noch mit den Brückenpfeilern verbunden. Eine Sekunde, vielleicht zwei, sind vergangen.

Als ich die Mautstelle erreiche, bin ich in Hochstimmung. Ich krame drei Dollar hervor, bedanke mich bei der netten Dame mit den schwarz lackierten Fingernägeln und schieße aufs neue in den Regen hinaus.

Schlüssel haben nichts mit Vergewaltigen zu tun. Vergewaltigungen haben nichts mit Erdbeben zu tun. Aber derartige Assoziationen besitzen ein eigenes Leben. Jeder, der eine Katastrophe überlebt, kennt sie. Sie sind wie Raum-Zeit-Krümmungen, Kurven im emotionalen Raum, so unvorhersehbar wie der Schock, der sie ausgelöst hat.

Leonard Shengold erklärt in seinem Buch *Soul Murder*, daß die Ermordung der Seele mit einem Trauma verbunden ist, das einem von der Welt außerhalb der Seele aufgezwungen wird. Dieser Seelenmord ist so überwältigend, daß der psychische Apparat von Gefühlen überschwemmt wird. Was

Shengold als »furchterregendes Übermaß« von Gefühlen bezeichnet, ist die Welt, die durch das Trauma hervorgebracht wird. Wie eine Insel, die durch Vulkane unter der Meeresoberfläche entstanden ist, ist sie von allen bewohnten Kontinenten abgeschnitten. Schiffbrüchige, die von einem Sturm an ihre Küste getrieben werden, müssen sich entweder auf ihr zurechtfinden oder sterben.

Über dieses Übermaß von Gefühlen zu schreiben, diese Flutwelle, die sich nach dem grauenerregenden Ereignis über die Landschaft der Seele und des Denkens legt, wirft die Frage auf: Kann die Sprache die ermordete Seele wieder zum Leben erwecken, kann sie die Signale des Gehirns umdirigieren? Ich muß glauben können, daß sie das kann.

Die menschliche Reaktion auf überwältigende Lebensereignisse wird von der modernen Medizin als Angststörung gewertet, als geistige Erkrankung. Weil ich nicht denken will, daß der Mann, der mich vergewaltigte, mich mit einer Geisteskrankheit infizierte, sträube ich mich dagegen, die Auswirkungen von überwältigendem Terror als Krankheit zu bezeichnen. Ich bestehe darauf, geistig gesund zu sein, und betrachte meine Reaktion als menschlich, sogar als angemessen und würdevoll.

Die Reaktion auf ein furchterregendes Übermaß von Gefühlen erhielt erst 1980 einen Namen. In einem medizinischen Standardwerk, dem *Diagnostischen und Statistischen Manual Psychischer Störungen (DSM-III)* wird erstmals das *posttraumatic stress disorder*, kurz PTSD, als psychische Erkrankung klassifiziert und beschrieben. Bei dieser posttraumatischen Belastungsstörung handelt es sich um ein ganzes Bündel von Symptomen, von denen man vielleicht sagen kann, daß sie zusammengenommen die Erfahrung ergeben, daß die Vergangenheit die Gegenwart unterminiert. Mit PTSD zu leben ist, als stünde man am Rand eines aufgewühlten Ozeans – dem gegenwärtigen Augenblick –, während die Vergangenheit sich aufbäumt, überschlägt und mit Macht auf das Land einstürzt. Sie spült den Boden fort, auf dem man steht, und zieht einen mit sich. Nur ist diese Metapher noch zu eng gefaßt. Tatsächlich ist die Einwirkung der Vergangenheit auf die Gegenwart viel komplexer. Sie erodiert den Boden, auf dem man steht, und zwar von allen Seiten gleichzeitig.

1990, fünf Jahre nach meiner Vergewaltigung, schickte eine Freundin mir einen Zeitungsartikel, in dem die Symptome dieser Störung aufgeführt wurden: »Alpträume, Flashbacks, Depressionen, Verleugnung, Gefühle der Entfremdung und der Isolation, Schuldgefühle, Wut, emotionale Fühllosigkeit, Konstriktion, Schlaflosigkeit, Ängstlichkeit, Schreckhaftigkeit, Verlust der Fähigkeit zu phantasieren oder zu sublimieren, Konzentrationsschwäche. Obwohl ich seit Monaten deprimiert und ängstlich war, stellte ich keinen bewußten Zusammenhang zwischen meinen Gefühlen und der Vergewaltigung her. Ich hatte mich selbst davon überzeugt, daß ich »darüber weg« war. Diese Einstellung, verbunden mit meiner Sehnsucht, es möge tatsächlich so sein, wirkte wie ein Betäubungsmittel auf meine kognitiven Fähigkeiten und auf den Gedanken, daß drei Stunden überwältigenden Grauens langfristige Auswirkungen gehabt haben könnten.

Ich las die Liste der Symptome in einer Art Benommenheit. Ich wußte, daß das, was ich da las, bedeutungsvoll war, aber mein emotionales und intellektuelles Erfassen der Information blieb eingeschränkt. Zwar kam mir der Gedanke, ich könne an etwas leiden, was dieser sogenannten posttraumatischen Belastungsstörung ähnlich war, aber es war nur ein flüchtiger Gedanke, so wie sich jemand, der unter heftigen Kopfschmerzen leidet, vielleicht einen Moment lang fragt, ob der pochende Schmerz in seinen Schläfen womöglich von einem Gehirntumor herrührt.

Die Studien, die in dem Artikel angeführt waren, bezogen sich hauptsächlich auf Vietnamveteranen. Vergewaltigungen wurden nicht als Ursache für PTSD genannt. Da die Strömungsrichtung meiner Emotionen einem kognitiven Begreifen meines Zustands entgegenwirkte, machte ich ausschließlich äußere Umstände für mein Unglücklichsein verantwortlich. Inzwischen weiß ich, daß die Vergewaltigung in der Zwischenzeit ihre Form verändert und sich zu einer neuen Empfindung weiterentwickelt hatte. Sie war nicht mehr ein Ereignis aus der Vergangenheit, sie war zu meiner gegenwärtigen emotionalen Landschaft geworden, zum Dschungel jener Insel, auf der viele stranden, selbst wenn sie nur einen einzigen Augenblick überwältigenden Terrors überlebt haben. Das dichte Unterholz verhindert jeden Blick auf das Meer, wo sich mit etwas Glück vielleicht irgendwann ein Schiff sichten ließe. Das undurchdringliche Dickicht der Gefühle macht nicht nur jede Flucht, sondern schon den Gedanken daran unmöglich.

Zurückblickend wundere ich mich darüber, daß ich mich in der ganzen Zeit nie auch nur ansatzweise über das Thema kundig gemacht habe. Als ich zum Beispiel einmal erfuhr, daß ich mich wegen Myomen einer Operation unterziehen mußte, las ich alles, was ich darüber in die Finger bekommen konnte. Ein ganzes Bord meines Bücherregals befaßt sich mit den Problemen, auf die ich mich als Stiefmutter gefaßt machen mußte. Als bei meiner Mutter Brustkrebs diagnostiziert wurde, verbrachte ich eine ganze Woche in der medizinischen Bibliothek, bevor ich nach Virginia flog, um mit ihren Ärzten zu sprechen. Aber in bezug auf die Vergewaltigung und alles, was damit zu tun hatte, war mein Informationsdrang völlig verkümmert.

1995 wurden im *The New York Times Book Review* zwei Bücher über unterdrückte und falsche Erinnerungen rezensiert. Der Autor des Artikels, Steven Rose, schrieb einleitend, eine neue Krankheit greife in Amerika um sich. Er nennt sie »Syndromitis« und beschreibt sie als Erfindung pseudomedizinischer Kategorien, in die sich fast jede Abweichung von dem hineinpacken läßt, was als Norm gilt: das Ideal durchschnittlich erfolgreicher, durchschnittlich glücklicher Amerikaner zwischen 30 und 40. Dann listet er mehrere dieser angeblichen Modeerscheinungen auf, darunter ADD (Aufmerksamkeitsstörung), DID (dissoziative Identitätsstörung), das Münchhausen-Syndrom und die posttraumatische Belastungsstörung. »Sobald das Etikett existiert«, schreibt Rose, »überschlagen sich Therapeuten in dem Versuch, es ihren Patienten aufzupappen, denn mit der Feststellung und Behandlung dieser Zustände lassen sich Karrieren machen. Dieser Trend wird verstärkt durch die Umformulierung der Unabhängigkeitserklärung durch das durchschnittliche Amerika. Nicht mehr das Streben nach, sondern der Besitz von Glück gilt heutzutage als unveräußerliches Recht.«

Roses Zynismus lag 1995 voll im Trend, aber das war nicht der Grund dafür, daß ich den Artikel ausschnitt. Ich hatte eine zweieinhalbjährige therapeutische Behandlung wegen genau dieser posttraumatischen Belastungsstörung hinter mir. Da die Krankheit im *Diagnostischen und Statistischen Manual* aufgelistet war, hätte meine Versicherung die Kosten eigentlich übernehmen müssen. Aber da die Spezialistin für Vergewaltigungen, bei der ich in Behandlung war, nicht auf der Empfehlungsliste meiner Versicherung stand, tat sie es nicht. Die Behandlung war teuer, und nicht der Vergewaltiger, sondern ich hatte jeden Monat einen Scheck dafür ausstellen müssen.

Vielleicht war ich darüber immer noch wütend, als ich Roses Artikel las. Aber was mich vor allem daran störte, war die Behauptung, posttraumatische Belastungsstörungen seien nichts weiter als eine »Modeerscheinung«, ähnlich wie die Straßpudel, die Mädchen in den fünfziger Jahren an ihren Flanellröcken trugen, wenn sie zu Partys gingen. Sie war kein wirkliches Problem, schien er zu sagen, sondern eine Art psychiatrisches Hula-Hoop, etwas, was durchschnittlich unglückliche Leute als Vorwand benutzten, um ihr durchschnittliches Unglücklichsein zu erklären.

Aber PTSD ist kein modisches Akronym für durchschnittliches Unglücklichsein. Schon seit Jahrhunderten kennen Ärzte einen rätselhaften menschlichen Zustand, den sie gemeinhin als Hysterie bezeichneten. Lange wurde er ausschließlich mit Frauen in Verbindung gebracht (nach dem Griechischen *hystera*, Unterleib) und sein Ursprung im Uterus vermutet. Zweifellos waren manche Ärzte sich darüber klar, daß auch Soldaten, die dem Grauen der Schlachtfelder ausgesetzt waren, hysterische Symptome an den Tag legten, aber eine Bezeichnung für die männliche Form von Hysterie – Schützengrabenneurose – ging erst 1916 in die Sprache ein, als Militärärzte anfingen, Fälle dieser Symptomatik bei Männern zu dokumentieren, die aus dem Ersten Weltkrieg zurückkamen.

In seinem Buch *Emotionale Intelligenz* beschreibt Daniel Goleman ähnliche Erlebnisse wie meines auf der Golden Gate Bridge als »emotionale Überfälle«. Diese Überfälle ereignen sich, weil das Gehirn, wie Wissenschaftler allmählich herausfinden, ein »neurales Seitengäßchen« besitzt – eine Art abgekürzten Weg für Gefühle, auf dem die Hauptstraßen des Neokortex umgangen werden können, genau des Teils des menschlichen Gehirns, der sich als letzter entwickelte und der Sitz all dessen ist, was Goleman als typisch menschlich bezeichnet.

Einer der führenden Wissenschaftler auf dem Gebiet, Joseph LeDoux, entdeckte Ende der achtziger Jahre, daß es eine anatomische Grundlage für die Fähigkeit der Gefühle gibt, das denkende Gehirn zu umgehen. »Das emotionale System kann anatomisch unabhängig vom Neokortex agieren«, sagte er zu Goleman. »Ohne irgendeine bewußte, kognitive Beteiligung können emotionale Reaktionen und emotionale Erinnerungen entstehen.« In Weiterführung von Golemans »Seitengäßchen«-Metapher könnte man vielleicht sagen, daß Menschen mit PTSD zu Hinterhofratten werden, die in einem emotionalen Labyrinth leben, von dessen Existenz die anderen, die über die sonnenbeschienenen Hauptstraßen schlendern, nicht einmal etwas ahnen. Aber für die Hinterhofratten ist das Labyrinth die einzige Möglichkeit, sich durchzuschlagen.

Golemans Überfallmetapher ist außerordentlich treffend. Wenn ich von plötzlichen, inkohärenten Ängsten überfallen wurde, hatte ich immer das Gefühl, einen Schattenvergewaltiger in mir wohnen zu haben, der mich aus dem Hinterhalt angriff, wenn ich am wenigsten damit rechnete, so wie der Vergewaltiger aus Fleisch und Blut es getan hatte. Der Schattenvergewaltiger war kein Spiegelbild des wirklichen Vergewaltigers oder seiner Tat. Vielmehr schienen die Bilder der Vergewaltigung versteinerte Technicolorhologramme zu sein, die in einem verlassenen Bergwerksstollen in meinem Gehirn eingelagert waren. Der Schatten war bildlos, wortlos, formlos, ein Terrorist in meinem Kopf, ein Teil meiner selbst. In der Zeit, in der diese Attacken am heftigsten waren, wußte ich nicht, daß der Terrorist in meinem Kopf wahrscheinlich einen biologischen Ursprung hatte. Es gibt Untersuchungen, die darauf schließen lassen, daß der Schlüssel zu PTSD möglicherweise in der Chemie des Gehirns liegt. Anscheinend kann schon ein einziger kurzer Moment überwältigenden Grauens das Gehirn für immer verändern.

Goleman führt aus, daß einige der wichtigsten Veränderungen im *locus caeruleus* stattfinden, einem Gebilde, das im Hirnstamm angesiedelt ist und die Ausschüttung der Hormone Adrenalin und Noradrenalin reguliert, die den Körper für einen Notfall mobilisieren. Diese Substanzen sorgen auch dafür, daß Erinnerungen zusätzlich verstärkt und intensiviert werden. Die physiologischen Veränderungen, die mit der Reaktion auf derartige Ereignisse einhergehen, sind zeitweise Infusionen von Energie, und die Erinnerungen an diese Ereignisse können auch noch nach Jahren machtvoll bleiben. Aber für Menschen, die unter PTSD leiden, hört der Energiestrom nie auf. Nach überwältigendem und unkontrollierbarem Streß wird der *locus caeruleus* hyperaktiv und schüttet ein Übermaß dieser Hormone aus, und zwar auch in Situationen, die keine tatsächliche Bedrohung darstellen, sondern dem ursprünglichen Ereignis nur auf irgendeine Weise ähnlich sind, wobei diese Ähnlichkeit die merkwürdigsten Formen annehmen kann.

So ähnelt es zum Beispiel meiner Vergewaltigung, wenn ich mit dem Rücken zu einer Tür sitze, weil ich der Tür auch an jenem Oktobernachmittag den Rücken zugewandt hatte. Jahrelang stellte ich die Möbel in meinem Büro so, daß ich der Tür nie den Rücken zuwenden mußte, obwohl diese Umstellungen mein ästhetisches Empfinden störten und oft unpraktisch waren. Ich dachte nicht weiter darüber nach. Anders konnte ich mich einfach nicht konzentrieren.

Aber während ich dies hier schreibe, sitze ich mit dem Rücken zur Tür. Zwar kann ich die Inschrift meines früheren Unbehagens immer noch entziffern, aber inzwischen ist es so, als betrachtete ich die Einkerbungen auf einem alten Grabstein – früher einmal waren es Worte, aber Wind und Regen haben sie fast unleserlich gemacht. Der Blick aus meinem Fenster ist mir inzwischen wichtiger als der Versuch, meinen Rücken zu schützen. Obwohl ich immer noch ein vages Unbehagen empfinde, habe ich gelernt, wie ich die physische Erinnerung kurzschließen kann, bevor sie die Gelegenheit hat, Angst auszulösen. Ich habe gelernt, dies mit Hilfe komplexerer »Ähnlichkeiten« zu tun, unter anderem dadurch, daß ich mich konzentriere. Jahrelang löste jeder Versuch, mich auf eine Sache zu konzentrieren, ein Gefühl schrecklicher Vorahnung in mir aus, weil ich mich, als ich attackiert wurde, auch konzentriert hatte – auf das Auspacken meiner Sachen.

Eine Erhöhung des CFR-Spiegels, des wichtigsten Streßhormons, das das Gehirn zur Mobilisierung der Angriffs- oder Fluchtreaktion ausschüttet, tritt auch bei Menschen auf, die an PTSD leiden. Zuviel CFR überflutet den Körper mit chemischen Substanzen, die dieselbe Emotion auslösen wie die, die vom ursprünglichen Trauma ausgelöst wurden. Ein Übermaß an CFR läßt Menschen »überreagieren«. Das klassische Beispiel ist der Kriegsveteran, der am ganzen Leib zu zittern anfängt, wenn er die Fehlzündung eines Autos hört. Die Fehlzündung ist nicht »wie« das Schlachtfeld. Sie *ist* das Schlachtfeld. Und er selbst ist genau jetzt wieder da.

Der Film *Apocalypse Now,* Francis Ford Coppolas meisterhafte Übertragung von Joseph Conrads Roman *Das Herz der Finsternis* in den moderneren Kontext des Vietnamkrieges, fängt damit an, daß Captain Willard auf das monotone Drehen des Deckenventilators über seinem Bett in einem Hotel in Saigon »überreagiert«. Bilder von Kampfhandlungen – rotierende Helikopterblätter und wogende Napalminfernos – verschmelzen mit dem Deckenventilator, als Willard zurückstürzt in die Emotionen einer überwältigenden Vergangenheit, die für ihn Gegenwart ist. In einem 1993 im *New York Times Magazine* erschienenen Artikel über posttraumatische Belastungsstörungen bei Krankenschwestern, die in Vietnam im Einsatz waren, beschreibt Laura Palmer PTSD als »Nahkampf mit sich selbst«. Die Darstellung von Willards Kampf mit sich selbst und mit der zusammenbrechenden Struktur der Zeit, die seine Arena ist, fängt die quälende Intensität des Lebens mit PTSD brillant ein.

Goleman führt ebenfalls aus, daß überwältigender Terror Veränderungen im Opioidsystem des Gehirns bewirken kann, das Endorphine ausschüttet, um das Schmerzempfinden zu dämpfen. Es wird ebenfalls überaktiv und grenzt Gefühle ein. Die emotionale Betäubung, die mit PTSD assoziiert wird, scheint sich wie ein Nebel über die ganze emotionale Landschaft zu breiten. Nicht nur Schmerzen werden gedämpft, sondern auch Freude. Von allen Folgen der Vergewaltigung war diese am schwersten zu erkennen und am schwersten zu ertragen. Es war, als lebte man mit Novocain im Herzen, verdammt zu einem Leben auf der glasigen Oberfläche in der windstillen Zone der emotionalen Roßbreiten.

Ich fühlte mich von allem abgeschnitten, im Laufe der Jahre sogar von der Erinnerung an das emotionale Leben, das ich einmal gekannt hatte. Meine Fähigkeit, echtes Interesse an meinen eigenen Gefühlen oder den Gefühlen anderer zu empfinden, schien gefriergetrocknet zu sein wie Instantkaffee. Das Problem war, daß ich nicht einmal mehr wußte, wie richtiger Kaffee schmeckte.

Neue Untersuchungen über den destruktiven Pfad, den überwältigende Lebenserfahrungen durch die neuralen Gänge des Gehirns schlagen, lassen darauf schließen, daß »darüber hinwegkommen« an ein Wunder grenzt. So zum Beispiel kommt eine Studie, die im Juli 1995 im *American Journal of Psychiatry* veröffentlich wurde, zu dem Ergebnis, daß die Hormone, die das Gehirn überfluten, um es angesichts von Terrorerlebnissen zu mobilisieren, eine Art Gift für die Zellen des Hippocampus sein könnten, einem Teil des Gehirns, das für Lernfähigkeit und Erinnerungsvermögen lebenswichtig ist. Die neurologischen Schaltkreise, die an diesen Veränderungen des Gehirns beteiligt sind, werden gerade erst von Wissenschaftlern kartographiert, aber wir erkennen zunehmend, daß die Wahrnehmung des Lebens nach einem überwältigenden Ereignis nie wieder dieselbe sein kann, weil das Gehirn, das jenes Leben wahrnimmt, möglicherweise nicht mehr dasselbe Gehirn ist.

Obwohl bereits 1981, vier Jahre vor meiner Vergewaltigung, eine fünfbändige Studie über die Folgen von Vietnam erschien, in der auch die posttraumatischen Belastungsstörungen geschildert wurden, gab es fünf Jahre nach dem Überfall auf mich, als meine Symptome anfingen, sich bemerkbar zu machen, immer noch Debatten darüber, ob eine derartige Störung tatsächlich existiert. Die jüngsten wissenschaftlichen Beweise für die biologischen Grundlagen bei PTSD sind ein weiteres Kapitel in der Geschichte der Erforschung menschlicher Reaktionen auf überwältigenden Streß, eine Geschichte, die ihre eigene Ironie und ihre eigenen Muster der Verleugnung besitzt.

1992 veröffentliche Judith Herman, Professorin für klinische Psychologie an der medizinischen Fakultät von Harvard, das beeindruckende und bahnbrechende Buch *Die Narben der Gewalt.* Die Psychologin Phyllis Chesler bezeichnet es als eine der wichtigsten psychiatrischen Arbeiten seit Freud. Ich finde, daß Chesler nicht übertrieben hat. Für mich zumindest war Hermans Buch, das ich im Sommer 1992 las, der Beginn einer Hoffnung. Vielleicht konnte ich mehr tun, als die unbarmherzigen Folgeschocks meiner Vergewaltigung zu ertragen. Ich fing an zu glauben, daß ich vielleicht nicht nur die Chance hatte, mein Leben nach der Vergewaltigung weiterzuleben, sondern auch, es zu verstehen. Vielleicht war meine Vergewaltigung nicht unaussprechlich. Vielleicht, so begann ich zu denken, ließ das Ritual des Schweigens sie nur so erscheinen.

Hermans Schilderung dessen, was sie die »vergessene Geschichte« der Erforschung psychischer Traumata nennt, war für mich besonders heilsam. Als ich das Buch zu Ende gelesen hatte, schämte ich mich weniger. Ich hatte herausgefunden, daß das Ritual des Schweigens, das den Opfern so sehr zu schaffen macht, anscheinend auch jenen zu schaffen macht, die sie erforschen.

»Die Erforschung psychischer Traumata«, schreibt Herman, »hat eine eigenartige Geschichte – immer wieder gibt es Phasen der Amnesie. Wer psychische Traumata untersucht, muß über furchtbare Ereignisse berichten. Bei Naturkatastrophen oder Ereignissen, die auf ›höhere Gewalt‹ zurückzuführen sind, ist es für den Berichterstatter leicht, Mitleid für das Opfer zu empfinden. Ist das traumatische Ereignis jedoch Ergebnis menschlichen Handelns, ist der Berichterstatter im Konflikt zwischen Opfer und Täter gefangen... Die Versuchung, sich auf die Seite des Täters zu schlagen, ist groß. Der Täter erwartet vom Zuschauer lediglich Untätigkeit... Das Opfer hingegen erwartet vom Zuschauer, daß er die Last des Schmerzes mitträgt. Das Opfer verlangt Handeln, Engagement und Erinnerungsfähigkeit.«

Wie Herman ausführt, war die Reaktion auf unkontrollierbare, erschreckende Lebensereignisse zu Freuds Zeiten ein zentraler Brennpunkt des psychiatrischen Interesses, aber Freuds Wechsel zu der Überzeugung, daß weibliche Hysterie mehr mit Kindheitsphantasien von sexueller Verführung als mit tatsächlichem sexuellem Mißbrauch zu tun hatte, zögerte die ernsthafte Erforschung der psychologischen und neurologischen Folgen der Reaktionen von Frauen auf Traumata für Jahrzehnte hinaus. Ich bewunderte Hermans Fairneß Freud gegenüber, den ich seit meiner Collegezeit, als ich seiner Vorstellung vom Penisneid zum ersten Mal begegnete, immer heruntergemacht hatte. Sie erinnerte mich daran, daß Freud, dessen *Zur Ätiologie der Hysterie* 1896 veröffentlich wurde, weder einen politischen noch einen gesellschaftlichen Kontext für seine Erkenntnis hatte, daß sexuelle Übergriffe, Mißbrauch und Inzest in der

Kindheit die Ursache für die hysterischen Symptome seiner Patientinnen waren. Selbst heute, vor dem Hintergrund der feministischen Bewegung und einer weltweiten Menschenrechtsbewegung, hat Herman meiner Meinung nach Recht, wenn sie sagt: »Wer über Greueltaten öffentlich spricht, zieht unweigerlich das Stigma auf sich, das dem Opfer immer anhaftet.«

Freuds Revision seiner ursprünglichen Ansicht (die inzwischen als wissenschaftlicher Skandal gilt) und seine Abkehr von der Erforschung psychischer Traumata bei Frauen hatte schwerwiegende Folgen. Bedauerlicherweise sollte fast ein ganzes Jahrhundert voller schrecklicher Kriege und ihrer Auswirkungen auf Männer nötig sein, damit die Reaktionen von Frauen auf Vergewaltigung, Inzest und häusliche Gewalt allmählich ernst genommen wurden.

Obwohl die Zahl der psychiatrischen Fälle bei Kriegsopfern, wie Herman ausführt, im Ersten Weltkrieg hoch war – laut einer von ihr angeführten Schätzung machten psychische Zusammenbrüche 40 Prozent der britischen Kriegsverletzungen aus –, zögerten die Militärbehörden, Informationen freizugeben, die die Öffentlichkeit demoralisieren könnten. Männer, die den Schrecken des Stellungskrieges ausgesetzt waren, verhielten sich wie Freuds hysterische Patientinnen, aber ihr Verhalten konnte nicht auf »sexuelle Phantasien« zurückgeführt werden. Und doch ging die Tendenz dahin, trotz der so offensichtlichen äußeren Erklärung für das Verhalten der Soldaten, ihre »Hysterie« nicht etwa auf ein durch äußere Einflüsse ausgelöstes Trauma zurückzuführen, sondern auf innere Schwäche. Die meisten medizinischen Autoritäten waren der Meinung, Soldaten mit »Schützengrabenneurose« seinen »moralische Invaliden« und »menschlich minderwertig«, und die Behandlung, die ihnen zuteil wurde, spiegelte diese Auffassung wider. Die Männer wurden beschämt und bestraft.

Ich kann mir nicht einmal annähernd vorstellen, welche Qualen jene Männer ausgestanden haben müssen, die vor Entsetzen stumm geworden waren und sich sagen lassen mußten, sie seien erbärmliche Feiglinge, um anschließend stundenlangen Elektroschockbehandlungen unterzogen zu werden. Ich erinnerte mich an einen bedeutend sanfteren brieflichen Vorwurf, den ich mir zwei Monate nach meiner Vergewaltigung von einer Cousine gefallen lassen mußte, und der war schmerzlich genug. Sie sage es nicht gern, schrieb sie, aber irgend jemand müsse es ja einmal sagen: Ich suhlte mich in Selbstmitleid und warf mein Geld zum Fenster raus, wenn ich eine Therapie machte, die mich nur in meinem Selbstmitleid bestätigen würde, indem sie mich dazu ermutigte, mich an Dinge zu erinnern, die ich besser vergessen würde.

Meine Cousine wollte Schweigen, Vertuschung, Verleugnung. Damals hatte ich das Gefühl, sie stehe auf der Seite des Vergewaltigers.

Mit der Zeit, als die psychiatrischen Fälle bei Kriegsopfern immer zahlreicher wurden, wurden die betroffenen Soldaten menschlicher behandelt und Kriegsneurosen allmählich als psychiatrisches und nicht mehr als moralisches Problem betrachtet. Aber schon kurz nach dem Krieg, schreibt Herman, »schwand das medizinische Interesse für psychische Traumata wieder. Zwar waren in den abgelegenen Stationen der Veteranenhospitale viele Männer mit schweren psychischen Schäden untergebracht, doch ihre Existenz bedeutete für die zivile Gesellschaft inzwischen eine Peinlichkeit, die man gerne vergaß.«

1941 veröffentliche Abram Kardiner *The Traumatic Neuroses of War*, die erste umfassende klinische und theoretische Studie über Kriegstraumata. In dieser Studie, die 1947 in Zusammenarbeit mit einem Psychiater, der Männer an der

Front behandelt hatte, auf den neuesten Stand gebracht wurde, beklagte sich Kardiner über die periodisch auftretende Amnesie, die die Erforschung der Kriegsneurosen und auch die Erforschung der Tendenz der Gesellschaft, Männer zu diskreditieren, die die klassischen Symptome einer Hysterie an den Tag legten, immer wieder unterbrochen hatte. Mit dieser Studie bewaffnet konzentrierten sich Militärpsychologen im Zweiten Weltkrieg darauf, wie man Kriegsneurosen, die inzwischen als unausweichliche Folge von Kampfhandlungen begriffen wurden, verhindern und behandeln konnte. Wieder lebte das medizinische Interesse auf, und das Stigma ließ nach – so stark, daß General Patton fast sein Kommando verlor, als er 1943 zwei Soldaten mit Schützengrabenneurose ohrfeigte.

Obwohl neue Behandlungsmethoden wie Hypnose und die Verwendung von Natriumamytal (einem hypnotisch wirkenden Sedativum, das gemeinhein als »Wahrheitsserum« gilt) als geeignet galten, Männer so schnell wie möglich wieder für den Kriegseinsatz tauglich zu machen, ist inzwischen klar, daß traumatische Erinnerungen, so lange sie nicht ins Bewußtsein integriert werden, immer die Macht besitzen werden, die Gegenwart in die Vergangenheit zurückzuziehen.

In den letzten Jahren wuchs die Zahl der inzwischen betagten Veteranen aus dem Zweiten Weltkrieg, die wegen posttraumatischer Belastungsstörungen eine Behandlung suchen. Fünfzig Jahre lang hat das Trauma im Verborgenen geruht. Sie haben jetzt bessere Behandlungschancen, als sie sie vor fünfzig Jahren gehabt hätten. Denn genau wie nach dem Ersten Weltkrieg ließ das medizinische Interesse am Schicksal dieser Männer wiederum nach, als sie nach Kriegsende zurückkehrten. Die nachhaltigen Folgen von Kriegstraumata gerieten wieder in Vergessenheit.

Vielleicht brauchten wir einen »schlechten Krieg« wie den Vietnamkrieg, um zu erkennen, daß überwältigender Terror nicht einfach vergessen werden kann. Herman schreibt, daß erst anläßlich des Vietnamkrieges systematische, großangelegte Untersuchungen zu langfristigen psychischen Kriegsfolgen durchgeführt wurden, und auch das nur aufgrund der organisierten Bemühungen der Soldaten selbst, die sich anders als ihre Väter und Großväter weigerten, stumm zu bleiben. »Irgendwann ist dieser Krieg mal zu Ende«, sagt Captain Willard in *Apocalypse Now.* »Es wird schon in Ordnung gehen mit den Jungs auf dem Schiff. Es ist ihnen ja nichts wichtiger als der Weg nach Haus. Das Problem ist, ich bin inzwischen dort gewesen, und ich weiß, es gibt kein Zurück mehr.«

Die vielen Captain Willards des Vietnamkriegs konnten nicht mehr nach Hause gehen. Ihre Vergangenheit, und auch ihre Zukunft, stürzte in den Schmerz hinein, der für die Überlebenden die Gegenwart ist. Die Fernsehbilder von Vietnamveteranen, die weinend und sich in Würde erinnernd vor der Mauer stehen, auf der die Namen ihrer gefallenen Kameraden verzeichnet sind, haben sich ins öffentliche Bewußtsein eingegraben.

Weil diese Männer sich weigerten, hinter dem Schirm einer heroischen Mythisierung unsichtbar zu bleiben, konnten die bleibenden Auswirkungen psychischer Traumata nicht länger verleugnet werden. Und erst nach 1980 (als psychische Traumata in das *DSM III* aufgenommen wurden) wurde deutlich, daß die psychischen Syndrome, an denen die Opfer von Vergewaltigungen, häuslicher Gewalt und Inzest litten, im wesentlichen den Syndromen der Kriegsopfer entsprachen. Und erst die Frauenbewegung der siebziger Jahre förderte die Erkenntnis zutage, daß nicht Männer im Krieg, sondern Frauen im zivilen Leben am stärksten von posttraumatischen Störungen betroffen sind.

Die neurologischen und psychologischen Reaktionen auf Krieg und Vergewaltigung mögen dieselben sein, aber es gibt einige Gründe, die unsere Bereitschaft beeinträchtigen, die unvermeidlichen langfristigen Folgen von Vergewaltigungen anzuerkennen: Vergewaltigungen sind das intimste aller Verbrechen, für gewöhnlich ein einsamer und heimlicher Schrecken. Sie sind das einzige Gewaltverbrechen, das nicht nur den Täter, sondern auch das Opfer mit einem Makel behaftet. Und es sind in erster Linie Männer, die Vergewaltigungen begehen können und es auch tun. Indem wir die folgenschweren Auswirkungen von Vergewaltigungen leugnen, verweigern wir den Überlebenden ihre Stimme und ihre Würde. Und wie meine Cousine können wir dadurch auf der Seite des Vergewaltigers enden. Aber wir können dadurch auch die Auswirkungen auf die Gesellschaft verleugnen, die durch die Existenz dieser Überlebenden deutlich gezeigt wird. Herman drückt das mit erstaunlicher Schlichtheit aus: Wenn die psychologischen Störungen, die wir bei Überlebenden von Vergewaltigungen, häuslicher Gewalt und Inzest vorfinden, im wesentlichen den Syndromen der Kriegsopfer entsprechen, können wir nur folgende Schlußfolgerung ziehen: »Versteckte männliche Gewalt erzwingt die Unterordnung der Frau und erhält sie aufrecht. Zwischen den Geschlechtern herrscht Krieg. Vergewaltigungsopfer, mißhandelte Frauen und sexuell mißbrauchte Kinder sind die Opfer dieses Krieges. Die Hysterie ist die Kriegsneurose des Geschlechterkampfes.«

Und welche Ausmaße hat dieser Geschlechterkampf? Vergewaltigungsstatistiken sind problematisch. Experten sind sich einig, daß nur die wenigsten Vergewaltigungen angezeigt werden und wir wahrscheinlich nie genau erfahren, wie häufig sie geschehen. In *Transforming a Rape Culture,* einer 1993 erschienenen Essaysammlung, in der Visionen einer Zukunft ohne Vergewaltigungen heraufbeschworen werden, liefern die Herausgeberinnen Emilie Buchwald, Pamela Fletcher und Martha Roth eine ausgezeichnete Zusammenfassung der verfügbaren Daten für die USA. Eine der Informationsquellen ist der Uniform Crime Report (UCR) des FBI. 1991 verzeichnete der UCR 106 953 Vergewaltigungen: 292 pro Tag, 12 pro Stunde, eine alle fünf Minuten. Für den zwanzigjährigen Zeitraum von 1972 bis 1991 spricht der UCR von 1,5 Millionen Frauen, die Opfer sexueller Übergriffe wurden. Während dieser zwanzig Jahre gab es einen 128prozentigen Anstieg in der Zahl der gemeldeten Vergewaltigungen. Die Herausgeberinnen betonen, daß die Zahlen des UCR die konservativsten verfügbaren Zahlen sind und als Minimalzahl betrachtet werden sollten.

Der National Crime Victimization Survey (NCVS), die größte US-amerikanische Haushaltsumfrage zum Thema Verbrechen, kam für das Jahr 1991 auf eine bedeutend höhere Zahl von Vergewaltigungen als im UCR angegeben, nämlich 171 420. Das sind 469 Vergewaltigungen pro Tag, 19 pro Stunde, eine alle dreieinhalb Minuten. Zwischen 1973 und 1987 stellte der NCVS 2,3 Millionen Vergewaltigungen fest. In einer fünfzehnjährigen Periode verzeichnete der NCVS folglich fast eine Million mehr Vergewaltigungsfälle als der UCR für einen Zeitraum von zwanzig Jahren.

Der Unterschied zwischen den Zahlen aus UCR und NCVS läßt darauf schließen, daß Frauen vielleicht eher bereit waren, eine Vergewaltigung im Rahmen einer Haushaltsbefragung anzugeben, als sie der Polizei zu melden. Die Gründe dafür liegen auf der Hand. Eine Anzeige bei der Polizei setzt einen unausweichlichen juristischen Prozeß in Gang, der trotz der jüngsten Veränderungen nur zu oft dazu führt, daß das Opfer auf der Anklagebank endet.

Diese oben genannten Zahlen sind hoch genug. Aber die 1992 erschienene Studie *Rape in America: A Report to the Nation* stellte fest, daß nur 16 Prozent aller Vergewaltigungen polizeilich angezeigt werden. Wenn die Zahlen des Uniform Crime Report nur etwa jede sechste Vergewaltigung erfassen, liegt die tatsächliche Zahl der Vergewaltigungen, die jedes Jahr in den Vereinigten Staaten begangen werden, eher bei 639 500. Hochgerechnet ergäbe das über einen zwanzigjährigen Zeitraum mehr als zwölf Millionen amerikanische Frauen, die Überlebende von Vergewaltigungen sind. 29 Prozent aller Vergewaltigungen betreffen Opfer unter elf Jahren, 32 Prozent Opfer zwischen elf und siebzehn Jahren.

Zwölf Millionen Frauen – 61 Prozent von ihnen jünger als siebzehn Jahre? Ich finde, daß Zahlen in dieser Größenordnung kaum eine emotionale Bedeutung haben. Ich weiß, daß jede einzelne Zahl von eins bis zwölf Millionen für eine ganz bestimmte Frau, ein ganz bestimmtes Mädchen steht, mit einem Gesicht, einem Namen, einer Familie, einem Lieblingsbuch, einer ganz besonderen Art zu lächeln. Aber ich kann aus einer Zahl kein menschliches Gesicht herauslesen. Also spiele ich Spiele mit anderen Zahlen und versuche, mir eine zwanzigjährige Anhäufung von Menschen wie mich selbst vorzustellen, die mit einer Vergewaltigung leben. Zwölf Millionen vergewaltige Frauen in zwanzig Jahren – diese Zahl ist fast elfmal so hoch wie die Gesamtzahl der amerikanischen Toten und Verwundeten im Zweiten Weltkrieg. Ungefähr vierunddreißigmal so hoch wie die Zahl derer, die bis 1995 in den Vereinigten Staaten an Aids starben. Rund 21 Prozent der Bevölkerung der Vereinigten Staaten im Jahr 1994. Nicht wirklich eine Hilfe, weil ich immer noch auf Zahlen starre, nicht auf Namen oder Gesichter.

Als ich das Vietnam War Memorial in Washington, DC,

zum ersten Mal besuchte, kamen mir die Tränen, obwohl nicht einer der Namen auf den dunklen Steinen zu jemandem gehörte, den ich persönlich gekannt hatte. Aber als ich der ernsten Reihe der Besucher vor mir folgte, ging mir auf, daß wir diesen Ort brauchten, einen Ort, der unsere kollektive Scham und unsere kollektive Schuld in geteilten Kummer verwandeln konnte. In unserer Trauer ehrten wir jene, die gestorben waren und versöhnten uns mit einem Teil unserer selbst. Auch das waren Zahlen, aber sie waren nicht abstrakt. Das Vietnam War Memorial zeigt uns wirkliche Namen, eingraviert in dunklen Stein, und jeder einzelne dieser Namen steht für einen Menschen, der nicht mehr lebt. Während ich ihnen folgte, Jahr für Jahr, Name für Name, führten Form und Farbe der Mauer mich zur Trauer, zu einem Verlust, den ich endlich annehmen konnte.

Vielleicht ist es unfair von mir, diese Toten und diesen geheiligten Ort heraufzubeschwören, um den Vergewaltigungsstatistiken Bedeutung zu verleihen. Trotzdem kommt das Bild dieser Mauer mir in diesem Zusammenhang in den Sinn. Ausgehend von den konservativen UCR-Zahlen für 1991, die von 106593 Vergewaltigungen sprechen, wurden in diesem einen Jahr 48458 Frauen mehr vergewaltigt, als amerikanische Militärangehörige im ganzen Vietnamkrieg getötet wurden – 58135. Stellen Sie sich das Vietnam War Memorial zweimal so lang vor, und sie hätten nur ein einziges Jahr der *polizeilich gemeldeten* Vergewaltigungen.

Kriege enden, und steinerne Mahnmale sind angebracht. Aber Vergewaltigungen gehen weiter. Vielleicht müßte eine Gedenkstätte für Vergewaltigungsopfer eher aussehen wie die ständig ansteigende elektronische Tafel an der Seite eines Gebäudes in der 42nd Street in Manhattan, auf der die nationale Verschuldung angezeigt wird. Die Zahl würde sich alle dreieinhalb Minuten verändern. Und neben jeder Zahl, ein Name.

Als ich bei meinen Eltern in Virginia war, hatte ich keine Ahnung von diesen erschütternden Zahlen und keine Vorstellung davon, daß meine hysterischen Symptome sich mit der Zeit weiterentwickeln und verändern und jede emotionale Nische der Welt, die ich bewohnte, vereinnahmen würden. Artikel wie der, den eine Freundin mir 1990 schickte, Hermans ausgezeichnetes Buch und die Studien, die eine biologische Basis für PTSD vermuten lassen, lagen noch in weiter Zukunft, als ich sechs Wochen nach meiner Vergewaltigung den Entschluß faßte, nach Boston zurückzukehren.

Es war eine verwickelte Entscheidung. Ich wollte nicht weggehen. Obwohl ich mich trotz des geladenen, jederzeit erreichbaren Gewehrs meines Vaters nicht sicher fühlte, war die Liebe meiner Eltern mir ein Trost. Ich verhielt mich so, wie ich mich meiner Meinung nach verhalten hätte, wäre ich immer noch die Frau gewesen, die sich über den Gesang eines Vogels gefreut hatte, den sie nie zuvor gesehen hatte. Ich hatte das Gefühl, diese Frau sei ausgelöscht worden wie die Flamme einer Kerze, obwohl ich immer noch hoffte, daß die Kerze mit der Zeit vielleicht wieder brennen würde. Es war für mich verwirrend, Entscheidungen zu treffen, weil die Frau, die diese Entscheidungen sonst immer getroffen hatte, kaum noch mehr war als ein Rauchwölkchen.

Ich erinnerte mich an diese Frau – die Frau, die ich vor jenem schrecklichen Augenblick an der Spüle gewesen war – wie an eine Figur aus einem Film. Ihre Geschichte – mein eigenes Leben bis zu jenem Augenblick – hatte eine logische Folge besessen, und ich hatte mitten im Geschehen dringesteckt. Dann stoppte der Film. Ich konnte mich an die Geschichte bis zu jenem Augenblick erinnern und beschloß, mir vorzustellen, wie sie weitergehen könnte. So zu tun, als wäre ich die Frau aus diesem Film, obwohl ich mich nicht im geringsten wie sie fühlte, war die einzige Alternative dazu, immer bei Mommy und Daddy zu bleiben. Was also würde diese Frau tun?

Sie würde ihr Leben weiterleben. Sie würde allmählich unruhig werden, wenn sie sechs Wochen damit verbracht hätte, ihrer Mutter beim Zusammenharken der Blätter zu helfen und sich im Fernsehen die *Golden Girls* anzusehen. Selbst als Kind war sie im November immer unruhig geworden. Die Frösche, die im Sommer und Frühherbst akrobatische Saltos in den Bach geschlagen hatten, hatten sich im fester werdenden Schlamm verkrochen, und die Ecke mit den Tigerlilien, wo sie an warmen Nachmittagen so gern gelesen hatte, war zu einem welken Morast geworden, in dem man sich nur noch kalte Füße holen konnte. Kahl und dürr geworden, waren die Blaubeerstellen und Brombeerhecken nur noch Erinnerungen an ihre einstige Dornigkeit. Im November hatte sie sich immer gewünscht, in der Stadt zu leben, wo sie mit ihren Freundinnen spielen oder sich die Zeit in der Bibliothek vertreiben könnte. Damals hatte sie sich nur die Flucht vorstellen können.

Jetzt war sie erwachsen. Neununddreißig. Sie würde einen Flug reservieren.

Als der Tag meines Abflugs immer näher kam, ertappte ich mich dabei, wie ich mir ausmalte, wie es wäre, auf Dauer bei meinen Eltern zu leben. Ich würde mich im Haus nützlich machen und mir in der Stadt eine Stelle als Sekretärin suchen, um meine Unkosten zu decken. Ich wäre da, um mich um sie zu kümmern, wenn sie alt wären. Ich stellte mir vor, wie ich für sie kochte, an Wintertagen ein Feuer im Kamin machte, sie nach Florida kutschierte, damit sie Urlaub machen konnten. Wir würden glücklich sein, wir drei. Doch dann fragte ich mich: Wer wollte diese Dinge tun? Wer wollte für immer bei seinen Eltern leben?

Ich wußte es nicht.

In jenen letzten Tagen bei meinen Eltern wuchs in mir das Gefühl, einen schrecklichen Verlust erlitten zu haben. Es war, als hätte ich einen Sinn verloren, von dem ich nicht einmal gewußt hatte, daß ich ihn besaß – einen versteckten Sinn –, aber einen, den ich jeden wachen Augenblick meines Lebens benutzt hatte, ähnlich wie das Sehen, bloß wichtiger als das Sehen. Ich fing an zu ahnen, was verlorengegangen war – die Frau, die nicht vergewaltigt worden war. Ich verhielt mich so, als wäre ich diese Frau, aber nur aus Gewohnheit, als ich meine Taschen für Boston packte und meine Eltern am Flugplatz zum Abschied küßte. Ich war nicht bereit, den Verlust dieser Frau zu akzeptieren oder ihren Tod zu betrauern.

Sie verstaute ihre Taschen in der Ablage über dem Sitz. Sie legte ihren Sicherheitsgurt an. Sie zog den New Yorker *hervor, den sie sich am Flughafenkiosk gekauft hatte. Sie sah sich die Cartoons an und fing dann an, die Zeitschrift von Anfang bis Ende zu lesen. Sie las, bis sie fünfunddreißigtausend Fuß hoch und noch eine Stunde von Boston entfernt war. Dann sah sie aus dem Fenster. Sie konnte die braune Erde unter sich sehen. Die Bäume da unten sind alle kahl, dachte sie. Dann dachte sie: In welchem Film bin ich?*

Es ist demütigend, in der Öffentlichkeit zu weinen. Ich setzte meine dunkle Brille auf, wandte dem Gang den Rücken zu und verschluckte die Geräusche. Ich war nicht diese Frau. Sie war eine Fiktion.

Die Angst war unerträglich. Dann ging sie in ein Gefühl tiefen Bedauerns über. Ich sehnte mich nach meiner Mutter und meinem Vater, bis sich die Sehnsucht in abgrundtiefen Kummer verwandelte. Irgendwo über Pennsylvania hatte ich auf einmal das Gefühl, sie wären tot. Ich war mir sicher, daß sie auf dem Rückweg vom Flugplatz bei einem Autounfall ums Leben gekommen waren. Ich hatte sie für immer verloren.

Ein panischer Anruf nach Virginia aus einer Telefonzelle am Flughafen hätte mir die Gewißheit geben sollen, daß es meinen Eltern gutging. Trotzdem hatte ich das Gefühl, daß ich sie nie wiedersehen würde. Als ich der Freundin, die mich am Flugplatz abholte, unter Tränen anvertraute, wie mir zumute war, nahm ihr Gesicht jenen besorgten Ausdruck an, den die Gesichter von Leuten annehmen, wenn sie denken, daß sie es mit jemand zu tun haben, der verrückt geworden ist.

Ich sitze an Saras Küchentisch und sehe meine Post durch. Ich bin seit zwei Stunden wieder in Boston. Ich werde das Gefühl, daß ich meine Eltern verloren habe, einfach nicht los, also rufe ich sie noch einmal an. Als ich ihre Stimme höre, würde ich am liebsten nach Hause zurückfahren. Ich habe nichts zu sagen. Sara, erzähle ich ihnen, macht das Abendessen. Es ist kalt, aber Sara hat im Kamin in ihrem Wohnzimmer ein Feuer gemacht. Sehr gemütlich. Ich sage, daß ich froh bin, zu meinem eigenen Leben zurückgekehrt zu sein, weil ich sie nicht beunruhigen will. Meinen Eltern geht es gut, sage ich zu Sara, als hätten sie gerade eine schwere Krankheit überstanden. Sara macht mir einen Gin Tonic mit einer Scheibe Limone. Mein Auto steht seit anderthalb Monaten in ihrer Auffahrt. Morgen werde ich allein die dreißig Meilen zu meiner neuen Wohnung in Concord fahren.

Ich nippe an meinem Drink, mache Rechnungen auf, die ich nicht bezahlen kann – die Umzugsfirma, die Notaufnahme im Krankenhaus, Telefon, Visa, American Express. Ein Brief der Reisebuchverlegerin teilt mir mit, daß sie mit großem Bedauern eine andere freiberufliche Schriftstellerin damit beauftragt hat, das Buch fertigzustellen, an dem ich vor der Vergewaltigung gearbeitet habe. Eine Benachrichtigung, daß ich mich in zwei Tagen als Geschworene einzufinden habe und mein Nichterscheinen eine Strafe von zweitausend Dollar nach sich ziehen kann. Der Verwalter meiner alten Wohnung schreibt, daß er mir meine Kaution nicht zurückerstatten kann. Sie wird laut Paragraph 16 des Mietvertrags zur Behebung von Schäden verwendet werden.

Ich sehe meine Kontoauszüge durch und sehe einen Exodus von Mietzahlungen.

Dann ein Umschlag von der Klinik. Ich nehme an, daß es sich um eine weitere Rechnung handelt. »Noch eine«, sage ich zu Sara.

Trichomonaden. Das Wort springt mich von der Seite an. Ich spreche es laut aus. Sara rennt zum Bücherregal und kommt mit einem *Merck Manual* zurück. Ich verstehe, was sie tut. Sie versucht, ein kleines Maß an Kontrolle über dieses Ding zu erlangen, das immer mehr ins Schleudern, immer mehr außer Kontrolle gerät. Sie liest: »Ein birnenförmiges Protozon der Flagellatengruppe mit vier Geißeln vorn und einer fünften, eingebettet in eine undulierende Membran.« Ich stelle mir ganze Schwärme dieser Kreaturen in meinem Inneren vor. Diese Würdelosigkeit – sein Dreck immer noch lebendig in meinem Körper. Ich erinnere mich an den Geruch seines ungewaschenen Körpers, an den Geschmack seines Spermas. Ich fische die Limone aus meinem Drink und kaue darauf herum.

»Klingt schlimmer, als es ist«, sagt Sara, die inzwischen bei den Behandlungsmethoden angelangt ist. »Die einmalige orale Einnahme von zwei Gramm Metronidazol«, liest sie laut vor, »bewirkt bei fünfundneunzig Prozent der behandelten Frauen eine Heilung, sofern Sexualpartner mitbehandelt werden.«

Ich empfinde es als merkwürdig, daß der Vergewaltiger ein »Sexualpartner« gewesen sein soll.

Ich werde mir ein Rezept holen, Schlange stehen, dem Blick des Apothekers standhalten, eine Pille schlucken, in der Klinik eine weitere Urinprobe abgeben. Aber werde ich den Geruch und den Geschmack des Hasses je vergessen? Werde ich mich je wieder sauber fühlen?

Ich stehe auf und gehe ans Fenster. Die Umrisse von Saras Garten verlieren sich im abendlichen Dämmerlicht. Die Zierkirschen, die ihren Garten im Sommer gegen den Nachbarn im Osten abschirmen, sind kahl. Ich kann das Licht in seiner Küche brennen sehen. »Ich muß morgen früh sowieso in die Klinik«, sage ich. »Wegen des Aidstests.«

Sara tritt zu mir, legt den Arm um meine Schulter. Ich bin dankbar für ihr Schweigen.

Ich frage mich, wer ich bin, jetzt, als erwachsene Frau mit einem eigenen Leben.

5.

UNTER DEM DACH

Präsenz vergang'ner Taten
an Fenster und an Tür

Emily Dickinson
»Bedauern ist erwachte Erinnerung«

Meine neue Wohnung bestand aus zwei Zimmern plus Küche im Dachgeschoß eines geräumigen viktorianischen Hauses und lag an einer Landstraße ein Stück außerhalb von Concord, nur ein paar Meilen vom Walden-See und Thoreaus zugigem Tempel entfernt. Anders als die anderen Häuser an der abgelegenen Straße, die mit weißen oder verwitterten Schindeln verkleidet waren, war dieses in einem blassen Gelb gestrichen. Die Fenster- und Türrahmen waren weiß. Dazu kam eine elegante Veranda, die mich an Häuser errinnerte, die ich in Südcarolina gesehen hatte. Nur eine Schaukel fehlte noch. Das Haus stand ziemlich dicht an der Straße, aber drei alte Eichen und eine Steinmauer, die sich an der Straße entlangzog, vermittelten den Eindruck von Abgeschiedenheit. Ich hatte das Gefühl, daß die Eichen und die Mauern einst eine andere, schlichtere Behausung geschützt hatten, an der Thoreau auf seinen einsamen Spaziergängen vielleicht vorbeigekommen war. Hinter dem Haus lag ein Teich mit einem kleinen eingesackten Steg, und dahinter mindestens ein Morgen Wiese und vier Morgen Wald.

Meine Wohnung war das Dienstbotenquartier gewesen zu Zeiten, als man noch nicht reich sein mußte, um Dienstboten zu haben. Sie war nur über eine schmale Treppe zu erreichen, die sich auf die unsichtbare Weise aller Dinge, die mit Dienstboten zu tun haben, durch das Innere des Hauses wand. Sie begann hinter einer Tür im hinteren Flur, die wie eine Schranktür aussah, und endete zwei Stockwerke höher einen halben Meter von meinem Herd entfernt.

Die Zimmer unter meinen – das Domizil meiner Vermieter – waren großzügig und luftig. Sie hatten hohe Decken und Kirschholzvertäfelungen, die aussahen, als wären sie über hundert Jahre lang getreulich poliert worden. Lenore und Gary waren Mitte Dreißig und hatten einen Sohn im Grundschulalter. Sie hatten das Haus vor mehreren Jahren gekauft, als, wie Lenore mir beim Besichtigungstermin fünf Tage nach meiner Vergewaltigung erzählt hatte, »ihr Schiff eingelaufen war«– keine Ahnung, von wo. Sie waren gerade damit fertig geworden, die Küche von Grund auf umzugestalten und ein Solarium für ihren Whirlpool und ein Spielzimmer für ihren Sohn Jason einzubauen.

Ich muß gestehen, daß mir an dem Tag, an dem Lenore mir das Dachgeschoß zeigte, durchaus der Gedanke kam, daß es nett gewesen wäre, wenn sie einen Teil der Schätze, die jenes Schiff mitgeführt hatte, auf die Mietwohnung unter dem Dach verwendet hätten. Unter normalen Umständen hätte ich nicht im Traum daran gedacht, sie zu nehmen, obwohl die Miete, die Lenore und Gary verlangten, durchaus angemessen war und sie nicht darauf bestanden, außer der Kaution auch die erste und die letzte Monatsmiete im voraus zu erhalten. Der Dachboden war kaum isoliert, das Badezimmer nicht größer als ein Schrank, und zwischen den hölzernen Bodenbrettern klafften breite Ritzen, in denen sich der Schmutz von Jahrzehnten angesammelt hatte. Selbst wenn die Wohnung ansonsten perfekt gewesen wäre, hätte die Tatsache, daß sie keinen separaten Eingang hatte, sie für mich unannehmbar gemacht. Unter normalen Umständen wäre sie allein dadurch, daß ich durch die Wohnung anderer Leute gehen mußte, um meine eigene zu erreichen, in eine Kategorie irgendwo zwischen unerfreulich und unakzteptabel gefallen.

Aber die Umstände waren alles andere als normal.

Was ich sah, als ich die Zimmer, fünf Tage nachdem mein größer Alptraum Wirklichkeit geworden war, das erste Mal besichtigte, waren weder die nackten Glühbirnen, die von der Decke baumelten, noch das Potential für Unklarheiten in der Beziehung zwischen Vermieter und Mieter. Ich sah einen Horst in der Krone eines Dornenbaums. Ich sah alles mit den Augen einer Frau, die vor kurzem vergewaltigt worden war. Als Lenore sich für die schmutzige Duschkabine und das abgeblätterte Email der Spüle in der Küche entschuldigte, hörte ich ihr nicht einmal zu. Ich dachte an den Vergewaltiger – und was er alles anstellen mußte, um hier an mich ranzukommen.

Er würde über fünfunddreißig Meilen aufs Land fahren und das Haus an einer auf keiner Karte verzeichneten Straße finden müssen. Er würde sich mit Lenores drei Enten herumschlagen müssen, die, kaum daß ich den Motor ausgeschaltet hatte, an mein Auto gewatschelt kamen und mir quakend den ganzen Weg bis zum Haus folgten. Er würde ins Haus eindringen müssen, ohne die beiden kläffenden Pekinesen auf den Plan zu rufen, die sich fast heiser gebellt und geknurrt hatten, als mein Fuß die Schwelle berührte. »Ich vergesse ständig, diese verdammten Enten zu füttern«, hatte Lenore gesagt, als sie mir die Tür öffnete. Dann, an die Hunde gewandt: »Kusch!« Und zu mir: »Ich würde nicht versuchen, sie zu streicheln. Manchmal beißen sie.«

Dann würde er sich aus den Fängen von Lenores Schwiegermutter Olivia befreien müssen, die von irgendwoher herbeigerauscht kam und wie ein Maschinengewehr losratterte, während ich immer noch damit beschäftigt war, Lenore die Hand zu schütteln. Lenore redete einfach über sie hinweg, als wäre sie nicht existent, und erklärte mir, als ich ihr zum hinteren Flur und die Treppe hinauf folgte, um mir die sogenannten Mädchenzimmer anzusehen, ihre Schwiegermutter sei völlig übergeschnappt. »Wir hören ihr nie zu«, hatte Leonore gesagt.

Dann war da die Haushälterin (deren Namen ich nie erfuhr), die ich mit einem Staubsauger im Wohnzimmer herumfuhrwerken sah. Lenore teilte mir mit, sie käme vier Tage die Woche, »um mit diesem riesigen Haus Schritt zu halten«, obwohl ich das Gefühl hatte, daß das Haus das Rennen gewann. In meinen Augen war es ein einziges Chaos – selbst die große Treppe, geeignet für eine herabrauschende Scarlett O'Hara, verschwand fast völlig unter Jasons Spielsachen, Stapeln alter Zeitungen und Bergen von Kleidern. Lenore hatte sich für die Unordnung entschuldigt. »Da haben wir dieses teure Spielzimmer gebaut, und trotzdem läßt er seine Sachen überall herumliegen.« Sie warf die Hände in die Luft. »Kinder. Was soll man machen?«

Lenore, so hatte ich erfahren, arbeitete nicht mehr. »Ich fröne jetzt dem Müßiggang«, hatte sie mir erzählt, »und ich finde es wunderbar.« Gary war »in der Investmentbranche« und kam für gewöhnlich gegen sechs zum Abendessen nach Hause. »Wenn ich an etwas glaube, dann daran, daß man Zeit für die Familie haben muß«, hatte Lenore gesagt.

Falls es dem Vergewaltiger doch irgendwie gelingen sollte, unbemerkt in den hinteren Flur zu gelangen, würde er wissen müssen, welche der drei Türen zum Dachboden führte. Wahrscheinlich würde er als erstes die Schranktür öffnen, weil sie die größte war. Oder die Tür zum Keller.

Er würde zwei hochkarätige Sicherheitsschlösser knacken müssen, die ich mit Lenores Erlaubnis, aber natürlich auf meine Kosten, installieren lassen durfte und auch würde, falls ich die Wohnung nahm. Dann würde er eine quietschende, zwei Stockwerke hohe Treppe hinter sich bringen müssen.

»Und? Was denken Sie?« sagte Lenore, als sie damit fertig war, sich dafür zu entschuldigen, daß sie keine Zeit gehabt hatte, die Wohnung vor meinem Besuch zu putzen. Olivia war uns aus der Küche nachgeschlichen und plapperte hinter meinem Rücken vor sich hin. Was ich dachte? Ich dachte, daß der Vergewaltiger vor einer Herausforderung stehen würde. Ich dachte an all die Dornen an meinem Baum.

»Ich nehme sie«, sagte ich, ohne daran zu denken, daß einige dieser Dornen mich selbst stechen konnten.

Am Tag nach meiner Rückkehr aus Virginia verbrachte ich den halben Tag in Boston – in der Klinik, wo ich zwei Stunden auf den Aidstest wartete. Dann fuhr ich allein nach Concord, wobei ich mir immer wieder vorbetete, wie unwahrscheinlich es sei, daß der Vergewaltiger mich langsam durch einen Virus töten würde. Wie sich herausstellte, hatte ich recht. Das Ergebnis dieses ersten Tests und der beiden weiteren, die ich ein Jahr später machen ließ, weil ich einfach keine Ruhe fand, war negativ.

Ich hatte einen Schlüssel für die Hintertür, die auf den hinteren Flur führte, aber nachdem ich mich mehrere Minuten mit dem widerspenstigen Schloß abgemüht hatte, gab ich es auf und ging um die Ecke zur Küchentür. Das muß ich gleich als erstes in Ordnung bringen lassen, dachte ich.

Die Enten paddelten auf dem Teich, aber die Hunde veranstalteten einen wahren Aufstand. Ich klopfte. Niemand kam. Die Garagentür war offen, die Garage selbst war leer. Ich hämmerte mit der Faust gegen die Tür. Das Schloß gab nach, und die Tür schwang leicht und glatt auf. Sie war nicht abgeschlossen gewesen! »Hallo?« rief ich. Niemand antwortete.

Ich schnappte mir meinen Koffer und huschte durch die Küche zu meiner eigenen Tür. Der Schlosser, der die Sicherheitsschlösser eingebaut hatte, während ich in Virginia war, hatte einen kleinen braunen Umschlag mit Schlüsseln und seiner Rechnung an die Tür geklebt. Ich riß ihn ab. Der Umschlag war noch zu. Gott sei Dank, dachte ich, als ich herumwirbelte und den Flur nach dem Eindringling absuchte, der sich möglicherweise mit mir im leeren Haus befand. Ich riß den Umschlag auf, fischte die Schlüssel heraus, schloß die Tür auf und schloß sie von innen ab. Der Umschlag war noch zugeklebt, versuchte ich mich selbst zu beruhigen, als ich die Treppe hinaufging. Es *kann* niemand oben sein. »Beruhige dich«, sagte ich zu mir selbst, streng und laut.

Ich erwartete, eine ähnliche Szene vorzufinden wie die, die ich vor sechs Wochen in Boston zurückgelassen hatte – das totale Durcheinander. Ich würde wieder mit Auspacken anfangen müssen, genau wie an jenem Tag. Und ich würde mich daran erinnern, was der Akt des Ordnungschaffens aus der Dunkelheit hervorgelockt hatte. Lenores offene Küchentür war dabei wahrlich keine Hilfe gewesen.

Als ich das obere Ende der Treppe erreichte und mich umsah, schnürte es mir die Kehle zu – nicht vor Angst, sondern vor Dankbarkeit. Meine vier Freunde, die den Umzug überwacht hatten, während ich mich bei meinen Eltern erholte, hatten den größten Teil der Kartons ausgepackt und weggeschafft. Meine Möbel waren mit Sorgfalt aufgestellt worden. Mein roter Teekessel stand auf dem Herd, mein Geschirr war in die Regale geräumt worden. Sie hatten meine Kleider gefaltet und in den Schrank eingeordnet und Handtücher im Badezimmer aufgehängt. Meine Bücherregale und mein Schreibtisch waren aufgebaut und abgestaubt worden. Die unausgepackten Kartons mit meinen Büchern und Papieren befanden sich in einem niedrigen Schrank unter der Schräge, außer Sicht. Auf dem Küchentisch lag ein Zettel: »Willkommen daheim!« Und eine Nachschrift: »Die kaputten Sachen haben wir weggeworfen.« Das hier sind meine Sachen, dachte ich, als ich durch die Zimmer ging, den Zettel an meine Brust gepreßt wie eine geheiligte Schriftrolle.

Auf meine Bitte hin hatten meine Freunde auch dafür gesorgt, daß die Leute von der Spedition das Bett, auf dem ich vergewaltigt worden war, auseinandernahmen und außer Sicht verstauten. Das war alles andere als einfach, weil das Bett kein gewöhnliches Bett war. Es gehörte meiner Freundin Pamela, deren Mann mich zur Polizei begleitet hatte, als ich meine Aussage machte. Es war groß genug für alle Matratzen, die nötig waren, um zu beweisen, daß eine richtige Prinzessin die Erbse ganz unten sehr wohl spüren kann. Kopf- und Fußteil aus Mahagoni waren gewaltig, mit kunstvollen Schnitzereien aus rankenden Rosen und Schmetterlingen verziert, und das Holz selbst roch nach ledergebundenen Büchern und Bienenwachs. Pamela hatte ihre ganze Kindheit in diesem Wunderwerk geschlafen, das vorher ihrer Großmutter gehört hatte. Nach ihrer Heirat schmachtete es irgendwo eingelagert vor sich hin, bis Pamela auf die glorreiche Idee kam, es sei genau das, was ich brauchte. Es mir zu überlassen war ihre Art, mich zu trösten. Ich hatte gerade eine Beziehung zu einem Mann hinter mich gebracht, der gegen verbindliche Zusagen allergisch war. Endlich hatte ich die Kraft gehabt, die Beziehung zu beenden, aber meine Selbstachtung befand sich auf einem absoluten Nullpunkt.

»Ich liebe dieses Bett«, hatte Pamela zu mir gesagt. »Du wirst dich darin wie eine Königin fühlen. Ich jedenfalls habe es immer getan.«

Also borgte ich mir ihr wundervolles Bett.

Aber jetzt hatte der Vergewaltiger es geschändet. Ich hatte das Gefühl, Pamela etwas gestohlen zu haben, indem ich auf ihrem Bett vergewaltigt worden war, hatte das Gefühl, ihre Erinnerungen an ihre Kindheit und auch unsere Freundschaft verraten zu haben. Auf irgendeine Weise war auch Pamela vergewaltigt worden. Sie wollte das Bett nicht zurückhaben, aber es hatte nach wie vor einen beträchtlichen finanziellen Wert, was wir beide, wenn auch zögernd, in unsere Überlegungen einschlossen. Also sagte ich, ich würde es einlagern, bis uns eine andere Lösung einfiel. Die Leute von der Spedition hatten den Rahmen für die Matratze nicht die schmale Treppe hinaufbekommen, die in mein Dachgeschoß führte. Sie mußten ihn auf zwei Seiten auseinandersägen, damit er sich um den Absatz im zweiten Stock herummanövrieren ließ. Die Einzelteile hatten sie dann in den Stauraum unter der Schräge geschoben und mit Laken abgedeckt. Ich stellte noch ein Bücherregal davor. Die ganze Zeit, die ich in Concord wohnte, sah ich nicht ein einziges Mal unter die Laken.

Einer der traurigsten Briefe, die ich 1994 nach der Veröffentlichung meines Artikels erhielt, stammte von einer jungen Frau, die sechs Jahre vorher, mit siebzehn, vergewaltigt worden war. Handschriftlich hatte sie auf gelbem Notizpapier jeden ihrer sechs Jahrestage aufgelistet. Sie habe vor kurzem mit einer Therapie begonnen, schrieb sie, und fange allmählich an, ihre Gefühle mit anderen teilen zu können, auch mit ihren Eltern. »Trotzdem fällt es mir noch immer sehr schwer, mich sicher zu fühlen, und ich frage mich, ob ich es je wieder tun werde«, schrieb sie. Der Jahrestag ihrer Vergewaltigung sei für sie eine Art freudloser Feiertag. »Manchmal ziehe ich mich an diesem Tag einfach zurück und sitze im Dunkeln – hinter verschlossener Tür, Wachpersonal im Untergeschoß, Überwachungskameras im Flur, ein Hausmeister. Ich bezahle eine Menge dafür, mich sicher zu fühlen.«

Es ist fast unmöglich, sich diesen Verlust des Sicherheitsgefühls vorzustellen, solange man es noch hat, und es ist fast ebenso unmöglich, es wiederzuerlangen, wenn man es einmal verloren hat. Der Sicherheitssinn ist nicht vergleichbar mit den anderen Sinnen – Geruchssinn, Tastsinn und Sehvermögen. Es gibt nichts, was sein Fehlen kompensieren könnte. Er steht ganz allein, unterhalb, wie ein Fundament, das ein Gebäude trägt. Wenn das Gefühl für Sicherheit und körperliche Autonomie zerstört wird, bröckelt alles, was es vormals stützte. Sein Verlust verändert die Beziehung zwischen Ich und Welt.

Das Verlangen nach Sicherheit kann zu einer Sucht werden, die nicht durch äußere Maßnahmen befriedigt werden kann, obwohl es viele Jahre dauerte, das zu erkennen. Es wird nie genug Schlösser, Überwachungskameras, Hunde oder Türsteher geben, um es zu befriedigen. Wenn das Sicherheitsgefühl erst einmal zerstört ist, wird die Versuchung, es außerhalb des Ichs zu rekonstruieren, selbst zu einer Quelle weiterer Abhängigkeiten. Man kann ein Vermögen ausgeben und trotzdem allein und zitternd in der Dunkelheit sitzen. Sicherheitsvorkehrungen, egal, wie ausgefeilt und solide sie auch sein mögen, schwimmen eben nur auf der Oberfläche, wie Beerentang. Es gibt keine Wurzeln, die in die geheimnisvollen Tiefen hinabreichen, in denen das eigentliche Wrack liegt.

»Sei du dein eignes Heim, und wohne in dir selbst«, hatte John Donne gesagt. Ein guter Ratschlag. Aber ich konnte nicht mehr so in mir selbst wohnen, wie ich es früher getan hatte. Ich war heimatlos geworden. Meine Geschichte hatte einen Bruch erlitten. Die Frau, die nicht vergewaltigt worden war, konnte nie wieder zurückkommen, obwohl ich das noch nicht wußte, als ich die Treppe zu meinem Baumhaus in Concord hinaufstieg. Und die Frau, die vergewaltigt worden war, fing gerade erst an zu entdecken, wer sie war. Den Anfang machte eine tiefe Fürsorge für Dinge. Ihre Dinge.

Die Zimmer unter dem Dach wurden zu meinem neuen unversehrten Körper. Ihre Wände wurden zu Fleisch. Ihr Inhalt zu Erinnerungen. Weil sie alles waren, was ich an Sicherheit kannte, wurden diese Zimmer zu einem Heiligtum, und ich ging ehrfürchtig mit ihnen um.

Mehrere Wochen vergrub ich mich in meiner hohen Festung und verließ sie nur, um Lebensmittel und Blumen zu kaufen. Meine Einsamkeit war mir Abgeschiedenheit, meine Abgeschiedenheit Freude. Die Blumen waren eine Extravaganz, die ich mir eigentlich nicht leisten konnte, da meine Finanzen rapide dahinschwanden. Trotzdem kaufte ich Dutzende langstieliger gelber Rosen und Dutzende von Gardenien, die ich in einer Schale neben dem Sofa arrangierte, auf dem ich schlief. Ich hatte das Gefühl, daß die Gardenien mich beschützen würden – sie waren die blumige Version des Gifts aller Vampire, Knoblauch. Ich war so überzeugt davon, daß der Duft der Gardenien alle Vergewaltiger vertreiben würde, daß ich die Nächte tatsächlich friedlich durchschlief, bis ihr Schutz versagte. Mein kindliches Denken raubte mir zum Schluß eine kleine Freude, und inzwischen assoziiere ich den Duft von Gardenien mit verzweifeltem Unglück.

Auch die gelben Rosen besaßen magische Eigenschaften. Gelbe Rosen standen für meine Mutter. Als ich vier oder fünf Jahre alt war, beschloß meine Mutter, Vorhänge für unser Wohnzimmer zu nähen, da sie sich keine fertig gekauften leisten konnte. Ich begleitete sie, als sie den Stoff aussuchte, einen schweren Baumwollstoff mit einem Muster aus gelben Rosen und Blättern auf einem salbeifarbenen Hintergrund. Sie haßte nähen, und die Anfertigung der Vorhänge war eine manchmal von Tränen begleitete Tortur. Sie schien ewig zu brauchen, um sie fertig zu bekommen. Ihre schwarzgoldene Singer-Nähmaschine ratterte wochenlang. Aber als die Vorhänge endlich aufgehängt wurden, hielt ich sie für das Eleganteste, was ich je gesehen hatte.

Ich erinnere mich noch lebhaft daran, wie ich das erste Dutzend Rosen in einen antikweißen Krug stellte, den ich vor vielen Jahren in einem Trödelladen in Harpers Ferry ergattert hatte. Als ich den Krug abwusch, sah ich den Laden wieder vor mir. Ich erinnerte mich daran, wie die Bodendielen geknarrt hatten, als ich stöbernd zwischen den Regalen hindurchgewandert war. Ich erinnerte mich auch daran, daß der Laden nach staubigen Polstern, Johnsons Möbelwachs und ein bißchen nach abgestandenem Bier gerochen hatte. Ich hatte ein Fragment meiner Selbst in jenem Krug entdeckt, und als ich die Rosen darin arrangierte, bestand ich schon aus mehreren Fragmenten. Er schien ein Weg, eine Vergangenheit zu erreichen, die ich als meine eigene zurückerobern wollte.

Ich säuberte, ordnete und entstaubte meine Besitztümer mit der Sorgfalt eines Archäologen an einer Ausgrabungsstätte. Ich verbrachte fast zwei Tage damit zu entscheiden, was ich auf das kleine Bücherregal vor dem Stauraum stellen sollte, in dem die Umzugsleute Pamelas Bett versteckt hatten. Zum Schluß entschied ich mich für die Bibel, die mein Vater mir geschenkt hatte, als ich achtzehn wurde, einen kleinen bronzenen Buddha und meine Sammlung am Strand gefundener Steine. Sie kamen auf das oberste Regalbrett. Darüber hängte ich einen gerahmten botanischen Druck eines Frauenschuhs, einer Blume, die ich als Kind geliebt hatte. Die restlichen beiden Borde füllte ich mit Gedichtbänden – Stevens, Swenson, Mervin, Creeley, Rilke, Hopkins, Dickinson. Ich hatte das Gefühl, daß diese Gegenstände und die Worte in den Büchern die dunkle Erinnerung, die hinter der Tür lauerte, zurückhalten würden, und am Anfang hatte es den Anschein, als täten sie das auch.

Viele der Sachen, die ich besaß, waren Geschenke, die ich im Lauf der Jahre von den verschiedensten Leuten bekommen hatte. Sie alle traten durch die Dinge, die sie mir geschenkt hatten, wieder in mein Leben ein. Ich erinnerte mich an Geburtstage, Filmpremieren und Weihnachtsfeste. Ich polierte meine Sammlung von Holzkästchen, von denen die meisten Geschenke meines Vaters waren. Ich reinigte Bilder, hängte sie auf, hängte sie wieder ab, hängte sie aufs neue auf. Ich war glücklich, daß die meisten meiner Sachen noch unausgepackt gewesen waren, als ich überfallen wurde. Der Vergewaltiger hatte sie nicht gesehen, hatte sie nicht berührt. Sie waren nicht besudelt worden.

In den Tagen, die ich damit verbrachte, den Zimmern etwas von mir selbst zu verleihen, fing ich an, mich darauf zu besinnen, wen ich kannte, zu wem ich in Beziehung stand, wo ich gewesen war, was ich in der Zeit, bevor ich vergewaltigt wurde, getan hatte. Die Zimmer fingen an, eine Identität anzunehmen, die ich betrachten und als meine eigene erkennen konnte, obwohl irgend etwas nach wie vor zu fehlen schien. Aber durch diese fast mystische Transformation wurden die Räume, in denen ich lebte, zu meinem eigenen Heim. Wenn ich mich in diesem Heim befand, fühlte ich mich sicherer als zu jedem anderen Zeitpunkt seit der Vergewaltigung. Aber ich konnte das Gefühl, in mir selbst zu wohnen, nicht mit mir nehmen. Jeder Streifzug in die Außenwelt wurde zu einer qualvollen Begegnung mit meiner Verletzlichkeit. Am liebsten wäre ich für den Rest meines Lebens nur in diesen Zimmern geblieben, damit beschäftigt, meine Sachen und den Tempel, der sie enthielt, zu hegen und zu pflegen.

Obwohl diese Beziehung zu Dingen – die Freuden der Tage und Nächte, in denen ich die Gegenstände betrachtete und berührte, die mich mit Liebe zu umfangen schienen – nicht lange anhalten sollte, denke ich oft an diese gnädigen Wochen zurück und ertappe mich dabei, daß ich Zeitungsmeldungen über Frauen, die in ihrer eigenen Wohnung vergewaltigt wurden, gern durch einen Nachsatz ergänzen würde. Er würde lauten: »Das Heim des Opfers wurde während des Überfalls ebenfalls zerstört.«

Geheiligte Gegenstände können auch gefährlich sein. Es kam ein Tag, an dem meine Bücherregale voll und nur zwei Kartons noch ungeöffnet waren. Der erste enthielt Papiere – unbeantwortete Briefe, einen Ordner mit Gedichten und der Aufschrift »Überarbeiten«, meine Grundschulzeugnisse und ein Bündel Liebesbriefe von meinem ersten Freund, Joey, der, als ich neun war, in unserer Straße gewohnt hatte. Seine Eltern waren geschieden. Daß er geschiedene Eltern hatte, ließ ihn welterfahren wirken, obwohl ich nie den Mut hatte, ihn zu fragen, wie es war, eine Mutter zu haben, die in einem anderen Staat lebte. Wir waren fest entschlossen, später zu heiraten und in einem Blockhaus zu leben, das wir selbst bauen würden. Als sein Vater, der beim Militär war, versetzt wurde, schrieben wir uns mehrere Monate lang. Joeys Briefe waren größtenteils Zeichnungen unserer zukünftigen Blockhütte, des Bachs, an dem wir so oft gespielt hatten, oder meines Hundes, Poncho. Wenige Worte. »Wie geht es dir? Mir geht es gut, glaube ich.«

Ich las alles, was in dem ungeöffneten Karton gewesen

war. Joeys Briefe, meine Zeugnisse (in denen die Klage, »schwatzt im Unterricht zuviel«, häufig vorkam), die Gedichte im Ordner, die immer noch nicht überarbeitet sind, die unbeantworteten Briefe, die ich jetzt erst recht nicht beantworten würde, weil ich dann in Worte fassen müßte, was mir zugestoßen war. Ich las mit der Hingabe einer Biographin.

Dann kam ich an den letzten Karton. Es war später Nachmittag. Ein Hühnchen brutzelte im Backofen, eine Flasche Wein stand im Kühlschrank. Ich hatte den Tisch mit dem Porzellan meiner Mutter, einem silbernen Kerzenhalter und einer weißen Leinenserviette gedeckt. Vivaldis *Vier Jahreszeiten* dröhnten aus meinen Lautsprechern.

Der letzte Karton war schwer. Bücher, vermutete ich, da meine Kompaktausgabe des *Oxford English Dictionary* noch fehlte. Sie war tatsächlich in diesem Karton, ganz unten, zusammen mit dem Vergrößerungsglas, einem alten Freund. Aber zuoberst lag etwas, was achtlos in ein Stück Zeitungspapier eingeschlagen war, als wäre, wer immer es einwickelte, in Eile gewesen. Als ich das Päckchen in die Hand nahm, fühlte es sich an, als enthielte es Knochen. Es waren die Splitter des hölzernen Schmuckkästchens, das mein Vater für mich gemacht und das der Vergewaltiger kaputtgeworfen hatte. Aber abgesehen davon war da auch noch etwas anderes, etwas, was mir das Gefühl gab, ein Stück Plutonium ausgewickelt zu haben. Es war eine Unterhose. Meine Unterhose. Die Unterhose, die ich am 11. Oktober angehabt hatte. Die Unterhose, die ich nicht hatte finden können. Die Unterhose, von der ich geglaubt hatte, der Vergewaltiger hätte sie gestohlen.

Ich stand unendlich langsam auf, um die Mächte, die ich ausgewickelt hatte, nicht zu wecken, und ging in die Küche, um ein Backblech, eine Flasche Feuerzeugbenzin, eine Schachtel mit langen Küchenstreichhölzern und einen

Suppenlöffel zu holen. Ich legte die Zeitung und ihren Inhalt auf das Blech und huschte damit die Treppe hinunter und durch die Hintertür nach draußen. Ich trug alles in eine Ecke des Gartens in der Nähe des Teichs, an dem die Enten über das dunkle, stille Wasser glitten. Ich legte das Holz und den Schlüpfer auf die Zeitung, tränkte alles mit dem Feuerzeugbenzin und riß ein Streichholz an. Ich beobachtete, was passierte.

Dann stellte ich mir das Schlimmste vor, was ich mir je vorgestellt habe: wie der Mann, der mich vergewaltigt hatte, bei lebendigem Leib verbrannte. Ich stellte mir seine Schmerzensschreie und die entsetzlichen Qualen vor, die er ausstand. Ich sah, wie das Fett unter seiner dreckigen Haut in den Flammen verbrutzelte. Eine grausame Freude erfüllte mich. »Stirb«, sagte ich immer und immer wieder.

Bis zu diesem Augenblick hatte ich mir selbst nicht zugestanden, meinen Haß zu fühlen. Jetzt fühlte mein Körper sich riesig und mächtig an. Es fühlte sich gut an, ein Monster zu sein, sehr gut. Mein Geist, alle meine Gedanken und Gefühle, schienen sich völlig in der Freude über die Schmerzen zu verlieren, die ich ihm zufügte. Sein Schmerz und meine Freude verschmolzen zu einer perfekten Trostlosigkeit. Ich genoß sie.

Das Feuer sank in sich zusammen. Mit dem Suppenlöffel kratzte ich ein Loch in die harte Erde, schüttete die Asche hinein und deckte die Stelle mit mehreren großen Steinen zu, die ich aus dem Bach holte. Ich ging zu den Mülleimern neben der Garage und warf den Löfel und das Blech hinein. Dann ging ich wieder nach oben, wusch mir die Hände, machte den Wein auf und zündete die Kerze in dem silbernen Kerzenhalter an. Ich bereitete einen Salat zu und kochte winzige Kartoffeln. Als das Licht aus dem Himmel schwand, setzte ich mich zu einem vorzüglichen Essen an den Tisch.

Ich glaubte, jetzt, da ich meine Unterhose umgebracht hatte, sei alles wieder gut.

1995 stieß ich zufällig auf einen Artikel über einen jungen Mann, der an der Gruppenvergewaltigung einer Frau in mittleren Jahren beteiligt gewesen war. Er sagte, er werde von der Erinnerung an das Geschehen verfolgt, aber die Bilder, die er sah, zeigten nicht etwa die Frau. »Es ist einfach nur dunkel, und außer mir ist niemand da«, sagte er. »Es ist einfach nur dunkel, dunkel, dunkel.«

In jenem wahnsinnigen Augenblick im Garten fühlte auch ich die Dunkelheit, die dieser junge Mann beschrieb. Ich hatte keine Ahnung, daß das bizarre und abscheuliche Ritual, das ich gerade vollzogen hatte, eine Version der Geschichte des Vergewaltigers war oder daß der Haß, den ich auf ihn empfand, meinen Geist langsam vergiften würde. Dieser Haß verschwand nicht, aber er trat nie wieder in derart reiner Form in Erscheinung. Vielmehr tauchte er in den Untergrund ab und fing an, auf eine Weise zu mutieren, die es mir viele Jahre lang unmöglich machte, ihn zu erkennen.

Ich hatte Lenore nicht erzählt, daß ich vergewaltigt worden war, als ich mich wegen der Wohnung vorstellte. Ich war überzeugt, daß sie und Gary nicht an mich vermieten würden, wenn sie es wüßten. Das machte es schwierig, Lenore zu fragen, wieso die Küchentür am Tage meiner Ankunft offen gewesen war.

Drei Wochen lang quälte ich mich damit herum. Die wenigen Male, die ich mein Sanktuarium verließ, war es mir gelungen, unbemerkt aus dem Haus zu schlüpfen und wieder zurückzukommen, aber eines Morgens, als ich das Haus wieder einmal verlassen wollte, um Einkäufe zu machen, fing Lenore mich ab. Sie bat mich in die Küche, und ich sah keine Möglichkeit, ihre Einladung abzulehnen. Olivia, die am Tisch saß und frühstückte, ließ sofort einen ihrer unverständlichen Monologe vom Stapel, ohne sich darum zu kümmern, daß sie den Mund voller Weizenschrot hatte. Lenore bot mir einen Stuhl und einen Kaffee an, was ich beides dankend ablehnte, und sagte, daß sie mich kaum gesehen hätte, seit ich eingezogen war. Viel zu tun, murmelte ich. Dann verlangte sie zu meinem Entsetzen einen Satz Schlüssel zu meiner Wohnung – für den Notfall. Mit dieser Entwicklung hatte ich nicht gerechnet gehabt. Ich fragte sie, was für einen Notfall sie meinte. »Ein Feuer zum Beispiel«, sagte sie. »Neulich ist mir plötzlich eingefallen, daß der einzige Weg vom Dachboden nach unten die Treppe ist. Wir müssen unbedingt eine von diesen Strickleitern besorgen – damit Sie aus dem Fenster klettern können, falls es, Gott bewahre, tatsächlich einmal brennen sollte.«

Ich wollte auf keinen Fall, daß Lenore Schlüssel zu meiner Wohnung hatte, aber wegen der Nachvollziehbarkeit ihrer Sorge und weil ich Angst hatte, sie zu verärgern und so den Verlust des einzigen Ortes zu riskieren, an dem ich mich sicher fühlte, sah ich keinen Ausweg. Ich sagte, ich würde die Schlüssel nachmachen lassen und sie ihr am Nachmittag vorbeibringen. Während ich zwischen Lebensmittel- und Eisenwarenhandlung hin und her huschte, verbrachte ich den Rest des Vormittags damit, darüber nachzudenken, wie ich ihr klarmachen sollte, daß meine Schlüssel mit äußerster Sorgfalt behandelt werden mußten. Ich kam zu dem Schluß, daß mir keine andere Wahl blieb, als ihr zu sagen, daß ich vergewaltigt worden war.

Es ist nicht einfach, beiläufig zu klingen, wenn man sagt: »Oh, übrigens wäre ich Ihnen, da ich vor ein paar Monaten vergewaltigt worden bin, sehr dankbar, wenn Sie meine Schlüssel an einem sicheren Ort verwahren könnten.« Aber ich versuchte es, als ich ihr die Schlüssel am Nachmittag aushändigte. Zum Glück machte Olivia gerade ein Nickerchen.

Lenore machte ein bestürztes Gesicht und schaffte es schließlich, eine Antwort hervorzudrucksen. »Wie absolut gräßlich«, sagte sie.

»Ja«, sagte ich.

»Ist der Kerl wenigstens geschnappt worden?«

»Nein.«

»Und ich weiß nicht mal, wo der Schlüssel zur Küchentür ist. Wir schließen sie nie ab.« Die offene Tür am Tag meiner Ankunft war also keine Achtlosigkeit gewesen, sondern Gewohnheit.

In diesem Augenblick kam Jason, ihr achtjähriger Sohn, mit seinen Schulbüchern in die Küche. Er ließ sich auf einen Stuhl fallen, schob das schmutzige Frühstücksgeschirr beiseite, das immer noch auf dem Tisch herumstand, und machte sich an seine Hausaufgaben.

»Wo haben Sie denn gewohnt, als...« Lenore sah zu Jason hinüber.

»In Boston«, sagte ich.

»Oh«, sagte Lenore, als wäre die Wahl meines Wohnortes eine Erklärung. »Wir machen uns nie Gedanken über Verbrechen. Das Schlimmste, was hier passiert, ist, daß jemand ein Stoppschild überfährt.« Sie lachte.

Einen Moment lang herrschte ein unbehagliches Schweigen. »Also, danke für die Schlüssel«, sagte sie, ließ sie in einen Zinnbecher fallen und stellte den Becher auf den überquellenden Sims über dem Küchenkamin. Ich drehte mich um, um zu gehen, und sagte noch etwas Aufmunterndes zu Jason, der sich mit hervorlugender Zungenspitze und wiederholt seufzend mit einem Radiergummi über sein Heft hermachte.

»Ich bin einfach nur neugierig«, nahm Lenore den Faden noch einmal auf. »Ich meine, Sie wissen schon, ob Sie ihn gekannt haben und ob er vielleicht...«

»Es war ein Fremder. Die Polizei hat mir versichert, daß

es einfach eine Frage der Gelegenheit war. Mein Telefonanschluß ist nicht registriert. Es besteht keine Gefahr, daß er mich wiederfindet.« Ich fragte mich, wen ich beruhigen wollte. »Es war einfach nur so, daß ich zur falschen Zeit am falschen Ort war. Jedenfalls hat die Polizei das gesagt.« Jason hob den Kopf, begegnete meinem Blick und sah wieder weg.

»Wo waren Sie denn?« fragte sie.

»Zu Hause.«

Ein paar Tage später saß ich über meinem Tagebuch, als das wahrscheinlich Unvermeidliche geschah.

Tagebuch zu schreiben, was ich zunehmend wieder konnte, schien mich zu beruhigen, obwohl ich nicht oft über meine Gefühle schrieb. Ich schrieb über die jahreszeitlichen Veränderungen, über den Blick aus meinem Küchenfenster auf den Teich und endlos darüber, was ich alles saubergemacht und wo ich was hingestellt hatte. Ich schrieb von Hand mit einem Füllfederhalter, obwohl ich meine Tagebucheintragungen früher auf einer alten elektrischen Schreibmaschine getippt hatte, deren Motor sich anstrengen mußte, um mit den Tasten Schritt zu halten. Ich liebte das kratzende Geräusch, das mein Füller auf dem Papier machte, liebte die Art, wie die Worte in meiner Handschrift aussahen und wie meine Hand aussah, wenn sie den Füller hielt. Ich liebte die Stille, mit der die Worte ins Leben traten. Ich gab mir große Mühe beim Schreiben und formte jeden Buchstaben mit großer Sorgfalt. Für gewöhnlich schrieb ich an den späten Nachmittagen, der Zeit, zu der ich vergewaltigt worden war, weil ich mich dann immer am ängstlichsten fühlte. Ich saß an einem antiken runden Holztisch, den ich in meinem Schlafzimmer unter die Dachschräge geschoben hatte, nicht an meinem Schreibtisch im anderen Zimmer. Ich hatte zwei Wochen gebraucht, um genau den richtigen Platz für diese Tätigkeit zu schaffen. Nur mein Tagebuch, mein Füller, eine Lampe und eine kleine Vase standen auf dem Tisch. Er war ein Altar innerhalb des Refugiums meiner Wohnung, und selbst wenn ich nicht schreiben konnte, war der Anblick dieses Altars eine Erinnerung daran, daß ich es einst gekonnt hatte und es vielleicht wieder können würde.

Bevor ich mich an diesem Nachmittag mit meinem Tagebuch hinsetzte, hatte ich lange am Giebelfenster meines Schlafzimmers gestanden und beobachtet, wie der Schnee fiel. Das Haus unter mir war still. Lenore und Olivia waren anscheinend weggefahren und noch nicht wieder zurückgekommen, da die Auffahrt unter einer zwei Zentimeter hohen Schneeschicht lag und keine Reifenspuren zu sehen waren.

Ich schrieb, und während ich schrieb, hörte ich plötzlich ein Geräusch, das ich noch nie zuvor gehört hatte – wie erst der eine und dann der andere Sicherheitsriegel der Tür am Fuß der Treppe zurückgeschoben wurde. Dann hörte ich, wie sich die Tür öffnete und wieder schloß. Niemand rief nach oben. Es gab keine Erklärung, außer der schlimmsten: Der Vergewaltiger kam zurück. Er hatte mich aufgespürt, hatte sich durch die Küchentür, die abzuschließen Lenore keinen Anlaß sah, ins Haus geschlichen.

Das wurde durch die verstohlenen Schritte auf der quietschenden Treppe bestätigt. Ich wartete, starr vor Entsetzen. Dann verwandelte sich das Entsetzen in Wut. Ich raste in die Küche, schnappte mir das große Tranchiermesser, wirbelte herum und erreichte das obere Ende der Treppe genau in dem Augenblick, als ein Kopf aus den Schatten an der Treppenbiegung fünf Stufen unter mir auftauchte.

Was Jason und sein Schulfreund sahen, als sie um die Ecke bogen – eine Frau in einem grünen, von Sicherheitsnadeln zusammengehaltenen Bademantel, die mit einem

Tranchiermesser in der Hand geduckt am Kopf der Treppe stand –, war mehrere Jahre lang eine Quelle der Erheiterung für mich. Einmal, als ich mit Steve durch den Grand Canyon wanderte, sprangen plötzlich zwei Dickhornschafe auf den schmalen Pfad vor uns und donnerten auf uns zu. Auf der einen Seite des Pfads lag der Abgrund, auf der anderen Seite eine steile Felswand. Wir drückten uns mit dem Rücken an die Felsen, zogen den Bauch ein und hielten die Luft an, als die beiden Tiere an uns vorbeistürmten. Es waren nur zwei Dickhornschafe, die eine Abkürzung nahmen, aber ich sah etwas anderes. Ich sah zwei gewaltige Monster mit einem mindesten drei Meter langen Horn auf der Stirnmitte, eine Kreuzung zwischen einem Einhorn und einem Rhinozeros mit Haaren. Vielleicht sahen Jason und sein Freund an jenem Nachmittag auch keine Frau in einem grünen Bademantel auf der Treppe stehen. Vielleicht sahen sie ein grünhäutiges Monster, das ein Schwert schwenkte und donnerte: »Wie könnte ihr es wagen, hier einzudringen?«

Für eine Person, die noch alle Tassen im Schrank hat, wäre ein kleiner Junge, der, verlockt durch verbotene Schlüssel in einem Zinnbecher und Gerede über die Polizei und angestachelt von einem Schulfreund, seiner Neugier nachgibt und einer neuen Mieterin nachspioniert, vielleicht keine Überraschung. Eine solche Person wäre vielleicht amüsiert oder leicht irritiert, würde, wenn sie Kinder gern hätte und sich ein bißchen einsam fühlen würde, vielleicht Kekse oder das Damespiel hervorholen. Würde die Gelegenheit für einen Vortrag darüber nutzen, wieso es wichtig ist, die Privatsphäre anderer zu respektieren. Aber diese Person war ich nicht. Nicht damals.

Mein Dachboden war bis zu diesem Augenblick meine äußere Haut gewesen. In meinen Räumen konnte ich so weiß und weich sein wie eine Made. Ich hatte keinen inneren Schutzraum – keinen selbstverständlichen Unverletzlichkeitsglauben, der als Grenze zwischen mir und der unvorhersehbaren, drohungsbeladenen Außenwelt stand. Die Welt der Vergewaltigung formte mein ganzes Realitätskonzept. Neununddreißig Jahre, in denen ein Vergewaltiger, der sich die Treppe heraufschleicht, das letzte gewesen wäre, woran ich gedacht hätte, waren von mir abgefallen wie eine trockene, spröde Haut, die ich nie wieder anlegen konnte.

»Du überreagierst.« Ich hing am Telefon, telefonierte mit einer Freundin, schluchzte mich durch die Jason-Episode. Es war nach Mitternacht.

»Ich überreagiere?« Ich wiederholte das Wort mehrere Male, als sei es ein Wort aus einer anderen Sprache.

»Es ist über zwei Monate her«, sagte sie. »Es ist Zeit, daß du dir endlich einen Job suchst und aufhörst, ständig darüber nachzugrübeln, was passiert ist. Es ist vorbei.« Das war es für mich beileibe nicht, aber daß sie es sagte, gab mir das Gefühl, daß sie recht hatte – es sollte vorbei sein. In diesem Augenblick wurde mir zum ersten Mal bewußt, daß ich mich selbst haßte – weil ich ständig darüber nachgrübelte, was passiert war, weil ich überreagierte. Der Vergewaltiger hatte die Saat dieses Selbsthasses in mich eingepflanzt, und meine Einsamkeit hatte wie eine Dürreperiode dafür gesorgt, daß diese Saat ruhte. Aber jetzt war der Regen gekommen.

»Wie willst du das mit dem Geld machen?« redete meine Freundin weiter. Sie hatte recht. Ich war pleite.

»Ich weiß es nicht«, sagte ich.

»Du hast nicht mal drüber nachgedacht? Wie willst du das ganze Geld zurückzahlen, das du dir geliehen hast? Es paßt überhaupt nicht zu dir, nicht über diese Dinge nachzudenken.«

»Ich weiß«, sagte ich, fragte mich aber, von wem sie da eigentlich sprach.

»Du mußt es dir einfach aus dem Kopf schlagen«, sagte sie. Mir fiel auf, daß sie das Wort *Vergewaltigung* kein einziges Mal benutzt hatte. »Oder hast du eine andere Wahl?«

Ich wußte keine Antwort, und meine Freundin brauchte auch keine. Überreaktionen sollten zu einer Lebensweise werden.

Jason erzählte seiner Mutter nichts von diesem Erlebnis, von dem ich hoffte, daß es ihm jahrelang Alpträume verursachen würde. »Kinder!« sagte sie, als ich es ihr selbst sagte. »Was soll man machen?«

»Ich hätte meine Schlüssel gern zurück, weil meine Privatsphäre mir sehr wichtig ist. Ich finde, es wäre eine gute Idee, diese Fluchtleiter zu besorgen, und natürlich bin ich nach gebührender Vorankündigung gern bereit, Sie zu einer Besichtigung in die Wohnung zu lassen.« Ich gab mir Mühe, bei diesem Versuch, mich selbst zu schützen, gelassen zu wirken, aber innerlich zitterte ich.

»Sie scheinen Kinder nicht zu mögen«, sagte Lenore, als sie nach dem Zinnbecher griff.

»Kinder«, wiederholte ich, setzte mein freundlichstes Lächeln auf und fügte hinzu: »Was soll man machen?«

Lenore schwieg. »Vielen Dank«, sagte ich, als ich die Schlüssel in der Hand hatte. Lenore lächelte nicht, als ich ging.

Hier eine Geschichte über Unterhosen, aus einem *Associated-Press*-Artikel vom 19. April 1996. Ein Mann namens Kerry Kotler wurde wegen zweimaliger Vergewaltigung einer vierunddreißigjährigen, auf Long Island wohnhaften Mutter von drei Kindern rechtskräftig verurteilt und verbrachte elf Jahre im Gefängnis. Dann kam er frei. Jetzt muß er wahrscheinlich wieder ins Gefängnis zurück.

Der Name der Frau, deren zweimalige Vergewaltigung Kotler ins Gefängnis gebracht hat, wurde in besagtem Artikel nicht genannt. Sie wird nur als »das Opfer« bezeichnet. Wenn ich die Worte *das Opfer* sehe, würde ich die Leerstelle jedesmal gern ausfüllen. Es reicht, sage ich mir selbst, zu wissen, daß sie keine Leerstelle ist. Ich weiß, daß es einen guten Grund dafür gibt, den Namen nicht zu nennen. Es soll sie schützen. Aber die Tatsache, daß dieser Schutz notwendig ist, ist der Beweis dafür, falls denn noch einer gebraucht würde, daß es immer noch ein weitverbreitetes Stigma gibt, mit dem Vergewaltigungsopfer behaftet werden, ein Stigma, das durch die immer größer werdende Zahl der ungenannten Namen in unseren Zeitungen bestärkt wird.

Dieser Deckmantel der Geheimhaltung ist nur in einigen amerikanischen Bundesstaaten gesetzlich vorgeschrieben. Dahinter stecken gesellschaftliche Erwägungen. 77 Prozent der Nachrichtenorganisationen, die 1991 von *Newsweek* befragt wurden, waren der Meinung, daß die Medien die Namen von Vergewaltigungsopfern nicht preisgeben sollten. Die *New York Times* wurde kritisiert, weil sie den Namen von Kennedy Smith' Anklägerin, Patricia Bowmann, gedruckt hatte, nachdem er ohne ihre Einwilligung in den NBC-Nachrichten genannt worden war, aber auch, weil die *Times* eine reißerische Kurzbiographie von ihr veröffentlicht hatte, in der es um ihre »wilde Zeit« an der High-School, die Scheidung und spätere Wiederheirat ihrer Mutter und um ihre Kneipenstreifzüge ging. Solange eine Frau nicht auf der vatikanischen Anwärterliste für eine Heiligsprechung steht, kann eine öffentliche Zurschaustellung brutal sein.

Der zwanghafte Wunsch, die Opfer zu diskreditieren, statt Zeuge ihres Schmerzes zu sein, ist fast unwiderstehlich – selbst im unmittelbaren Kreis der Opfer. So zum Beispiel sagte jemand, den ich nur flüchtig kannte, ein paar Monate nach meiner Vergewaltigung zu mir, vielleicht sei ich vergewaltigt worden, weil ich ein »schlechtes Karma« hätte, »aus einem früheren Leben«. Und eine Kollegin meinte, ich sei mit meiner Beratertätigkeit in Maine nicht zufrieden gewesen und mit einer »negativen Einstellung« nach Boston zurückgekommen, die möglicherwesie noch mehr »Negativität angezogen« hätte. Ja, ich war mit meiner Arbeit in Maine nicht glücklich gewesen. Ja, ich war bedrückt und niedergeschlagen nach Boston zurückgekommen. Diese Tatsachen waren nicht zu leugnen. Aber machten sie die Vergewaltigung zu meinem Fehler? Eine gute Freundin (die keine mehr ist) meinte sogar, ich hätte die Vergewaltigung »herausgefordert«, indem ich mir eine Wohnung in einem Arbeiterviertel gesucht hätte. Was hätte ich wohl alles zu hören bekommen, wenn ich mich in einer Bar betrunken hätte und dort vergewaltigt worden wäre, wie die Frau, die 1983 in New Bedford, Massachusetts, von vier Männern attackiert wurde (der Film *Angeklagt* mit Jodie Foster beruht auf ihrer Geschichte). Oder wenn ich nach einer Verabredung vergewaltigt worden wäre, nachdem ich mich bereit erklärt hatte, auf eine letzten Drink mit in seine Wohnung zu gehen?

Wenn es um Vergewaltigungen geht, ist die Frage der Privatsphäre eine emotionsgeladene Frage, über die sich Journalisten, Gesetzeshüter, Feministinnen und die Vergewaltigungsopfer selbst streiten. Die einen sind der Meinung, wenn der Schleier der Geheimhaltung gelüftet würde, würde auch das Stigma verschwinden, das Vergewaltigungsopfern anhaftet, da Vergewaltigungen dann als das Verbrechen behandelt würden, das sie sind – Gewaltverbrechen, genau wie Mord. Andere meinen, daß eine »erzwungene Öffentlichmachung« eine Wiederholung des Vergewaltigungstraumas wäre und den Opfern nur schaden würde, indem sie ihr Gefühl der Hilflosigkeit und der Machtlosigkeit bestärkt. Nancy Ziegenmeyer, die selbst Opfer einer Vergewaltigung wurde und sich dazu entschloß, ihren Namen für eine mit dem Pulitzer-Preis ausgezeichnete Serie preiszugeben, die 1991 im *Des Moines Register* erschien, ist der Meinung, daß nur die Opfer selbst entscheiden können, ob sie an die Öffentlichkeit gehen wollen oder nicht. Ich bin voll und ganz ihrer Meinung. Gesellschaftliche Einstellungen müssen sich ändern, aber der Schmerz dieser Veränderung sollte nicht jenen aufgebürdet werden, die bereits an den lebenslangen Wunden der Vergewaltigung leiden. Einem Artikel in *Newsweek* vom 29. April 1991 zufolge leiden 60 Prozent aller Vergewaltigungsopfer an posttraumatischen Belastungsstörungen, der höchste Prozentsatz von allen Verbrechen. Kerry Kotlers Opfer, »das Opfer«, ist eine Frau mit einem Namen – und einer Erbschaft des Entsetzens. Beide gehören ihr.

Ihre Geschichte ist verwickelt. 1978 wurde sie in ihrem Haus auf Long Island von einem Mann vergewaltigt, der sie mit einem Messer bedrohte. Drei Jahre später, 1981, kam er zurück. »Da bin ich wieder«, sagte er. »Laß es uns noch mal machen.« Nach dem zweiten Überfall identifizierte das Opfer Kerry Kotler bei einer polizeilichen Gegenüberstellung – er war nach einer Verurteilung wegen Unzucht mit Minderjährigen auf Bewährung auf freiem Fuß – und hörte sich dann Tonbänder zur Stimmidentifizierung an. Als Kotler »Da bin ich wieder« sagte, brach sie ohnmächtig zusammen. Sie war, wie der zuständige Staatsanwalt zitiert wurde, »mit die glaubwürdigste, überzeugendste Zeugin, der ich je begegnet bin.« Nach der Verhandlung wurde Kotler beider Vergewaltigungen für schuldig befunden und zu einundzwanzig bis fünfundvierzig Jahren Gefängnis verurteilt.

Die Unterhose, die das Opfer am Tag der zweiten Vergewaltigung getragen hatte, kam ins Polizeiarchiv für Beweismittel. Kotler hatte acht Jahre seiner Strafe abgesessen, als die DNA-Experten Barry Scheck und Peter Neufeld beschlossen, sich seines Falls anzunehmen (ein paar Jahre später sollten sie ihre Sachkenntnis dazu benutzen, einen berühmteren Klienten, O. J. Simpson, freizubekommen). Da DNA-Tests zum Zeitpunkt von Kotlers Verurteilung zu Beginn der 80er Jahre noch nicht bei Strafrechtsfällen eingesetzt worden waren, waren Scheck und Neufeld der Meinung, ihn freibekommen zu können, indem sie DNA-Untersuchungen der Spermaflecken auf der Unterhose des Opfers vorlegten. Sie argumentierten, daß diese DNA-Tests als neue Beweismittel betrachtet werden müßten, womit Kotler Anspruch auf eine Neuverhandlung hatte.

Die Unterhose wird getestet, das Ergebnis scheint Kotler auszuschließen. Die Staatsanwaltschaft argumentiert, daß die DNA während der Lagerung verunreinigt wurde, kann aber nicht erklären, wie. Obwohl Kotlers Verurteilung aufgrund einer Beweislage erfolgte, die auch ohne DNA ausreichte, eine Jury in beiden Fällen zu einem Schuldspruch gelangen zu lassen, entscheidet ein Richter, daß die elf Jahre später erfolgten DNA-Tests Kotler zu einer Neuverhandlung berechtigen oder die Anklage fallengelassen werden muß.

Inzwischen ist das Opfer in einen anderen Staat verzogen und möchte lieber nicht noch einmal vor Gericht aussagen. Nur »höchst widerwillig« läßt der Staatswanwalt die Anklage gegen Kotler fallen, der daraufhin auf Haftentschädigung klagt. Ein Richter unterstützt die Klage.

Scheck und Neufeld geben ein Festbankett und laden dazu einen Haufen Verteidiger ein. Als Kotler eintrifft, applaudieren sie ihm stehend. Kotler gehört zu den ersten Häftlingen in den Vereinigten Staaten, die auf Grund der DNA-Technologie freikommen.

Dreieinhalb Jahre nach dem Festbankett drängt Kotler, der sich als Polizeibeamter verkleidet hat, eine zwanzigjährige Collegestudentin (»das Opfer«) von einer Autobahn auf Long Island ab. Nachdem er sie vergewaltigt hat, spült er ihre Vagina mit einer Plastikflasche mit Wasser aus, »um keine Beweise zu hinterlassen«– die DNA in seinem Sperma. Das Opfer merkt sich jedoch einen Teil seiner Autonummer. Das Auto gehört Kotlers Freundin. An der Kleidung des Opfers finden sich Haare, die den Haaren des Hundes der Freundin entsprechen. Wichtiger aber ist, daß sich Spermaspuren an ihrer Kleidung finden. »Fünf spezifische DNA-Marker des gefundenen Spermas entsprachen den Markern von Kotlers Blut. Die Wahrscheinlichkeit, daß dieses Sperma von einem anderen als Kotler stammt, liegt bei 1 : 7,5 Millionen«, konstatiert der Staatsanwalt. Die Strategie der Verteidigung, heißt es in dem betreffenden Artikel, wird darin bestehen, die Zuverlässigkeit von DNA-Tests in Zweifel zu ziehen.

Laut einem Artikel in der *New York Times* vom 19. Juli 1997 konnten die DNA-Beweise Kotler dieses Mal nicht vor dem Gefängnis bewahren, sondern trugen dazu bei, ihn dorthin zurückzuschicken. Am 18. Juli 1997 wurde er wegen schwerer Vergewaltigung der Collegestudentin verurteilt, die »vor Freude« weinte, als der Spruch der Geschworenen verkündet wurde. Aber vielleicht hat »das Opfer« sich zu früh gefreut. Drei Wochen vor seiner Verurteilung wurden Kotler aufgrund seiner Haftentschädigungsklage 1,5 Millionen Dollar zugesprochen, genug, um sich eine Revision leisten zu können. Der Fall war mir also kein großer Trost – nicht annähernd groß genug, um das Verbrennen meiner Unterhose im Jahre 1985 zu bedauern.

6.
PATCHWORK

Ich wende mich von ihr ab, begierig
auf einen weiteren nachmittag
der rettung, rettung

LUCILLE CLIFTON
»versuch, dieses leben zu verstehen«

Concord, Massachusetts, 11. Januar 1986

Drei Monate. So schwer, hier zu schreiben. Heute morgen meine erste Sitzung bei Gunilla Jainchill. Habe ihr alles erzählt, was während der Vergewaltigung geschah. Habe die ganze Zeit geweint. Habe heute nachmittag ein bißchen geschlafen, hatte aber einen beunruhigenden Traum: Ich habe einen Zahn verloren und versuche, ihn im Mund zu behalten und ihn an seinen Platz zurückzudrücken, weil ich denke, dann wächst er wieder an. Aber das Zahnfleisch ist zu angegriffen, und er fällt wieder heraus. Dann höre ich, wie meine Mutter meinen Namen ruft. Ich versuche, sie zu finden, aber ich bin an einem dunklen Ort und finde nicht heraus. Ich weine nach ihr, und dabei wache ich auf.

Der Zwischenfall mit Jason schien mich in die Tage unmittelbar nach der Vergewaltigung zurückzuschleudern. Ich konnte nicht mehr schlafen, und Erschöpfung und Angst lähmten mich aufs neue. Die Bemerkung meiner Freundin über mein »Überreagieren« und ihre Verständnislosigkeit angesichts meiner Unfähigkeit, mich gegen die Zumutungen meiner Vermieterin zur Wehr zu setzen, ließen mich zumindest ansatzweise erkennen, wie sehr ich aus den Fugen geraten war. Lenore hatte angefangen, mich zu bitten, auf Jason aufzupassen oder ein Auge auf Olivia zu halten, wenn sie irgendwas zu erledigen hatte, und obwohl ich jedesmal ablehnte, waren ihre Anfragen für mich eine Belastung, und ich verkroch mich danach oft weinend in mein Bett. Lenore schien nicht verstehen zu können, daß der stattliche Scheck, den ich jeden Monat für die »Mädchenzimmer« ausstellte, unter anderem bedeutete, daß ich nicht dazu verpflichtet war, ihr die Nutzung eines der Schränke unter der Dachschräge zu überlassen, bloß weil sie der Meinung war, er sei hervorragend zum Unterbringen ihrer Wintersachen geeignet. Ich fühlte mich ausgenutzt und mißbraucht – und machtlos. Ich handhabte die Dinge nicht so, wie die Frau, die meine Freunde in Erinnerung hatten, sie gehandhabt hätte, und sie wußten nicht, was sie davon halten sollten. Ihre Verwirrung steigerte meine Angst, bald innerlich völlig zusammenzubrechen. Ich wußte, daß ich Hilfe brauchte.

Nicht lange nach dem Zwischenfall mit Jason hing ich am Telefon und sprach mit einer Therapeutin in Cambridge, von der irgend jemand mir gesagt hatte, sie hätte Erfahrung in der Behandlung von Vergewaltigungsopfern. Ich hatte lange gebraucht, bis ich den Mut aufbrachte, sie anzurufen, und war fassungslos, als sie mir, nachdem ich ihr meine Situation geschildert hatte, erklärte, zu ihrem Bedauern könne sie keine neuen Patientinnen annehmen.

»Aber mein Mann ist ebenfalls Therapeut, und er hat noch Plätze frei«, sagte sie.

Die Vorstellung, zu einem männlichen Therapeuten zu gehen, gefiel mir ganz und gar nicht. Aber vielleicht, dachte ich, war es sogar besser, zu einem Mann zu gehen. »Hat er schon Frauen wie mich behandelt?« Es fiel mir immer noch schwer, das Wort *Vergewaltigung* auszusprechen.

»Nein, aber er ist sehr an der Thematik interessiert.«

»Wo ist seine Praxis?« fragte ich in der Hoffnung, sie würde sagen, sie sei in Boston, womit ich eine Entschuldigung gehabt hätte, ihn nicht anrufen zu müssen. Ich hatte einen Therapeuten in der Stadt ausgeschlossen.

»Gar nicht mal so weit von Ihnen. Er arbeitet bei uns zu Hause.«

Ich notierte mir seinen Namen und seine Telefonnummer und rief ihn trotz meiner Bedenken auf der Stelle an. Ich war wie betäubt, als ich einen Termin mit ihm ausmachte und mir die komplizierte Wegbeschreibung zum Haus notierte, das mitten im Niemandsland lag, wie meine Karte mir bestätigte.

Meine Betäubung wurde bald von Nervosität und Angst abgelöst. Ich allein mit einem fremden Mann, der mitten im Niemandsland lebte? Wo ich ihm alles beibrachte, was ich über Vergewaltigungen wußte? Das, so dachte ich, hieß wirklich, das Schicksal herauszufordern. In meinem Kopf formte sich ein Bild dieses Mannes und seines Hauses. Jahre später, als ich *Das Schweigen der Lämmer* sah, hatte ich das Gefühl, das Bühnenbild für die schrecklichen Schlußszenen im Keller des Mörders entworfen zu haben. Aber trotz meiner Angst schien ich unfähig, entsprechend meiner Intuition zu handeln, die mir sagte, daß ein männlicher Therapeut, der keine Erfahrung in der Behandlung von Vergewaltigungsopfern hatte, wahrscheinlich keine so besonders gute Idee war.

Am Tag des Termins mit diesem Theraupeuten wachte ich auf und sah etwas, was ich als schreckliche Warnung interpretierte. Lenora und Gary waren die ganze Zeit nicht dazu gekommen, ein Haus für die Enten zu bauen. Der einzige Ort, wo sie ein bißchen Schutz vor der Witterung finden konnten, war der Raum unter der Küchenveranda, wo sie gelegentlich gefüttert wurden. Ich hatte viele zufriedene Stunden damit verbracht, an dem Caféhaustisch am Giebelfenster meiner Küche zu sitzen und die Enten auf dem Teich zu beobachten. Besonders schön waren sie in der Dämmerung, wenn der Himmel hinter den kahlen Erlen dunkler wurde und der Teich ganz still lag. Sie wirkten dann so weiß, so zu Hause auf dem dunklen Wasser. Im Herbst hatte ich mehrmals beobachtet, wie kleine Schwärme wilder Kanadagänse den Teich für ein paar Stunden mit Beschlag belegten. Die Enten quakten, richteten sich im Wasser hoch auf und schlugen, meiner Meinung nach irritiert, mit den Flügeln. Aber vielleicht waren sie auch nur neidisch.

Nach den ersten Schneefällen fing ich an, mir Sorgen um sie zu machen. Als die Temperaturen immer mehr absackten, fiel mir auf, daß der Schneerand um den Teich herum immer breiter und der Kreis offenen Wassers mit jedem Tag kleiner wurde. Ich beschloß, Lenore darauf anzusprechen.

Sie erklärte mir, die Enten seien ein Ostergeschenk für Jason gewesen. Es sei seine Aufgabe, sie zu füttern, bloß vergesse er es oft. »Ich versuche ihm beizubringen, daß er Verantwortung übernehmen muß«, sagte Lenore, als ich sie darauf hinwies, daß die Enten oft auf den Hof kamen und um Futter bettelten. »Wenn ich sie füttere, wie soll er es denn je lernen? Aber selbst wenn er es vergißt, gibt es schließlich jede Menge Zeugs im Teich.« So diplomatisch wie möglich wies ich sie darauf hin, daß das »Zeugs im Teich« rapide unter einer Eisschicht verschwand. »Meinen Sie nicht, daß sie außerdem einen Schutz für den Winter brauchen?« fragte ich und betonte, daß die Enten draußen im Freien eine leichte Beute für Raubtiere seien.

»Ach was«, sagte sie. »Sie können ja einfach in den Süden

fliegen, so wie die Gänse.« Ich erklärte ihr, daß Jasons Enten domestizierte Enten seien, die nicht eimmal wüßten, wo sie hinfliegen mußten – falls sie überhaupt fliegen konnten. Das war ihr zu meinem Entsetzen völlig neu.

Es sah nicht gut aus für die Enten.

Ich fragte sie, ob sie etwas dagegen hätte, wenn ich auf der Farm ein Stück weiter fragen würde, ob sie die Enten über den Winter in Pension nehmen könnten. Sie zögerte. Ich erbot mich, die Kosten zu übernehmen. »Okay«, sagte sie.

»Tut mir leid, Lady, aber ich hab schon zu viele Enten«, sagte der Mann auf der Farm, als ich bei ihm vorsprach. Der erhöhte Stall, den er für seine Vögel gebaut hatte, sah nicht nur solide aus, sondern war außerdem von einem Drahtzaun umgeben. Ich fragte ihn, ob er mir sonst einen Tip geben könne. Er schüttelte den Kopf. Anscheinend machte ich ein sehr bekümmertes Gesicht, denn er offerierte mir einen ländlichen Trost – oder was er dafür hielt. »Wissen Sie, Füchse müssen schließlich auch leben.«

Ein paar Tage später stürzten die Temperaturen ab. Durch irgendeinen Rest von Instinkt hatten die Enten versucht, die kreisförmige Wasserfläche in der Mitte des Teichs, wo das Wasser am tiefsten war, durch obsessives, in meinen Augen verzweifeltes Paddeln eisfrei zu halten. Aber das Eis wurde immer dicker und der Kreis aus dunklem Wasser immer kleiner.

Als ich am Tag meines Termins mit dem Therapeuten die rasiermesserdünne Eisschicht von meinem Küchenfenster kratzte, war die Welt nach einem Schneesturm, der mitten in der Nacht zugeschlagen hatte, vollkommen weiß und konturlos. Bis auf die Mitte des Teichs.

Sie war rot.

Das Bild des Gemetzels im Kopf, rief ich ein paar Stunden später, nachdem ich fast eine ganze Schachtel Zigaretten geraucht hatte, den Therapeuten an. »Es tut mir leid, aber ich muß den Termin absagen«, sagte ich.

»Weswegen?« fragte er. Er klang nicht sehr erfreut.

»Ich fühle mich einfach nicht wohl mit –« Ich zögerte, mir meiner selbst unsicher. Meine Hände waren feucht. »Wo Sie wohnen«, stieß ich hervor.

»Ich habe Ihnen eine ausgezeichnete Wegbeschreibung gegeben«, sagte er. »Und schließlich gibt es ja auch Karten.«

»Ja, schon, aber –« Ich zögerte wieder. »Es fühlt sich für mich einfach nicht sicher an.«

Er schwieg einen Moment. Ich konnte ihn atmen hören. »Sich mit Problemen zu befassen fühlt sich nie sicher an«, sagte er nach einer Weile. »Waren Sie schon einmal in therapeutischer Behandlung?«

»Nein«, sagte ich, aber dann erinnerte ich mich. Ich war mit Ende Zwanzig, nach dem Tod meines Bruders, bei einem Therapeuten gewesen. Ich korrigierte mich hastig.

»Hm«, sagte er. Dann nichts mehr.

»Ich habe einfach das Gefühl, daß es zu weit zu fahren ist«, wiederholte ich.

»Das haben Sie doch auch schon vor einer Woche gewußt«, antwortete er.

Ich hasse dich jetzt schon, dachte ich. »Tut mir leid«, sagte ich kläglich.

»Termine müssen mindestens fünf Tage im voraus abgesagt werden«, sagte er. »Sie können also genausogut kommen, weil ich Ihnen die Stunde sowieso in Rechnung stellen werde.«

Seine Einschüchterungsversuche machten mich nicht wütend. Sie ängstigten mich zu Tode.

»Dann schicken Sie mir eben die Rechnung«, sagte ich, knallte den Hörer auf und kroch in mein Bett zurück.

Eine Woche später erhielt ich einen Anruf von einer Freundin, die in Harvard lehrte. Sie sagte, sie hätte auf einer Dinnerparty mit jemandem aus der psychiatrischen Abteilung gesprochen und einen Namen für mich in Erfahrung gebracht: Gunilla Jainchill, Dozentin für klinische Psychatrie an der medizinischen Fakultät. »Sie hört sich genau richtig an«, sagte meine Freundin. »Sie erwartet ihr viertes Kind und hat ihr Sabbatjahr genommen, arbeitet aber nebenbei mit ein paar Klienten.«

»Wo ist ihre Praxis?« fragte ich.

»Sie arbeitet zu Hause. In Brookline.«

»Ich weiß nicht«, sagte ich.

»Sie hat Erfahrung in der Behandlung von Frauen, die durchgemacht haben, was du durchgemacht hast«, ergänzte meine Freundin taktvoll.

»Oh«, sagte ich.

»Ruf sie an.«

Gunilla Jainchill war ungefähr in meinem Alter und hatte einen ausgeprägten schwedischen Akzent, aber ihre Beherrschung der englischen Sprache war meisterhaft. Sie sah aus, als wäre sie gerade einem Film von Ingmar Bergmann entsprungen. Sie war im sechsten Monat schwanger, als ich sie das erste Mal sah, und ihre Schwangerschaft verlieh ihr eine gelassene Ernsthaftigkeit, die aber leicht in Lachen umschlug.

Ihr Ansatz war praktisch: Sie konzentrierte sich auf Dinge, die ich tun konnte, um ein Gefühl der Kontrolle und Selbstvertrauen zurückzugewinnen. Wir verbrachten viele Stunden damit zu üben, was ich zu Lenore sagen konnte, wenn sie mich das nächste Mal bat, auf Jason aufzupassen. Sie gab mir die Erlaubnis, Olivia zu ignorieren, die mir, wann immer sie mich erwischte, aus dem Haus bis zu meinem Auto folgte und mit ihrem üblichen halsbrecherischen

Tempo auf mich einredete. Sie half mir, einen Brief an die Cousine zu entwerfen, die mich kritisiert hatte, weil ich zu einer Therapeutin ging.

Wir verbrachten viele Sitzungen mit Diskussionen darüber, was aus meiner Arbeit werden sollte. Ich hatte weder das Selbstvertrauen noch die Energie, meine frühere freiberufliche Tätigkeit wiederaufzunehmen. Ich konnte nicht mehr schreiben, und der Gedanke, einen weiteren Dokumentarfilm in Angriff zu nehmen, machte mir angst. Gunilla schlug vor, es für den Anfang mit einer Teilzeitstelle in einem Büro zu probieren. »Fangen Sie mit kleinen Schritten an«, riet sie mir. »Und freuen Sie sich über die Babyschrittchen.«

Sie ermutigte mich, mich gesund zu ernähren und mich körperlich zu bewegen, und empfahl mir Romane und Musikstücke. Manchmal redeten wir überhaupt nicht über mich, sondern über Geschichte oder Literatur oder etwas, was wir in der Zeitung gelesen hatten. Manchmal weinte ich über das Schweigen Gottes, und irgendwie gelang es ihr, mir in Erinnerung zu rufen, daß auch dieses Schweigen Gott war.

Ihr Haus wurde bald zu einem zweiten Refugium für mich, und ich freute mich auf unsere Treffen. Es war ein Glück für mich, daß sie bereit war, mit mir zu arbeiten, obwohl ich nicht sofort bezahlen konnte. Ich hatte mich bei der staatlichen Opferhilfe um finanzielle Unterstützung beworben, und sie wußte, daß dieser Prozeß lang und kompliziert war. Sie vertraute darauf, daß ich sie bezahlen würde, sobald ich konnte. Ihre Methoden waren geschickt und unkonventionell, wie ich später erkannte, ebenso wie auch unsere Beziehung zueinander, die sich bald zu einer für beide Seiten bereichernden Freundschaft entwickelte. Sie war die erste Freundin, die ich in meinem neuen Leben fand – dem, das am 11. Oktober 1985 anfing. Das ist sie immer noch. Anders als alle anderen maß Gunilla mich nicht an der Frau, die an jenem Tag gestorben war.

Ich weiß nicht mehr, worüber wir alles sprachen, aber ich erinnere mich immer noch lebhaft an das Gefühl von Freundschaft und von Verbundenheit mit den Dingen des ganz gewöhlichen Lebens, und ich spürte eine innere Resonanz. Ich erinnere mich, wie ihr Hund, eine große struppige Promenadenmischung, mich an der Tür begrüßte und freudig – zumindest kam es mir so vor – mit dem Schwanz wedelte. »Oh, er mag Sie!« rief Gunilla erfreut. Ich erinnere mich an die Art, wie das Licht durch das Fenster hinter ihrem Stuhl auf ein Aquarium voller bunter tropischer Fische fiel. Manchmal winkten ihre beiden kleinen Söhne uns von der Auffahrt her zu, wenn sie mit der Haushälterin zum Spielplatz gingen, einer großmütterlichen Irin, die mir an besonders kalten Tagen heißen Tee und Kekse anbot. Als es Frühling wurde, saßen wir manchmal auf Korbstühlen auf der Veranda hinter dem Haus, den Hund zu unseren Füßen. Ich erinnere mich besonders daran, wie ihr Baby roch, als ich es das erste Mal sah. Es hatte den süßen Geruch der Unschuld und der Hoffnung.

Wochende. Memorial Day 1986. Ich sitze an meinem Schreibtisch unter dem Dach. Es sieht chaotisch aus, er ist übersät von offiziellen Papieren und Formularen. Ich lese mir die Erläuterungen des Opferhilfeprogramms des Staates Massachusetts noch einmal durch:

> KOSTEN, DIE DAS OPFERHILFEPROGRAMM ÜBERNIMMT:
>
> a) Barauslagen ab einer Höhe von $ 100 für medizinische Betreuung und sonstige notwendige Dienstleistungen infolge von körperlicher Verletzung oder Tod.
>
> b) Einkommensverluste, sofern es in mindestens zwei aufeinanderfolgenden Wochen einen Ausfall an Verdiensten oder Unterhaltsleistungen gab.

c) Im Fall einer Vergewaltigung zählen zu den entschädigungsfähigen Auslagen auch Beratungskosten und Kosten für eine vorübergehende Unterbringung oder einen Umzug, nicht jedoch die Kosten für einen Schwangerschaftsabbruch oder eine diesbezügliche Beratung.

Tut uns leid, Mädchen, aber wenn du schwanger bist, können wir dir nicht helfen. Wenn du dir keine Abtreibung leisten kannst, setzten wir dich und dein Baby einfach auf Wohlfahrt. Null Problemo.

Ich gehe meine Unterlagen für den Antrag noch einmal durch – alles in allem fünfunddreißig Seiten. Kopien von Rechnungen und von Schecks, die ich ausgestellt hatte, um sie zu bezahlen. Ein Brief von Gunilla, in dem sie meine Behandlung dokumentiert. Der Vergewaltiger hat mich in diesen ersten Monaten schon über achttausend Dollar gekostet.

Ich schulde Gunilla noch über zweitausend Dollar. Ich bin ihr dankbar, daß sie so viele Monate gewartet hat, bis ich finanziell wieder auf den Beinen bin. Ich habe inzwischen das Glück, in Harvard am Institut für Design zu arbeiten, so daß ich sie bezahlen kann. Ich habe auch insofern Glück, als achtzehn Jahre Schule und Studium mich in die Lage versetzen, alle für den Antrag erforderlichen Informationen liefern zu können.

Ich versuche, mich auf die Fragebögen zu konzentrieren. Meine Wut hindert mich daran. Ich gehe nach draußen und setze mich auf den alten Holzstuhl auf dem Steg. Ich denke, wie glücklich die Enten heute wären. Die Sonne ist warm, und im Teich wimmelt es wieder vor Leben – überall Frösche und Wasserkäfer.

Als ich der Meinung bin, daß es mir wieder bessergeht, kehre ich an meinen Schreibtisch zurück. Dreizehn Fragen. »Jede Frage muß schriftlich beantwortet werden. Binnen dreißig Tagen nach Erhalt dieser Fragen müssen die schriftlichen Anworten beim zuständigen Gericht und in Kopie bei der zuständigen Staatsanwaltschaft eingegangen sein. Sollten ihre Antworten nicht innerhalb dieses Zeitraums eingehen, kann ihr Antrag abfällig beschieden werden.«

Mir geht es nicht besser. Ich bin immer noch wütend. Am liebsten würde ich meinen Schreibtisch umkippen und Teller an die Wand schmeißen. Ich bin wütend, weil ich mich auf diese Weise erinnern muß, Frage um Frage, als ob es möglich wäre, meine Erfahrungen zu beschreiben. Am liebsten würde ich schreiben: »Ich lebe in einer Hölle. Was wollen Sie noch wissen? Sie hat mich in den ersten vier Monaten $8166,35 an Unterkunft und Verpflegung gekostet. Bitte schicken Sie den Scheck an ›das Opfer‹, Hölle, Postleitzahl 66666. PS.: Inzwischen bin ich in der Lage, meinen Lebensunterhalt selbst zu bestreiten.«

Fragen zwei und sieben sind die schwersten. Die anderen verlangen nur Aufstellungen – Barauslagen, sämtliche Kostenübernahmen durch Versicherungen. Ein paar Auskünfte über Zeugen, Identität des Täters, Stand der polizeilichen Ermittlungen. Sie sind leicht zu beantworten. Soll ich einfach »entf.« für entfällt schreiben?

2. Beschreiben Sie umfassend und ausführlich, wie es zu Ihrer Verletzung kam. Nennen Sie Datum, Ort und Zeit, und schildern Sie den Vorfall, der zu Ihrer Verletzung führte.
7. Bezüglich Ihrer Verletzungen geben Sie bitte an:
   a) Art und Ausmaß
   b) Namen und Adressen des Arztes oder der Ärzte
   c) Zeitpunkt und Art und Weise jeder Behandlung
   d) Summe der Arztrechnungen und -kosten
   e) Falls Röntgenaufnahmen erforderlich waren, nennen Sie bitte das jeweilige Datum

f) Falls Sie in einem Krankenhaus behandelt werden mußten, nennen Sie bitte Namen und Adresse, Aufnahmedatum, Entlassungsdatum, Art der erhaltenen Behandlung und Gesamtsumme der Rechnung

Ich fange an zu schreiben. Ein Abschnitt für Frage 2. »Nur die Fakten, Madam.« Der Täter tat dies, der Täter tat jenes. Aufgelistete Verletzungen: zahlreiche Blutergüsse, Muskelzerrungen (Nacken, Schultern, Beine), verletztes/geschwollenes rechtes Auge, Vaginalrisse. Dann schreibe ich: »Zusätzlich zu diesen äußerlichen Verletzungen leide ich seit dem Überfall unter psychischen Problemen, welche die Qualität meines täglichen Lebens beeinträchtigen.« Ein angemessenes Understatement.

Ich verbringe das ganze Wochende damit, die Fragen zu beantworten. Sieben einzeilig getippte Seiten plus ein zweiseitiger Anhang betitelt mit: »Erklärung über entgangene Einnahmen.« Als ich fertig bin, betrinke ich mich mit kanadischem Whiskey. Ich lege Aretha Franklin auf meinen alten Plattenspieler und kurve wie ein austrudelnder Kreisel durch meine Zimmer. »R-e-s-p-e-c-t«.

Ich telefoniere mit einer Mitarbeiterin im Büro des zuständigen Staatsanwalts. Es ist Juli, und mein Dachgeschoß ist unerträglich heiß, weil Lenores Klimaanlage wieder einmal den Geist aufgegeben hat. Ja, sie bearbeiten meine nochmalig eingereichten Fragebögen samt Anlagen. Die Frau entschuldigt sich für das bürokratische Durcheinander, das dazu geführt hat, daß meine Unterlagen im falschen Büro gelandet sind. Es tut ihr leid, daß sie zwei Monate gebraucht hat, um mir mitzuteilen, daß mein Antrag, nachdem er ihr Büro erst nach Ablauf der Dreißigtagefrist erreichte, abschlägig beschieden wurde. Sie hat meine Antworten auf die Fragen gelesen, und alles scheint in Ordnung zu sein. Wir sprechen darüber, wie es jetzt weitergehen soll. Sie rät mir, realistisch zu sein. Mindestens sechs Monate. Vielleicht werde ich vor Gericht gehen müssen, falls mein Antrag nach der Prüfung abgelehnt wird. In diesem Fall werde ich mir einen Anwalt nehmen müssen. Sie entschuldigt sich noch einmal für das Durcheinander. »Mir war nicht klar«, sagt sie zum Schluß, »daß es eine so schlimme Vergewaltigung war.« Ich weiß nicht, was ich sagen soll. Ich denke, daß ich vielleicht übertrieben habe. Daß ich diese Opfersache hochspiele.

Als ich aufhänge, schäme ich mich, weil ich meine Vergewaltigung so schlimm dargestellt habe, wo ich doch weiß, was für ein Glück ich hatte – daß ich nicht entstellt wurde, keinen Gehirnschaden zurückbehalten habe, nicht gelähmt bin.

Nach dem ersten Winter in meinem Dachgeschoß beschloß ich, mir die Böden vorzunehmen. Jahrzehntelanger Schmutz hatte sich in den Ritzen zwischen den Dielen festgesetzt, von denen manche zentimeterbreit waren. Egal, wie oft ich putzte, meine Socken waren immer schwarz vor Dreck. Trotz seiner schmierigen Konsistenz gab dieser Dreck Staubpartikel frei, die im einfallenden Sonnenlicht tanzten und sich über alles legten. Die rissigen, verzogenen Dielen hatten die Farbe von Schlick bei Ebbe und schienen das Licht in sich einzusaugen. Außerdem stieg ständig kalte Zugluft von dem Boden auf, die den dumpfigen Geruch einer Krypta mit sich brachte.

Mein Angebot, die notwendigen Materialien selbst zu bezahlen, überwand Lenores Widerstand gegen mein Vorhaben, die Böden zu streichen. Sie gab mir recht, daß die Dielen von so schlechter Qualität waren, daß es eine Geldverschwendung wäre, sie abzuziehen und zu versiegeln, vor allem, wo sie nicht bereit war, das Geld dafür hinzublättern.

Mit ihrem Segen verbrachte ich mehrere Wochenenden im August im Malerladen und wählte Farben aus. Zwei Wochen lang testete ich sie an den Brettern in meinem Schlafzimmer. Zum Schluß entschied ich mich für ein so helles Grau, daß es in der Dose weiß wirkte. Und für den höchsten Hochglanz, den ich finden konnte. Ich wollte Licht, und ich wollte, daß das Licht tanzte.

Seit dem Zwischenfall mit Jason hatte ich nicht mehr gut geschlafen – neun Monate lang hatte mein Körper fortgesetzt Chemikalien in meine Blutbahn gepumpt, die mich in einem Zustand höchster Wachsamkeit hielten. Der Schlaf war zu einer gefährlichen Notwendigkeit geworden. Wenn ich schlief, hatte ich Alpträume. Aber an dem Tag, an dem ich mit der Arbeit an den Böden anfing, schlief ich zum ersten Mal die ganze Nacht durch, und meine Alpträume hörten auf.

Anfang September fing ich mit der Küche an. Mit einem scharfen Messer kratzte ich den Dreck aus den Ritzen und saugte ihn mit dem Staubsauger auf. Dann schrubbte ich die Ritzen mit einer harten, nassen Bürste, ließ sie trocknen und füllte sie mit Holzspachtel. Als die Spachtelmasse trocken war, schmirgelte ich die Dielen von Hand. An jedem einzelnen Abend der Woche und an beiden Tagen des Wochenendes arbeitete ich mich langsam und methodisch durch die Küche zum Kühlschrank vor, der wegen der schrägen Wände am Zentralschacht des Schornsteins stand, Spüle und Herd gegenüber. Als ich den Kühlschrank von der Wand abrückte, war ich schockiert über das, was ich unter dem angesammelten schmierigen Staub fand: ein Loch von etwa fünfundzwanzig Zentimetern Länge und über zehn Zentimetern Breite. Dumpfige Luft wehte mir daraus entgegen. Als ich einen Penny hineinfallen ließ, um zu sehen, wie tief es nach unten ging, hörte ich drei Stockwerke lang nichts, bis der Penny schließlich kaum noch hörbar auf dem Betonboden des Kellers aufschlug. In diesem Schacht beleuchtete der Strahl meiner Taschenlampe ungezählte Spinnennenster und löste ein weiteres Rätsel, das ich den ganzen Winter über nicht hatte ergründen können. Hier also kamen die riesigen schwarzen Spinnen her, die nachts so unverfroren durch meine Zimmer spazierten. Das Loch unter dem Kühlschrank schien für alles zu stehen, was mit meinem Leben nicht in Ordnung war. Es zu reparieren war eine komplizierte Angelegenheit und dauerte eine Woche. Aus Balsaholz, aus dem man normalerweise Flugzeugmodelle baut, konstruierte ich im Inneren des Schachts eine Plattform, überzog sie mit Drahtgeflecht, deckte das Geflecht mit Stahlwolle ab und kippte mehrere Lagen Gips darauf, die ich jedesmal erst vollständig durchtrocknen ließ. Dann schmirgelte ich den Gips, bis er absolut eben war. Die ausgebesserte Stelle war ein Meisterwerk. Als das erledigt war, war der Rest des Küchenbodens bereit für den Voranstrich. Während ich mich von Brett zu Brett, von Ritze zu Ritze, von Loch zu Loch vorgearbeitet hatte, hatte ich eine relativ glatte Oberfläche geschaffen, aber nachdem ich die Vorstrichfarbe aufgetragen hatte, sah ich immer noch Stellen, die nachgebessert werden mußten. Wie bei fast allen anderen Dingen, ist auch beim Malen die Vorbereitung alles.

Schließlich kam der Tag, an dem ich die erste Farbschicht auftragen konnte. Der zweite Anstrich war schnell erledigt. Das Ergebnis war noch schöner, als ich es mir vorgestellt hatte. Der Boden war jetzt so glatt wie ein von Wellen überspülter Strand, weiß, mit einem zarten Hauch von Grau, so sauber wie eine Schiefertafel, auf die noch nie etwas geschrieben wurde. All meine Vorbereitungen hatten sich bezahlt gemacht. Die Ritzen und der Dreck, den sie enthalten hatten, waren verschwunden, die Löcher versiegelt. Nicht einmal das winzigste Staubkörnchen hatte hier noch eine Chance. Der Boden war eine nahtlose Fläche, eine ruhige, undurchdringliche See, die das Licht in alle Richtungen reflektierte. Selbst nachts hinterließ das Licht meiner Lampen schimmernde Tümpel in Ecken, die vorher dunkel gewesen waren. Ich nahm mir drei Tage von meiner Arbeit in Harvard frei, um das Schlafzimmer und das zweite Zimmer, das für mich Bibliothek und Arbeitszimmer war, in Angriff zu nehmen, und arbeitete bis spät in die Nacht hinein, manchmal bis drei Uhr morgens. Während ich an den Böden arbeitete, war ich ruhig, ohne Angst, allein in einer Wildnis aus Rissen, die eine seltsame Schönheit besaßen, als sie einer nach dem anderen verschwanden, weil ich es so wollte. Ich erarbeitete mir Frieden.

Die Frau, die vergewaltigt worden war, konnte eine Zeitlang untertauchen, eine Zeitlang vergessen. Konnte, während sie unter der Wasseroberfläche dahinschwamm, so tun, als ob sie nie wieder nach oben kommen müßte, um nach Luft zu schnappen.

7.
ERINNERUNG

Fiktion, nicht Wahrheit, ist das, worin wir Menschen leben,
und Wahrheit entsteht aus Fiktion, nicht umgekehrt.

LYDIA FAKUNDINY UND JOYCE ELBRECHT
Szenen einer Zusammenarbeit

Sausalito, Kalifornien, Juni 1998

Heute morgen habe ich von der Landspitze aus ein Segelboot beobachtet, das versuchte, an Land zu gelangen. Mit geblähten Segeln und mit auf Hochtouren gegen die Ebbe ankämpfendem Außenbordmotor stand es reglos unter der Golden Gate Bridge. Wellen schlugen über seinen Bug, als befände es sich in voller Fahrt, aber es bewegte sich weder vorwärts, noch glitt es nach hinten weg. Es war im Wasser eingeschlossen wie eine Ameise in Kiefernharz.

In der fünften Klasse, nachdem meine Großmutter mir ein kleines Tagebuch aus grünem Leder mit einer Schnalle und einem Schloß geschenkt hatte, fing ich an, Tagebuch zu führen. Ich versteckte den Schlüssel unter der Marienfigur aus Plastik, die auf meinem Bücherregal stand, einem Geschenk zu meiner Erstkommunion, ebenfalls von meiner Großmutter. Das Tagebuch war eine hochwillkommene Abwechslung nach all den Rosenkränzen, Heiligenbildchen,

Weihwasserfläschchen und Medaillons, mit denen meine Großmutter mich normalerweise zu Geburtstagen bedachte. Die Vorstellung, daß ich geheime Gedanken und Gefühle haben könnte und meine Großmutter mich ermutigte, sie aufzuschreiben, war geradezu revolutionär. Doch wie diese Gedanken und Gefühle aussehen könnten, verlangte ein Maß an Selbsterkenntnis, das ich noch nicht besaß. Pro Tag standen mir nur vier Zeilen zur Verfügung, die ich füllen konnte, was definitiv ein einschränkender Faktor war, und das Wetter, an dem ich übermäßig interessiert schien, nahm den ganzen Sommer über den größten Teil meines Tagebuchs ein. Aber mit der Zeit fing ich an, auch darüber zu schreiben, wie unfair ich es fand, daß meine Brüder nie im Haushalt helfen mußten. Nur Mädchen mußten bei der Hausarbeit helfen, und ich war das einzige Mädchen. Immer mehr kam ich dahinter, was es mit dem Tagebuchschreiben auf sich hatte. Meiner Mutter sagte ich nie, wie ich mich fühlte. Jeder konnte sehen, daß sie völlig überarbeitet war und Hilfe brauchte, und ich liebte sie über alle Maßen. Aber es war tröstlich, meinem Tagebuch das Schicksal zu klagen, das meine Mutter und ich teilten, und mir selbst einzugestehen, wie ich mich fühlte.

Mein erster Eintrag nach Beginn des neuen Schuljahres lautete: »Mutter Oberin hat mich angeschrien. Ich habe geweint.« Die fünfte Klasse war mein erstes und einziges Jahr an einer katholischen Schule. Mutter Oberin, die von den Jungs hinter ihrem Rücken Mutter Schlachtschiff genannt wurde, pflügte jeden Morgen um halb elf wie ein Kanonenboot in unser Klassenzimmer, um uns in Englisch zu unterrichten. Am ersten Schultag fing sie damit an, uns in der Kunst zu unterrichten, Sätze schematisch darzustellen. Als sie von mir wissen wollte, an welche Stelle des Diagramms ein bestimmtes Wort aus dem Satz, den sie an die Tafel geschrieben hatte, plaziert werden mußte, erstarrte ich.

»Nun?« sagte sie und ließ ihren Rosenkranz herumwirbeln.

»Ich weiß es nicht«, antwortete ich schließlich und entschuldigte meine Unkenntnis damit, daß die öffentliche Schule, die ich in den letzten vier Jahren besucht hatte, es nicht für nötig befunden hatte, mich in der Kunst der schematischen Darstellung zu unterweisen.

Mutter Schlachtschiff stemmte die Hände in die Hüften. Bis zu diesem Augenblick hatte ich nicht gewußt, daß sie Hüften hatte – sie war eine behäbige Barkasse, von vorn bis achtern. Ihre Lippen preßten sich zusammen, ihr schmaler Mund verschwand völlig in ihrem fleischigen Gesicht, das von ihrer steifen weißen Haube eingezwickt wurde.

Sie schrie. Ich weinte. Vor Scham. Ich erinnere mich vage an die Worte »wie kannst du es wagen?« und »wenn du noch einmal« und noch andere Sachen, die mir klarmachten: Eine gute Entschudigung hatte bei Mutter Schlachtschiff keine Chance.

Ich beschloß, in schematischer Darstellung gut zu werden. Dabei entdeckte ich etwas Wundervolles: Die Sprache hatte eine Struktur. Worte hatten nicht nur eine Bedeutung, sie hingen zudem auch innerhalb eines geordneten Systems zusammen, das schlicht und ergreifend das Schönste war, was ich je gesehen hatte. Ich fing an, Sätze nur zu meinem Vergnügen schematisch darzustellen, und nahm mir komplizierte Beispiele aus den Büchern meiner Eltern vor. Dies erforderte, daß ich manche Wörter im Wörterbuch nachschlagen mußte, die ich mir in einem Heft notierte.

Ich war stolz auf das A-Minus, das ich am Ende des Jahres bekam, obwohl Mutter Schlachtschiff nie auch nur ein Wort über meine erstaunliche Leistung fallenließ. Aber inzwischen denke ich, daß sie mehr mit meiner Liebe zur Sprache zu tun hat als sonst jemand. Jedenfalls war ihre vernichtende Attacke ein wichtiges Ereignis und verdiente einen Eintrag in mein Tagebuch.

Aber ich weiß nur deshalb, daß diese Geschichte damals wichtig war, weil sie es auch heute noch ist. Es ist meine sich ständig verändernde Erinnerung an jenen Tag, nicht die Tagebucheintragung, die das Ereignis in den Stoff der Erzählung einwebt, die ich mir selbst erzähle.

Erinnerungen sitzen nicht starr und reglos in unseren Köpfen. Sie sind nicht unveränderlich wie die Videos, die wir uns freitags abends ausleihen, oder wie die Hörbücher, die wir uns im Auto anhören. Erinnerungen sind das Rohmaterial unserer persönlichen Erzählung, substanzlose und flüchtige Elemente, mit deren Hilfe wir unser Leben immer wieder aufs neue zu Mustern formen, die eine bedeutungsvolle Aufeinanderfolge haben.

Aber manche Erinnerungen scheinen sich gegen diese Umformung zu sträuben und zeigen rigide, unbewegliche Eigenschaften, die sich der Schaffung einer Erzählung widersetzen.

Das Rohmaterial, das ich benutze, um meine Vergewaltigung und das, was danach kam, in Form von Sprache zu rekonstruieren, besteht aus zwei völlig unterschiedlichen Elementen. Zum einen habe ich meine Erinnerungen an die achtzehn Monate, die ich im Dachgeschoß in Concord lebte, und zum anderen die Aufzeichnungen in meinem Tagebuch. Wenn ich auf jene Monate zurückblicke, stelle ich fest, daß ich nur sehr wenige wirkliche Erinnerungen an sie habe. Und die wenigen Erinnerungen, die ich habe, haben denselben erstarrten Charakter wie meine Erinnerungen an die Vergewaltigung und an die Stunden in der Notaufnahme. So zum Beispiel fühlt sich Jasons Eindringen in meine Privatsphäre wie eine zweite Vergewaltigung an, und meine Erinnerung scheint den Vorfall in derselben Schublade abgelegt zu haben wie die Vergewaltigung selbst. Die

Erinnerungen in dieser Schublade sind emotionale Leichen, so steif wie die unbekannten Toten in den Kühlfächern des Leichenschauhauses, auf die niemand Anspruch erhebt. Ich betrachte sie mit einer Mischung aus Abscheu und Faszination.

Es ist, als hätte ich jene achtzehn Monate in Concord damit verbracht, zwischen Koma und Bewußtsein hin und her zu trudeln. Mit seltenen Ausnahmen ist mir mein damaliges Leben als eine Einsamkeit in Erinnerung, die sich so nahtlos anfühlt wie die Seelen von Rilkes Engeln. Ich habe das Gefühl, als hätte jemand anderer mein damaliges Leben gelebt, während ich selbst im Inneren einer versiegelten Kammer existierte, nicht nur von der Welt abgeschnitten, sondern auch von mir selbst.

Aber weil die Gewohnheit und das Bedürfnis, mich selbst mit Worten zu beruhigen, dafür sorgten, daß ich auch weiterhin in mein Tagebuch kritzelte, kann ich eine Chronologie der Dinge rekonstruieren, die sich zutrugen, während ich in meiner Kammer eingekapselt war. Wenn ich meine Tagebücher aus dem ersten Jahr in Concord lese, stellt sich zum Beispiel heraus, daß ich keineswegs so allein war, wie ich es in Erinnerung habe. Meine Freundin Chris wohnte in diesem ersten Winter fünf Monate lang bei mir. Sie war Fotografin und heimste für ihre Arbeit beträchtliche Anerkennung ein, aber wie es vielen Künstlern geht, steckte sie alles, was sie an Ersparnissen hatte, in den Versuch, eine Ausstellung in einem größeren Museum auf die Beine zu stellen, während ihre Sponsoren sich mit den zugesagten Geldern Zeit ließen. Ich selbst war ebenso knapp bei Kasse. Wir sahen beide einen praktischen Vorteil darin, uns die Miete zu teilen, einen Vorteil, der die Nachteile aufwog, die sich zwangsweise ergaben, wenn zwei erwachsene Frauen, die beide jahrelang allein gelebt haben, sich eine Wohnung teilen, gegen die eine Sardinenbüchse geräumig wirken würde.

Ich erinnere mich an die Tatsache, daß Chris sich die Wohnung mit mir teilte, aber die fünf Monate, die sie bei mir lebte, könnten genausogut nur eine Woche gewesen sein, wenn meine Erinnerung alles wäre, woran ich mich halten könnte. Selbst meine Tagebücher bleiben seltsam stumm, was das Zusammenleben von Chris und mir angeht. Hier und da eine kurze Erwähnung: Waren gemeinsam im Waschsalon, sahen uns im Fernsehen gemeinsam eine Serie an, machten gemeinsam einen Spaziergang. Ich kann nur vermuten, daß es für mich tröstlich war, gelegentlich – Chris war viel auf Reisen – Gesellschaft zu haben. Ich erinnere mich nicht daran, je mit ihr über die Vergewaltigung gesprochen zu haben, und in meinen Tagebüchern steht auch nichts darüber, daß wir uns darüber unterhalten hätten.

Aber zwei Erinnerungen an die Monate, in denen Chris bei mir lebte, sind mir geblieben, und beide fühlen sich wie wirkliche Erinnerungen an – Erinnerungen, die flexibel sind und immer wieder neu in meine Erzählung eingewebt werden können. Es waren Augenblicke der Verbundenheit.

Chris, die meistens schon weg war, wenn ich aufstand, machte sich ihr Frühstück für gewöhnlich im Mixer – eine eiweißreiche Mischung bestehend aus einer Banane, einem rohen Ei und Proteinpulver. Ich erinnere mich, daß ich eines Morgens den Kühlschrank aufmachte und ein Glas mit dieser Frühstücksmixtur darin fand. Sie hatte es für mich hingestellt. Ich erinnere mich, wie ich in den Kühlschrank griff und das Glas umfaßte und einen Augenblick lang fühlte, wie ich mir selbst wiederbegegnete. Das Gefühl war kurz und flüchtig und kommt mir noch heute wie ein Wunder vor: durch eine Verbindung zu Chris, geschmiedet durch ihre kleine Geste der Fürsorge, wieder mit mir selbst verbunden zu sein. In jenen Tagen waren solche Momente selten.

Im späten April, teilt mein Tagebuch mir mit, wurden die

Zuschüsse für Chris endlich bewilligt, und sie zog aus. Als ich am Tag ihres Auszugs von der Arbeit zurückkam, fand ich auf dem Küchentisch ein Geschenk – ein Schwarzweißfoto, das sie im Winter auf einer Straße in Cambridge aufgenommen hatte. Es zeigt eine im Schnee blühende Rose, aufgenommen aus einem Winkel, der einem das Gefühl gibt, daß die Kamera sich in einer anderen Dimension befindet. Der Hintergrund ist eine flache, weiße Ebene – überbelichtet, gleißend, unwirklich. Auf der rechten Seite des Bilds ragt ein Baum aus dem Schnee. Er scheint auf Kniehöhe abgeschnitten zu sein und nach hinten zu kippen. Links führen steinere Stufen aus dem Bild heraus. Die blaßgraue Rose erhebt sich auf einem dunklen Stiel, einer schwarzen Linie, die im Vordergrund des Bildes von unten nach oben verläuft. Die Erde, aus der die Rose wächst, ist nicht zu sehen, so daß sie zu schweben scheint. Sie wirkt völlig unberührt von der Kälte, obwohl am unteren Ende des Stiels im Tod verdrehte und zusammengerollte Blätter zu sehen sind.

Chris hinterließ mir keine Notiz, und es war auch keine nötig. Ich denke oft, daß mir von all meinen Besitztümern der Verlust dieses Fotos durch ein Feuer oder eine Überschwemmung am meisten zu schaffen machen würde. Ihre Vision verband mich mit mir selbst, weil sie mich mit einer Person verband, die mich als das sah, was ich war – eine Frau, die versuchte, zu überleben.

Dieses Foto ist das Gegenstück zu dem Gefühl des Versagens, das ich aus jenen Monaten in Concord mit mir trage – des Versagens meiner Nerven, meiner Urteilsfähigkeit, meines Glaubens. Das alles war, wie Chris mich erinnert, das Versagen eines zerbrochenen Gefäßes, Wasser zu halten – auch wenn die Scherben noch einen kleinen Rest hielten. Chris sah eine Art Kraft, oder wenigstens den Willen, in den unwirtlichen emotionalen Bedingungen auszuharren, die das Erbe meiner Vergewaltigung waren. Und weil sie es tat, konnte ich es ebenfalls.

Die Fotografie hängt an der Wand des Zimmers, in dem ich schreibe, und in den vielen Jahren des Schweigens seit der Vergewaltigung habe ich mich an ihre Botschaft geklammert und gehofft, eines Tages ihre Wahrheit auszuloten, eine Wahrheit, die Chris deutlich sah und die ich selbst gerade erst anfange zu sehen. Sie erinnert mich an etwas, was der Maler Georges Braque einmal sagte: »Kunst ist eine Wunde, die in Licht verwandelt wird.« Sie gibt mir immer noch Hoffnung.

Es war nicht angenehm, das Tagebuch, das ich in Concord geschrieben hatte, noch einmal zu lesen. Es weckte in mir einen neuen Schmerz, den ich nicht vorhergesehen hatte: Ich fühlte kaum eine Verbindung zu der Person, die es geschrieben hatte. Ich sah mich einem pedantischen Text gegenüber, einer Art Logbuch, einem Protokoll, das eine langweilige Auflistung des täglichen Lebens darstellt. Wie in meinem Tagebuch aus der fünften Klasse fehlt die eigentliche Geschichte. Ich kann sie nicht nachtragen, weil mir der wichtigste Text von allen fehlt – der Text, der von der Erinnerung geschrieben wird, der Text, der »Mutter Oberin hat mich angeschrien. Ich habe geweint«, Sinn verleiht. Nirgendwo steht etwas über den Zwischenfall mit Jason oder über das Telefonat mit dem männlichen Therapeuten an dem Morgen, an dem die Enten getötet wurden.

Folgendes weiß ich über die Frau, die jenes Tagebuch führte: Nach einem Monat in therapeutischer Behandlung war sie in der Lage, eine Teilzeitstelle in einer großen Versicherungsgesellschaft anzunehmen, die sie den ganzen Winter hindurch beibehielt. Ich habe keine Erinnerung an diese Arbeit, außer daß ich mich von einem Mann bedrängt fühlte, der ständig versuchte, mich zum Ausgehen zu überreden. Als es Frühling wurde, hatte sie eine Vollzeitstelle am Institut für Design in Harvard gefunden.

Wieder habe ich kaum eine Erinnerung an diese Arbeit, außer, daß ich eine Heidenangst vor dem Dekan hatte – was ein Problem war, da meine Aufgabe darin bestand, für ihn Briefe an wichtige Sponsoren zu schreiben, und es war nicht leicht, ihn zufriedenzustellen.

Die Frau, die das Tagebuch führte, war zu der Zeit, als sie in Harvard arbeitete, ständig auf Trab und von Verpflichtungen überhäuft, genau wie früher. Die Tagebücher sind voll von Klagen darüber, daß sie keine Zeit für sich hat. Immer wieder räumte sie ihre Zimmer um, und dieses endlose Herumkramen schien für sie Frieden und Glück zu bedeuten. Tatsächlich schreibt sie an manchen Tagen, daß sie nun, wo sie ihren Schreibtisch, ihre Küche, ihre Socken umgeräumt hat, vollkommen glücklich ist. Sie erwähnte Probleme mit ihren Vermietern, aber nur am Rande. Sie schien die Dinge mit ihrer früheren Tätigkeit zu meistern, sie zahlte pünktlich die Steuern, reichte Versicherungsformulare ein, bezahlte Rechnungen. Sie ging ins Kino, in Konzerte, zu Vernissagen und zu Abendeinladungen. Sie fuhr mit einer Freundin nach Colorado, wo sie zum ersten Mal eine Wildwasserfahrt machte. Im Juli feierte sie ihren vierzigsten Geburtstag. Ihre Freundinnen und Freunde, von denen viele zur Feier des Tages von weither anreisten, veranstalteten für sie eine Party und schenkten ihr ein Fahrrad, mit dem sie allein über die einsamen Landstraßen fuhr, obwohl sie dem Tagebuch gestand, daß es sie schrecklich ängstigte, allein mit dem Fahrrad unterwegs zu sein.

Diese Frau, das sehe ich, lebte ihr Leben weiter.

Aber wer, frage ich mich, war sie? Ich kann mich nicht wirklich an sie erinnern. Nur hier und da gibt es Passagen, Fragmente, die ein Gefühl in mir auslösen. Als ich zum Beispiel den Traum nachlese, den ich am 22. Januar 1986 festgehalten habe – den mit dem ausgefallenen Zahn und dem hoffnungslos schadhaften Zahnfleisch –, weine ich. Ich glaube, weil ich erst jetzt anfange zu verstehen, was er bedeutet.

Die Schriftstellerin Patricia Hampl behauptet, daß sie nicht über das schreibt, was sie weiß: »Ich schreibe, um herauszufinden, was ich weiß.« Ich weiß nicht, was ich über mich selbst als vergewaltigte Frau weiß. Ich weiß nicht, wie ich hierhergekommen bin, in dieses Zimmer, an diesem Nachmittag, an dem die Schatten der Bäume über die Vorhänge spielen und ich über diese Frau schreibe. Das ist es, was ich herausfinden muß. Sind Worte das einzige mögliche Medium für das Denken? Vielleicht will ich immer noch glauben, daß ich, indem ich über die Vergewaltigung schreibe, eines Tages in der Lage sein werde, die Tür zuzuschlagen und völlig zu vergessen, was hinter dieser Tür liegt – die Vergewaltigung selbst und wie sie mich immer noch formt. Eines Tages vielleicht sogar zu vergessen, daß es diese Tür gibt.

Aber wenn das Ich, wie Milan Kundera einmal sagte, die Summe all dessen ist, woran wir uns erinnern, dann wäre die Vernichtung meiner Vergangenheit Selbstmord. Und doch versuchen die Jahre der Unterdrückung dessen, was sich der Erzählung widersetzt, die Erinnerung und die Sprache in den Hintergrund zurückzudrängen. Ich bin erschöpft und voller Zweifel, was den Wert meiner Bemühungen angeht.

Das, womit ich mich abmühe, scheint keine der üblichen Schreibblockaden zu sein. Es ist die immer wieder neue Konfrontation mit den Grenzen der Sprache, die darum kämpft, dem, was unbegreiflich ist, einen Sinn abzuringen. Die Regeln des Erzählens – Synthese, Kontinuität, Kausalität – lassen sich nicht auf Brüche der moralischen Ordnung anwenden. Überlebende verstehen instinktiv, daß ihre Erfahrungen von Grund auf anders sind als alle anderen Erfahrungen. Dieser Unterschied scheint die Fäden der Erzählung in dem Moment zu zerreißen, in dem man versucht, sie zu verweben.

Ist es das, was ich zu erreichen versuche, indem ich dieses Buch schreibe? Versuche ich, meine Identität zu rekonstruieren, mein Ich? Aber das Ich, das sich mit dieser Konstruktion beschäftigt, mit der Summe all dessen, woran ich mich erinnere, ist ein Ich, für das die Verdrängung ein Überlebensfaktor und wohl auch ein Mittel zur Bewahrung der geistigen Gesundheit war. Ich bin inzwischen daran gewöhnt, nicht nur vergessen zu wollen, was an jenem Nachmittag geschah, sondern auch, was vielleicht noch wichtiger ist, wie es mich formte und immer noch formt. Freud sagte, der Verdrängungsvorgang sei nichts, was einmalig und für alle Zeiten geschieht, »etwa wie wenn man etwas Lebendes erschlagen hat, das von da an tot ist; sondern die Verdrängung erfordert einen anhaltenden Kraftaufwand, mit dessen Unterlassung ihr Erfolg in Frage gestellt wäre, so daß ein neuerlicher Verdrängungsakt notwendig würde. Wir dürfen uns vorstellen, daß das Verdrängte einen kontinuierlichen Druck in der Richtung zum Bewußtsein hin ausübt, dem durch unausgesetzten Gegendruck das Gleichgewicht gehalten werden muß. Die Erhaltung einer Verdrängung setzt also eine beständige Kraftausgabe voraus...«

Ich lese mein Tagebuch und sehe, daß ich mein Leben weiterlebte. Und doch war das Ich, das Seite um Seite füllte und versuchte, so getreu wie möglich nicht nur äußere Ereignisse zu verzeichnen, sondern auch, was immer es an inneren Vorgängen ausdrücken konnte, ein Ich, das seine Identität verloren hatte, das heißt, den erzählerischen Faden der Vergangenheit. Die einzige Vergangenheit, die diese Frau besaß, war eine jüngere Vergangenheit, die nicht in einen Zusammenhang eingebunden werden konnte. Die Vergewaltigung verzerrte nicht nur, was nach ihr kam, sondern auch alles, was vorher gewesen war.

Wie sieht dieses Ich aus, das ich durch Schreiben ins Leben rufe, diese Summe all dessen, woran ich mich erinnere? Es ist nicht aus Fleisch und Blut. Falls die Vergewaltigung mich irgend etwas lehrte, was auch nur im entferntesten Sinn metaphysisch ist, dann daß mein Ich nicht Körper ist. Erinnert sich mein Körper besser daran, geschlagen und vergewaltigt zu werden, als er sich an ein aufgeschürftes Knie mit acht Jahren erinnert? Mein Gehirn, das vermutlich auch Körper ist, erinnert sich gelegentlich auf jene »Seitengäßchen«-Art, die Daniel Golemann beschreibt, an das Grauen, aber diese Erinnerungen umgehen die Worte und gehören aus diesem Grund nicht zu dem Ich, das die Summe der Erinnerungen ist. Nein, mein Körper erinnert sich nicht auf eine Weise, die mir dabei helfen könnte, meine Geschichte zu rekonstruieren.

Ich denke an etwas, was der Psychiater Leonard Shengold schrieb, nämlich daß die Seele ein Organ ist, das Geschichte hervorbringt. »Wir verweben unsere Erinnerungen in eine Fiktion, aus der wir unsere Identität konstruieren, ungeachtet der fehlerhaften Wahrnehmung dessen, was um uns herum und in uns vorgeht. Was innerhalb und außerhalb unserer Seelen vorgeht, wird letztendlich unbekannt bleiben; aber die geistige Gesundheit und das Überleben hängen von einer vergleichsweise genauen Wahrnehmung der inneren und äußeren Welt ab … Es gab eine Vergangenheit, wie ungenau wir sie auch registriert haben und wie unmöglich es für uns sein mag, sich mit ihr in Verbindung zu setzen oder sie vollständig zurückzuholen.«

Shengold glaubt, daß der Mensch ein starkes Bedürfnis nach psychischer Snythese, Kontinuität und Kausalität hat. Anders ausgedrückt, das Bedürfnis, eine Erzählung zu schaffen. Von dem Augenblick an, als der erste Höhlenmaler zu einem erstaunten Kumpel sagte: »Das ist aber mal eine verdammt gute Antilope!«, haben Menschen sich den Mund fusselig geredet und sich in den letzten zehntausend Jahren auch noch die Finger wundgeschrieben.

Aber anscheinend hat meine Vergewaltigung meine Fähigkeit beeinträchtigt, diese Synthese zu bewirken und die Erinnerungen in den Mythos und in die Geschichte meines Ichs einzuweben. Kennen andere Vergewaltigungsopfer diese Ichverletzung ebenfalls, und ist sie mit ein Grund für das fast nahtlose Schweigen, das Vergewaltigungen umgibt, frage ich mich? Ich kenne weniger als ein Dutzend persönliche Berichte von Vergewaltigungsopfern.

Einer, der sich damit auseinandergesetzt hat, wie Vergewaltigungen unsere Geschichte hervorrufende Seele beeinflussen, ist der Schriftsteller Pat Conroy, dessen Roman *Die Herren der Insel* davon handelt, wie die einzelnen Protagonisten mit einem Augenblick von »furchterregendem Übermaß« umgehen – der Vergewaltigung Tom Wingos, seiner Mutter und seiner Schwester durch drei entflohene Sträflinge, die in ihr Haus einbrechen. »Vergewaltigung«, sagt Tom Wingo, »ist ein Verbrechen gegen den Schlaf und die Erinnerung; ihr Bild brennt sich ein wie ein nicht mehr umkehrbares Negativ aus der Camera obscura der Träume. Die drei Toten, die hier gemetzelt vor uns lagen, würden uns zeit unseres Lebens lehren, daß Wunden der Seele mit grauenvoller Hartnäckigkeit und Ausdauer schwären und schmerzen. Zwar sollten unsere Körper wieder heilen, unsere Seelen jedoch hatten nicht wiedergutzumachenden Schaden erlitten.«

Conroys Metapher, daß eine Vergewaltigung wie ein »nicht mehr umkehrbares Negativ« sei – ein fotografisches Negativ, von dem kein positives Bild hergestellt werden kann –, das wie ein genetischer Code in die Erinnerung eingebrannt ist, ist außerordentlich treffend. Es ist die dunkle Kammer der Träume, die dieses nicht mehr umkehrbare Negativ hervorbringt. Vergessen ist eine Art Erinnerung, aber eine Erinnerung, die sowohl hoffnungslos als auch destruktiv ist. Conroys Protagonist spielt diese destruktive Form der Erinnerung während des größten Teils der Erzählung durch, die damit anfängt, daß Tom, ein zynischer, desillusionierter Footballtrainer aus den Südstaaten erfährt, daß seine Zwillingsschwester Savannah, eine Dichterin, die in New York lebt, zum zweiten Mal versucht hat, sich umzubringen. Tom ist ein bindungsloser Mann – er hat seine Arbeit verloren, seine Ehe ist dabei, in die Brüche zu gehen, und sein Leben ist zu einer wütenden Verteidigung gegen seine eigenen Versuche geworden, den Schmerz zu verdrängen. »Ich habe eine grenzenlose Begabung«, sagt Tom, »die zarten Seelen, die mir am nächsten stehen, von mir zu stoßen.« Er hat auch sich selbst von sich gestoßen und wird von der Vergangenheit seiner Familie verfolgt, nicht weil er das Geschehene vergessen hat, sondern weil er sich so daran erinnert, als wäre es einem anderen zugestoßen. Es ist nicht Teil seiner eigenen Erzählung.

Tom fährt nach New York, um seiner Schwester zu helfen, lernt ihre Psychiaterin kennen, Susan Lowenstein, und verliebt sich in sie. Als Gedächtnis seiner katatonischen Schwester, als ihr »Fenster zur Vergangenheit«, enthüllt Tom allmählich die Wahrheit über ihre gemeinsame Kindheit. Das Geheimnis, das er Lowenstein gegenüber endlich in Worte faßt, ist die Vergewaltigung seiner Familie, die Tötung der Vergewaltiger und die Reaktion aller Beteiligten auf das Grauen dieser Ereignisse. Jeder der Charaktere verkörpert eine Dimension der Auswirkung dieser Ereignisse auf die Erinnerung. Lila, Toms Mutter, nimmt ihren Kindern das Versprechen ab, niemals über das Geschehen zu sprechen.

Sie reagiert so, wie die Gesellschaft insgesamt reagiert – mit Schweigen. Als Tom seiner Mutter sagt, daß er die Absicht hat, das Geheimnis preiszugeben, erinnert Lila ihn an sein Versprechen. »Wie kommst du bloß auf die Idee«, fragt Tom seine Mutter, »du bräuchtest nur so zu tun, als sei etwas nicht geschehen – und hokuspokus! ist es tatsächlich nicht geschehen und geht dich auch nichts an?« Sie antwortet: »Wenn ich ein Kapitel in meinem Leben abgeschlossen habe, dann ist es wirklich geschlossen. Aus und vorbei. Dann verschwende ich nicht einen Gedanken mehr daran.«

Savannah, deren Erinnerung an die Vergewaltigungen und die Morde zum Todesinstinkt geworden ist, leidet unter »weißen Intervallen«, gelöschten Perioden aus der Vergangenheit, die »jenseits von Zeit und Raum und Vernunft« zu existieren scheinen.

Als Tom Wingo Lowenstein endlich von den Vergewaltigungen erzählt, wird er dadurch frei von der Last, seine Erinnerungen aus der fortgesetzten Erzählung seines Lebens heraushalten zu müssen. Er rekonstruiert nicht nur seine Vergangenheit, sondern gewinnt auch eine Zukunft. Anders als seine Schwester hat Tom Wingo zwar nicht »vergessen«, was geschehen ist, aber er hat sich auch nicht voll und ganz daran erinnert, weil er seine Erinnerungen nicht artikuliert hat. Conroy läßt durchklingen, daß ebendieser Akt des Artikulierens die Wiederherstellung von Tom Wingos Geschichte bedeutet. Tom Wingo ist danach kein neuer Mann. Aber er ist ein Mann mit einer Erinnerung – ein Mann mit einer Geschichte, die er selbst erzählen kann.

Die Bürde, die Erinnerung an die Vergewaltigung aus ihren persönlichen Erzählungen herauszuhalten, wird, wie ich glaube, von fast allen Vergewaltigungsopfern zu einem gewissen Maß getragen. Aber nicht alle haben eine Lowenstein, und das Leben kommt nicht oft mit einer Konstellation von Umständen daher, die ein Opfer zwingen, das Unsagbare auszusprechen, so wie Tom Wingo durch äußere Umstände gezwungen wurde. Weil Tom Wingo ein fiktiver Charakter ist, fällt es uns vielleicht leichter zu akzeptieren, daß Conroy ihn zu einer Seele verdammt, die nicht wiedergutzumachenden Schaden erlitten hat. Und er hatte Lowenstein, die ihm, wie mir nebenbei bemerkt auffiel, die gemeinsamen Sitzungen nicht in Rechnung stellte.

Obwohl Nick Noltes Verkörperung des Tom Wingo in dem nach Conroys Buch gedrehten Film *Herr der Gezeiten* eine einfühlsame Darstellung des komplexen emotionalen Erbes der Vergewaltigung ist, driftet diese Hollywood-Version von »darüber wegkommen« langsam und unweigerlich – und leider auch vorhersehbar – in eine *Love Story* ab.

Eine Vergewaltigung ist, so wie andere Erfahrungen von furchterregendem Übermaß, in allererster Linie ein Verbrechen gegen die Erinnerung, ein Verbrechen gegen das Ich. Die Tatsache, daß eine Vergewaltigung auch eine sexuelle Gewalttat ist, macht es für andere schwerer, die Auswirkungen dieses Verbrechens auf die Erinnerung und auf die Identität zu verstehen. Sex – oder was wie Sex aussieht – hat eben eine ganz bestimmte Art, unsere Aufmerksamkeit in Anspruch zu nehmen.

In seinem 1991 erschienenen Buch *Psychological Trauma* widmet Bessel A. van der Kolk ein Kapitel dem Fall einer fünfundfünfzigjährigen Frau, Melody D. genannt, die am 28. November 1942 das Feuer im Coconut-Grove-Nachtclub überlebte, bei dem 492 Menschen ums Leben kamen. Nachdem sie ein Jahr nach dem Feuer anläßlich der gerichtlichen Untersuchung des Unglücks ausgesagt hatte, dachte sie neununddreißig Jahre lang nie wieder an jene Nacht. »Als sie sich dann an die Tragödie erinnerte, geschah dies nicht in Form einer Erinnerung«, schreibt van der Kolk. Ihre »Erinnerung« an das Feuer hatte sich in psychotische Zustände verwandelt, die ab dem Jahr 1981 zu einer Reihe von Klinikaufenthalten führten. So zum Beispiel wurde sie eines Tages verhaftet, weil sie in einem Supermarkt den Feueralarm auslöste. »Lauft, lauft! Das Gas aus der Decke wird euch alle umbringen«, schrie sie, als sie von der Polizei weggeführt wurde. Ich frage mich, wie viele der geistig verwirrten Menschen, die ich manchmal auf der Straße sehe, nur versuchen, ihre eigenen Erzählungen zu rekonstruieren.

»Ich spreche die Dinge mit mir selbst durch«, sagt Melody D. in einem ihrer wenigen klaren Augenblicke zu van der Kolk. »Was wäre besser, den Kampf darum fortzusetzen, mich Stück für Stück an die Teile meiner Erinnerung zu erinnern, die ich vergessen habe, oder mein Leben friedlich zu leben und die Stücke zufällig hochkommen zu lassen? Jedes Stück, an das ich mich erinnere, sagt mir nur, wieviel ich vergessen habe.«

Obwohl der Fall Melody D. dramatisch sein mag, habe ich das Gefühl, daß er sich nur graduell von meinem eigenen unterscheidet. Ich betrachte diesen graduellen Unterschied als einen Segen, der mir aus Gründen, die ich wohl nie erfahren werde, zuteil wurde, obwohl ich oft denke, daß das Verhalten meiner Mutter in den Wochen unmittelbar nach der Vergewaltigung der gnädige Sicherheitspuffer zwischen mir und der geschlossenen Abteilung war. Wie Tom Wingo habe ich nicht vergessen, was geschah, aber genau wie er kann auch ich die Erinnerung daran nicht in meine persönliche Erzählung einweben. Wie Melody D. erinnert mich jedes Stück, an das ich mich erinnere, nur daran, wieviel ich vergessen habe.

Beim Schreiben habe ich festgestellt, daß meine Erinnerungen an die neununddreißig Jahre meines Lebens vor der Vergewaltigung – Jahre ganz gewöhnlicher Lebenserfahrung – nicht nur so gegenstandslos sind, wie sie es auch vor der Vergewaltigung waren, sondern eine zusätzliche

Qualität der Unwirklichkeit besitzen, weil sie einer anderen Person zu gehören scheinen. Die Frau, die vergewaltigt wurde – die Frau, die am 11. Oktober 1985 ins Leben trat –, will eine Geschichte haben, die in die Vergangenheit der Frau zurückreicht, die nicht vergewaltigt wurde. Aber der Verlust der Identität – mehr als ein Verlust der Unschuld, obwohl er auch das ist – scheint diese Möglichkeit auszuschließen. Ich frage mich: Hat mein Geschichte hervorbringendes Organ nicht wiedergutzumachenden Schaden erlitten?

In einem Essay über die Kunst des Memoirenschreibens spricht Annie Dillard davon, was passiert, wenn man versucht, das formlose Material der Erinnerungen in Sprache zu fassen. »Wenn man mit dem Schreiben fertig ist, kann man sich nur noch an das Geschriebene erinnern.« Das Schreiben, so sagt sie, bewahrt die Erinnerungen nicht. Es ersetzt sie. Hoffe ich, daß genau das passieren wird, wenn ich Tag für Tag, all diese vielen Monate, an meinem Schreibtisch sitze? Anscheinend ist es mir unmöglich, ein umfassendes Bild der Realität zu konstruieren, das sowohl den Vergewaltiger als auch die Frau einschließt, die er zurückließ – die Frau, die keine Geschichte hervorbringen kann, aber eine haben muß.

8.

DIE FRAU MIT DER BERNSTEINKETTE

Es sind zwei erforderlich, um die Wahrheit zu sagen:
einer, der sie sagt, und ein zweiter, der sie hört.

HENRY DAVID THOREAU
Eine Woche auf den Flüssen Concord und Merrimack

Es ist Anfang Februar 1994, ein paar Monate nach Erscheinen meines Artikels in der *New York Times*. Meine Vergewaltigung ist jetzt öffentlich. Ich sitze an einem Tisch im Chez Panisse in Berkeley, Kalifornien. Ich habe dem Tagebuch, das ich in Concord schrieb, acht Jahre hinzugefügt. Weitere von Hand geschriebene Notizbücher haben ihren Platz in meinem Bücherregal eingenommen. Ich schreibe wieder.

Gerade wurde mir der erste Gang serviert – Raukesalat mit Pinienkernen. Frauen, von denen ich einige persönlich kenne, haben sich hier versammelt, um eine Freundin zu verabschieden, die in den Osten zurückgeht, wie die Leute hier im Westen in Rückbesinnung auf frühere Zeiten sagen, als der Westen noch Grenzland war. Gebackener Lachs mit Zitronensalsa und ein Sorbet aus Passionsfrüchten werden auf die zweite Vorspeise, belgischen Endiviensalat mit einer Senfvinaigrette, folgen.

Ich stelle mich der Frau zu meiner Linken vor. Sie trägt eine Bernsteinkette. Die einzelnen Steine sind so groß wie

Walnüsse, und es gibt eine Menge davon. Die Frau selbst, eine energische Mittfünfzigerin, ist als Kunstmäzenin bekannt. Sie erinnert sich, daß die Frau, der zu Ehren wir uns versammelt haben, mich vorhin namentlich erwähnt hat und sagt, daß sie meinen Artikel gelesen hat. Wir heben unsere Gläser und trinken auf unsere Freundin, die einen wichtigen Posten in Washington annimmt.

Der Raukesalat wird abgetragen, der belgische Endiviensalat wird serviert. Die Frau mit der Bernsteinkette wendet sich wieder mir zu und sagt, als hätte sie während der Unterbrechung durch den Trinkspruch die ganze Zeit darüber nachgedacht: »Ich fand Ihren Artikel sehr gut geschrieben.«

Ich lächele.

»Aber seien wir doch ehrlich, niemand will etwas über derart schreckliche Dinge hören.«

Ich starre in meinen Salat. Mir fällt keine Antwort ein. Ich schäme mich, aber nicht für sie.

Am nächsten Tag kann ich mich nicht an das Buch setzen, an dem ich seit mehreren Monaten arbeite. Am Tag danach auch nicht. Eine Woche vergeht, dann sechs. Wenn ich mich an meinen Computer setze, blinkt der Cursor wie eine Warnleuchte an einer gefährlichen Kreuzung. Ich habe Angst, mich in den Verkehr einzufädeln. Ich leide unter Schlaflosigkeit. Lange nachdem mein Mann ins Bett gegangen ist, sitze ich immer noch im Wohnzimmer und sehe fern, nicht wach, nicht schlafend, nicht denkend und auch nicht denken wollend.

Eines Abends erwische ich eine Wiederholung der beliebten Fernsehserie *Ein himmliches Vergnügen*. Frasier, der Psychiater, fragt Woody, den freundlichen, etwas naiven Barkeeper, ob er je wütend wird. »Klar«, antwortet Woody. »Klar werde ich manchmal wütend, aber dann schlucke ich die Wut einfach runter und sperre sie ein.« Frasier zögert, dann grinst er schief und sagt: »Tick, tick, tick!«

Die Leute im Publikum lachen, weil Woodys Lösung ihnen vertraut ist. Sie wissen, daß das Nichtzulassen schmerzlicher Gefühle wie das Verschlucken einer Zeitbombe ist. Und doch scheint genau das von den Überlebenden schrecklicher Dinge verlangt zu werden, und es bleibt ihnen nichts anderes übrig, als zu schlucken. Wochenlang hatte ich nicht gewußt, daß ich die Schweigen gebietenden Worte der Frau mit der Bernsteinkette geschluckt hatte. Aber sie tickten in meinem Inneren vor sich hin.

Steve merkte, daß ich nicht mehr schrieb – und nicht mehr schlief. Eines Sonntags morgens fragte er mich, was mit mir los sei.

»Nichts«, sagte ich.

»Das merke ich«, antwortete er.

»Ich überlege, ob ich mir einen richtigen Job suchen soll, in irgendein Geschäft einsteigen. Zahnpflegeartikel zum Beispiel.«

»Okay«, antwortete er, »was ist passiert? Du bist doch gut vorangekommen.«

»Nichts ist passiert.«

»Dann laß uns eben über nichts reden«, sagte er.

»Hör zu, kein Mensch will etwas über so schreckliche Dinge lesen«, schrie ich, wütend auf ihn und einen Moment lang erleichtert darüber, meine eigentliche Wut auf ihn verlagern zu können.

Er nahm mich in die Arme. Das Ticken hörte auf. Ich weinte.

Ich setzte mich wieder an meine Arbeit und versuchte dahinterzukommen, wieso die Bemerkung der Frau mit der Bernsteinkette mich gleichzeitig beschämt und zum Schweigen gebracht hatte. Was hatte sie wirklich gesagt? Ich spürte, daß ihre Worte etwas Wahres enthielten, aber ich stand mir selbst im Weg. Ich konnte die Worte nur als Frau hören, die vergewaltigt worden war.

In *Die Narben der Gewalt* schreibt Judith Herman, daß die normale Reaktion auf schreckliche Dinge darin besteht, sie aus dem Bewußtsein zu verbannnen. »Bestimmte Verletzungen des Gesellschaftsvertrages sind zu schrecklich, als daß man sie laut aussprechen könnte: Das ist mit dem Wort ›unsagbar‹ gemeint.«

Diese Verletzungen sind deshalb unaussprechlich, weil sie zu schrecklich sind, um sie in Worte zu fassen. Aber Worte sind alles, was ich habe. Der Konflikt, so scheint es, ist ein unvermeidlicher Bestandteil meines Versuchs, meine Erinnerungen zu einer Summe all dessen zu machen, woran ich mich erinnere, meines Versuchs, mich selbst zu rekonstruieren.

Laut Herman ist der Konflikt zwischen dem Wunsch, schreckliche Ereignisse zu verleugnen, und dem Wunsch, sie laut auszusprechen, die zentrale Dialektik des psychischen Traumas. Diese Dialektik kommt nicht nur in Einzelpersonen zum Tragen, die unaussprechliche Schrecken überlebt haben, sondern auch in der Gesellschaft insgesamt. Hermans Dialektikauffassung scheint hegelianisch zu sein – ein Trauma bewirkt einen Prozeß, bei dem die Widersprüchlichkeit des Versuchs, schreckliche Ereignisse zu verleugnen (denn schließlich geschehen sie tatsächlich), dazu führt, daß die Verleugnung sich in ihr Gegenteil verkehrt: das Aussprechen der Wahrheit. Hegel befaßte sich mit einem rein logischen Prozeß; der Gedanke des Widerspruchs ist ein zentraler Bestandteil seiner Philosophie, da die Realität für Hegel eine Welt gegensätzlicher Wahrheiten ist, die alle einen Widerspruch enthalten, der den dialektischen Prozeß in Gang setzt, den zu beschreiben er drei fast undurchdringliche Bände brauchte.

Ich fand Hermans Verwendung des Begriffs »dialektisch« in bezug auf psychologische Prozesse eben wegen des Begriffs des Widerspruchs, den er enthält, sehr treffend. Das Leben einer Frau, die eine Vergewaltigung überlebt hat, ist voller Widersprüche und Schichten der Scham. Bevor ich mich hinsetzte, um über den siebten Jahrestag meiner Vergewaltigung zu schreiben, war ich zu dem Schluß gelangt, daß mein fortgesetztes Schweigen eine Verletzung war, die sich als Heilung ausgab. Die Verleugnung hatte getickt, und als der Zeitzünder dann losging – sieben Jahre nach der Vergewaltigung – und die Worte endlich kamen, merkte ich, daß das Aussprechen der Wahrheit eine Heilung sein konnte, die als Verletzung daherkam. Die Wahrheit, oder das, was ihr so nahe kommt, wie man es zustande bringt, ist etwas, was niemand hören will. Wenn niemand etwas über so schreckliche Dinge hören will (und wieso sollte jemand etwas darüber hören wollen? Das fragte ich mich selbst), wieso schreibe ich dann? Wie kann ich aus all dem, woran ich mich erinnere, eine Summe machen, ein Selbst, wenn dieses Selbst nicht in bezug zu anderen existiert? Es ist einfacher, vor dem Fernseher zu verblöden.

Ich fing an, über meine Familie nachzudenken. Darüber, was ich von den Mitgliedern dieser Familie gelernt hatte, was es mir so schwermachte, mein Schweigen zu brechen. Der Konflikt zwischen dem Wunsch, schreckliche Ereignisse zu verleugnen, und dem Wunsch, sie laut auszusprechen, war, wie ich erkannte, etwas, was tief in mir saß. Die Gewohnheit, Schweigen zu bewahren, war tief in meiner Familie verwurzelt.

Der Vater meiner Mutter war Tabakfarmer gewesen. Er und meine Großmutter, die starb, als meine Mutter mit mir schwanger war, zogen auf ihrer Farm in Virginia zehn Kinder groß. Ich wurde nach meiner Großmutter genannt. Schon als Kind hatte ich zur Familie meiner Mutter aufgesehen – selbstgenügsamen, direkten, praktischen Menschen, die lieber Taten als Worte sprechen ließen.

Zwei Schwestern meiner Mutter hatten Männer aus der Nachbarschaft geheiratet und sich auf Farmen in der Nähe ihres Elternhauses niedergelassen. Jeden Sommer besuchten wir sie für mehrere Wochen. Lace, die eine Schwester meiner Mutter, war achtzehn Jahre älter als sie und für mich fast so etwas wie eine Großmutter. Ihre Farm, die seit der Mitte des achtzehnten Jahrhundert im Besitz der Familie ihres Mannes war, thronte mit Haus, Scheunen und geheimnisvollen Schuppen an einem breiten Berghang, der zur einen Seite hin offen war und auf der anderen von einer langgestreckten Hügelkette eingefaßt wurde. Der von tiefen Furchen durchzogene Weg zur Farm wand sich steil ansteigend durch Maisfelder und kleine Laubwälder, bis er am Familienfriedhof endete.

Das Erdgeschoß des Hauses, in dem sich die Speisekammer, die Küche und das Wohnzimmer befanden, lag halb in der Erde und hatte dicke Steinmauern. Es war immer kühl dort, selbst im Juli, wenn die Zikaden einen ohrenbetäubenden Lärm veranstalteten und die Luft vor Hitze flimmerte.

Obwohl Lace einen Elektroherd hatte, zog sie es vor, in einem Holzherd zu backen. Ihre Küche roch immer nach Keksen, Brombeerkuchen, Apfeltorten, Maisfladen und Holzrauch. Lace kochte Limabohnen ein, rote Beete, Erdbeeren und Pfirsiche aus ihrem eigenen Garten ein, räucherte Schinken, klöppelte, häkelte, fertigte Flickenteppiche aus Wollresten, hielt Bienen, machte Honig, molk Kühe, hackte Feuerholz, sammelte die Eier ihrer Hühner ein und kochte drei warme Mahlzeiten am Tag. Ich bewunderte sie.

Sie hatte nur ein einziges Kind, einen Sohn, der in den letzten Tagen des Zweiten Weltkriegs fiel. Mein Bruder Edward war nach ihm benannt. Ein Foto, das ihn in seiner Uniform zeigt, stand in einem schön geschnitzten Holzrahmen auf der Anrichte im Wohnzimmer. Er war auf dem Friedhof auf dem Hügel hinter der Scheune beigesetzt worden, und manchmal ging ich zu seinem Grab und versuchte, es mit dem Foto auf der Anrichte in Übereinklang zu bringen. Einmal fragte ich Lace nach Edward. »Er war ein guter Sohn«, antwortete sie. Ich wartete auf mehr, aber mehr kam nicht.

Wenn die Verwandten nach dem Abendessen im Wohnzimmer zusammensaßen, war es oft lange still. Manchmal war zehn Minuten lang nur das Quietschen der hölzernen Schaukelstühle auf dem Hartholzboden zu hören. Die Schwestern tauschten keine Vertraulichkeiten aus. Niemand beklagte sich je über etwas Schlimmeres als die Schäden, die ein Gewitter angerichtet hatte. Natürlich wurden auch Geschichten erzählt, aber sie waren immer lustig. Nie fiel auch nur ein Wort über den alkoholkranken Bruder, der eines Nachts in einem der Schuppen gestorben war, oder über den schrecklichen Tod des jüngsten Bruders, der von durchgehenden Pferden, die eine Egge hinter sich herzogen, überrannt worden war. Als Laces Mann an Parkinson erkrankte, pflegte sie ihn bis zu seinem Tod, so wie sie auch seine Mutter und ihre eigenen Eltern gepflegt hatte. Ohne ein Wort der Klage. Nichts schien den Rhythmus der Tage und Nächte dieser Menschen stören zu können, und was immer sie an Schmerz und Verlust zu tragen hatten, trugen sie schweigend. Sie sprachen nie über unerfreuliche Dinge. Ihr Stoizismus wurde nur von ihrer Unermüdlichkeit übertroffen.

Ich wollte so sein wie sie. Ich wollte praktisch sein, so wie sie es waren. Ich wollte meinen Schmerz allein und im geheimen tragen. Als Kind fühlte ich mich oft kritisiert, weil ich zu empfindlich und zu weichherzig war. Ich weinte, als Lace ein Huhn tötete, rannte weg, als mein Onkel ein Schwein schlachtete, ließ Fische wieder schwimmen, nachdem ich sie gefangen hatte, und machte mir endlose Vorwürfe wegen der Schmerzen, die ich ihnen zugefügt hatte. Ich bekam gesagt, ich müsse lernen, zäher zu werden. Das Leben war nun einmal kein »Zuckerschlecken«.

Nach meiner Vergewaltigung wurde mein Schweigen verstärkt durch die Werte, die in der Familie meiner Mutter vorherrschten, Werte, die ich mit Menschen assoziierte, die ich liebte und bewunderte. Meine Mutter und ich erzählten ihnen nicht, daß ich vergewaltigt worden war. Wir sprachen kurz darüber und kamen dann überein, daß es einfach »zu kompliziert« wäre. Viele Jahre lang trug meine Mutter meine Vergewaltigung allein und schweigend. Irgendwann erzählte sie Lace dann doch davon. Obwohl ich wußte, daß Tante Lace von meiner Vergewaltigung wußte – und natürlich wußte sie, daß ich wußte, daß meine Mutter ihr davon erzählt hatte –, sprachen wir nie darüber. Ich selbst brachte das Thema nie zur Sprache, und Lace tat es auch nicht. Meine Mutter schickte Lace und ihrer anderen noch lebenden Schwester den Artikel, den ich geschrieben hatte. Sie erwähnten nie, daß sie ihn gelesen hatten, und ich hatte nie den Mut, sie danach zu fragen. Tante Lace, deren Verstand bis zuletzt völlig klar blieb, starb, bevor ich dieses Buch beenden konnte, im Alter von sechsundneunzig Jahren. Ihre letzten Worte, im Augenblick des Todes klar und deutlich ausgesprochen, waren schlicht. »Es ist vorbei«, sagte sie.

Die Diskrepanz zwischen Verleugnung und Aussprechen der Wahrheit schien immer größer zu werden, je mehr ich über meine Vergewaltigung sprach. Ich hatte den Entschluß, nicht länger darüber zu schweigen, zum Teil aus Rebellion gegen den Befehl des Vergewaltigers gefaßt, gegen sein »Halt's Maul!« Aber meine Reaktion auf die Bemerkung der Frau bei jenem Essen – mein Rückzug in Schweigen und Scham – schien meine Ängste zu bestätigen, daß ich dem Aussprechen der Wahrheit nie gewachsen sein würde. War das Buch, das ich schrieb, ein Beweis für meine Unfähigkeit, die Vergewaltigung in mein Leben zu »integrieren«? Da ich vor der Vergewaltigung geschrieben hatte, wollte ich auch nach der Vergewaltigung weiterschreiben. Aber jedes Wort, das ich schrieb, verstrickte mich in Widersprüche. Das Aussprechen der Wahrheit löste Reaktionen aus, die mich zum Schweigen brachten, aber Schweigen war ein Verrat an meiner eigenen Erinnerung. Gleichzeitig bedeutete Schweigen jedoch auch Sicherheit – wenn ich nicht über meine Vergewaltigung schrieb, ersparte ich mir die Scham, die Reaktionen wie die der Frau mit der Bernsteinkette immer noch in mir auszulösen schienen. Schweigen bedeutete, den Werten der Familie meiner Mutter gerecht zu werden. Stark zu sein.

Nach der Veröffentlichung meines Artikels machte ich auch andere Erfahrungen, die nicht nur illustrierten, wie tief Judith Hermans Traumadialektik wirkt, sondern auch, wie mühsam die Mechanismen zur Veränderung von Umgehensweisen mit Vergewaltigungen sind. Judith Hermans Buch repräsentiert zwei Jahrzehnte der Forschung und der klinischen Arbeit mit Opfern sexueller und häuslicher Gewalt und spiegelt die wachsende Zahl von Untersuchungen über andere traumatisierte Gruppen wie Kriegsveteranen und Opfer von politischem Terror wider. Es ist ein wichtiges Buch, weil es sich zum Ziel gesetzt hat, Verbindungen zwischen öffentlichen und privaten Welten, zwischen Individuum und Gesellschaft, zwischen Mann und Frau wiederherzustellen. Indem Herman Gemeinsamkeiten zwischen Vergewaltigungsopfern und Kriegsveteranen untersucht, zwischen Opfern häuslicher Gewalt und politischen Gefangenen, und zwar in einem Buch, das sich an gewöhnliche Leserinnen und Leser wendet, hat sie Menschen, die vergewaltigt wurden, einen unschätzbaren Dienst erwiesen.

Durch den Vergleich mit anderen Überlebenden wird Vergewaltigungsopfern wenigstens ein Teil der Last der Scham abgenommen, die sie immer getragen haben. Sie werden dadurch zu einem Teil der größeren Gruppe anderer Überlebender von Gewaltverbrechen, denen keine Schuld an ihrer eigenen Traumatisierung zugewiesen wird.

Und doch scheinen neuere klinische und theoretische Arbeiten über Traumata ebenso vom allgemeinen Bewußtsein isoliert zu sein, wie die einzelnen Traumaopfer es von ihrer eigenen Umgebung sind. Solange Sie selbst weder zu den Überlebenden eines Traumas gehören, noch eine solche Person in Ihrem Freundes- oder Verwandtenkreis haben und aus diesem Grund hochmotiviert sind, steht Hermans Buch wahrscheinlich nicht in Ihrem Regal, weil die normale Reaktion auf schreckliche Dinge eben darin besteht, sie aus dem Bewußtsein zu verbannen. Das Tempo, mit dem Informationen aus dem wachsenden Berg der Literatur über Vergewaltigungen und andere Traumata an die Allgemeinheit dringen, ist erschreckend langsam.

Kurz nach meinem Zusammentreffen mit der Frau mit der Bernsteinkette wurde ich von einer Gruppe von Akademikerinnen zu einem Essen eingeladen. Zwar kannte ich einige der anwesenden Frauen, doch keine gut. Als wir unsere Plätze eingenommen hatten, tippte die Gastgeberin mit einem Löffel an ihr Weinglas und machte den Vorschlag, wir sollten uns vor dem Essen ein paar Minuten Zeit nehmen, unsere aktuellen Arbeitsvorhaben vorzustellen. Ich fürchtete den Augenblick, in dem ich im Rampenlicht stehen würde. Zu sagen, woran ich zur Zeit arbeitete, bedeutete, völlig Fremden erzählen zu müssen, daß ich vergewaltigt worden war. Und daß ich, was vielleicht noch schlimmer war, immer noch daran dachte. Der »Geständnis«-Charakter meines Buchs konnte leicht als narzißtischer Exhibitionismus mißverstanden werden, nur einen Schritt von der Sensationslust der nachmittäglichen Talk-Shows im Fernsehen entfernt.

Obwohl die Frauen in der Gruppe allesamt hochqualifiziert waren und über eine gutausgebildete soziale Sensibilität verfügten, kam die Spannung der »Dialektik des Traumas«, die Herman beschreibt, auch hier zum Tragen. Sobald ich anfing, über meine Arbeit zu sprechen, senkte sich Schweigen über den Raum. Ich sprach von meiner Überzeugung, daß individuelle Geschichten wie die meine vielleicht einen kleinen Beitrag dazu leisten könnten, Einstellungen zu Vergewaltigungen zu verändern, die immer noch in gesellschaftlichen Ängsten verfangen waren. Ich sagte, bis jetzt hätte ich noch keine einzige Vergewaltigungsanalyse nach Jung aus der Perspektive des Opfers gefunden und ich sei zunehmend neugierig, wie die psychologische Theorie das Thema behandle. Zwar gebe es, so sagte ich, Studien über die Bedeutung und die Funktion, die Vergewaltigungen für Männer haben, aber bis jetzt sei ich auf nichts Vergleichbares für die Opfer gestoßen. Dies fände ich sehr eigenartig. Schließlich seien wir so viele.

Alle hörten mir respektvoll zu. Als ich fertig war, blieb es lange still. Dann sagte jemand: »Und was ist mit Susan Brownmillers Buch *Gegen unseren Willen*? Darin hat sie diese Thematik doch umfassend abgehandelt, oder?«

Mehrere Frauen am Tisch nickten zustimmend. War diese Bemerkung, so fragte ich mich, eine weitere Version von »niemand will etwas über so schreckliche Dinge hören«, oder war ich einfach überempfindlich? Brownmillers Buch war 1973 erschienen, vor über zwanzig Jahren! Wie es aussah, kannte keine der Anwesenden jüngere Untersuchungen, die sich mit dem Thema Vergewaltigung befaßten, und anscheinend gab es nicht einmal unter gebildeten Frauen, die sich sehr für Geschichte und Kultur interessierten, einen Kontext für individuelle Schilderungen von Vergewaltigungserfahrungen. Anscheinend war ein einziges »Vergewaltigungsbuch« genug. Es war niederschmetternd. Aber ich erkannte auch, daß ich, wäre ich nicht selbst vergewaltigt worden, möglicherweise ähnlich reagiert hätte wie sie.

Susan Brownmillers Buch *Gegen unseren Willen. Vergewaltigung und Männerherrschaft* verankerte das Thema Vergewaltigung in der öffentlichen Diskussion. Wie Herman in ihrem Buch betont, wurde Vergewaltigung das erste Paradigma der Frauenbewegung für die Gewalt gegen Frauen im Bereich des privaten Lebens. Mit der Zeit führte die anfängliche Konzentration auf Vergewaltigung – angeführt von Brownmillers sorgfältig recherchierter Studie – zur Erforschung auch anderer Formen öffentlicher und privater Gewaltausübung, von Vergewaltigungen bei Verabredungen zu Inzest, von häuslicher Gewalt zu sexueller Belästigung am Arbeitsplatz.

Aber Brownmillers politischer Ansatz und ihre Neudefinition von Vergewaltigungen als Methode der politischen und gesellschaftlichen Kontrolle zum Erhalt der männlichen Macht bedeutete, daß sie psychologische Überlegungen über Vergewaltigungen als Erfahrung auslassen mußte. Ironischerweise blieb der Weg individueller Vergewaltigungsopfer dadurch auch weiterhin in Schweigen und Geheimnis gehüllt.

Brownmillers Studie und die feministische Bewegung, aus der heraus sie entstand, bewirkten ein Anwachsen von Untersuchungen über das Thema und führten zu einem neuen gesellschaftlichen Umgang mit den Opfern. Beratungszentren für vergewaltigte Frauen schossen aus dem Boden, und Studien über die psychischen Auswirkungen von Vergewaltigungen auf die Opfer wurden in Angriff genommen. Überlebende von Vergewaltigungen sprachen sowohl miteinander als auch mit psychologisch geschulten

Fachkräften, die allmählich anfingen, die wahre Natur von Vergewaltigungstraumata zu verstehen. Ein paar besonders Mutige erzählten ihre Geschichten, und ein paar Verleger druckten sie. Aber meine eigene Erfahrung ließ mich zu der Überzeugung gelangen, daß die Überlebenden von Vergewaltigungen auch heute noch von ihrem Umfeld abgeschnitten sind, weil das Aussprechen der Wahrheit ein komplizierter und schmerzlicher Sprung in die Traumadialektik ist, die Herman so eindringlich beschreibt. Es will eben niemand etwas über so schreckliche Dinge hören.

»Brownmillers Buch war zweifellos bahnbrechend«, sagte ich. »Sie untersuchte Vergewaltigungen im historischen und politischen Kontext und definierte sie neu als einen Akt der Macht, statt als sexuellen Akt. Ich dagegen versuche, Vergewaltigungen als bedeutungstragende Erfahrung für die Opfer zu betrachten.« Ich hatte das Gefühl, sowohl verworren als auch defensiv zu klingen. Wahrscheinlich stimmte beides.

»Nun«, sagte unsere Gastgeberin, strich die Serviette auf ihrem Schoß glatt und wandte sich der Frau zu meiner Linken zu. »Sollen wir jetzt von den Vergewaltigungen übergehen zu etwas –« Sie zögerte, offensichtlich auf der Suche nach einem Wort. Ich fürchtete, daß es »erfreulicher« lauten würde. Ich hatte recht.

Mehrere Tage später erhielt ich einen freundlichen Brief meiner Gastgeberin, in dem sie mich ermutigte, »um unser aller willen« mit meinem Buch fortzufahren. Ihre Bemerkung hatte mich nicht gekränkt, weil ich wußte, was sie an diesem Abend gefühlt hatte, etwas Einfaches und Wahres: Es ist schwer, über »so schreckliche Dinge« zu sprechen, vor allem, wenn diese Dinge etwas mit den Genitalien zu tun haben. Wenn ich mich hinsetzte, um zu schreiben, wurde ich tagtäglich mit dieser Wahrheit konfrontiert. Ich konnte das Unbehagen meiner Gastgeberin nachempfinden, und ein Teil von mir fühlte sich immer noch schuldig, weil ich es versucht hatte.

Ich konnte mir gut vorstellen, wie sie an jenem Abend im Bett lag, über ihre eigene Bemerkung nachgrübelte, sich wünschte, sie hätte etwas anderes gesagt, und doch das Gefühl hatte, die Wahrheit gesagt zu haben. Ihr Leben war der Nettigkeit und der Annehmlichkeit gewidmet. Es war ihr wichtig, eine Vase mit frischen Sonnenblumen auf dem Tisch in der Diele stehen zu haben, und es mußte die blaue Vase mit den goldenen Einsprengseln sein, damit ihre Gäste sich vom ersten Augenblick an willkommen fühlten. Gerade weil das Leben so entsetzlich häßlich sein konnte, mußte man sein Bestes tun. Vielleicht entwirrte sie das Durcheinander ihrer Gefühle im Schlaf und setzte sich am nächsten Morgen an den alten Postmeisterschreibtisch in der Ecke ihrer Küche, um mir zu schreiben. Vielleicht sah sie die Wahrheit in dem, was sie gesagt hatte. Niemand will über so schreckliche Dinge nachdenken – außer vielleicht die schrecklichen Leute, die diese schrecklichen Dinge tun. Und über sie, dachte sie vielleicht, kann man erst recht nicht nachdenken. Aber schreckliche Dinge geschehen nun einmal. Wir hoffen, von ihnen verschont zu bleiben. Das ist nur natürlich. Wenn wir von schrecklichen Dingen hören, schmerzt uns das. Vielleicht dachte sie etwas in dieser Art, bevor sie zu ihrem Kugelschreiber griff.

Ich heftete ihren Brief an mein Schwarzes Brett, neben ein Zitat aus Viginia Woolfs *Die Fahrt hinaus,* das seit fast fünfundzwanzig Jahren über meinem Schreibtisch hängt. »Man möchte gar nicht irgend etwas sein, man möchte es nur sehen dürfen.« Das Zitat ist auf eine blaue Karteikarte getippt; die Buchstaben sind blaß vor Alter, verblichen vom Sonnenlicht, das in mehr Zimmern, als ich mich erinnern kann, durch die Fenster fiel. Der Brief meiner Gastgeberin verdiente meiner Meinung nach diesen Ehrenplatz. Ihn zu sehen bewirkte, daß ich mich weniger schämte.

Vor Jahren verbrachte ich einmal eine Winterwoche allein in einem Cottage an der Küste von Maine. Es stand auf einer kleinen Anhöhe etwa fünfzig Meter vom Rand einer kleinen Bucht entfernt, mit Blick auf das offene Meer. Das Meer hier war sogar im August eisig, aber als ich es im Februar durch das Panoramafenster betrachtete, ließ sein Anblick mich zusammenschaudern. Das Wasser der Bucht war in Ufernähe grau, aber weiter draußen, wo es tiefer wurde, hatte es die Farbe von Fichten in der Dämmerung. Nachts frischte der Wind manchmal auf, nahm die Kälte des Wassers auf und drückte sie durch die Ritzen rund um die Fenster. Das Wetter war in jener Woche klar – kurze Tage mit strahlendem Sonnenschein, der auf dem Schnee gleißte, und Temperaturen knapp unter dem Gefrierpunkt. Gegen Ende der Woche sanken die Temperaturen plötzlich ab. Eines Morgens lagen sie laut Wetterbericht im Radio weit unter Null, und am späten Nachmittag hatten wir minus sechzehn Grad. Die Erde und der wolkenlose Himmel fühlten sich spröde an, und das Sonnenlicht sah aus, als würde es bei der geringsten Berührung zerspringen.

Als ich am nächsten Morgen aufwachte, waren die Bucht und der dahinter liegende Ozean verwandelt. Dunstschwaden stiegen vom Wasser auf. Das Meer war wie eine Tasse mit dampfendem grünen Tee, überhaupt nicht kalt. Die Wärme war die ganze Zeit über dagewesen, aber ich hatte sie nicht wahrgenommen.

Mit meiner Scham war es genau dasselbe. Worte schienen sie sichtbar zu machen. Aber das Sprechen, selbst wenn es mir peinlich war, befreite mich auch langsam von der Scham, die ich empfunden hatte. Je mehr ich darum kämpfte zu sprechen, desto weniger Macht schien die Vergewaltigung und alles, was nach ihr kam, über mich zu haben. Zum Beispiel, als ich eine Freundin ein paar Monate später zur Besichtigung eines Hauses begleitete, das sie eventuell kaufen wollte, riet ich ihr, wenn sie es tatsächlich kaufte, eine Alarmanlage einbauen zu lassen. Ihr älterer Bruder, der sich das Haus ebenfalls ansah und auf dessen Meinung sie großen Wert legte, widersprach mir. Er fand, eine Alarmanlage sei eine unnötige Geldausgabe. Mit sachlicher Stimme hielt ich ihm entgegen: »Ich wurde in meiner eigenen Wohnung vergewaltigt, und da deine Schwester vorhat, allein hier zu leben, halte ich eine Alarmanlage für eine gute Investition.«

Er wurde rot und sah mich voller Unbehagen an. Wir kannten uns seit Jahren, und ich hatte meine Vergewaltigung nie erwähnt.

Hinterher ging mir auf, daß seine Reaktion – Verlegenheit – anders als früher keine Scham bei mir ausgelöst hatte. Meine Sorge um die Sicherheit seiner Schwester war angebracht gewesen. Sie basierte auf meiner persönlichen Erfahrung, von der ich meinte, daß es in diesem Zusammenhang angemessen war, sie zur Sprache zu bringen, und auf meinen Recherchen. Mitte der achtziger Jahre kam eine Studie zu dem Ergebnis, daß 29 Prozent aller Vergewaltigungsopfer in ihrem eigenen Zuhause vergewaltigt werden. Der einzige andere Ort, der ein noch größeres Risiko darstellt, ist die Straße – 34 Prozent der Opfer wurden auf der Straße attackiert und später anderswo vergewaltigt. Zwei Prozent wurden auf offener Straße vergewaltigt. Früher hätte meine Scham mich stumm bleiben lassen. Jetzt schien das Sprechen über meine Erfahrung mich von meiner Scham zu befreien.

Die Kompaktausgabe des *Oxford English Dictionary* widmet der Definition von Scham und damit verwandter Begriffe ganze elf Spalten. Als erstes kommt »die quälende Empfindung, die durch das Bewußtsein ausgelöst wird, selbst etwas Unehrenhaftes, Lächerliches oder Unschickliches getan zu haben oder sich in einer Situation zu befinden, die das Gefühl für Schicklichkeit und Anstand verletzt.«

Der *Webster's* sagt ebenfalls, daß Scham eine quälende Empfindung ist, die durch das »Bewußtsein einer Schuld, einer Unzulänglichkeit oder einer Ungehörigkeit« hervorgerufen wird.

Daß Scham im Zusammenhang mit Vergewaltigungen eine so große Rolle spielt, kam mir zunehmend merkwürdig vor. Wieso eigentlich empfand ich diese Scham? Bevor ich anfing, über meine Erfahrung zu schreiben, hatte ich ihr Ausmaß nicht gekannt. Ich hatte mir selbst tausendmal gesagt, daß das, was mir zugestoßen war, nicht meine Schuld war, aber anscheinend hatte ich es nicht wirklich geglaubt. Die tröstlichen Worte tänzelten nur auf der Oberfläche meines Denkens, wie Bojen, die sich aus ihrer Vertäuung losgerissen haben.

Scham ist die einzige Empfindung, die in der biblischen Geschichte von Adam und Eva mehr als beiläufig behandelt wird. Die beiden empfinden bereits Scham, bevor Gott bemerkt, daß sie nicht wie üblich herumtollen.

»Wieso versteckt ihr euch vor mir?« fragt Gott.

»Weil wir nackt sind«, antworten sie.

An diesem Punkt reimt sich Gott zwei und zwei zusammen. Nicht weil sie nackt sind, verstecken sie sich hinter dem Feigenblatt. Schließlich waren sie vorher die ganze Zeit nackt, und es hat sie nie gestört. Sie verstecken sich, weil sie jetzt *wissen,* daß sie nackt sind – was etwas völlig anderes ist. Und sie würden nicht wissen, daß sie nackt sind, wenn sie nicht von der verbotenen Frucht gegessen hätten. Sie sind sich ihrer selbst bewußt geworden – etwas, was Gott offensichtlich beabsichtigte, sonst hätte er den Baum der Erkenntnis gar nicht erst in den Garten Eden gepflanzt. Sie empfinden Scham; tatsächlich bestehen sie ab dem Augenblick, da sie von der Frucht kosten, nur noch aus Scham. Das Kosten der Frucht ist, wie die Geschichte durchklingen läßt, extrem gefährlich. »Denn welches Tages du davon issest, wirst du des Todes sterben.«

Theoretiker aus den Bereichen Evolutionsbiologie, klinische Psychologie und Psychiatrie haben über die Scham nachgedacht, seit Darwin als erster beobachtete, daß der Mensch die einzige Spezies ist, die erröten kann, eine körperliche Manifestation von Scham. Darwin und seine viktorianischen Zeitgenossen waren fasziniert von diesem Erröten. Wahrscheinlich, weil sie es ständig taten. Erröten erfordert Bewußtsein, etwas, was uns von den Tieren unterscheidet. Aber falls sich Scham auch in dem Wunsch manifestiert, sich zu verstecken oder im Erdboden zu versinken, ist Trouty, der Hund einer Freundin, ebenfalls fähig, sie zu empfinden.

Als Trouty noch klein war, kam sie dahinter, wie sie es anstellen mußte, die Schranktür unter der Spüle zu öffnen, um an den Müll zu kommen. Obwohl sie seitdem jedesmal dafür bestraft wird, kommt meine Freundin immer noch gelegentlich nach Hause und findet zerfetzte Eiscremekartons, Hühnerknochen und Kaffeesatz über ihren ganzen glänzenden Linoleumboden verstreut. Einmal war ich bei ihr, als sie nach einer solchen Eskapade Troutys nach Hause kam. Als wir die Küche betraten, versuchte Trouty, sich unter einem Stuhl zu verstecken, der auf ihrem Rücken balancierte wie eine zu kleine Muschelschale. Sie hatte den Kopf zwischen den Vorderpfoten vergraben, die Augen abgewandt, den Schwanz eingezogen. »Böser Hund« stand ihr über das ganze Gesicht geschrieben. Selbst als ihr verziehen worden war, machte sie sich immer noch klein und zog sich zwischen Schwanz und Schnauze so weit nur irgend möglich zusammen.

Der Wunsch zu verschwinden, sich zu verstecken, zu sterben, ist laut Michael Lewis ein wichtiger Teil der Phänomenologie der Scham. In seinem 1992 erschienenen Buch *Scham. Annäherung an ein Tabu* stellt Lewis fest, daß dieser Wunsch eine überwältigende Komponente der Schamempfindung ist. Andere Elemente sind intensiver Schmerz und ein Gefühl der Wertlosigkeit, die Lewis als »globale Aussage, die das Selbst zu sich selbst macht«, beschreibt. Wenn wir Scham empfinden, sind wir sowohl ihr Subjekt als auch ihr Objekt.

Laut Lewis führt dies zu einer Unterbrechung des laufenden Verhaltens, Verwirrung der Gedanken und sogar der Unfähigkeit zu sprechen. »Auf der physischen Ebene geht mit der Scham ein Zusammensinken des Körpers einher, so als wolle er den eigenen oder fremden Augen entgehen. Dieser emotionale Zustand ist so intensiv und hat eine so verheerende Wirkung auf das Selbstsystem, daß mit ihm konfrontierte Menschen versuchen müssen, sich von ihm zu befreien. Da Scham jedoch einen globalen Angriff auf das Selbst darstellt, fällt es den Betreffenden sehr schwer, diese Emotion zu zerstreuen.«

Das kann ich nur bestätigen.

Scham wird oft mit Schuld verwechselt, doch wie Lewis feststellt, wird bei der Scham der Selbst-Objekt-Kreislauf ganz geschlossen. Bei der Schuld dagegen ist das Selbst zwar das Subjekt, das Objekt aber befindet sich außerhalb des Selbst.

Schuldgefühle entstehen dadurch, daß man das eigene Verhalten als falsch einschätzt, wobei die Betonung darauf liegt, was man hätte anders machen können – und was man tun kann, um den Schaden wiedergutzumachen. Schuld ist weniger intensiv und weniger negativ als Scham, weil sie sich auf die Handlung des Selbst und nicht auf das ganze Selbst konzentriert. Erst wenn eine korrigierende Handlung unmöglich ist, wird Schuld in Scham verwandelt. Eine Vergewaltigung ist naturgemäß etwas, wo eine korrigierende Handlung unmöglich ist.

Vergewaltigungsopfer empfinden so intensive Schamgefühle, daß viele nie auch nur einem Menschen erzählen, was ihnen zugestoßen ist. Selbst in einer Therapie vermeiden Vergewaltigungsopfer es oft, über das zu sprechen, was ihnen zugestoßen ist. Obwohl sich in den vergangenen zwei Jahrzehnten die öffentliche Meinung zu Vergewaltigungen verändert hatte, fiel es mir immer noch schwer, mich nicht zu schämen, wenn andere mit Verlegenheit oder Unbehagen auf mich reagierten. Und dieses Gefühl der Scham brachte mich zum Schweigen. Lewis vermerkt, daß intensive Schamgefühle sogar zum Gedächtnisverlust führen können. Scham bringt zum Schweigen, weil sie das ganze Selbst umfaßt.

Es ist schwer, sich der mit einer Vergewaltigung verbundenen Scham zu entziehen, wie ich von der Frau mit der Bernsteinkette lernte. Versuche, die Scham zu zerstreuen, indem man das Unsagbare in Worte kleidet, scheinen sie nur zu vergrößern. Die Scham wird von den Zuhörern widergespiegelt, manchmal ganz offensichtlich durch ein Erröten, ein Wegsehen oder ein Zusammenziehen der Schultern, manchmal durch Schweigen. Das Sprechen fühlt sich dann wie eine Beichte an, wie ein Eingeständnis einer Missetat, und das Gefühl der Scham wird vertieft.

Scham ist etwas, was der Täter, nicht das Opfer, empfinden sollte. Und doch wird die Scham der Täter auf die Opfer übertragen, die durch diese Scham stumm gemacht werden. Und ihr Stummsein scheint die moralische Richtigkeit dieser Übertragung zu bestätigen. Das Gefühl der Scham scheint die Tatsache, daß man das Opfer einer Vergewaltigung wurde, zu einem Vergehen zu machen. Wenn andere die Opfer auffordern, sich zu »verstecken« oder zu »verschwinden«, haben sie keine Hoffnung auf »korrigierende Handlung«.

Diese Endlosschlaufe kann sogar noch bösartigere Ausmaße annehmen. Wenn man andere dazu bringt, Scham zu empfinden, verletzt man sie. Ich fühlte mich der Frau mit der Bernsteinkette gegenüber schuldig, weil sie meinen Artikel gelesen und er sie aus der Fassung gebracht hatte. Ich fühlte mich schuldig, weil ich bei einem festlichen Essen, bei dem alle sich wohl fühlen wollten, ein »unerfreuliches« Thema angeschnitten hatte. Mit jeder Enthüllung häufen sich die Schuldgefühle auf die Scham.

Lewis stellt fest, daß nur wenig Einigkeit über die spezifischen äußeren Auslöser von Scham besteht. »Die Identifizierung eines speziellen Auslösers ist bislang weder gelungen noch zu erwarten.«

Nirgendwo im Buch spricht Lewis von Vergewaltigung eine Auslassung, die ich bemerkenswert finde, da Vergewaltigungen zu den wenigen Auslösern von Scham zu gehören scheinen, die allen menschlichen Kulturen gemein sind.

In *Demonic Males: Apes and the Origins of Human Violence* von Richard Wrangham und Dale Peterson stieß ich auf eine kuriose Variante im Umgang mit Scham aufgrund einer Vergewaltigung. In einem Kapitel über Vergewaltigungen bei Orang Utans, das Verprügeln von Weibchen bei Schimpansen und Kindermord bei Gorillas schildern Wrangham und Peterson eine Vergewaltigung durch einen Orang Utan, die von Biruté Galdikas beobachtet wurde, einer Wissenschaftlerin, die zwanzig Jahre damit verbrachte, Orang Utans in Borneo zu studieren. Galdikas beschreibt die Vergewaltigung einer indonesischen Köchin im Forschungslager durch einen jungen männlichen Orang Utan namens Gundul. Er war wild geboren und erst später eingefangen worden und durfte sich frei im Lager bewegen. Er hatte seine

Angst vor Menschen völlig verloren, und obwohl er schon des öfteren männliche Mitarbeiter angegriffen hatte, hatte er noch nie eine Frau bedroht. Als Gundul die Köchin attackierte, fürchtete Galdikas, die erfolglos versuchte, das Tier abzuwehren, das die hysterische Frau gepackt hielt, daß er die Frau töten würde. Aber dann erkannte sie, daß der Orang Utan etwas anderes vorhatte. Anscheinend ging der indonesischen Köchin ebenfalls auf, daß ihre einzige Chance, ernsthafte Verletzungen oder gar den Tod abzuwenden, darin bestand, Gundul nachzugeben. Galdikas schreibt: »Die Köchin hörte auf, sich zu wehren... Gundul war sehr ruhig und zielstrebig. Er vergewaltigte die Köchin.«

Nun könnte man meinen, daß zu der Scham der Vergewaltigung an sich eine noch tiefere Scham hinzukommen würde – die, von einem Tier vergewaltigt worden zu sein. Aber offensichtlich wurde das Opfer, das nicht ernstlich verletzt wurde, nicht stigmatisiert. Die Freunde und Verwandten der Frau gaben ihr keine Schuld an dem Vorfall. Ihr Mann erklärte, da der Vergewaltiger kein Mensch gewesen sei, bestehe kein Anlaß für Scham oder Wut. »Wieso sollten meine Frau oder ich uns Gedanken machen? Es war doch kein Mann.«

Wenn es kein Mann war, war es auch kein Sex. Es war kein »Sexualverbrechen.« Es war ein »Akt höherer Gewalt«, vergleichbar mit Livingstones Erlebnis mit dem afrikanischen Löwen. Gundul war ein Tier ohne Sinn und Verstand. Alle Vorwürfe, denen die Köchin ausgesetzt gewesen wäre, wäre der Orang Utan ein Mann gewesen, waren irrelevant. Der Orang Utan konnte nicht durch etwas, was die Köchin gesagt oder getan hatte, verführt, ermutigt oder zu sexueller Leidenschaft »aufgestachelt« worden sein. Sie war nicht in ein Verbrechen verwickelt, weil kein Verbrechen stattgefunden hatte. Niemand unterstellte ihr, daß sie vergewaltigt worden war, weil »sie es darauf angelegt hatte«.

Mein Vergewaltiger verhielt sich wie ein Tier, obwohl er, anders als dieser wilde Orang Utan, nicht »ruhig und zielstrebig« war. Aber weil er ein Mann war, konnte nicht einmal ich – das Opfer einer schweren Vergewaltigung durch einen Fremden in meiner eigenen Wohnung, so schuldlos wie jedes Vergewaltigungsopfer – der Scham entgehen, vergewaltigt worden zu sein.

Die Vorwürfe, die Verlegenheit und das Schweigen, mit denen andere auf meine Vergewaltigung reagierten, waren »beschämende« Strafen, die diese indonesische Köchin offensichtlich nicht ertragen mußte. Niemand warf ihr vor, daß die Tatsache, daß sie wegen eines unbefriedigenden Arbeitsvertrags deprimiert gewesen war, ihre Vergewaltigung »verursacht« hatte. Ich fand dies sowohl ironisch als auch beneidenswert.

Seltsamerweise hatte Freud nur wenig über die Scham zu sagen und »schwieg sich über das Thema Vergewaltigung aus«, wie Brownmiller schreibt. Und seltsamerweise, bemerkt sie, hat sich der Mann, »der das Konzept vom Primat des Penis erfunden hat, nie veranlaßt gesehen, den Einsatz dieser Waffe Penis im wirklichen Leben zu untersuchen«.

Sobald Freud seine ursprüngliche Überzeugung aufgab, die Hysterie seiner Patientinnen sei eine Folge tatsächlicher frühkindlicher sexueller Erfahrungen, und zu der Ansicht überging, ihre traumatischen Symptome seien das Ergebnis sexueller Phantasien auf der Grundlage unterdrückter ödipaler Konflikte, mußten Vergewaltigungsopfer über viele Jahrzehnte hinweg eine Last tragen, die ihre Scham vertiefte und verkomplizierte.

»Zwar konzentrierte er sich weiterhin auf das Sexualleben seiner Patientinnen, doch glaubte er den Frauen nicht mehr die reale Erfahrung des Mißbrauchs«, schreibt Herman in *Die Narben der Gewalt.* »Mit unbeirrbarer Hartnäckigkeit, die ihn zu immer verwickelteren Theorien zwang, bestand er darauf, daß Frauen sich die mißbräuchlichen sexuellen Begegnungen, über die sie klagten, einbildeten und wünschten.«

Diese »verwickelten Theorien« hatten zur Folge, daß die Frauen zu Masochistinnen gemacht wurden. (Sie stellen, nebenbei bemerkt, auch insofern ein Problem dar, als dadurch eine andere Gruppe von Vergewaltigungsopfern – nämlich Jungen und Männer – zumindest theoretisch unerklärlich ist.)

Ich bin alt genug, um mich an eine Zeit zu erinnern, in der man ungestraft sagen konnte: »Wenn du schon vergewaltigt wirst, kannst du dich genausogut zurücklehnen und es genießen.« Das erste Mal hörte ich diesen Satz 1962, als ich in der siebten Klasse war. Dieser Gemeinplatz wurde mir durch einen Jungen aus der zehnten Klasse mitgeteilt, der in der Footballmannschaft mitspielte. Ich sehe den Schulflur, auf dem wir standen, immer noch vor mir, obwohl ich mich nicht mehr daran erinnern kann, wie wir auf das Thema gekommen waren. Ich verstand die Bemerkung dieses Jungen als verwirrende Warnung. Eine Warnung insofern, als mir zu verstehen gegeben wurde, daß ich mich in seiner Nähe nicht sicher fühlen konnte. Verwirrend insofern, als er mir etwas über meine eigene Sexualität zu sagen schien – auf der Grundlage seiner eigenen weitläufigen Erfahrung, wie ich damals annahm. Ich hatte *Vom Winde verweht* zweimal gesehen, und die große »Sex«-Szene war meiner Aufmerksamkeit nicht entgangen – Rhett Butler, der betrunken, wütend und bedrohlich seine protestierende Frau die große Treppe hinaufträgt und sie vergewaltigt – oder was auch immer. Scarlett O'Hara wacht am nächsten Morgen zum ersten Mal seit mehreren Filmrollen guter Dinge auf. Was immer Rhett getan hatte, was sie anscheinend nicht gewollt hatte, schien ihr gefallen zu haben.

Laut Brownmiller war es Helene Deutsch, deren *Psychologie der Frau* Mitte der vierziger Jahre erschien, der es vorbehalten blieb, die These vom Masochismus der Frau vollends auszubauen. «Ihre grundsätzliche positive Einstellung zur Vergewaltigung als eines archetypischen weiblichen Schlüsselerlebnisses«, schreibt Brownmiller, »beruht im wesentlichen auf ihrer besonderen Vorstellung von Sexualität. Der Geschlechtsverkehr ist in ihren Augen ein im wesentlichen schmerzhaftes Erlebnis für eine dabei im wesentlichen passive Frau.«

Brownmiller führt weiter aus, in den fünfziger Jahren, als sie selbst ein Teenager war, seien Deutschs Thesen in allen populären Büchern und Zeitschriftenartikeln, die damals den Frauen beizubringen versuchten, ihre weibliche Rolle zu »akzeptieren«, ehrfürchtig zitiert worden. Daran hatte sich nicht viel geändert, als ich selbst ein Jahrzehnt später ein Teenager war.

Deutsch war fest in der psychoanalytischen Tradition Freuds verwurzelt und fand weitere Beweise für ihre Sicht des weiblichen Masochismus in den bewußten und unbewußten Vergewaltigungsphantasien und -träumen heranwachsender Mädchen. Deutschs Umgehen mit diesem »unverkennbar masochistischen Inhalt« geht nicht im mindestens auf die Möglichkeit ein, daß diese Phantasien und Träume ein Ausdruck der Angst und nicht der unbewußten Sehnsucht nach Mißbrauch sein könnten – ein Punkt, auf den Brownmiller in ihrem Kommentar zu Deutschs Arbeit hinweist.

Die Vorstellung, daß Frauen erzwungenem Sex erotischen Genuß abgewinnen, ist durch die Stratosphäre der psychoanalytischen Theorie in unser Denken über Vergewaltigungen herabgesickert wie Regen, der nicht wahrnehmbare Giftstoffe in unser Trinkwasser einschleust. Ungeachtet der Tatsache, daß Brownmiller und andere Frauen aus der Frauenbewegung Vergewaltigungen als Gewaltverbrechen neu definierten und sich vehement gegen die Vorstellung wehrten, daß eine Vergewaltigung ein sexueller Akt ist, der die tiefsten Sehnsüchte einer Frau befriedigt, und ungeachtet der Veränderungen in unserem Verständnis der weiblichen Sexualität, ist diese Vorstellung immer noch nicht ausgestorben, obwohl sie dankenswerterweise vielleicht nicht mehr als politisch korrekt gilt. Wie sonst sollen wir uns einen Kommentar erklären, den ich an einem Abend des Jahres 1996 von einem Kriminalbeamten hörte, der im Fernsehen interviewt wurde. Als Reaktion auf den Vorwurf der Gleichgültigkeit, der von zwei Vergewaltigungsopfern gegen die Polizei von San Diego erhoben wurde, sagte er, einige der Polizisten in der Abteilung hielten eine Vergewaltigung nun einmal für »einen Angriff mit einer freundlichen Waffe«.

Als ich einer Freundin von diesem Kommentar erzählte, meinte sie trocken: »Es gibt eben Leute, die sich einfach nicht vorstellen können, daß ein Penis etwas Unerwünschtes sein könnte. Frag Freud.«

Brownmillers These, Vergewaltigungen seien »nicht mehr und nicht weniger als eine Methode bewußter, systematischer Einschüchterung, durch die alle Männer alle Frauen in permanenter Angst halten«, definiert Vergewaltigung neu als eine Methode, die Männer seit eh und je benutzt haben, um die männliche Macht aufrechtzuerhalten. Diese rigorose Schlußfolgerung war ein zentraler Bestandteil ihrer radikalen feministischen Agenda, da sie in Vergewaltigungen die Erzwingung der Unterwerfung der Frau durch Terror sah. Aber von politischen Agenden einmal abgesehen wehrte sich Brownmiller auch gegen die Vorstellung, daß Vergewaltigungen die weibliche Sehnsucht nach Mißbrauch erfüllen. Daß sie eine Trennung zwischen Sex und Vergewaltigung zog, war eine Art rigoroses intellektuelles Unkrautjäten, das seit langem überfällig war. Solange die weibliche Sexualität als im wesentlichen masochistisch definiert wurde und Vergewaltigungen als Sex galten, gab es für weibliche Vergewaltigungsopfer keinen Ausweg aus der Falle der Scham, die sie zum Schweigen verurteilte – und ebendieses Schweigen implizierte, daß sie Grund zur Scham hatten.

Brownmiller erinnerte uns daran, daß Vergewaltigungen im menschlichen Leben immer eine Gefahr darstellten, und glaubte, daß sie ausschließlich bei Menschen vorkamen. »Soweit ich weiß«, schrieb sie in der Einführung zu *Gegen unseren Willen,* »hat kein Zoologe je ein Tier in freier Wildbahn bei einer Vergewaltigung beobachtet.«

Aber nicht lange nach der Veröffentlichung ihres Buchs stießen Wissenschaftler auch bei anderen Primaten auf Fälle von Vergewaltigungen. Das Aufspüren einer Ausnahme – die Bonobos, eine Schwesterspezies der Schimpansen, die »Liebe statt Krieg« machen – stellt inzwischen die Annahme in Frage, daß Gewalt, darunter auch Vergewaltigung, bei allen Primaten biologisch unabdinglich ist.

Die Dokumentation von Vergewaltigungen in freier Wildbahn könnte sogar Brownmillers grundlegende These bestätigen, daß Patriarchat und Vergewaltigung Hand in Hand gehen. Jüngere Studien über Gewalt bei Schimpansen deuten darauf hin, daß die gesellschaftliche Organisation eine wichtige, wenn nicht gar eine zentrale Rolle spielt. In *Demonic Males* halten Wrangham und Peterson fest, daß nur zwei tierische Spezies – nämlich Schimpansen und Menschen (die am engsten miteinander verwandt sind) – bekanntermaßen in patrilinearen, männlich geprägten Gesellschaften leben, »die auf einem System intensiver, männlich initiierter territorialer Aggression beruhen, wozu auch tödliche Überfälle auf benachbarte Gruppen gehören. Dabei geht es um die Suche nach schwächeren Gegnern, die attackiert und getötet werden können.« Beide Spezies besitzen auch ähnliche Muster für andere Formen der Gewalt: »politische Morde, Handgreiflichkeiten und Vergewaltigungen«.

Die beiden Autoren stellen fest, daß es eine plausible Alternative zur Meinung mancher Forscher geben könnte, daß Vergewaltigungen bei nichtmenschlichen Säugetierspezies eine »Befruchtungstaktik« darstellen könnten (womit der Versuch gemeint ist, den Erfolg eines bestimmten männlichen Individuums dadurch zu vergrößern, daß es seine Gene möglichst weit gestreut an die nächste Generation weiterreicht). Gemeint ist die Hypothese, »Vergewaltigungen könnten bei manchen Spezies ein durch Evolution entstandener männlicher Mechanismus sein, dessen primäres Ziel nicht die Befruchtung in der Gegenwart, sondern *Kontrolle* ist – mit dem ultimativen Ziel einer Befruchtung in der Zukunft«.

Der unmittelbare Zweck von Vergewaltigungen wäre laut dieser Spekulation also nicht die Befruchtung, sondern wie viele Feministinnen seit langem argumentieren, die Dominanz.

Statistiken zufolge, die das National Victim Center 1992 zusammentrug, werden 78 Prozent aller Vergewaltigungen von Personen begangen, die dem Opfer bekannt sind. Wrangham und Peterson fragen sich, ob derartige Vergewaltigungen, »indem sie die Partnerin eines Mannes an seine körperliche Überlegenheit erinnern, seine sexuelle Kontrolle über sie vergrößern. Das wachsende Verständnis, das die Gesellschaft Vergewaltigungsopfern entgegenbringt, könnte folglich dazu beitragen, ein System zu beenden, das tiefe evolutionäre Wurzeln hat«.

Eine beunruhigende und interessante Spekulation. Wenn die Gesellschaft die Wahrheit über Vergewaltigungen und ihre Auswirkungen auf das Leben der Millionen Opfer anerkennen will, muß sie auch über eine fortgesetzte, tiefgreifende Revolutionierung der Organisation der Gesellschaft selbst nachdenken. Der Rückschlag gegen den Feminismus, den Susan Faludi in ihrem 1991 erschienenen Buch *Backlash – Die Männer schlagen zurück* dokumentierte, läßt darauf schließen, daß die Annahme dieser Herausforderung nicht einfach werden wird.

Die Schweigen gebietende Natur der Scham und die Dialektik des Traumas, die Herman identifizierte, können die Vergewaltigungsdiskussion für geraume Zeit zum Stillstand bringen, wenn sie außerdem mit einer gesellschaftlichen Reglosigkeit einhergehen, die möglicherweise »tiefe evolutionäre Wurzeln« hat.

In den ersten Jahren nach meiner Vergewaltigung, als die Menschen, die mir am nächsten standen, die Realität meiner Erfahrung verleugneten, war mir klar, daß sie das taten, weil sie mich liebten. Ihre Verleugnung war Hoffnung, und ich wehrte mich nicht dagegen, weil auch ich hoffte, daß irgendwann etwas, was ich als mein eigenes Ich erkennen konnte, aus den Überresten meines früheren Lebens hervorgekrochen kommen würde. Aber mit den Jahren erkannte ich, daß die Verleugnung anderer ebenfalls eine Folge des Traumas ist, das sich vom Individuum auf die Gesellschaft ausdehnt. Wie ein Stein, der in einen Teich geworfen wird, zieht eine Vergewaltigung Kreise. Nach meiner Begegnung mit der Frau mit der Bernsteinkette hatte ich das Gefühl, durch trübes Wasser auf versunkenen Schutt zu starren. Ich mußte verstehen, was ich da unten sah, um verstehen zu können, welche Auswirkungen mein Aussprechen der Wahrheit auf die Frau mit der Bernsteinkette gehabt hatte – weil die Wahrheit etwas mit uns beiden zu tun hatte.

Herman bezeichnet die eine Seite der Traumadialektik als »den Wunsch, schreckliche Ereignisse zu verleugnen«. Aber Wunsch, oder auch Wille, ist vielleicht nicht tief genug. Wille bedeutet Wahl, Wollen, die Entscheidung, etwas zu tun, oder es zu lassen.

Vielleicht konnte die Frau mit der Bernsteinkette nicht anders. Vielleicht mußte sie davor zurückschrecken, daß die Überlebende einer Vergewaltigung ihren Jahrestag nie vergessen kann. Vielleicht war ihre Reaktion eine psychologische Reaktion auf ein Trauma, die meiner eigenen entspricht.

Die Worte jener Frau haben auch noch eine andere Dimension. Ich frage mich, ob sie eine Wahrheit über den Schmerz konstatieren, den Augenzeugen empfinden, wenn sie das Leid eines anderen Menschen sehen. Entspricht der Schmerz der Augenzeugen dem der Überlebenden? Sind die psychischen Verheerungen eines Traumas für Zeugen und Opfer ähnlich? Auch wenn wir nicht alle Überlebende einer überwältigenden Lebenserfahrung sind, sind wir doch alle Zeugen. Und Zeugen sind in gewisser Weise auch Opfer.

Während ich an diesem Buch arbeitete, wurde ein Verwaltungsgebäude in Oklahoma City durch die Bombe eines Terroristen zerstört. Eine klaffende Grabstätte aus verbogenem Metall und geborstenem Beton ragte aus den Wolken von Staub und Rauch auf, wo noch vor wenigen Sekunden ein intaktes Gebäude gestanden hatte, dessen Fenster den grauen Himmel eines trüben Aprilmorgens widergespiegelt hatten. Millionen von Amerikanern saßen hilflos vor ihren Fernsehapparaten und verfolgten, was danach geschah, Minute für Minute, Tag für Tag, bis auch die letzte Leiche aus den Trümmern geborgen und jenen übergeben worden war, die sie beisetzen würden.

Wir sahen die seltsam feierlichen Gesichter von Kindern,

die von Krankenwagen zu Orten gefahren wurden, wo weitere unbegreifliche Dinge auf sie warteten. Sie starrten mit Augen in die Kameras, die an die Augen von Soldaten auf Schlachtfeldern erinnerten, die wir von Fotos kennen – mit jenem »Tausendmeterblick« aus trockenen, runden Augen, die auf irgend etwas in der Ferne gerichtet sind, das niemand sonst sehen kann. Ich frage mich, ob meine Augen an dem Abend in der Notaufnahme auch so ausgesehen haben. Ich frage mich, ob eine Spur dieses Blickes in unser aller Augen lag, als wir in jener Nacht die verletzten und sterbenden Kinder in Fernsehen sahen.

Während ich versuchte, meine Reaktion auf die Bemerkung der Frau mit der Bernsteinkette zu ergründen, erkannte ich, daß sie ebenso wie ich Hermans Traumadialektik unterworfen war. Meine Vergewaltigung verletzte sie, und wie ich litt auch sie unter dieser Verletzung. Hatte ich ihr Trauma verursacht, indem ich über mein eigenes schrieb? Schuldete ich ihr eine Entschuldigung, weil ich für alle Zeiten durch eine einzige überwältigende Lebenserfahrung verändert worden war? War es meine Schuld, daß Greuel uns allen Schaden zufügen? Brachte das Schweigen die Greuel zum Verschwinden?

Judith Herman argumentiert, daß die Erinnerung an furchtbare Ereignisse und das Aussprechen der Wahrheit über diese furchtbaren Ereignisse Vorbedingungen für die Wiederherstellung der gesellschaftlichen Ordnung und für die Genesung der Opfer sind. Ich denke, daß sie recht hat. Aber über das Unaussprechliche zu sprechen oder zu schreiben ist schwierig und schmerzlich, weil Bemerkungen wie die der Frau mit der Bernsteinkette implizieren, daß es anständiger wäre zu schweigen. Der Widerstand gegen das Aussprechen der Wahrheit, die eine Seite der Traumadialektik, macht sich eben wegen der Natur der Scham ständig in mir selbst bemerkbar. Dazu wird mein Schweigen verstärkt durch meine Schuldgefühle darüber, daß ich dieser Frau Schmerzen »verursacht« und sie daran erinnert habe, daß schreckliche Dinge existieren.

Die Frau mit der Bernsteinkette hatte recht – niemand will etwas über so schreckliche Dinge sehen oder hören oder lesen. Oder sie erleben. Psychisch und biologisch sind wir nicht für derartige Belastungen geschaffen. Und wenn sie uns dann doch zustoßen, sind wir hinterher nicht mehr so, wie wir vorher waren.

Herman schreibt über traumatische Ereignisse: »Sie zerstören das Selbstbild, das im Verhältnis zu anderen entsteht und aufrechterhalten wird.« Zur Zerstörung der psychischen Strukturen innerhalb des Selbst gehört auch das Verbrennen der Leinen, die das Individuum an die Gemeinschaft binden.

Wie ein Gebäude, das von Sprengstoffexperten so präpariert wird, daß es in sich selbst zusammenstürzt, wird das innere Selbst zu Geröll reduziert. Es ist das traumatisierte Selbst, das aus dem Staub aufsteigt, nicht wie der mythologische Vogel Phoenix, der alle fünfhundert Jahre aus seiner eigenen Asche aufsteigt, um wie zuvor weiterzuleben, sondern eher wie ein fremdes Wesen, das nur wenig Ähnlichkeit mit dem vorherigen besitzt. Es ist eine Metamorphose. Obwohl das Ereignis äußerlich ist, wird es sehr schnell in den Geist einverleibt, wo es sich vervielfacht wie ein Virus. Es gibt keine Verteidigung dagegen. Und doch geht das Leben weiter.

Aber es ist nicht dasselbe Leben. Das Versagen der Gesellschaft, dies anzuerkennen, mag eine Folge des Traumas der Zeugen sein. Weil auch die Gesellschaft nicht mehr dieselbe ist. Der Schaden kann nicht eingegrenzt werden, weil das Selbst nicht eingegrenzt werden kann. Wir existieren in Beziehung zu anderen.

9.

»*VICTORIA*«

Sieh diesen kleinen Plagegeist –
Wohltäter aller Lebenden –

EMILY DICKINSON

Manchmal macht sogar der Teufel einen Fehler, und etwas Gutes passiert. Der Vergewaltiger brachte Victoria in mein Leben zurück – dafür zumindest bin ich dankbar. Mein Leben wurde dadurch reicher. Ein buddhistisches Sprichwort sagt: Aus dem Schlamm wächst der Lotus. Dies ist eine Geschichte über den Lotus.

Victoria und ich lernten uns im Spätfrühling 1974 kennen, dem ersten Jahr, in dem das Wort *gate* im Zusammenhang mit Skandalen an Worte angehängt wurde. Ein paar Wochen nachdem der Justizausschuß des Repräsentantenhauses ermächtigt worden war, die Voruntersuchungen zu führen, die darüber entscheiden würden, ob der Kongreß ein Amtsenthebungsverfahren gegen Richard Nixon einleiten sollte, fing Victoria bei der gemeinnützigen Informations- und Bildungsstelle für Medienarbeit an, bei der ich schon zwei Jahre beschäftigt war. Wir waren gleichaltrig – achtundzwanzig – und stammten aus ähnlichen Verhältnissen: beide katholisch aufgewachsen, unsere Mütter beide Südstaatlerinnen, und wegen der Arbeit unserer Väter hatten wir unsere Jugend beide in Europa verbracht – sie in Italien, ich in Deutschland.

Watergate war unsere Hintergrundkulisse. Daß der letzte Akt des Dramas in der Stadt aufgeführt wurde, die wir als unser Zuhause betrachteten, ließ die nationale Krise fast intim wirken, wie eine Nachbarschaftsangelegenheit. Oft sahen wir Archibald Cox, den Sonderermittler, sein nahe gelegenes Bürogebäude betreten oder verlassen, und ab und zu gesellten wir uns zu der Menge in der Eingangshalle, um uns eine seiner Pressekonferenzen anzuhören. Während der Präsident die Tonbänder, die sein Untergang sein würden, eins nach dem anderen herausrückte, verwandelte sich die Stadt zunehmend in eine Bühne für eine griechische Tragödie, auf der die Bevölkerung – Kollegen, Taxifahrer und Ladenbesitzer – den Part des Chors übernahm.

An Victorias erstem Tag im Büro stellten wir fest, daß wir zusammengenommen über eine beachtliche Zahl von Watergate-Witzen verfügten und daß wir beide Nixon-Alpträume hatten. Ich träumte, daß ich an einem Empfang im Rosengarten teilnahm und dem Präsidenten gerade die Hand schüttelte, als er plötzlich anfing zu schmelzen wie die Hexe in *Der Zauberer von Oz*. Victoria träumte, sie sei im Weißen Haus gefangen und laufe, verfolgt von H. R. Haldeman, der eine Pfadfinderuniform trug, von Zimmer zu Zimmer. Vom ersten Augenblick an hatten wir einen Draht zueinander, dem auch die Belastungen der Arbeit in einer gemeinnützigen Organisation, nicht zuletzt die, nie zu wissen, wo die nächsten Zuschüsse herkommen sollten, nichts anhaben konnten.

Unsere jeweiligen Aufgaben verlangten eine enge Zusammenarbeit, und so rannten wir ständig zwischen unseren Büros hin und her, überarbeiteten gemeinsam Entwürfe für Zuschußanträge, jonglierten mit Zahlen herum oder versuchten, eine Möglichkeit zu finden, wie fünf Leute die Arbeit von zehn erledigen konnten, ohne sich am Ende des Tages gegenseitig umbringen zu wollen. Victoria verlor selbst in der größten Hektik nie die Ruhe und war kompetent, direkt und offen – eine ausgezeichnete Kollegin eben.

Unsere Zusammenarbeit entwickelte sich bald zu einer engen Freundschaft. Wir machten gemeinsam Mittagspause und aßen unsere Sandwiches in einem nahe gelegenen Park, sofern das Wetter mitspielte, oder setzten uns in ein schäbiges kleines Café mit Sitznischen und karierten Tischtüchern gleich um die Ecke von unserem Büro. Wir entdeckten Gemeinsamkeiten, die über Watergate hinausgingen – Filme, modernen Tanz, Roberta Flack, die Lektüre des *National Enquirer*, wenn wir nicht schlafen konnten, und Katzen. Wir hatten beide übergewichtige Kater, von denen wir zugaben, daß sie ein Ersatz für die Kinder waren, die wir nicht hatten und auch nicht haben wollten. Victoria schrieb ebenfalls Gedichte und meinte es ebenfalls ernst damit. Es dauerte nicht lange, da fingen wir an, uns auch nach der Arbeit zu treffen, um über unsere Gedichte zu sprechen, und an den Wochenenden gingen wir ins Kino oder zu Tanzveranstaltungen ins Wolftrap.

Obwohl wir den Prozeß des gegenseitigen Kennenlernens genossen, schien er eher eine Formalität zu sein. Im nachhinein wirkte unsere Freundschaft von Anfang an wie vom Schicksal vorbestimmt, als wäre unsere Geschichte bereits niedergeschrieben worden und als müßten wir nur noch die nächste Seite aufschlagen. Keine von uns hätte sich die Handlung ausdenken können.

Victoria ging das erste Risiko unserer Freundschaft ein – erst viele Jahre später sollte ich verstehen, wie groß dieses Risiko gewesen war. Wir wollten an einem für Washington typischen Sommerabend zum Essen auf den Kapitolhügel. Die feuchte Luft hatte einen kränklichen, sumpfigen Beigeschmack, und die paar Blocks, die wir zu Fuß gehen mußten, gaben uns das Gefühl, in Salzlake zu schwimmen. Der Oberste Gerichtshof hatte an ebendiesem Tag entschieden, daß Nixon sich nicht hinter den Privilegien seines Amtes verstecken durfte und weitere Bänder aushändigen mußte. Die meisten Tische waren mit Kongreßmitarbeitern besetzt, fast ausschließlich Männer. Alle sahen erschöpft aus. Wir setzten uns an einen Tisch in einer Ecke, so dicht wie möglich an der Klimaanlage, bestellten Wodka Tonic und beschlossen, nicht über das klägliche Schauspiel zu reden, das der Präsident der Vereinigten Staaten bot, während er versuchte, sich aus dem unerbittlichen Mahlstrom der Ausflüchte und Vertuschungsversuche herauszuwinden. Statt dessen sprachen wir über etwas, was uns weit mehr interessierte – uns selbst.

Es dauerte nicht lange, bis wir beim Thema Männer waren, und Victoria erzählte mir, sie sei mit neunzehn mit einem Mann namens David verlobt gewesen.

»Er ist in Vietnam gefallen. Es war ein schrecklicher Schlag für mich. Ich hatte schon mein ganzes Leben geplant. Und dann brach alles zusammen.«

Es tat mir schrecklich leid für sie, und das sagte ich ihr auch, obwohl meine Worte mir völlig unzulänglich vorkamen und mir unangenehm bewußt wurde, daß die einzige Person, deretwegen ich je Kummer empfunden hatte, ich selbst war. Sie erzählte von David und von ihrer gemeinsamen Zeit, bevor er nach Vietnam verschifft wurde, von den Briefen, die er schrieb, vom Anruf seiner Eltern, von der Beerdigung.

»Seitdem hat es niemand anderen gegeben. Das heißt, niemand Besonderen.« Victoria war eine sehr schöne Frau – eine von den Frauen, die sich keine Mühe geben müssen und es für gewöhnlich auch nicht tun. »Ich bin sicher, es liegt nicht am Mangel an Gelegenheit«, sagte ich.

»Wahrscheinlich lasse ich einfach niemanden an mich ran. Wegen Davids Tod, und wegen – etwas anderem.«

»Irgendwie tue ich das auch. Ich hab mit neunzehn geheiratet. Es ist nicht gutgegangen. Meine Scheidung kam eine Woche vor meinem zweiundzwanzigsten Geburtstag durch.«

»Da war ich gerade in Europa«, sagte Victoria. »Es war auch für mich kein besonders tolles Jahr.« Sie wirkte plötzlich abwesend, riß sich aber wieder zusammen. »Wieso hast du dich scheiden lassen?«

»Er war der sprichwörtliche Junge von nebenan, ob du es glaubst oder nicht. Wir haben im Sommer nach meinem ersten Jahr am College geheiratet. Er war grade mit dem Studium in Harvard fertig geworden und von einem Schriftstellerworkshop in Iowa angenommen worden. Ich ließ mich an die University of Iowa umschreiben, mit Philosophie im Hauptfach, und schon waren wir auf dem Weg nach Iowa City. Ernest Hemingway war sein großes Vorbild, also ließ er sich einen Bart wachsen, schrieb in einem Café in der Stadt und hatte Affären. Ich glaube, er wollte nur deshalb Schriftsteller werden, weil er dachte, er könnte seine Verführungskünste damit aufpeppen. Natürlich hatte ich keine Ahnung von seinen Seitensprüngen. Dann kam ich eines Nachmittags nach Hause und fand eine andere Frau auf meiner Seite des Betts. Das war's dann. Ich packte meine Sachen, mietete mich in einer Pension ein und nahm mir den billigsten Anwalt in der Stadt.«

»Es muß furchtbar für dich gewesen sein.«

»Ich war hoffnungslos naiv. Ich war noch Jungfrau, als wir heirateten. Du weißt schon, sich für den Richtigen aufsparen und das ganze Zeug. Ich fühlte mich schrecklich betrogen.«

Ich erzählte ihr, daß ich mich vor einem Monat von einem jungen Mann getrennt hatte, mit dem ich seit Ende meines

Aufbaustudiums zusammengewesen war. Jake, erzählte ich ihr, war ein Philosoph, der sich seinen Lebensunterhalt als Schreiner verdiente. Er war ein guter Schreiner, aber seine große Liebe galt nun einmal der Philosophie.

»Jake interessiert sich nur für die Wahrheit. WAHRHEIT in Großbuchstaben. Je absoluter, desto besser. Ich dagegen bin eher auf der Suche nach den kleinen Wahrheiten. Die Sache wurde kompliziert, wenn ich versuchte, über unsere Beziehung zu reden und er mit einem Zitat aus der *Kritik der reinen Vernunft* daherkam. Wir sind immer noch Freunde. Er hat wirklich ein paar wundervolle Eigenschaften.«

»Es ist schön, daß ihr Freunde geblieben seid«, sagte Victoria.

»Ich mache mir Sorgen um ihn. Er trinkt mehr, als er sollte – oder als er meiner Meinung nach sollte. Wahrscheinlich ist es einfach so, daß wir beide jetzt unseren eigenen Weg gehen müssen, aber es ist trotzdem schwer, es zu akzeptieren.« Die Kellnerin, die dem Andrang kaum hinterherkam, ließ sich in diesem Augenblick an unserem Tisch blicken und notierte sich unsere Bestellungen. Als sie weg war, schwiegen wir eine Minute.

»Es gibt Dinge, die ich auch nicht akzeptieren kann«, sagte Victoria dann. »Weißt du, in dem Sommer, in dem ich aus Europa zurückkam, dem Sommer, in dem du geschieden wurdest, ist etwas passiert. Ich fing gerade an, über Davids Tod wegzukommen. Ich war seit zwei Wochen in Washington. Erste Wohnung, erster Job. Und dann –« Sie schien mich prüfend zu mustern. Ich konnte mir nicht vorstellen, was schwerer zu akzeptieren sein könnte als der Tod des Mannes, den man liebte.

»Wenn ich es dir erzähle, mußt du versprechen, daß du es für dich behältst.«

Ich versprach es ihr.

»Es ist nicht leicht, das auszusprechen«, sagte Victoria. »Ich wurde vergewaltigt. In meiner eigenen Wohnung.«

Ich mußte vor Victoria andere Frauen gekannt haben, die vergewaltigt worden waren. Aber keine hatte es mir je erzählt. Ich war schockiert. Seit der Pubertät hatte ich eine Angst mit mir herumgetragen, die so unterschwellig war, daß ich mir ihrer kaum bewußt war. Eine weitergegebene Angst, von Mutter zu Tochter. Eine formlose Angst, die ich haßte und zu ignorieren versuchte. Ich hatte diese Angst in den Augen anderer Frauen gesehen, aber nie in denen meiner Brüder oder Liebhaber. Sie schien zum Frausein zu gehören wie die Menstruation. Irgendwo war der vage Gedanke, wenn ich auf diese Angst achten, wenn ich auch nur ein einziges Mal zu mir selbst sagen würde, daß ich irgend etwas nicht tun würde, weil ich Angst hatte, vergewaltigt zu werden, dann würde ich das, was ich fürchtete, heraufbeschwören. Deshalb wollte ich nicht darüber reden.

Irgendwie war mir bis zu diesem Augenblick nicht klar gewesen, daß es die Existenz von Vergewaltigungen ist, die die Angst bewirkt, und nicht umgekehrt. Victoria war eine intelligente, fähige, talentierte Frau, eine Freundin und Kollegin, deren Urteilsfähigkeit ich sehr hoch schätzte. Wie konnte so etwas ausgerechnet ihr passiert sein?

Ich wußte nicht, was ich sagen sollte. Mein Impuls, sie zu trösten, wurde durch meine Unwissenheit gelähmt. Es gab nichts in meiner bisherigen Erfahrung, worauf ich zurückgreifen konnte, absolut nichts. Und ich konnte mir nicht einmal annähernd vorstellen, was sie durchgemacht hatte.

»Das ist der schlimmste Alptraum jeder Frau«, stieß ich schließlich hervor.

»Es war schlimmer als ein Alptraum«, sagte Victoria.

Ich spürte, daß sie mit sich kämpfte – sie wollte mir erzählen, was geschehen war, hatte aber auch Angst davor. Und ich kämpfte mit meinen eigenen Fragen. Irgendwo in meinem Hinterkopf regten sich die alten Mythen, die sich um Vergewaltigungen ranken: Daß *wirkliche* Vergewaltigungen selten sind, weil Frauen insgeheim vergewaltigt werden wollen. Daß man sich, wenn eine Vergewaltigung schon unvermeidlich ist, zurücklehnen und das Ganze genießen soll. Daß Vergewaltigungen nur Frauen passieren, die sich provokativ verhalten und es darauf anlegen. Daß Männer nun einmal Männer sind. Daß Eva für die Sünden Adams verantwortlich ist.

Inzwischen weiß ich es besser.

Ich denke, daß Victoria meine Unsicherheit spürte und sich an eine Zeit erinnerte, als auch sie nicht verstand – eine Zeit, als eine Vergewaltigung ein unvorstellbarer Alptraum war, der anderen Frauen zustieß, die irgendwie anders waren als sie selbst. Aber falls sie meine Unsicherheit spürte, so muß sie auch meine Zuneigung gespürt haben. Sie beschloß, darauf zu vertrauen.

Sie erzählte mir von ihrem Sommer in Europa – wie frei, vertrauensvoll und selbstsicher sie sich gefühlt hatte, als die lange Zeit der Trauer über Davids Tod allmählich ihrem Ende entgegenging. Zehn Jahre lang – bis ich selbst vergewaltigt wurde – verstand ich nicht, wieso sie in der dritten Person von sich selbst zu erzählen schien. Die vertrauensvolle junge Frau, die sich so unangreifbar und selbstsicher fühlte, wirkte wie eine Figur aus einem Buch, das sie gelesen hatte.

Als die Kellnerin mit unserem Essen und einer neuen Runde Drinks kam, schien Victoria ihre Entscheidung, mir zu erzählen, was in der Nacht geschah, in der sie vergewaltigt wurde, noch einmal zu überdenken. Vielleicht verhedderte sie sich ebenso in den Mythen, wie ich mich ein Jahrzehnt später in ihnen verheddern sollte. Sie waren immer noch da, zwängten sich immer noch wie Muränen durch die kulturellen Ritzen, als Jahre später die Reihe an mir war zu erzählen.

An jenem Abend des Jahres 1974 glaubte ich, daß sie zögerte, weil das Sprechen über ihre Vergewaltigung wie ein neuerliches Durchleben wäre, als hätten ihre Erinnerungen bis zu diesem Augenblick geschlafen und als würde das Sprechen sie aufwecken. Inzwischen weiß ich, daß ihr Zögern daher rührte, daß sie wußte, daß eine Vergewaltigung die Aufmerksamkeit auf das Opfer und nicht auf den Täter lenkt. Sie war siebzehn Jahre vor mir vergewaltigt worden – bevor es Beratungsstellen für vergewaltigte Frauen gab, bevor die amerikanische Frauenbewegung Vergewaltigungen als Gewaltverbrechen neu definierte und nicht als sexuellen Akt, bevor die posttraumatische Belastungsstörung einen Namen bekam – im dunkelsten Mittelalter, als Vergewaltigungswitze noch als lustig galten und von Frauen erwartet wurde, daß sie darüber lachten.

Ich selbst sollte mehr Glück haben als Victoria. Ich sollte immerhin den Nutzen von zwei Jahrzehnten der Forschung und der Diskussion haben, die das öffentliche Bewußtsein für Vergewaltigungen geweckt hatten. Auch der Umgang mit den Opfern hatte sich geändert. Trotzdem gab es immer noch reichlich Momente, in denen ich das Gefühl hatte, in das Verbrechen an mir verwickelt gewesen zu sein.

Victoria zögerte, aber dann setzte sie ihre Geschichte doch fort. Sie hatte eine fast unheimliche Ähnlichkeit mit meiner eigenen, auch wenn ich das noch nicht wußte. Ihr Dämon war anders als der, der mich erwartete, aus der Dunkelheit gekommen, nicht aus dem Licht. Eines Nachts wurde sie wach, und er war da. Dann geschah dies. Dann geschah jenes. Ich versuchte mir vorzustellen, wie es sein mußte, durchzumachen, was sie beschrieb, aber es war unvorstellbar. Ich versuchte mir vorzustellen, was sie gefühlt hatte, aber ich konnte es nicht.

»Am nächsten Tag ging ich zur Arbeit, als ob nichts passiert wäre«, sagte Victoria. »Ich erzählte niemandem etwas davon. Ich konnte monatelang nicht schlafen. Irgendwann erzählte ich es einer guten Freundin, aber danach fühlte ich mich nur noch schlechter. Ich spreche wirklich nicht gern mit anderen Leuten darüber.«

Es war egoistisch von mir, aber ich fragte trotzdem. »Fühlst du dich jetzt auch schlechter – weil du es mir erzählt hast?«

»Nein«, sagte sie. Ich muß wohl erleichtert ausgesehen haben, denn sie drückte meine Hand und lächelte.

Es war fast Mitternacht, als wir die Rechnung bezahlten. Die Nacht fühlte sich nach den Stunden, die wir in der trügerischen Kühle der Klimaanlage verbracht hatten, noch drückender an. Wir hasteten zu meinem Auto, suchten die Schatten ab. Ich war immer wachsam gewesen, wenn ich nachts unterwegs war. Aber jetzt hatte ich wirklich Angst. Vergewaltigungen passierten – sie passierten Frauen wie mir.

Wenn ich an unsere Unterhaltung von damals zurückdenke, rechne ich es mir selbst hoch an, daß ich Victoria zuhörte. Ich wechselte weder das Thema, noch sagte ich, daß niemand etwas über so schreckliche Dinge hören will. Allein das bedeutete, daß ich nichts Beschämendes an dem fand, was geschehen war und was sie getan hatte, um am Leben zu bleiben. Daß ich zuhörte, ohne zu versuchen, mich selbst vor dem zu schützen, was sie mir erzählen wollte, muß genug gewesen sein, denn unsere Freundschaft dauerte an und vertiefte sich. Ihre Geschichte war Teil unserer Verbundenheit, ein Geheimnis, das wir miteinander teilten. Ich erzählte nie jemandem etwas davon, und Victoria sprach so gut wie nie darüber. Ich spürte ihre Kraft und respektierte sie deswegen nur um so mehr, konnte ihre Dimensionen aber erst wirklich sehen, als ich selbst vergewaltigt wurde.

Im April des folgenden Jahres sollte ich meine eigene Lektion in Sachen Kummer erteilt bekommen. Mein dreiundzwanzigjähriger Bruder hatte eine schwere Unverträglichkeitsreaktion auf ein Medikament, das der Arzt ihm gegen eine Verstauchung verschrieben hatte. Er verlor das Bewußtsein, und im Krankenwagen auf dem Weg zur Klinik setzte sein Herz aus. Zwar gelang es den Ärzten in der Notaufnahme, es wieder zum Schlagen zu bringen, aber sein Gehirn war unheilbar geschädigt. Ich weiß noch, wie die Ärztin uns in der Cafeteria des Krankenhauses auf einer Serviette aufmalte, wie es um ihn bestellt war. Der kleine, reptilartige Hirnstamm war alles, was von seinem Gehirn noch übrig war. Die Worte »apallisches Syndrom«. Die Stimme der Ärztin, als sie sagte, er könne noch jahrelang so weiterexistieren. Gnädigerweise waren es nur vier Monate.

Ich verließ mich in diesen Monaten sehr auf Victoria, und auf Jake, der mir um der alten Zeiten willen ebenfalls zur Seite stand. Die beiden trafen oft aufeinander in der Zeit, als mein Bruder erst aus der Intensivstation in ein Zimmer mit einem Beatmungsgerät, dann in ein Zimmer ohne Beatmungsgerät, und schließlich in ein Pflegeheim verlegt wurde, wo er den ganzen Tag angeschnallt in einem Sessel saß. Sie trösteten mich, warteten gemeinsam in sterilen Korridoren, während ich verwirrt und zornig bei meinem Bruder saß. Nicht eine der Maschinen, die ihn dem Tod entrissen hatten, konnte sein Gehirn wiederherstellen.

Ich verrichtete meine Arbeit nur noch mechanisch, wälzte viel auf Victoria ab, die meine Last klaglos mittrug. Während ich immer weiter davondriftete, gewichtslos in meiner Kapsel des Kummers, mußten Jake und Victoria mit den Füßen auf dem Boden bleiben. Sie waren gemeinsam dort unten, im wunderschönen Sumpf der Lebenden, wohin ich ihnen nicht folgen konnte.

Nach der Beerdigung meines Bruders im späten Juli

nahm ich mir einen Monat von der Arbeit frei und zog mich in eine Hütte in den Bergen zurück, wo ich langsam erkannte, daß sein Tod mich zu einer Fremden in meinem eigenen Leben gemacht hatte. Auf dem Weg zurück nach Washington entschied ich, daß ich meine Arbeit haßte. Ich hatte es satt, Materialien für High-School-Lehrer auszuarbeiten, die den größten Teil ihrer Zeit damit verbrachten, über die Höhe der Zuschüsse zu meckern. Am Abend rief ich Victoria an und erzählte ihr bis ins kleinste von meinem Vorhaben, mich um einen Job beim National Endowment for the Arts zu bewerben, einer relativ neuen bundesstaatlichen Agentur zur Förderung der Künste. Die Kunst in Amerika erlebte eine massive Renaissance, sagte ich zu ihr, und ich wollte dabeisein.

Victoria war ermutigend und hilfreich wie immer. Dann sagte sie etwas, was mich völlig aus der Fassung brachte. Sie hatte es mir schon längst sagen wollen, aber es war nie der richtige Zeitpunkt gewesen. Sie und Jake hatten sich ineinander verliebt. Sie hatten sich verlobt. Sie konnte es nicht länger für sich behalten. Ihre Beziehung war absehbar gewesen, aber ich hatte sie nicht kommen sehen. Obwohl meine Liebesbeziehung zu Jake vorbei war, fühlte ich mich verraten und zurückgestoßen. Als die beiden Mitte September heirateten, hatte ich meine Stellung aufgegeben, und Victoria und Jake sprachen kaum noch mit mir. Es war so einfacher für uns alle, obwohl ich mir rückblickend nicht mehr erklären kann, wieso eigentlich. Irgend jemand hat einmal gesagt, daß man die Fliege opfern muß, wenn man die Forelle fangen will. Damals schien die Fliege wichtiger zu sein.

Ein paar Wochen später legte ich die Eignungsprüfung für den öffentlichen Dienst ab (nebenbei bemerkt war auf der zweiseitigen Liste der anzukreuzenden möglichen Hauptstudienfächer Philosophie nicht vertreten), und wiederum ein paar Monate später wurde ich vom Endowment angenommen. In den sechs Jahren, die ich für die Agentur arbeitete, sah ich Victoria und Jake nur ein einziges Mal, in einem überfüllten Kaufhaus um die Weihnachtszeit. Ich bin mir nicht sicher, ob sie mich sahen, ich selbst tat jedenfalls so, als hätte ich sie nicht gesehen.

Nachdem ich nach Boston gezogen war, erwähnten gemeinsame Freunde Victoria gelegentlich beiläufig. Ihre Karriere entwickelte sich immer besser – sie hatte mehrere Dokumentarfilme gemacht, und obwohl keines ihrer längeren Drehbücher in die Produktion gegangen war, konnte sie von Optionen und Lehraufträgen leben. Ihre Ehe dagegen lief nicht so besonders gut, was mich nicht überraschte. Ich vermutete, daß Jakes Trinkerei zum Problem geworden war. Dann hörte ich, daß sie sich nach acht Jahren Ehe scheiden lassen wollte. Ich schrieb ihr einen herzlichen Brief, hatte aber nicht den Mut, ihn abzuschicken. Unsere Entfremdung war inzwischen zum Status quo geworden. Zwei weitere Jahre des Schweigens vergingen.

Dann wurde mein schlimmster Alptraum Wirklichkeit. Aber während ich bei meinen Eltern in Virginia war, spürte Victoria mich über eine gemeinsame Freundin in Boston auf, die von der Vergewaltigung gehört hatte. Eines Morgens harkte ich die Blätter im Garten zusammen, als meine Mutter, einen besorgten Ausdruck auf dem Gesicht, aus dem Haus gelaufen kam.

»Victoria ist am Telefon«, sagte sie.

»Victoria?«

»Wenn es dir unangenehm ist, nach all den Jahren mit ihr zu sprechen, solltest du es lieber nicht tun.« Meine Mutter erteilte nur selten Ratschläge, deshalb dachte ich ein paar Sekunden darüber nach. Dann rannte ich, die Harke immer noch in der Hand, ins Haus. Als ich nach dem Hörer griff, weinte ich. Zu meiner Erleichterung weinte Victoria ebenfalls.

Wir hatten die Forelle an der Angel.

Am nächsten Nachmittag legte sie die zweistündige Fahrt von Washington nach Virginia in einem VW-Käfer zurück, der genauso klapprig aussah wie der, den sie früher gefahren hatte, bloß daß dieser hier gelb war. Wir verbrachten den Nachmittag auf der Veranda, tranken Kaffee und stopften uns mit Oreo-Keksen voll. Ich erzählte ihr, was geschehen war. Sie gab mir keine guten Ratschläge. Sie tat nicht so, als hätte sie einen fertigen Plan in der Tasche. Daß ich ihre Geschichte kannte, machte das Erzählen meiner eigenen Geschichte mehr zu einem Austausch als zu einem Geständnis. Wir waren beide im Exil, wenn auch nicht auf derselben Insel. Sie war auf ihrer eigenen Insel, an einer anderen Küste. Aber sie sah mich – wie ich war –, und das war der Trost.

Im Lauf des Nachmittags sprachen wir auch über andere Dinge – über Jake, ihre Scheidung, ihre Arbeit und über Michael, den neuen Mann in ihrem Leben. Am späten Nachmittag steckte mein Vater den Kopf durch die gläserne Schiebetür und fragte, ob die Plaudertaschen vielleicht einen Drink wünschten. Victoria lehnte ab, da sie noch vor Einbruch der Dunkelheit wieder in der Stadt sein wollte. In der ersten Zeit unserer Freundschaft hatte ich es ein bißchen komisch gefunden, daß Victoria nach Einbruch der Dunkelheit nicht mehr gern Auto fuhr. Wenn wir abends ausgingen, holte ich sie für gewöhnlich ab und brachte sie wieder nach Hause. Auch nachdem sie mir von ihrer Vergewaltigung erzählt hatte, hatte ich ihre Ängstlichkeit nicht so ganz verstanden, jenes Eintauchen in die Verletzlichkeit, die das Erbe einer Vergewaltigung ist.

»Ich weiß. Vorher habe ich es nie wirklich verstanden«,

sagte ich, wieder den Tränen nahe, beschämt über mich selbst.

»Wie hättest du auch können?« antwortete sie. Ich wußte, daß sie recht hatte.

Von diesem Tag an telefonierten Victoria und ich regelmäßig miteinander. Ich wohnte inzwischen in den Zimmern unter dem Dach und rief sie in meinen schwärzesten Stunden an, weil ich wußte, daß ihre eigene Vergewaltigung sie unfähig machte, mich zu verurteilen. Nicht ein einziges Mal sagte sie, daß ich überreagierte, nie machte sie Vorschläge, was ich tun oder nicht tun sollte, nie stellte sie meine Entscheidungen oder meine Unfähigkeit, Entscheidungen zu treffen, in Frage, nie versprach sie mir, daß ich mich irgendwo auf der anderen Seite des Regenbogens so wiederfinden würde, wie ich einmal gewesen war. Sie wußte es besser. Und ihr eigenes Leben war der Beweis dafür, daß Anmut und Humor trotzdem möglich waren. Allein ihre Existenz war ein Versprechen.

Im folgenden Frühjahr rief Victoria mit einer Neuigkeit an – sie und Michael wollten im Oktober heiraten, und sie bat mich, ihre Brautjungfer zu werden. Natürlich sagte ich, daß ich kommen würde. Aber als die Hochzeit immer näher rückte, schien eine lähmende Angst von mir Besitz zu ergreifen. Victorias Hochzeit fiel auf einen Tag kurz vor dem ersten Jahrestag meiner Vergewaltigung. Die Blätter färbten sich bereits bunt, und der Frieden, den ich in der Zwischenzeit gefunden hatte, schien zu splittern. Die Angst kam zurückgekrochen. Ich versuchte, ihr irgendeine Form, irgendeine Beschaffenheit zu verleihen, weil sie formlos und alldurchdringend war. Ihr eine Ähnlichkeit mit irgend etwas zu geben war besser, als mit ihrer Formlosigkeit zu leben. Mein Flugzeug würde abstürzen. Ich würde mich auf dem Weg zur Kirche verfahren und mit durchschnittener Kehle in irgendeiner Gasse im falschen Teil der Stadt enden. Ich würde von einem Hotelbediensteten vergewaltigt und ermordet werden. Die Taxifahrer waren garantiert samt und sonders Serienmörder. Ich würde ganz allein unter Fremden sein. Nächtelang lag ich wach und sah mir meine eigenen Horrorfilme an. In dem Jahr, das seit der Vergewaltigung vergangen war, hatte ich eine schmale Fahrspur für mich selbst geschaffen, in der es so wenig Unbekanntes wie möglich gab. Ich fühlte mich zu verletzlich, um eine Reise auf mich nehmen zu können.

Kurz vor Vollendung ihrer einjährigen Umlaufbahn legte sich meine Angst die zusätzliche Niederträchtigkeit zu, meine gewaltigen Anstrengungen des vergangenen Jahres wie beschämende und demütigende Niederlagen aussehen zu lassen. Nach einem Jahr der Bemühungen war ich wieder genau da, wo ich angefangen hatte. Die Angst war der Feind, und sie siegte. Aber wenn ich Victoria absagte, deren Freundschaft mir eine Stütze gewesen war, gab ich nach, gab ich auf. Die Angst, die mit der Jahreszeit zurückkam, schien von mir selbst so untrennbar zu sein wie die Farbe meiner Haut. Sie zu hassen hieß, mich selbst zu hassen. Wie konnte ich stolz auf das sein, was ich im letzten Jahr erreicht hatte, stolz auf mich selbst sein? Wer war ich ein Jahr später? Ich war eine Frau, die Angst vor der Angst hatte. Das war das Geschenk des Vergewaltigers zum ersten Jahrestag seiner Tat.

Thoreau war der erste, der sagte, das einzige, wovor wir Angst haben müßten, sei die Angst selbst, obwohl die Bemerkung meistens Franklin D. Roosevelt zugeschrieben wird. Die Angst vor der Angst, sagte er in seiner Antrittsrede auf dem Höhepunkt der wirtschaftlichen Depression, lähmt die Bemühungen, die notwendig sind, um einen Rückzug in einen Vormarsch zu verwandeln.

Die Angst vor der Angst hatte mich körperlich unbeweglich gemacht, hatte mich gewissermaßen erzkonservativ gemacht.

Lenore Terr, die Untersuchungen über traumatisierte Kinder durchführte, bezeichnet die Angst vor der Angst als »Traumatophobie«, ein Phänomen, das aus einem psychischem Trauma heraus entsteht. »Psychisch überwältigt zu werden«, schreibt Terr in *Too Scared to Cry,* »ist ein so schreckliches Gefühl, daß das Opfer alle Anstrengungen unternimmt, es nie wieder erleben zu müssen.« Laut Terr ist die Angst vor der Angst der Grund dafür, daß sexuell mißbrauchte Kinder fast überall auf der Welt über den an ihnen begangenen Mißbrauch schweigen, während er stattfindet. Sie sind so verängstigt durch das, was bereits geschehen ist, daß das Unbekannte, das geschehen könnte, wenn sie darüber sprechen, sie lähmt.

Die Angst vor der Angst erklärt auch die Starre, die Menschen befällt, die sich in einer hoffnungslosen Lage glauben. Ein Geiselspezialist des FBI fragte Terr einmal, was er ihrer Meinung nach von Kindern erwarten könne, die als Geiseln genommen wurden. Erwachsene Geiseln, sagte er, blieben für gewöhnlich genau da, wo ihre Bewacher sie hinsteckten, selbst wenn sie eigentlich fliehen könnten. Die Probleme, die das FBI mit erwachsenen Geiseln hatte, waren mit dem identisch, was Terr bei ihrer Nachfolgestudie mit sechsundzwanzig Kindern herausfand, die im Sommer 1976 in der kleinen ländlichen Gemeinde Chowchilla im kalifornischen Central Valley von drei bewaffneten Männern aus ihrem Schulbus gekidnappt worden waren. Die Kinder, die die achtzehnstündige Tortur alle überlebten, wurden in einen LKW-Anhänger gesperrt, den die Kidnapper in die Erde eingruben. Sie unternahmen keinerlei Fluchtversuch, bis die Decke ihres metallenen Sarges anfing nachzugeben, eine Veränderung der äußeren Umstände, die einige der Kinder aus ihrer Starre löste und sie befähigte, sich aus dem sicheren Tod herauszugraben und Hilfe zu holen. Terr betont, daß nur eine Veränderung innerhalb der traumatischen Situation selbst aktives Handeln auszulösen scheint, und auch das nicht immer.

Die Empfindung absoluter Hilflosigkeit, die sich in den ersten Augenblicken des Traumas herauskristallisiert (wenn die natürliche Angriffs- oder Fluchtreaktion durch unausweichliche Umstände, die nicht verändert, sondern nur ertragen werden können, vollständig blockiert wird), ist ein Gift, das im Innersten des Selbst wirkt.

Obwohl Actionfilme aus Hollywood den Eindruck erwecken, daß hilflose menschliche Wesen in traumatischen Situationen auf der Stelle aktiv werden – tatsächlich stützt sich dieses populäre Genre hauptsächlich auf die Formel, daß Mensch plus Krisensituation immer gleich *Action* ist –, tun wirkliche menschliche Wesen das nur höchst selten. Vielleicht liegt die Beliebtheit derartiger Filme darin, daß wir uns wünschen, sie wären eine zutreffende Darstellung menschlichen Verhaltens. Aber die Angst vor der Angst ist das lähmendste aller Gifte. Sie ist das psychische Äquivalent des Giftes, das manche Wespen im amerikanischen Südwesten in ihre bevorzugte Beute, Taranteln, injizieren. Das Gift lähmt die Spinnen so vollständig, daß sie sich ohne jede Gegenwehr in ihre eigenen Bauten schleppen lassen, wo sie darauf warten, daß die Wespeneier schlüpfen und zu Larven werden, die sie dann bei lebendigem Leib auffressen. Gift wirkt noch lange nachdem der Stachel, der es injiziert hat, wieder herausgezogen wird.

In den Tagen vor Victorias Hochzeit hatte ich das Gefühl, die Larven stünden kurz vor dem Schlüpfen. In Tränen aufgelöst rief ich Victoria an. Die Frau, die ich gewesen war, war tot, sagte ich zu ihr. Ich war bereit, sie endgültig zu beerdigen. Eine Person, die ich verabscheute, hatte ihren Platz eingenommen – eine Frau, die von der Angst vor der Angst in ihren Zimmern gefangengehalten wurde.

Victoria erinnerte mich daran, daß mein erster Jahrestag kurz bevorstand. Das war mir bis zu diesem Augenblick nicht einmal klar gewesen. »Es kommt immer zurück«, sagte sie, und nach achtzehn Jahrestagen war sie schließlich eine Expertin. Ihre Beobachtung bot mir eine neue Möglichkeit, über das nachzudenken, was ich fühlte. Es war ein Augenblick der Selbstreflexion, der mich aus dem Schraubstock der Angst befreite. Ich war nicht verabscheuenswert, ich hatte meinen ersten Jahrestag! Victoria versuchte nicht, mir meine Gefühle auszureden. Sie verstand sie nur zu gut. Weil sie mich nicht verurteilte, konnte ich aufhören, mich selbst zu verurteilen. Ich fing an, meine Angst als den Geist des Vergewaltigers zu betrachten, und beschloß, dieses Mal bis zum letzten Atemzug dagegen anzukämpfen. Währenddessen machte Victoria sich daran, alles Unbekannte für mich zu reduzieren. Sie arbeitete komplizierte Arrangements aus, so daß das einzige, was ich allein hinter mich bringen mußte, der Flug war. Ich würde bei einer gemeinsamen Freundin wohnen, deren Eltern in Washington lebten. Die Freundin würde mich zur Probe für die Hochzeitsfeierlichkeiten fahren. Und zur Trauung am nächsten Tag.

Der Alpinist Roger Marshall sagte einmal, er glaube an ein zweites, ein Extrabewußtsein, das auf ihn aufpasse, aber es käme nur unter extremen Bedingungen zum Tragen, und das seien für ihn die Berge. Victorias Hochzeit war für mich ein solcher Berg, und während ich ihn erklomm, hatte ich das Gefühl, daß eine wohlwollende Weisheit, die über meine eigene hinausging, den Platz meiner Angst einnahm. Diese Empfindungswandlung wurde nicht von Feuerzungen oder Trompetenschall begleitet. Falls die Gnade sich herabsenkte, so tat sie das sanft, wie Tau. Als ich das Flugzeug bestieg, um zu Victorias Hochzeit zu fliegen, hatte ich das Gefühl, daß der Vergewaltiger und alles, was er verkörperte, verschwunden war. Ich überlasse es den Mystikern, den Frieden zu erklären, den ich empfand.

Auf Victorias Hochzeit lernte ich Steve kennen. Michaels besten Freund. Nachdem wir geheiratet hatten, gestanden wir uns ein, daß es Liebe auf den ersten Blick gewesen war, daß wir uns beim Essen nach der Probe für Victorias und Michaels Hochzeitsfeier über den Tisch hinweg ineinander verliebt hatten. Das passiert. Wenigstens passierte es uns.

Es gibt einen Anhang zu dieser Geschichte. Ohne Victorias Freundschaft hätte ich in jenem Oktober 1986 niemals meine Taschen packen und das Flugzeug nach Washington besteigen können. Die Geschichte, die ich hier niederschreibe, wäre eine andere Geschichte gewesen, und ich bin mir nicht einmal sicher, ob ich überhaupt eine Geschichte schreiben würde, wäre Victoria nicht in mein Leben zurückgekommen. In den vielen Monaten der Arbeit an diesem Buch war sie ein Hafen in den Stürmen der Selbstzweifel, die sein Vorankommen bedrohten. Obwohl die Erfahrung der Vergewaltigung eine tiefe Bindung zwischen uns darstellt, hat Victoria für sich selbst einen anderen Weg gewählt. Sie überlegt sich sehr genau, wem sie erzählt, daß sie vergewaltigt wurde.

Victoria, die tapferste Frau, die ich kenne, hat mich gebeten, nicht ihren wirklichen Namen zu benutzen.

10.

DER SICHERE BODEN

Zwischen der Körnung der Veränderung
blaue Dauerhaftigkeit
ein kurzer Schritt
zum sicheren Boden

MAY SWENSON
»Liebe ist«

Zwei Tage vor dem ersten Jahrestag meiner Vergewaltigung frischten Victoria und ich vor dem Spiegel in der Hoteltoilette unser Make-up auf. Ich war erleichtert, daß das Essen nach der Probe für die Hochzeitsfeier klein und informell war – nur etwa fünfzehn Personen. Sie fing an, mir etwas über die Leute auf Michaels Seite der Gästeliste zu erzählen und kam zum Schluß zu Steve. Er war geschieden, hatte zwei Kinder – eine neunjährige Tochter und einen achtzehnjährigen Sohn, der gerade mit dem Studium in Berkeley angefangen hatte –, war dreiundvierzig Jahre alt und leitete eine nationale Umweltstiftung in San Francisco.

»Er ist schon seit fünf Jahren geschieden«, sagte Victoria, »und das ist ein Pluspunkt, weil er sich jetzt nichts mehr beweisen muß. Nicht etwa, daß ich die Kupplerin spielen wollte.« Sie preßte ein Papiertaschentuch auf ihren frisch aufgetragenen Lippenstift und starrte ihr Spiegelbild kritisch an.

»Mach jetzt Schluß«, sagte ich. »Du hast nie besser ausgesehen.«

»Ich mag Steve. Er ist grundsolide, weißt du – eine ehrliche Haut. Und ich finde, er sieht richtig gut aus.«

»Du tust es«, sagte ich.

»Was?«

»Die Kupplerin spielen.«

»Na ja, vielleicht ein bißchen.« Sie grinste verlegen.

Wir gingen durch die Halle zurück in den kleinen Saal, den Victoria für diesen Anlaß angemietet hatte. Hochzeiten machen Fremde zu alten Freunden, und das Ganze hatte etwas von einem Familientreffen, wo Umarmungen das Händeschütteln ersetzen und alle auf einmal reden. Victorias und Michaels Glück war ansteckend, und ich fühlte mich so wohl, wie schon lange nicht mehr. Nur wenige Augenblicke bevor eine Stimme sich in diesem Gewirr Gehör verschaffte und uns bat, die namentlich gekennzeichneten Plätze einzunehmen, machte Michael mich mit Steve bekannt. Victoria hatte recht – er sah wirklich gut aus.

Steve saß mir schräg gegenüber. Zwischen uns erhob sich ein Gesteck aus Lilien und Farnen, das zwar sehr schön, einer Unterhaltung aber hinderlich war. Trotzdem hatte ich das Gefühl, daß Steve mich darüber hinweg anflirtete, und ich spürte, wie ich rot wurde. Steve hatte die blauesten Augen, die man sich nur vorstellen konnte, und es war schwer, sie nicht zu beachten. Sie wirkten warm, intelligent und ein bißchen übermütig, als blicke er durch sie auf eine Welt, die jeden Augenblick mit etwas Vergnüglichem aufwarten konnte. Wenn er mich ansah, sah ich in ihnen Anerkennung und Interesse. Zum ersten Mal seit einem Jahr hatte ich das Gefühl, attraktiv zu sein. Es fühlte sich verdammt gut an.

Während des Hauptgerichts brachte Steve einen Toast auf Victoria und Michael aus, der mich beeindruckte, weil er die beiden zum Lachen, nicht aber zum Erröten brachte. Mir fiel auf, wie sehr er in seinem Körper, der kompakt und durchtrainiert war, zu Hause zu sein schien. Er wirkte selbstbewußt, aber außerdem war da auch eine Verletzlichkeit, die, wie ich spürte, aus einer schmerzlichen Zeit herrührte, die er inzwischen hinter sich gelassen hatte.

Als der Nachtisch serviert wurde, stand Steve auf und kam um den Tisch herum zu meinem Stuhl. »Tut mir leid, daß wir so weit auseinander sitzen«, sagte er. »Es ist schwierig, sich durch das Unterholz hindurch zu unterhalten.«

»Und ich hätte Sie um ein Haar hier draußen im Freien gar nicht erkannt«, sagte ich.

»Ich habe mich gerade gefragt, ob wir uns vielleicht morgen zu einem Brunch treffen können? Die Hochzeit ist erst um zwei.«

Einen Augenblick zögerte ich.

»Sehr gern«, antwortete ich dann.

Dieser kurze Augenblick des Zögerns ist mir als lange Pause in Erinnerung geblieben. Als ich Steve in die Augen sah, sah ich eine andere Frau als die, die Victoria in Tränen aufgelöst angerufen hatte. Ich sah eine Frau, die lächelte und errötete und flirtete und das leise Zupfen einer Zukunft spürte, die etwas versprach. Sie wußte nicht, was.

Ich sah einen Teil meiner selbst, den ich seit der Vergewaltigung nicht mehr gesehen hatte. Ein Jahr lang hatte ich geglaubt, daß jede Rekonstruktion meiner selbst, die dem ähnelte, was vorher gewesen war, unmöglich wäre. Aber hier war eine Scherbe, ein Überbleibsel der Frau, die neugierig auf die Zukunft war, statt sich vor ihr zu fürchten. Das Leben war nicht einfach nur um mich herumgeflossen wie ein Bach um ein unbewegliches Hindernis aus Schutt und Geröll. Ich hatte mich mit dem Bach bewegt. An Steves Augen konnte ich die Entfernung ablesen, die ich zurückgelegt hatte.

Ich kannte Steve nicht wirklich, und doch sagte mir meine Intuition, daß er ein Teil meines Lebens sein würde. Intuitionen sind etwas Geheimnisvolles, plötzliche Sprünge, die über rationale Prozesse hinweg zum Verständnis führen. Vor der Vergewaltigung hatte ich meine Intuition nicht nur geschätzt, ich hatte ihr absolut vertraut. Sie war eine Art des Wissens, die sowohl Entdeckung als auch Wiedererkennen war. Sie war kein Ersatz für die mühsameren rationalen Prozesse, aber sie machte sie lebendiger. Nach der Vergewaltigung konnte ich meiner Intuition nicht mehr trauen. Immer wieder fragte ich mich, wieso ich nicht gespürt hatte, daß etwas Böses nahte. Wieso hatte meine Intuition mich derart im Stich gelassen?

Die Frage stellte sich mir natürlich nicht auf diese Weise – sie ließ sich nicht fein säuberlich zu einem Satz formulieren, der, wenn man ihn niedergeschrieben vor sich sieht, offensichtlich absurd ist und nur die versunkene Masse der Selbstbeschuldigungen beleuchtet. Wenn ich diese Frage in Worte gefaßt hätte, hätte ich vielleicht gesehen, wie grausam, verworren und unfair sie war. Aber sie bewegte sich außerhalb der Sprache, war nur ein dichter Knoten von Gefühlen, der besagte, daß ich mich selbst verraten hatte, indem ich nicht vorhergesehen hatte, was mir zustoßen würde. Es war eine tiefverwurzelte Überzeugung, und derartige Überzeugungen sind weder völlig rational, noch lassen sie sich kurzerhand durch Argumente über den Haufen werfen, vor allem nicht durch solche, die ein noch elementareres Bedürfnis aufrechterhalten. Das Gefühl, selbst für meine Vergewaltigung verantwortlich zu sein, stützte nämlich eine noch wichtigere Überzeugung, eine, die ich nicht aufgeben konnte, obwohl sie schwer angeschlagen worden war. Es war die Überzeugung, daß ich kontrollieren konnte, was mir passierte, daß meine Handlungen Einfluß auf mein Leben hatten.

Meiner Meinung nach ist die Hilflosigkeit die erste und letzte Würdelosigkeit des menschlichen Lebens. In der

Kindheit streben wir danach, sie so schnell wie möglich hinter uns zu lassen, und der Gedanke, daß wir ihr im Alter möglicherweise wieder anheimfallen könnten, macht uns angst. Ich weiß noch genau, wo ich war und was ich anhatte, als ich es zum allerersten Mal schaffte, meine Schnürsenkel selbst zuzubinden.

Die Kontrolle über den eigenen Körper ist das Modell für die komplexeren Aufgaben einer autonomen und authentischen menschlichen Existenz, in der wir beispielsweise voller Ernst darüber sprechen können, daß das Schicksal des Planeten Erde in unser aller Hände liegt. Den Glauben an diese Kontrolle aufzugeben, beinhaltet nicht nur eine Neudefinition des Selbst, sondern auch der Welt außerhalb des Selbst. Wie sollen wir die Welt außerhalb des Selbst erfassen können, wenn diese Welt nicht kontrolliert, gehandhabt und mit unserem Bild von ihrem Sinn und Zweck in Übereinstimmung gebracht werden kann?

Als die Indianervölker im Osten Amerikas anfingen, an europäischen Krankheiten zu sterben, die im siebzehnten Jahrhundert durch den Binnenhandel verbreitet wurden (manchmal lange bevor sie den weißen Mann selbst zu Gesicht bekamen), verloren sie etwas, was sich weit verheerender auswirkte als die Verluste an Menschenleben. Mit dem Versagen ihrer Heilrituale verloren sie den Glauben an eine bedeutungsvolle Beziehung zu ihrer physischen und spirituellen Welt. Wie immer unsere Vorstellung der Welt auch aussehen mag, ohne den Glauben an eine Kontrolle ist sie sowohl unerträglich als auch unvorstellbar.

Die Überzeugung, daß ich selbst verantwortlich war für das, was mir an jenem Oktobernachmittag zugestoßen war, stützte deshalb meinen Glauben daran, eine Kontrolle über mein eigenes Leben zu haben. Dieser Glaube war der einzige Stützpfeiler des Brückenbogens, der nach der Vergewaltigung meine Zukunft und meine Vergangenheit miteinander verbinden konnte, da die Wiedererlangung eines Gefühls der Kontrolle über mein Leben der einzige Weg nach vorn war. Entweder ich gewann diese Kontrolle zurück, oder ich mußte aufhören, ein bedeutungsvolles Leben zu führen. Aber für das Überqueren der Brücke wurde eine hohe Mautgebühr verlangt – sie bestand in Jahren der Selbstvorwürfe und der Selbstbezichtigungen.

Der Glaube, daß meine Intuition mich im Stich gelassen hatte, wurde durch die überwältigenden Gefühle von Angst und Identitätsverlust, unter denen ich während der ganzen Zeit in Concord litt, verstärkt und intensiviert. Der Verlust des Vertrauens in meine eigene Intuition war der Verlust einer Funktion, von der ich glaube, daß sie allen Menschen angeboren ist. In jenem Jahr verfügte ich ausschließlich über rationale Prozesse, die kaum erkennbar waren, weil sie ständig durch die Angst verzerrt wurden, die wiederum ein Schutz gegen die Wut war, die ich nicht zulassen konnte. Irgendwann aber würde diese Wut aus den Tiefen nach oben steigen, ein Moloch, den ich flüchtig in der Werkstatt meines Vaters gesehen hatte, und dann noch einmal im Garten in Concord, als ich verbrannte, was von den äußeren Spuren jener schrecklichen Stunden übrig war.

Das bringt mich wieder zurück zu jenem Augenblick des Zögerns, dem Sprung des großen Zeigers der Uhr von einem Punkt zum nächsten. Ich sah in diesem Augenblick, bei dieser ersten Begegnung, eine Bestimmung vor mir, die inzwischen mein tägliches Leben ist, und zwar im großen und ganzen ein gutes. Die Einzelheiten fehlten mir damals natürlich noch, aber die Tatsache, daß ich sie inzwischen als Teil meiner und Steves Geschichte kenne, macht den intuitiven Sprung von damals nicht weniger erstaunlich. Der Entschluß, einer Intuition zu vertrauen – in diesem Fall dem Gefühl einer Verbundenheit mit Steve –, bedeutete, daß ich mir selbst vergab. Ich würde mir noch viele Male auf solche Weise vergeben müssen, bevor ich meinen Glauben, selbst für meine Vergewaltigung verantwortlich zu sein, endgültig zerschlagen konnte. Diese Vergebung beinhaltete, daß das Selbst, das mich enttäuscht hatte – das intuitive Selbst –, keine ewige Verdammnis und Bestrafung verdiente. Ich mußte ihm vergeben, und das Vertrauen auf eine Intuition war eine Art Absolution.

Mein Glaube, selbst für meine Vergewaltigung verantwortlich zu sein, ließ sich natürlich nicht durch einen einzigen Akt der Absolution zerstören, und ich hätte auch nicht beschreiben könnten, was zu jenem Zeitpunkt in mir vorging. Dieser Glaube wucherte noch viele weitere Jahre in meinem Inneren, und meine Selbstvorwürfe wuchsen Zelle um Zelle. Als ich sie dann endlich sehen konnte, waren sie zu einer bösartigen Geschwulst in meinem Geist geworden.

Es gibt noch einen weiteren Aspekt dieses Glaubens, der mich veranlaßt, mich über meine Erfahrung hinaus in den historischen Augenblick vorzuwagen, in dem ich lebe, in die Welt außerhalb meiner selbst. Ich sehe diese Welt inzwischen anders als zu der Zeit, bevor ich zu der langen Entdeckungsreise aufbrach, die mein Leben seit der Vergewaltigung ist. Denn in dieser Welt, und nicht in irgendeiner anderen, muß ich einen Platz am Herdfeuer finden. Ich betrachte diese Welt jetzt mit den Augen eines Flüchtlings und finde Gefährten, wo ich sie am wenigsten erwarte.

Vor kurzem erlitt eine gute Freundin von mir, die Mitte Vierzig ist, einen Schlaganfall. Nach mehreren Monaten, in denen zahlreiche Untersuchungen durchgeführt wurden, stellten ihre Ärzte fest, daß sie ein Loch im Herzen hatte, einen angeborenen Kammerscheidewanddefekt, der nie entdeckt wurde. Dazu kam ein weiteres seltenes Problem, das bewirkte, daß ihr Blut zu leicht gerann. Das Loch im Herzen ließ ein Blutgerinsel ins Gehirn gelangen, als sie eines

Morgens unter der Dusche stand. Viele Monate nach dem Schlaganfall, während sie immer noch darum kämpfte, die Kontrolle über ihre linke Körperhälfte wiederzuerlangen, rief sie mich eines Tages in Tränen aufgelöst an.

»Ich habe das Gefühl, mir das alles selbst angetan zu haben«, sagte sie.

»Du hast dir selbst ein Loch ins Herz gemacht und dir dann noch eine Gerinnungsstörung ausgedacht?« antwortete ich. »Ich bin beeindruckt.«

»Wieso dann ich?«

»Ist das eine medizinische Frage?«

»Nein. Ich würde nur gern wissen, was ich getan habe, um das zu verdienen.«

»Da kann ich natürlich nur raten«, sagte ich. »Aber ich würde mal vermuten, daß du überhaupt nichts getan hast.«

»Vielleicht habe ich zu hart gearbeitet.« Dann ratterte sie eine lange Liste von Dingen herunter, die sie sonst jederzeit mit Stolz erfüllt hätte. Danach fing sie an, alle möglichen Mängel ihrer Persönlichkeit aufzuzählen, die die Krankheit ausgelöst haben könnten – ihre Ungeduld, ihren Perfektionismus. Ich wußte nur zu gut, wo das alles hinführte.

»Schon mal was von Pech gehört?« sagte ich.

»Ich bin mir nicht sicher, ob ich an Pech glaube.«

»Vielleicht solltest du damit anfangen«, antwortete ich.

»Wieso?«

»Weil die Alternative sehr unattraktiv ist.«

Sie versuchte, sich selbst mit dem Gedanken zu trösten, daß sie eine Kontrolle über die Ursache ihres Unglücks hatte. Ihre Schuldgefühle und ihre Selbstvorwürfe schienen leichter zu ertragen als der Gedanke, ein hilfloses Opfer einer genetischen Schwäche zu sein, die sie eines Morgens unter der Dusche aus dem Hinterhalt angefallen hatte. Vielleicht war es herzlos von mir, ihr das ausreden zu wollen. Anscheinend hatten gemeinsame Bekannte angedeutet, sie hätte ihren Schlaganfall irgendwie selbst »verursacht«. Da waren all die ungelösten Kindheitsprobleme (die ließen sich immer gefahrlos anführen), und sie war nun einmal tatsächlich ein eher aufbrausender Typ und was ihre Arbeit anging eine Perfektionistin. Okay, sie rauchte nicht, sie trank nicht, sie war ein bißchen eine Gesundheitsfanatikerin. Aber trotzdem.

Alle schienen eine Theorie über die Ursache ihrer Krankheit parat zu haben, die die offensichtliche Ursache, an deren Aufspürung ihre Ärzte monatelang gearbeitet hatten, völlig außer acht ließ. Irgendwie, auf irgendeine mysteriöse Weise, war meine Freundin selbst für ihre Krankheit verantwortlich, als ob Krankheiten an sich etwas Unnatürliches wären. Ich erkannte die Kritik dieser Leute als das Bedürfnis, eine Überzeugung zu schützen, die meine Freundin und ich aus unterschiedlichen Gründen hatten aufgeben müssen – daß man eine Kontrolle über das besitzt, was mit einem geschieht. Wenn meine Freundin das Opfer einer Epidemie geworden wäre, die gleichzeitig viele Menschen befiel – einer Seuche beispielsweise, hervorgerufen durch Bakterien im Trinkwasser –, hätten die Leute dann auch davon geredet, sie hätte ihre Krankheit selbst zu verantworten?

Pech haben. Diese Vorstellung scheint nicht besonders radikal zu sein. Und doch scheint sie uns gegen den kulturellen Strich zu gehen. Meine Freundin gab sich selbst die Schuld an dem, was mit ihr geschehen war, genau wie ich es getan hatte, und mit genausowenig Grund. Ein Opfer zu sein (wobei »Opfer« definiert wird als »eine Person, die durch eine andere Person oder eine Sache zu Schaden kommt«, »eine Person, die durch äußere Umstände verletzt oder getötet wird«, »eine Person, die Unterdrückung, Mühsal oder Mißhandlung unterworfen ist«) scheint nicht länger als Teil der menschlichen Existenz zu gelten, als Teil des Lebens, genau wie Krankheit und Tod.

Ich fing an mich zu fragen, ob die Tatsache, daß man Opfern die Schuld an ihrem eigenen Unglück zuschiebt, eine kulturelle Funktion hat, so wie individuelle Selbstvorwürfe eine psychologische Funktion haben. Diese Schuldzuweisungen leugnen die Bedingungen oder Auslöser, die das Leiden hervorrufen, und schützen den Glauben an eine Kontrolle. Wenn wir die Opfer verbannen, können wir auch die Mächte oder Auslöser leugnen, die sie zu dem gemacht haben, was sie sind.

Wenn man das Opfer bestimmter Krankheiten wird – Depressionen und chronisches Müdigkeitssyndrom fallen mir in diesem Zusammenhang ein –, oder auch bestimmter Verbrechen, vor allem einer Vergewaltigung, führt diese subtile, aber alles durchdringende Interpretation des Leides dazu, daß das Opfersein sich wie ein persönliches Versagen anfühlt. Ich wollte meiner Freundin die Vorstellung von Pech vermitteln, weil Pech mit vorwurfsfreien Leiden einhergeht, ein Pfad hin zur Akzeptanz der Ursache des Leides. Und das wiederum ist ein Weg dahin, eine Überlebende und Zeugin zu werden. Es liegt eine eigenartige Demütigung in dem Gefühl, das eigene Leid rechtfertigen zu müssen, während man es durchleidet, und sich nicht einmal selbst das Recht auf einen Schmerz zugestehen zu dürfen, dem man nicht entrinnen kann. Dazu gehört mehr als das Verständnis des eigenen Leides. Man muß auch verstehen, wie es von anderen wahrgenommen wird, wenn man ein anderes Selbst rekonstruieren und einen neuen Platz in der Gesellschaft einnehmen will.

Wie aber soll man an Pech glauben, wenn die unsichtbaren Mächte, die es einst zuteilten, kaum noch im kollektiven Bewußtsein existieren und die Tröstungen kollektiver Schutzrituale nur noch bedeutungslose Relikte sind? Die Wiederherstellung der Verbindung zum eigenen Selbst wird immer unvollständig bleiben, solange sie eine private, persönliche Aufgabe bleibt. Ungeachtet der sehr realen Bemühungen der Gesellschaft, die Opfer von Mißbrauch und Unterdrückung anzuerkennen, und damit auch die Bedingungen, die Mißbrauch und Unterdrückung verursachen, scheint es eine andere, subtilere Strömung zu geben, die sich in die entgegengesetzte Richtung bewegt. Meine Freundin und ich haben beide gefühlt, wie sie an uns zerrte, und wir müssen uns damit auseinandersetzen, wenn wir diese Wiederherstellung der Verbindung zu unserem eigenen Selbst und zu der Gemeinschaft, in der wir leben, zustande bringen wollen.

Vielleicht geben sich nicht alle Vergewaltigungsopfer selbst die Schuld, so wie ich es tat, aber alle machen die Erfahrung, auf einem Meer des Schweigens zu treiben, das jene, die sich nicht selbst die Schuld geben, zu wahren Wundern an geistiger Stärke macht. Ich jedoch glaubte viele Jahre lang, meine Vergewaltigung selbst verschuldet zu haben – indem ich unorganisiert gewesen war und meinen Autoschlüssel verloren hatte, indem ich nicht intuitiv gespürt hatte, daß der Vergewaltiger da war, indem ich körperlich nicht in der Lage gewesen war, ihn zu überwältigen, und indem es mir nicht gelungen war, die Worte zu finden, die ihn wundersamerweise dazu bewegt hätten, wieder zu verschwinden.

Ich habe einen langen Weg zurückgelegt seit jenem Augenblick der Entscheidung – als ich beschloß, meiner Intuition wieder zu trauen, als Steve mit hoffnungsvollem Gesicht neben meinem Stuhl stand. Es war ein kleiner, großer Moment, ein Beginn ohne Angst. Daß ich meinem intuitiven Ich langsam immer wieder aufs neue Vertrauen schenkte, während Steve und ich unseren gemeinsamen Weg fanden, war ein Zusammenfügen, das die Selbstvergebung irgendwann auf ein Niveau anhob, das es mir ermöglichte zu sehen, was ich alles noch nicht verziehen hatte.

»Sehr gern«, sagte ich zu Steve, wohlwissend, daß jede Zukunft von nun an eine Zukunft sein würde, in der das Böse möglich war, jederzeit, aus ungeahnten Dimensionen kommend. Ja, das wußte ich nur zu gut. Aber ich wußte auch, daß das Böse nicht alles war. Das Leben schien mir in diesem Augenblick erstrebenswert, einfach weil es weitergegangen war. Es hatte mich zu diesem Moment geführt, und ich hatte das Gefühl, daß Steve ihn mit mir teilte.

Auf unserer Kommode steht ein Foto, das auf Victorias und Michaels Hochzeit aufgenommen wurde. Steve und ich stehen dicht beieinander und sehen uns an. Er hat die Hand auf meinen Ellbogen gelegt, als würden wir uns im nächsten Augenblick umdrehen und Arm in Arm weggehen. Ich lache über etwas, was er gesagt hat. Er beugt sich lächelnd zu mir und sieht fröhlich aus. Im Hintergrund steht, ein bißchen unscharf, Victorias Vater. Auch er lächelt, ein etwas wehmütiges Lächeln. Steve und ich sind uns unserer Umwelt nicht bewußt, sind nur auf uns selbst konzentriert. Die Freude, die dem Fotografen auffiel, ist seit jenem Tag tiefer und umfassender geworden, als sie es damals war, aber nicht weniger intensiv.

Kurz nachdem das Foto aufgenommen wurde, gingen wir tatsächlich Arm in Arm weg. Wir gingen zum Essen ins Old Town Alexandria und anschließend spazieren. Ich weiß nicht mehr, worüber wir sprachen. Ich weiß nur noch, daß es nichts gab, was uns im Weg stand. Nachdem wir lange gegangen waren, kamen wir an einem Steinhaus vorbei, dessen Fenster sanft im Kerzenlicht schimmerten. Wir hörten Kammermusik, die Klänge einer Gambe. Wir blieben stehen und beobachteten, wie die Gäste sich in kleinen Grüppchen auf dem Rasen vor dem Haus versammelten, wo Laternen flackernde Lichtertümpel über den Garten warfen. Die Zeit wirkte rund, als wären wir im Kreis an einen Punkt zurückgekehrt, an dem wir schon einmal gewesen waren.

Als wir dort standen, machte sich zum ersten Mal ein kurzes Unbehagen zwischen uns breit. Es schien eine Bestimmung für diesen Tag zu geben, aber wir hatten nur alte Drehbücher, und keins davon schien richtig zu sein. Die Worte, die wir austauschten, sind inzwischen vergessen. Sogar Steve, der viel besser ist als ich, wenn es darum geht, sich zu erinnern, wer was sagte, hat sie vergessen. Nur unsere Absichten sind uns immer noch lebhaft gegenwärtig.

Ich blicke voller Staunen auf jenen Abend zurück. Ein paar Tage vor dem ersten Jahrestag meiner Vergewaltigung beschloß ich, die Nacht im Hotelzimmer eines Mannes zu verbringen, den ich kaum kannte. Es hatte den Anschein, als wäre die Substanz der Angst, die mich ein Jahr lang gequält hatte, zur Substanz des Glaubens geworden, als hätte auf Victorias Hochzeit eine Wandlung angefangen, die jetzt abgeschlossen war.

Vor der Vergewaltigung hatte ich geglaubt, das Gegenteil von Angst sei Mut. Angesichts einer klar erkennbaren Gefahr oder Schwierigkeit glaubte ich, die beste Taktik für den Umgang mit einer riskanten Situation sei eine Mischung aus Unnachgiebigkeit und roher Gewalt, egal, ob geistiger oder körperlicher Art.

Als Kind hatte ich Angst vor Schlangen, vor allem vor den Wasserschlangen, die sich immer ausgerechnet an der Biegung des Bachs aufhielten, die die einzige Stelle war, wo meine Brüder und ich schwimmen konnten. Der teefarbene Tümpel, der sich dort gebildet hatte, war für eine Achtjährige nur hüfthoch, und der Grund war glitschig von vermodertem Laub, aber er war alles, was wir hatten. An Sommertagen war er unwiderstehlich. Wir verjagten die Schlangen, indem wir Steine ins Wasser warfen und mit Stöcken auf das Ufer einschlugen. Meine Brüder hielten diese Vorkehrungen für ausreichend, ich selbst aber hatte immer noch Schlangenängste, die ich dadurch zu vertreiben versuchte, daß ich die Augen zumachte und mir die Badestelle vorstellte, die ich mir für uns wünschte – eine ohne Schlangen. Erst dann warf ich mich, immer noch ängstlich, vom Ufer ins Wasser. Das war Mut.

Ich war nicht mutig, als ich mit Steve in sein Hotelzimmer ging. Ich ging keinerlei Risiko ein. Mutig sein bedeutet, daß man sich etwas stellt, was präsent ist – einer Angst oder einer Schwierigkeit oder einer Gefahr. Es gab weder eine Schwierigkeit noch eine Gefahr.

Das Gegenteil von Angst ist, wie ich inzwischen glaube, nicht Mut, sondern Vertrauen.

Wir hielten uns die ganze Nacht in den Armen. Lange nachdem Steve eingeschlafen war, lag ich immer noch wach und lauschte auf seinen Atem und das Rascheln der Blätter, die über das Kopfsteinpflaster der Straße taumelten. Kein Mann hatte mich seit der Vergewaltigung in den Armen gehalten. Der Vergewaltiger hatte meinem grundlegendsten menschlichen Bedürfnis Gewalt angetan – meinem Körperrecht. Indem er mir die Fähigkeit nahm, meinen eigenen Körper zu kontrollieren, hatte er meinen Körper zu einem Objekt gemacht. Ich hatte das Gefühl dafür verloren, daß er die Grenze meines Selbst war, die grundlegendste und geheiligtste aller Grenzen. Ein Selbst ohne Grenzen ist wie ein schwaches Land, das von einem stärkeren überrannt wird. Sobald die Grenzen einmal überschritten sind und der Eindringling sich verschanzt hat, können die Bewohner kaum noch etwas anderes tun, als sich verstecken und auf Hilfe von außen hoffen.

Berührungen, die das Körperrecht respektieren, bedeuten Heilung. Sie stellen die Autonomie und Authentizität des Selbst wieder her. Obwohl Steve nicht wußte, daß ich vergewaltigt worden war – ich erzählte es ihm erst am nächsten Morgen –, schien er die Rolle zu verstehen, die er in dieser Wiederherstellung zu spielen hatte.

Als es hell wurde, ging ich auf den kleinen Balkon und beobachtete, wie sich der Himmel im Osten mit Farben füllte. In diesem Augenblick spielte es keine Rolle, ob ich Steve je wiedersehen würde. Ich hatte eine Wahl getroffen. Ich hatte meinen tiefsten Gefühlen vertraut. Ich konnte allein weitergehen.

Beim Frühstück am nächsten Morgen erzählte ich Steve von der Vergewaltigung. Ich wollte, daß er wußte, wie dankbar ich für den guten, sicheren Boden war, den ich gefunden hatte. In einer Ecke des Restaurants spielte eine Frau auf der Harfe, und ich weiß noch, daß ich dachte, daß ich diese Szene in einem Roman für völlig überzeichnet halten würde. Aber sie saß da in ihrem blauen Kleid und spielte wie ein Engel.

Es war nicht schwer, Steve von den Geschehnissen jenes Oktobernachmittags zu erzählen. Ich sah mich und die Vergewaltigung inzwischen anders. Ich sah den Vergewaltiger als einen besiegten Feind und mich selbst als eine Heldin. Was sollte an diesem Sieg beschämend sein? Ich war eine Überlebende. Ich war stolz auf mich selbst, weil ich meinen Gefühlen in bezug auf Steve vertraut hatte, und dieser Stolz sprudelte aus mir hervor, als ich die Geschichte der Vergewaltigung und des Jahres, das darauf folgte, neu schrieb. Die Fakten waren dieselben, aber mein Verhältnis zu ihnen hatte sich geändert, und folglich war auch die Geschichte eine andere Geschichte, da eine andere Person sie erzählte. Ich beobachtete dieses Phänomen, während es stattfand, und es interessierte mich. Ich war nicht nur eine Überlebende, sonderen auch eine Zeugin meines eigenen Überlebens. Und ich sah, daß die Gefühle des vergangenen Jahres, so schmerzlich sie auch gewesen waren, andere Gefühle nicht ersetzt, sondern nur überdeckt hatten. Es war, wie wenn man sich nachts in einem hell erleuchteten Haus aufhält. Man sieht aus dem Fenster, und die Dunkelheit draußen ist absolut und überdeckt die Sterne. Aber wenn man das Haus verläßt und in die Nacht hineingeht und den Kopf hebt, kann man nach einer Weile erst einen Stern sehen, und dann viele. Sie waren die ganze Zeit über da.

Victorias Hochzeit war der Anfang von etwas, was eine vollständige Genesung von den Auswirkungen der Vergewaltigung zu sein schien. Jenes Wochenende ist für mich immer noch ein Mysterium, eine Begegnung mit der Gnade, die ich nicht in Frage stelle. Meine anscheinende Genesung wurde von einer inneren Zufriedenheit begleitet, die um so tiefer war, als ihr all dieses Elend vorausgegangen war, das sogar ihre Wurzel zu sein schien. Meine Wahrnehmung dieser Beziehung zwischen Schmerz und Freude veränderte meine Gefühle über die Vergewaltigung. Sie fühlte sich jetzt eher an wie das Feuer, das die Klinge schmiedet, nicht mehr wie das allgewaltige Inferno, das sie vernichtet. Ich glaubte, ein göttliches Geschenk erhalten zu haben, die Formel, die Stroh in Gold verwandelt. Trotz des Grauens, das mit ihr verbunden war, war die Vergewaltigung ein Pfad, keine Verurteilung. Ich glaubte, stärker zu sein als ich es je gewesen war und die Vergewaltigung ein für allemal hinter mir zu lassen. Sie war, mit den Worten von Gerard Manley Hopkins, »die Nacht, das Jahr nun gedämmten Dunkels«. Und sie war nun vorbei. Während die Harfenistin spielte, schrieb ich einen Schluß für die Geschichte, die ich gern lesen wollte. Aber es war nicht der, den ich leben sollte.

Ich hatte geplant, nach der Hochzeit ein paar Tage bei meinen Eltern in Virginia zu verbringen. Meine Mutter und mein Bruder wollten mich an diesem Morgen mit dem Auto abholen. Nach dem Frühstück setzten Steve und ich uns auf eine Bank vor dem Hotel und warteten auf sie. Ich war froh, daß meine Mutter ihn kennenlernen würde, und wußte, daß sie schon aus einem halben Häuserblock Entfernung anfangen würde, zwischen den Zeilen zu lesen. Dieses Wissen beruhigte mich. Meine Mutter und ihre Schwestern hatten oft darüber gelacht, daß es meine Großmutter gewesen war, die die Ehemänner für sie ausgesucht hatte. »Mama konnte einen Menschen schneller einschätzen als irgend jemand sonst auf dieser Erde«, hatte Tante Lace zu mir gesagt, als sie fast neunzig war. »Wenn ein Verehrer ihr nicht gefiel, wußte man gleich Bescheid, weil sie nie auch nur ein Wort über ihn sagte – weder im Guten noch im Schlechten. O ja, sie konnte eine Menge mit Schweigen ausdrücken. Aber wenn sie einem Mann ein Kompliment machte, sank es in einen hinein, ohne daß man es merkte. Natürlich sind wir ihr erst auf die Schliche gekommen, als wir längst Männer geheiratet hatten, die Mama gefielen.« Mit einem listigen Lächeln fügte sie hinzu: »Eins muß man ihr lassen – sie hat ihre Sache ziemlich gut gemacht, wenn ich es mir im nachhinein überlege.«

Meine Mutter wendete bei mir dieselbe Taktik an, bloß daß ich, als ich mich mit neunzehn in die Ehe stürzte, nicht klug genug war, auf sie zu hören. Wie ihre eigene Mutter hatte auch sie einen sechsten Sinn, wenn es um Menschen ging, und als ich älter wurde, lernte ich, ihn immer mehr zu respektieren. Als ich mit Anfang Dreißig mit dem Gedanken spielte, zum zweiten Mal zu heiraten, verhielt sie sich dem Mann gegenüber höflich und zuvorkommend, aber ihr höfliches Schweigen machte mich wachsam. Als ich ihr dann sagte, ich hätte die Verlobung gelöst, sagte sie: »Das freut mich. Ich hatte nie das Gefühl, daß er der Richtige für dich ist.«

»Das ist mir nicht entgangen«, sagte ich.

»Es war irgendwas in seinen Augen«, sagte sie.

Eds silberner Celia fuhr genau in dem Augenblik vor dem Hotel vor, als Steve sagte, er würde mich im Spätherbst gern in Massachusetts besuchen. Wir werden sehen, dachte ich. Und wenn er nicht kam, stand ich trotzdem auf neuem Boden. Ich machte Steve mit meiner Mutter und meinem Bruder bekannt, und wir blieben noch ein paar Minuten am Straßenrand stehen und plauderten über die Hochzeit. Dann bot meine Mutter Steve an, ihn zum Flugplatz zu fahren. Unterwegs unterhielten sie sich zwanglos miteinander. Steves trockener Sinn für Humor amüsierte meine Mutter ebenso, wie er mich amüsierte, und sie schenkte ihm ein warmes Lächeln, als er sich umdrehte, um noch einmal zu winken, bevor er am Flughafen in der Menge verschwand.

Sie erwähnte ihn erst wieder, als wir schon fast zu Hause waren. Nachdem wir jedes andere denkbare Gesprächsthema erschöpft hatten, verkündete sie plötzlich: »Weißt du, Steves Augen haben mir wirklich gefallen.«

Die Bedeutung dieser Bemerkung entging meinem Bruder nicht. Er streckte den rechten Arm zwischen den Sitzen nach hinten und gab mir heimlich ein enthusiastisches Daumen-hoch-Zeichen.

»Mir auch«, sagte ich.

»Das ist mir nicht entgangen«, antwortete meine Mutter.

Einen Monat und viele Telefongespräche später kam Steve nach Concord, um mich zu besuchen. Der Geruch von verbranntem Pekanauflauf (seinem Lieblingsessen) waberte von meinem Herd die Treppe hinunter bis in den Flur. (Ich habe nie wieder versucht, einen zu machen.) Steve blieb im rauchigen Dunst am Kopf der Treppe stehen und sah sich in meiner Wohnung um, von der ich plötzlich fürchtete, daß sie ihm schrecklich bescheiden vorkommen würde. Er hatte mir seine eigene Wohnung am Telefon beschrieben – Blick auf die Bucht von San Francisco, Orchideen auf dem

Balkon, Antiquitäten, die er von seinen Eltern geerbt hatte. Ich war in bezug auf meine weniger gesprächig gewesen. Er stellte seine Tasche ab und zog eine Schachtel aus der Seitentasche.

»Jetzt, wo ich sehe, wie du lebst«, sagte er, »habe ich das Gefühl, die richtige Wahl getroffen zu haben.« Nachdem ich eine Weile in voluminösen Schichten aus Füllmaterial und Seidenpapier herumgefischt hatte, fühlte ich etwas. Es war ein Kristallvase, eine sehr elegante Kristallvase.

»Sie ist wunderschön«, sagte ich.

»Deine Böden gefallen mir. Sie sind herrlich.«

Zwischen Victorias und Michaels Hochzeit im Oktober und dem folgenden März sahen wir uns noch vier weitere Male – einmal in Concord, einmal bei meinen Eltern und zweimal in San Francisco. Im März hielt er dann in aller Form, auf den Knien im Garten seines Elternhauses, um meine Hand an. Ich nahm seinen Antrag an, und wir tanzten eine wilde Polka rund um die Kamelien und um die majestätischen Eichen, bis wir uns außer Atem ins Gras fallen ließen. Vor kurzem habe wir nachgerechnet – abgesehen von den Telefonanrufen hatten wir weniger als einen Monat miteinander verbracht.

Obwohl Steves Kinder eine Autostunde von der Stadt entfernt bei ihrer Mutter lebten, hatte auch er das Sorgerecht für sie und nahm regen Anteil an ihrem täglichen Leben. Ohne lange darüber diskutieren zu müssen, war mir klar, daß ein Umzug nach Boston ihretwegen nie für Steve in Frage käme. Wenn wir zusammenleben wollten, würde ich in den Westen ziehen müssen. Bevor ich Steve kennengelernt hatte, war ich noch nie in Kalifornien gewesen und hatte mir nie vorgestellt, daß ich einmal dort leben könnte. Ich hatte vorgehabt, den Rest meines Lebens in Boston zu verbringen.

Falls es möglich ist, sich in einem einzigen Augenblick in eine Stadt zu verlieben, so hatte ich das vor zehn Jahren mit

Boston getan. Es war, als hätte ich immer ein Boston in meinem Herzen getragen, es aber erst in dem Augenblick erkannt, als ich die Stadt zum ersten Mal erblickte. Deutlich erinnere ich mich, wie ich mit der Roten Linie von Cambridge in die Stadt fuhr. Die U-Bahn kam aus dem Tunnel heraus, um den Charles River zu überqueren, und blieb mitten auf der Brücke stehen, um auf ein Signal zu warten. Die Sonne ging flußaufwärts unter, und das Wasser war glasig und leuchtete in abendlichen Farben. Boote glitten in langen, dünnen Linien den Fluß hinauf; ihre Ruder, die sich harmonisch hoben und senkten, ließen schmale, goldene Wellen hinter sich zurück. Die Stille dauerte nur einen kurzen Moment. Dann ruckte der Zug weiter, und der Augenblick war vorbei. Aber in diesem einen Augenblick hatte ich erkannt, daß ich mich an diesem Ort nie als Fremde fühlen würde.

Boston zu verlassen und die Freundschaften und die beruflichen Kontakte aufzugeben, die ich im Laufe eines Jahrzehnts aufgebaut hatte, hätte eigentlich konfliktbeladener sein müssen, als es dann war. Aber »meine« Stadt fühlte sich inzwischen an wie eine Freundin, die mich verraten hatte. Erst vor ganz kurzem war ein Teil meiner alten Zuneigung wieder zurückgekommen. Nach der Vergewaltigung hatte ich die Stadt mit anderen Augen gesehen. Irgendwo in ihren Straßen lauerte der Mann, der mich vergewaltigt hatte. Wenn unsere Wege sich kreuzten, würde er mich erkennen, während meine Augen nach wie vor verbunden waren. Nach der Vergewaltigung konnte ich monatelang nicht in die U-Bahn einsteigen oder in der Bank in der Schlange stehen, ohne mich zu fragen, ob der Vergewaltiger neben mir saß oder hinter mir stand.

Aber nach ein paar Monaten fiel mir auf, daß manche Männer mich mehr ängstigten als andere – vor allem übergewichtige, bullige, blonde Männer in den Zwanzigern. Obwohl ich den Mann, der mich vergewaltigte, nicht gesehen hatte, schien ich irgendwie doch zu wissen, wie er aussah, als hätten die Informationen, die meine anderen Sinne über ihn gesammelt hatten – und sie waren durch die Panik der ersten Minuten der Attacke zu höchster Aufmerksamkeit hochgepeitscht worden –, sich in meinem Kopf irgendwie zu einem Bild zusammengesetzt. Meine instinktive Reaktion auf einen bestimmten Typ von Mann war unmittelbar und rief in mir ganz besonders eindringliche Flashbacks der Vergewaltigung hervor.

Fast ein Jahr nach der Vergewaltigung sah ich einen Mann, auf den die »Beschreibung« des Vergewaltigers zutraf, auf einem Supermarkt-Parkplatz in Cambridge in ein Auto einsteigen. Meine körperliche Reaktion – ein lähmendes Zurückzucken – war augenblicklich. Alles an ihm war mir entsetzlich vertraut. Sein schlurfender Gang, die Art, wie er seinen Oberkörper hielt, seine Haare, seine Füße, seine Größe. Der Geruch des Vergewaltigers kam zu mir zurück, als könnte ich den Mann quer über den Parkplatz hinweg riechen.

Nackte Gefühle von derartiger Intensität besitzen eine zwingende Wahrheit, mit der mein rationaler Geist damals nichts anzufangen wußte und immer noch nichts anzufangen weiß. Vielleicht hatte ich dieses mentale Bild des Vergewaltigers nur erfunden, aus der psychologischen Notwendigkeit heraus, dem formlosen Wesen, das ich nicht gesehen hatte und das aus diesem Grund in unmenschlicher Form aus einer anderen Dimension zu kommen schien, eine menschliche Form zu verleihen. Vielleicht war mein Konstrukt – der fette, blonde Mann – ein Versuch, die Bedrohung von außen auf eine handhabbare Größe zu reduzieren, von allen Männern auf nur ein paar. Vielleicht entsprang meine »Beschreibung« einer längst vergessenen Erinnerung an einen Schlägertypen in der Schule.

Während ich diese Worte schreibe, fällt mir ein Vorfall ein, der sich ereignete, als ich ungefähr dreizehn war, und den ich bis zu diesem Augenblick völlig vergessen hatte. Ein amerikanischer Junge, der mehrere Jahre älter war als ich und in Deutschland schräg gegenüber von unserem Haus wohnte, warf mit einem Baseball nach mir, als ich auf meinem Fahrrad an ihm vorbeifuhr. Er traf mich mit solcher Wucht am Po, daß ich vom Fahrrad fiel. Ich erinnere mich an sein hämisches Lachen über meine Tränen und an den gelblichen Fleck, der sich um die blauschwarze Aufprallstelle bildete und noch Wochen später zu sehen war. Ich wußte, daß das Ganze etwas Sexuelles hatte, weil der Junge schon vorher mehrmals rüde Bemerkungen über bestimmte Teile meines Körpers gemacht hatte. Er war es, von dem ich zum ersten Mal die unflätigen Ausdrücke hörte, die der Vergewaltiger viele Jahre später benutzte. Ich sehe diesen Jungen vor mir. Er ist fett, blond und bullig.

Solange der Mann, der mich vergewaltigte, nicht gefaßt wird und sein Verbrechen zugibt, werde ich nie wissen, ob der Mann auf dem Supermarktparkplatz tatsächlich »mein« Vergewaltiger war oder ob das Bild, das ich mir von ihm gemacht habe, zutreffend ist. Aber ich kann das Gefühl nicht abschütteln, daß mein Körper nicht lügt. Ich reagiere immer noch so auf Männer, die dieser Beschreibung entsprechen – die Erinnerung an die Vergewaltigung kommt in blitzartigen Rückblenden zu mir zurück. Erst jetzt frage ich mich, ob das Bild des Vergewaltigers, das ich mit mir herumtrage, ein Bild ist, das nicht mit neununddreißig, sondern schon mit dreizehn Jahren entstand.

Mir war klar, daß es auch in San Francisco fette weiße Männer in den Zwanzigern geben würde, und Vergewaltiger, auf die alle anderen Beschreibungen paßten. Aber als ich mich anschickte, Boston zu verlassen, spürte ich, wie gut es sich anfühlen würde zu wissen, daß die Chancen, einem ganz speziellen Vergewaltiger zu begegnen, um dreitausend Meilen geringer sein würden. Sorgen über eventuelle Erdbeben (und nicht lange darauf die Erfahrung eines tatsächlichen Bebens) schienen mir ein angemessener Tausch zu sein.

Am Tag vor unserer Hochzeit fuhren Steve und ich in einem Mietwagen von Boston nach Concord, um Pamelas Bett zu holen. Es war der einzige Gegenstand, der noch in meiner Wohnung war, der einzige Teil meines Umzugs, dem ich mich nicht allein stellen konnte. Wir zogen die Teile aus dem Stauraum unter der Schräge hervor und schleppten sie die schmale Treppe hinunter. Mit geliehenen Werkzeugen reparierte Steve den Ramen, leimte die auseinandergesägten Teile zusammen und sicherte sie dann mit Metallstreifen, die er im Zentimeterabstand über die Schnittstelle nagelte. Pamela hatte eine Tante, die die Besitzerin der einzigen noch nicht umgebauten Remise war, die es in Cambridge noch gab – ein solides Gebäude mit hölzernen Böden und Pferdeboxen. Dort deponierten wir das Bett. Ich polierte das Holz, wickelte die Matratze in Plastik, stellte alles ordentlich in eine der Boxen und deckte das Ganze mit Laken ab. Ich erzählte Steve nichts über das Bett, und er fragte nicht danach.

»Das war's«, sagte ich, als wir wegfuhren.

Am nächsten Tag wurden wir auf Cape Cod getraut. Steves Kinder, meine Familie und ein paar gute Freunde waren bei uns. Es war Ende Juni 1987, ein Jahr und acht Monate nach der Vergewaltigung. Meine Trauzeugin war natürlich Victoria.

Zu Anfang unserer Ehe wohnten wir in Steves Wohnung am Russian Hill, San Franciscos »Klein-Italien«. Nach anderthalb Jahren in dieser Wohnung und nach Monaten der

Suche kauften wir dann ein kleines, halbzerfallenes Haus in einer Schlucht außerhalb von Sausalito, einem malerischen Städtchen, das sich nördlich der Golden Gate Bridge an die Hügel schmiegt und in den Anfangstagen San Franciscos für seinen Überfluß an frischem Trinkwasser bekannt war. Drei der zahlreichen Quellen entsprangen, wie wir später herausfanden, an dem von Brombeeren überwucherten Hügel hinter unserem Haus, aus dem später unser Garten werden sollte. Zusammen mit uns zogen die Bauarbeiter ein, die während der Woche jeden Tag pünktlich um acht Uhr mit dröhnenden Lautsprecherboxen auftauchten und sechs Monate lang blieben. Als sie schließlich abzogen, hatte wir ein gemeinsames Heim.

Während dieser zweijährigen Phase der Veränderungen und der Bauarbeiten verschwanden bewußte Gedanken an meine Vergewaltigung völlig aus meinem Leben, obwohl ich natürlich nicht vergaß, daß sie geschehen war.

Am 11. Oktober 1987 beschäftigt sich eine Tagebucheintragung ausschließlich mit einem Ausflug mit Steves Tochter Elizabeth. Aber drei Tage später halte ich einen Traum fest, den ich als zutiefst beunruhigend beschreibe. In diesem Traum erkunde ich eine Landschaft in der Nähe des Hauses meiner Eltern, die ich als eine Traumlandschaft zu erkennen scheine, in der ich schon früher einmal war. Es ist eine sehr schöne Landschaft mit wogenden Hügeln, geschützten Tälern und großen schwarzen Felsen. Als ich sie durchwandere, fällt mir ein, daß der Zugang zu dieser Landschaft im Keller eines großen Hauses liegt, obwohl ich mich nicht daran erinnern kann, wo das Haus liegt und wann ich es betreten habe. Ich komme an einen steinernen Ort und weiß, daß unter der Erde ein Komplex aus Zimmern, Höhlen und Wasserfällen liegt. Die Atmosphäre ist zutiefst bedrohlich, und die Steine scheinen eine Art Kraft oder Energie zu enthalten. Plötzlich kommt ein Löwe auf mich zu. Er bewacht diesen Ort. Ich sehe ihn auf mich zustürzen und fange an, mit ihm zu kämpfen. Während des Kampfes werde ich von Schlangen gebissen. Ich töte den Löwen, indem ich mit seinen eigenen Gliedmaßen auf ihn einschlage, aber er will nicht endgültig sterben, obwohl er nur noch aus Stücken besteht. Ich bin von den Schlangenbissen vergiftet, aber auch ich sterbe nicht. Ich kann die unterirdischen Kammern nicht betreten. Das Ganze ist ein bekannter und doch unbekannter Ort – voller unvorhersehbarer Gefahren.

Ein Jahr später schweige ich mich immer noch über die Vergewaltigung aus, verzeichne aber erneut einen Traum, in dem ich in einer unterirdischen Welt bedroht werde. Ich beschreibe eine Landschaft, von der ich das Gefühl habe, sie schon einmal in einem anderen Traum gesehen zu haben. Wieder fängt der Traum mehr oder weniger zu Hause an. Steve und seine Kinder sind nicht weit weg. Aber ich lasse sie zurück, um dunklen Pferden über einen gewundenen Pfad zu folgen, der sich zwischen zerklüfteten dunklen Felsen, die wie Ruinen aussehen, zum Rand einer Steilwand windet. Ich stürze mit den Pferden ins Meer und schwimme zu einem Raum unter Wasser, in dem ich, wie ich feststelle, atmen kann. Die Pferde, die wie Vögel durch das Wasser huschen, das wie Luft erscheint, sind anfänglich scheu und mißtrauisch. Aber bald werden sie kühner und bedrohlicher, nicht mehr wie Vögel, sondern wie Bestien. Eins der Pferde versucht, mir ins Gesicht zu beißen, als ich aus dem Fenster sehe. Ich wache mit dem Gefühl auf, eine geistlose und unbezähmbare Macht an mich gezogen zu haben, als wollte ich sie zähmen.

Diese Träume, die ich kommentarlos aufzeichnete, kamen mir zu dem Zeitpunkt, zu dem ich sie hatte, wie die Träume einer anderen Person vor. In jenen beiden Jahren verbrachte ich mein waches Leben in dem Zustand des Gesegnetseins, der mit Victorias Hochzeit angefangen hatte. Ich verzeichnete seine Beschaffenheit getreulich in meinem Tagebuch. Nur die Träume deuten auf das hin, was noch kommen sollte.

Heute frage ich mich, was in jenen Jahren wirklich vor sich ging. War mein Leben ein Bilderbuchfall von Verleugnung? Wie es aussah, dauerte meine Genesung nicht an. War das nicht der Beweis dafür, daß der Schmerz, die Angst und die Wut nur unter der Oberfläche verborgen waren, wie die Träume es andeuten?

Und doch war das Gefühl, ganz und mit mir selbst verbunden zu sein, und daher auch mit Steve, seinen Kindern und einer Gemeinschaft neuer Freunde und Kollegen in San Francisco, keine Illusion. Ich war glücklich. Nicht mittelmäßig glücklich, sondern zutiefst glücklich. Ich will damit nicht sagen, daß die Anpassung, die dieses neue Leben erforderte, immer leicht war. Wenn das Leben weitergeht, dann eben mit Störungen und Stockungen. Ich war einfach aus dem Grund zutiefst glücklich, weil das Leben weiterging.

Ich vermißte meine Freunde und meine Eltern, die drei Zeitzonen von mir entfernt lebten, und Stieffamilien sind kompliziert – vielleicht noch komplizierter als ursprüngliche Familien. Nach Jahren des Alleinlebens mußte ich erst wieder lernen, wie ich die täglichen Verhandlungen des Familienlebens führen mußte. Steve und ich stritten uns, sagten Dinge, die wir nicht so meinten, versöhnten uns. Das übliche eben.

Ich empfand die Fremdheit der neuen Landschaft und wußte, daß ich mir in ihr immer wie eine Fremde vorkommen würde. Ich schien nie zu wissen, welche Jahreszeit gerade war, und ich fror ständig. Der Sommer war Winter. Der Oktober war Sommer. Der Februar war Frühling. Das Licht war stärker, sauberer, ungetrübter, und die Sonne, die über dem Meer unterging (statt aus ihm aufzusteigen), wirkte wie eine völlig andere Sonne.

Ich war desorientiert durch das Gefühl, daß ich den Unterschied zwischen drinnen und draußen verlor, daß Zimmer durchlässige Membranen waren. Die dramatische Schönheit der Bay Area verschlug mir den Atem. Ich vermißte das Grün der Sommer im Osten und erlebte doch zum ersten Mal wirkliches Grün, als Winterregen die braunen Landzungen in geradezu paradiesische Wiesen verwandelte. Ich vermißte das gedämpfte Weiß winterlicher Straßen, die Traumzeit des Schnees. In Sausalito regnete es monatelang, und dann überhaupt nicht mehr.

In einer Stadt, in der ich kaum berufliche Kontakte hatte, eine neue Arbeit zu finden, war zu Anfang entmutigend, aber innerhalb eines Jahres arbeitete ich freiberuflich für private Stiftungen und gemeinnützige Kunstgruppen, schrieb Jahresberichte, Kataloge, Zuschußanträge. Ich war produktiv und zufrieden. Gleichzeitig engagierte ich mich für ein Kunstzentrum in den Marin Headlands, einem Teil des Golden-Gate-Erholungsgebiets, und mietete über sein Künstlerprogramm ein Studio am Strand an, in das ich mich zurückzog, um zu schreiben. An klaren Tagen konnte ich durch das Fenster über meinem Schreibtisch die Wellen an den Strand donnern sehen, und würdevolle Prozessionen von Pelikanen, die zwischen der Lagune und den hoch aufragenden Felsen hin und her flogen. Im Sommer, wenn der Nebel, der über die struppigen Hügel waberte, die Sonnenanbeter verjagte, kamen Füchse und suchten den verlassenen Strand nach Essensresten ab.

Die anderen Mieter des Gebäudes waren allesamt Maler. Ich beneidete sie um ihre Farbtuben, ihre Pinsel, die zum Einweichen in Verdünner standen, und um die Musik, die sie während der Arbeit hörten. Wieso eigentlich nicht? dachte ich. Das hier ist schließlich Kalifornien. Du kannst dich selbst neu erfinden. Als eine der Künstlerinnen wegzog, kaufte ich ihr ihre Werkbank ab und fing an zu malen, was ich seit der dritten Klasse, als mein Bild für die Ausstellung neben dem Büro des Direktors abgelehnt wurde, nicht mehr gemacht hatte. Das Malen sollte für mich zu einem Weg durch die dunkle Zeit werden, die mir bevorstand, eine Zeit, in der die Ungeheuer der Träume und der Unterwelt, die sie bewohnten, anfingen, das Licht zu suchen.

Fast über Nacht, kurz nachdem wir mit den Umbauarbeiten in Sausalito fertig geworden waren, verwandelte sich die Einheit in mir in Anarchie. Die innere Ruhe, die es mir möglich gemacht hatte, alle Veränderungen voller Selbstvertrauen und Optimismus anzugehen, verwandelte sich in ein Gefühl der Isolation, und die Isolation verzerrte sich bald zu einer Depression, die weit schlimmer war als alles, was ich bis dahin erlebt hatte. Als zwei Jahre nach meiner Heirat Erinnerungen und Gefühle, die mit der Vergewaltigung zu tun hatten, an die Oberfläche stiegen, erkannte ich sie nicht. Sie schienen eine vollständige Metamorphose durchgemacht zu haben, wie die »Wasserteufel«, wie wir sie als Kinder genannt hatten, die räuberischen, unter Wasser lebenden Larven des Gelbrandkäfers, die eine völlig andere Spezies zu sein scheinen als die geflügelten Erwachsenen mit den harten Panzern, zu denen sie schließlich werden.

Diese Metamorphose, die Traumata durchlaufen, hat in der psychologischen Fachsprache einen Namen – Dissoziation –, und sofern sie nicht auf eine Verletzung des Gehirns zurückzuführen ist, ist eine Dissoziation immer eine Reaktion auf traumatische Lebensereignisse. Erinnerungen und Gefühle, die mit dem traumatischen Ereignis verbunden sind, werden scheinbar vergessen. Sie kehren nicht in ihrer ursprünglichen Form zurück, sondern als aufdringliche Blitze verzerrter Erinnerungen, als überwältigende Angst- und Panikgefühle, die durch gegenwärtige Erlebnisse nicht gerechtfertigt sind, als emotionale Erstarrungen, die durch »normales« Verhalten überspielt werden.

Kann ich im Licht dessen, was nach meinem kurzen Ausflug ins Paradies kam, immer noch glauben, daß ich tatsächlich eine Genesung erlebte? Hatte ich das Trauma verdrängt, oder hatte ich etwas anderes erlebt? Und wenn es etwas anderes war, was genau war es? Warum habe ich immer noch das Gefühl, daß ich mich, wenn ich diese Erfahrung als »Dissoziation« bezeichne, nur um meine Unfähigkeit herummogeln will, sie zu beschreiben? Aber was für Worte bleiben mir, wenn ich die Sprache der Psychologie verlassen muß, einer Disziplin, die eines baldigen Tages vielleicht als biochemisches Phänomen verstanden werden wird, als Reaktionen in den Zellen und Synapsen des Gehirns, die sich durch eine Pille ändern lassen?

Was mir bleibt, ist das Wort Gnade, womit in der Sprache der Bibel und der Theologie die unverdiente verzeihende Hilfe Gottes gemeint ist. Ich glaube, daß mir (von wem oder was, kann ich nicht sagen) ein voller, wenn auch nur vorübergehender Gnadenerlaß gewährt wurde, der es mir erlaubte, den Rumpf des Schiffs zu konstruieren, das mich hierher tragen würde, zu den Worten selbst, zur Zeugenschaft meines eigenen Überlebens. Es ist ein Geheimnis, eins von vielen in meinem Leben. Ich begnüge mich mit den Worten des alten Gospels:

My soul looked back in wonder,
how I got over,
how I got over.

11.

VERTREIBUNG AUS DEM PARADIES

und der pfad beginnt
nirgends und stürzt ins bodenlose

D. M. DOOLING
»Übergang«

In Daniel Defoes *Die Pest zu London,* einem Roman, der 1722 geschrieben wurde und der sich als wahrheitsgetreuer Bericht über die Verheerungen ausgibt, die der Schwarze Tod fünfundsiebzig Jahre zuvor in London anrichtete, gibt der Erzähler, H. F., die Geschichte eines Mann wieder, der den ganzen Tag und die ganze Nacht durch die Straßen Londons rennt, um seiner eigenen Ansteckung zu entfliehen. Zu dieser Kur gehört auch ein irrwitziges Durchschwimmen der Themse. Der Mann genas bemerkenswerterweise – und überlebte seine eigene Kur.

Das Bild dieses Mannes, der versucht, seinem eigenen Schicksal davonzulaufen, kam mir wieder in den Sinn, als ich anfing, auf meine beiden ersten Jahre in Kalifornien zurückzublicken. Obwohl ich keinen bewußten Entschluß gefaßt hatte, ständig in Bewegung zu bleiben und jede Stunde mit etwas Produktivem, Nützlichem, Hilfreichem anzufüllen, hätte es gut so gewesen sein können. Und hätte ich je darüber nachgedacht, wie ich mein Leben während dieser Zeit beschreiben sollte, hätte ich meiner Mutter wahrscheinlich recht gegeben, die sich sorgte, daß ich es mit allem übertrieb. Aber meine Energie schien grenzenlos zu sein. Ich lebte mein Leben, und je beschäftigter ich war, dachte ich, desto besser.

Meine Tätigkeit als Beraterin wuchs sich bald zu einer annähernden Vollzeitbeschäftigung aus. Trotzdem arbeitete ich nach wie vor ehrenamtlich für das Kunstzentrum, das mir »ein Zimmer für mich allein« vermietet hatte. Auch wenn ich nie die Zeit hatte, es zu benutzen.

Ich wußte, daß ich mir die Zuneigung und den Respekt von Steves Kindern verdienen mußte, und arbeitete sorgfältig daran. Steve und ich fuhren oft nach Berkeley, um seinen Sohn Sayre zu besuchen, der an der dortigen Universität studierte. An zwei Abenden die Woche besuchten wir seine Tochter Elizabeth, was hin und zurück zwei Stunden Fahrt auf verstopften Autobahnen bedeutete. Wir besuchten Theateraufführungen und Klavierkonzerte, die ihre Schule veranstaltete, gingen zu Elternabenden und Softballspielen. Elizabeth verbrachte jedes zweite Wochenende bei uns, und ich versuchte, jedes zu einem Ereignis zu machen. Wir buken Plätzchen, radelten durch den Golden-Gate-Park, gingen in Museen, wanderten, veranstalteten Picknicks. Ich organisierte Übernachtungspartys, Geburtstagspartys und vierwöchige Sommeraufenthalte am Lake Tahoe, wo Steve und seine Schwester ein Haus hatten.

Wir hatten häufig neue Freunde zu Gast. Obwohl die Küche in unserer Wohnung in San Francisco kaum größer war als eine Kombüse, nahm ich ohne Bedenken mehrgängige Menüs in Angriff. Steve und ich besuchten Vernissagen und Wohltätigkeitsveranstaltungen. Ich begleitete ihn, wenn er mit den Treuhändern seiner Stiftung und ihren Ehepartnern zu Besichtigungen von Umweltstandorten fuhr – in die Regenwälder Costa Ricas, in die Everglades in Florida, in die Wüsten von Utah. Wir schafften es sogar, verspätete Flitterwochen in der Karibik einzuschieben. Ich fuhr oft nach Virginia zu meinen Eltern und hielt regelmäßigen telefonischen oder brieflichen Kontakt mit alten Freunden in Boston, fest entschlossen, die Nähe zu bewahren, die die Entfernung zu schmälern drohte.

Ich putzte, kaufte ein, kochte und organisierte glücklich und wohlgemut jede Nische und jeden Winkel unseres gemeinsamen Lebens. Ich bestand darauf, zusammen mit Steves Ex-Frau zur Familienberatung zu gehen, um Probleme aufzuarbeiten, die sich durch das gemeinsame Sorgerecht ergaben. In meinem Eifer, alte Freundschaften zu pflegen, verbrachte ich einen ganzen Monat damit, einer Freundin bei ihrem Umzug von Boston nach San Francisco zu helfen, ihr eine Wohnung zu besorgen und ihr beim Einrichten behilflich zu sein. Ich chauffierte sie freudig durch die Stadt, als wäre sie nicht in der Lage, sich selbst zurechtzufinden. Sie wünschte sich einen Kanarienvogel. Ich fuhr sie nach Oakland, um einen zu kaufen. Der Kanarienvogel sang nicht. Ich fuhr sie nach Oakland zurück, um ihn umzutauschen. Der Gesang des neuen Kanarienvogels ging ihr auf die Nerven. Ich fuhr sie noch einmal nach Oakland, um ihn zurückzubringen. Ich schrubbte ihren Backofen, baute in ihrer Küche Regale ein, nahm mir von meinen eigenen Projekten frei, um ihr die Sehenswürdigkeiten zu zeigen.

Ein ganzes Jahr lang verbrachte ich jede »freie« Minute mit der Suche nach einem Haus. Daß das Haus, das ich schließlich fand, von Grund auf renoviert werden mußte, schreckte mich nicht, obwohl Steve sich sorgte, daß wir uns mehr aufhalsten, als wir bewältigen konnten. Wie sich herausstellte, war seine Einschätzung der Situation korrekter als meine, wenigstens was den Arbeitsaufwand anging. Die Renovierung erforderte weit mehr Zeit, Geld und Energie, als wir gedacht hatten. Aber ich behielt insofern recht, als wir es dennoch schafften.

Daß wir bereits im Haus lebten, während es rund um uns herum völlig umgebaut wurde, war eine zusätzliche Herausforderung, aber immerhin konnte ich mich so mit jeder Einzelheit der Baumaßnahmen beschäftigen. Ich wachte mitten in der Nacht auf, weil der Regen durch offene Dachgauben auf neue Hartholzböden fiel. Einen Monat lang mußten wir ohne Küche auskommen. Während Steve zur Arbeit fuhr, blieb ich dort, wo es hoch herging, und übernahm fröhlich die Rolle der Bauleiterin. Ich war diejenige, die die Schädlingsbekämpfer anrief, als die Schreiner die Weiterarbeit verweigerten, weil sie von Flöhen schier aufgefressen wurden, Hinterlassenschaft des Hundes des früheren Besitzers. Ich war diejenige, die bemerkte, daß ein Lichtschalter verkehrt herum eingebaut worden war oder daß die Maler das Gästezimmer in der falschen Farbe gestrichen hatten – Birkenweiß statt Antikweiß. Ich war ständig auf Trab, Trab, Trab – kaufte Wasserhähne, Wandleuchten, Toiletten, Waschbecken, Jalousien, Teppichböden. Gemeinsam lasierten Steve und ich die neuen Hartholzböden im oberen Stock, arbeiteten uns auf Händen und Knien von Brett zu Brett vor. Der Aufwand, aber auch das Ergebnis, entsprachen jenem anderen Fußboden, den ich in meiner Dachgeschoßwohnung in Concord ganz allein in ein Meisterwerk verwandelt hatte, obwohl ich damals seltsamerweise nicht einmal auf den Gedanken kam, die beiden zu vergleichen.

Ich hielt meine eigenen Termine ein, und das trotz des ewigen Hämmerns und Sägens, trotz des Dröhnens der Kompressoren und des Getöses der Lautsprecher, aus denen entweder Countrymusik dröhnte (die Tischler), Hard Rock (die Dachdecker), Radio-Talk-Shows (die Klempner), Klassik (die Elektriker) oder Pop (die Maler). Als das Haus so fertig war, wie ein Haus es nur sein kann, nahmen wir uns den Garten vor und adoptierten eine Katze.

Ich baute mir ein neues Leben auf, eines, das die Frau zurückließ, die vergewaltigt worden war.

Anfang August 1989, ein paar Monate nachdem wir mit dem Haus fertig waren, schrieb ich einen Alptraum in mein Tagebuch. In diesem Traum mache ich mit einem kastenähnlichen Gefährt eine Bruchlandung in einem riesigen Sumpf voller Fische, Frösche und seltsamer Wasserkreaturen. Ein Krebs taucht aus dem Schlick auf, packt etwas, was ich in der Hand halte, ein Buch oder ein Bild, und versucht, mich unter Wasser zu ziehen. Ich wache voller Panik auf. Die Szene ähnelt einer Landschaft aus Sumpf und Fluß, von der ich das Gefühl habe, sie aus einem anderen Traum zu kennen – einem Ort, der mir vage bekannt ist und den ich mit brutalen, versunkenen Mächten assoziiere. Was wäre wohl passiert, wenn ich zugelassen hätte, daß der Krebs mich unter Wasser zieht?

Ich sollte nicht lange auf die Antwort warten müssen.

Zwei Monate später, am vierten Jahrestag der Vergewaltigung, erwähne ich die Vergewaltigung zum ersten Mal seit meiner Hochzeit in meinem Tagebuch. Selbst in meinen privatesten und intimsten Zwiegesprächen mit mir selbst war die Vergewaltigung spurlos von meinem Radarschirm verschwunden gewesen, eine Tatsache, die mich hochgradig verwunderte, als ich meine Tagebücher noch einmal las. Aber an diesem vierten Jahrestag beschreibe ich eine plötzliche und intensive Angst, die mich aus heiterem Himmel überfällt, während ich beim Putzen bin. Dann erinnere ich mich daran, daß ich vor vier Jahren vergewaltigt wurde. »Ich hätte mir die Veränderungen in meinem Leben nie vorstellen können«, schreibe ich. »Mein Leben mit Steve und den Kindern, dieses Haus, unsere vielen Freunde, unsere Katze Minette, der Garten, mein Studio, das alles scheint zu schön, um wahr zu sein. Heute erinnere ich mich daran, daß es aus etwas geboren wurde, das zu schrecklich war, um wahr zu sein. Ich stehe auf der Kippe – erinnere mich und erinnere mich gleichzeitig auch nicht, an den Tag, an dem meine Welt sich veränderte.«

Ein paar Tage später überquerte ich die Schwelle zwischen Erinnern und Nichterinnern. Es war nur ein kleiner räumlicher Schritt – ein paar Zentimeter über eine Türschwelle in San Franciscos Chinatown. Aber für meinen Geist war es ein langer Sturz in einen Abgrund. Wenn ich heute auf diesen Traum und auf die Frage zurückblicke, die ich mir damals stellte, frage ich mich, ob ich mir selbst die Erlaubnis erteilte, aus dem Rennen auszusteigen. Erst dann konnte ich anfangen, mich an das zu erinnern, was zu schrecklich war, um wahr zu sein.

Chinatown ist ein aus vierundzwanzig Gebäudeblocks bestehendes Gebilde aus drei- und vierstöckigen Häusern mit Pagodendächern und reichverzierten Balkonen, das nach dem Erdbeben und dem Brand von 1906 völlig neu aufgebaut wurde. Die belebteste Kreuzung des Viertels lag zwei Blocks von dem italienischen Café in North Beach entfernt, das Steve und ich oft besuchten. Samstags stürzten wir uns nach unserem Vormittagsespresso oft in den Strom der Kauflustigen, die in Fünfer- oder Sechserreihen an dieser Kreuzung aufeinanderprallten, und ließen uns in südlicher Richtung durch das geschäftige Herz des chinesischen Viertels treiben.

Hier kauften wir Gemüse und Früchte, die in Kisten bis auf die Bürgersteige vor den Läden quollen – Körbe mit Avocados, Schnittbohnen und Erbsenschoten; Kartons mit Grapefruits, Mandarinen, Bananen, Bittermelonen. Manchmal kauften wir Essen zum Mitnehmen – glasierte Ente oder Dim Sum – oder stöberten in den Trödelläden nach Geschenken.

Ich vermißte Chinatown, nachdem wir auf die »mediterrane Seite der Golden Gate Bridge« umgezogen waren, wie die Touristeninformation Sausalito gerne beschreibt, einen Ort, dessen Einkaufsviertel sich auf T-Shirts, Kühlschrankmagneten und Souvenirs der kostspieligeren Sorte spezialisiert hat.

Im Vergleich dazu ist Chinatown ein tropischer Wald – dicht und bunt, ein Durcheinander aus Zeit und Raum. Besuche in Chinatown weckten meine Sinne – der Duft von gebratenen Enten, gerösteten Zwiebeln und Dachpappe; die Musik in Kantonesisch und Mandarin, die einem als unverständliches Klanglabyrinth um die Ohren rauscht und plötzlich, wenn man es am wenigsten erwartet, in Englisch übergeht. Und in den engen Gassen – einem Labyrinth aus schmalen Durchgängen, die Teile des Viertels miteinander verbinden – liegt eine brütende Stille, die nur vom Geräusch der Schritte unterbrochen wird.

Im Strom der Menschen, die gefächelt von roten und goldenen Bannern durch diese Neontropen treiben, entdeckt das Auge tausend kleine Details. Goldene Drachen winden sich um eine Straßenlampe oder starren vom Dach einer Telefonzelle auf einen herab. Eine Frau in mittleren Jahren, in kurzer Steppjacke und weiter schwarzer Hose, starrt stirnrunzelnd in einen Korb mit roten Zwiebeln, als hätte sie dort etwas verloren. Ein deutschsprechendes Paar steht staunend in der Tür einer Apotheke und beobachtet, wie die Kräuterkundler Rezepte zusammenstellen, wobei sie sich aus Schubladen bedienen, die vom Boden bis zur Decke reichen und mit geheimnisvollen Rinden, Wurzeln und Blättern gefüllt sind – getrocknetem Fetzenfisch, Angelikawurzeln, Isatisblättern.

An einem Oktobertag vier Jahre nach der Vergewaltigung fuhr ich in diese Stadt innerhalb der Stadt. Meine Besorgungen – getrocknete Chrysanthemenblüten (die, wenn man sie in kochendem Wasser ziehen läßt, einen köstlichen Tee ergeben), Gemüse und was immer mir sonst in die Augen stach – waren zum ersten Mal seit vielen Monaten nicht weiter wichtig. Es war ein seltener Tag des Luxus, ein Tag ohne bestimmtes Ziel.

Nachdem ich in einem Parkhaus in der Nähe des Union Square geparkt hatte, betrat ich Chinatown durch die Drachenpforte an der Grant Avenue und blieb einen Moment stehen, um das aus grünen Kacheln bestehende Monument zu bewundern, das eine klare Trennlinie zwischen Chinatown und dem Geschäftsviertel darstellt.

»Alles auf der Welt befindet sich in ausgewogener Proportion«, wenn wir den vier vergoldeten chinesischen Schriftzeichen glauben wollen, die unter dem großen Bogen hängen. An dieser kaiserlich aussehenden Konstruktion gab es weitere Drachen, Kugeln auf Podesten und zwei Fische, beide mit hoch in die Luft geschwungenem Schwanz, die den Rand des Gesimses in ihren offenen Mäulern hielten.

Ein paar Blocks weiter löste ich mich aus dem Strom der Touristen auf der Grant Avenue, bog links ab und ging tiefer in das Viertel hinein. Die Stockton Street war wie immer vollgestopft mit Fußgängern, die sich an den Straßenrändern stauten und darauf warteten, daß die Ampeln umsprangen. Eine alte Frau mit roten Socken und einer knallgrünen Baseballmütze saß vor einer Mauer und verkaufte winzige Päckchen mit irgendwelchen getrockneten Stengeln, ohne sich um die Füße der Passanten zu kümmern, die nur wenige Zentimeter vor ihr vorbeihasteten. Ich fragte sie, was das für Stengel seien, aber sie sprach kein Englisch, und ich kein Kantonesisch. Aber sie lächelte ein liebreizendes Lächeln, als sei sie ehrlich erfreut über mein Interesse.

Ich schlenderte weiter, blieb immer wieder stehen, zwang andere Kauflustige, die zielstrebiger waren als ich, entweder hinter mir stehenzubleiben oder sich zwischen mir und den Auslagen oder den Laternenmasten hindurchzuzwängen. Ich füllte meine Plastiktüten mit Obst und Gemüse und hielt vor dem Fenster einer Metzgerei an. Ich starrte auf ein Tablett mit winzigen Vögeln, lehnte mich eine Weile mit dem Rücken an eine Wand und bewunderte eine Reihe von drei Balkonen mit roten Doppeltüren auf der anderen Straßenseite. Die Metallgeländer der Balkone waren grün gestrichen und kunstvoll verschnörkelt, wie Spitze. Ich stellte mir vor, wie es wäre, über einem solchen Trubel zu leben, stellte mir die friedlichen Räume hinter den Türen vor, wo Familien die Welt ausschlossen.

Als ich mich weitertreiben ließ, kam ich an einem Fischgeschäft vorbei. Jeder Zentimeter Fläche, den der Besitzer als sein eigen beanspruchen konnte, war voll ausgenutzt. Auf dem Bürgersteig stocherte eine elegant gekleidete Frau mit einer Zange in einer Holzkiste mit Blaukrabben herum. Die Krabben sahen tot aus, wurden aber lebendig, als sie sie herumschubste und strampelten mit alarmierender Energie mit den Beinen. Neben den Krabben gab es einen Drahtkäfig mit lebenden Ochsenfröschen, die höchst mißmutig, wie ich fand, zu den Kauflustigen aufstarrten, die ihnen zu nahe kamen. Die Frösche hatten sich zu einer geordneten Gruppe zusammengefunden, als wäre Panik unter ihrer Würde.

Die Wände des Geschäfts waren von Fischtanks gesäumt, die hoch übereinandergestapelt waren. Große Fische schwammen in brackigem Wasser, dessen Oberfläche durch ihre Versuche, Sauerstoff aus der Luft zu schnappen, ganz schaumig geworden war. Es gab Tanks voller Pazifikkrebse mit nach innen gerollten Scheren, die wie die Pfoten dösender Katzen aussahen. Es gab Tanks mit Hummern. Behälter mit Tintenfischen, Garnelen, Shrimps, Herzmuscheln, Venusmuscheln und Schildkröten bildeten einen schmalen Gang, der zu einer Theke führte, an der es sowohl filetierte als auch ganze Fische gab. Riesige Fliegen summten in anscheinend irrwitziger Entschlossenheit umher und ließen sich durch die Tatsache, daß Verkäufer oder Kunden ständig nach ihnen schlugen, nicht im geringsten stören.

Der Laden war beliebt. Immer mehr Leute strömten hinter mir durch die Tür, als ich mich zu einem Blech mit Garnelen vorschob. Bald war ich von allen Seiten eingekeilt. Es gab keine eigentliche Schlange – Frauen schrien über die Köpfe der vor ihnen stehenden Frauen auf die Angestellten in den blutverschmierten weißen Schürzen ein, die Fische aus den Tanks kescherten oder aus den Auslagen holten. Nachdem ich mehrmals übergangen worden war, schwor ich mir, meinen Platz zu behaupten, drängte mich vor und zwängte mich entschlossen zwischen zwei Frauen ganz vorn, die sich miteinander und mit dem Verkäufer, der ein großes Messer in der rechten Hand hielt, herumzustreiten schienen. Das Problem schien ein Fischkopf zu sein, der in einer Pfütze aus wäßrigem Blut auf einem hölzernen Schneidebrett lag. Er war grau und etwa so groß wie ein Fußball, ein richtiges Monstrum. Das Maul des Fischs war aufgerissen, als hätte der Tod sich lange Zeit gelassen, bevor er endgültig zuschlug, und seine offenen Augen, die aus ihren Höhlen quollen, schienen mich müde und besiegt anzusehen.

Der Streit spitzte sich zu. Der Angestellte drehte den Kopf ungeduldig hin und her. Plötzlich zog er eine Grimasse, hob das Messer, holte zum Schlag aus und schlug den Kopf in der Mitte durch. Die Wucht des Schlages ließ einen feinen blutigen Nebel aufsteigen, und die Augen des Fischs schossen aus ihren Höhlen, als wären sie von hinten herausgedrückt worden. Grinsend, einen befriedigten Ausdruck auf dem Gesicht, deutete der Angestellte auf den zerteilten Kopf.

Ich wartete nicht, um zu sehen, ob seine salomonische Lösung für das Problem nur eines Fischkopfes für zwei Kundinnen die beiden Frauen zufriedenstellte. Von einer unerklärlichen Panik erfaßt, drehte ich mich um und fing an, mich durch die Menge hinter mir zu wühlen. Ich hatte nur einen Gedanken – weg hier. Mein Herz schien sich in meiner Brust zu überschlagen. Ich kämpfte mich auf die offene Tür zu. Im letzten Augenblick stolperte ich. Mit einem Aufschrei schlug ich der Länge nach auf den Bürgersteig. Gemüse kullerte aus meinen rosa Einkaufstüten, und einen Moment lang glaubte ich, das Gemüse und die zahllosen Füße, die mich umdrängten, seien das letzte, was ich auf dieser Erde sehen würde. So also fühlt sich ein Herzanfall an, dachte ich. Unfähig zu atmen, schnappte ich nach Luft, während ein Passant mir auf die Beine half.

»Es geht schon wieder, danke. Ich bin nur gestolpert. Ja, das ist meine Avocado. Nein, lassen Sie sie nur. Nochmals vielen Dank.« Worte kamen aus meiner Kehle. Ich atmete. Ich sprach. Ich stand auf den Beinen. Ich war in Ordnung – und ich war schrecklich verlegen. Ich tauchte in der Anonymität der Menge unter und hastete zurück zur Drachenpforte, schockiert über meine Reaktion, über die plötzliche Panik und das Gefühl zu ersticken. Ich hatte keine Erklärung dafür.

Ein paar Blocks weiter sah ich einen Lieferwagen, der in zweiter Reihe vor einer Metzgerei parkte. Als ich näher kam, riß der Fahrer, als hätte er nur auf mich gewartet, die Türen auf. Dahinter lagen ordentlich aufgeschichtet mindestens fünfzig frisch geschlachtete Spanferkel. Der Fahrer griff in den Wagen, zerrte einen der weichen, rosigen Körper vom Stapel, warf ihn sich über die Schulter und trabte in den Laden. Der Kopf des Ferkels hüpfte auf und ab, seine Vorderfüße schlugen sanft gegen die Brust des Mannes, eine Geste, die mir wie ein Protest vorkam. Ein Schluchzen stieg in meiner Kehle auf, die sich in dem vergeblichen Versuch, es zurückzuhalten, unwillkürlich zusammenzog. Ich hatte das Gefühl, diesen Kummer jahrelang zurückgehalten zu haben und zu ersticken, wenn ich ihn nicht endlich aus mir herausließ. Tränen, die ich nicht kontrollieren konnte, folgten.

Irgendwie schaffte ich es, nach Hause zu fahren. Als Steve an diesem Abend von der Arbeit kam, lag ich zusammengekrümmt auf der Couch und weinte immer noch, so wie ich es den ganzen Nachmittag über getan hatte. »Was ist mit dir?« wollte er wissen, nahm mich in die Arme und streichelte mich. »Sag doch, sag doch!«

Ich konnte es ihm nicht sagen. Ich wußte nicht, daß ich von dem klauenbewehrten Monster aus meinem Traum in die Tiefe gezogen wurde.

12.

EINE NEUE WELT

Wie soll das Herz versöhnt werden
mit seinem Fest der Verluste?

STANLEY KUNITZ
»Die Schichten«

Ein persisches Sprichwort sagt: »Ein ertrinkender Mann sorgt sich nicht um den Regen.« Als am 17. Oktober 1989, nur eine Woche nach dem Tag in Chinatown, an dem die Erde unter mir nachgegeben hatte, das Loma-Prieta-Erdbeben zuschlug, registrierte ich es kaum. Ich weiß, daß ich einen Anruf von einer Freundin in Japan bekam, die tagelang versucht hatte, bei völlig überlasteten Leitungen zu uns durchzukommen. Ich erzählte ihr, wie das Haus sich gleichzeitig aufgebäumt und zur Seite geneigt hatte, wie Bücher und Vasen auf den Regalen herumgehüpft waren, als hätte ein Poltergeist von ihnen Besitz ergriffen. Ich erzählte ihr, daß die Katze mich ein paar Sekunden vor dem Erdbeben mit weitaufgerissenen Augen, riesigen Pupillen und gesträubtem Fell angestarrt hatte. Ich erzählte ihr, daß ich bei diesem Anblick laut gelacht und gedacht hatte, Minette spiele irgendein absurdes Katzenspiel, und daß mir erst nach dem Erdbeben klargeworden war, daß ihre tierischen Sinne gespürt hatten, was meine eigenen Sinne nicht wahrgenommen hatten. Ich erzählte ihr, daß sich Steve, der nach der Arbeit mit dem Auto nach Hause unterwegs war, nicht erklären konnte, wieso sein Autoradio plötzlich ausfiel oder wieso seine Reifen so komisch wackelten. Er dachte nicht im entferntesten an ein Erdbeben, bis er zur Golden Gate Bridge kam und sah, daß sich die in südlicher Richtung fahrenden Autos dicht an dicht drängten und ihre Fahrer, die so schnell wie möglich von der Brücke herunterwollten, panisch hupten, während die allzeit pflichtbewußten Mautkassierer nach wie vor entschlossen waren, ihnen die Gebühren abzuverlangen.

Ich erzählte meiner Freundin nichts von meinem persönlichen Absturz ein paar Tage vorher, der auf mich weit schwerwiegendere Auswirkungen hatte als das Erdbeben. Ich erzählte ihr nicht, daß ich das Gefühl hatte, keine Kontrolle mehr zu haben und von innen nach außen gestülpt zu werden. Ich erzählte ihr nicht, daß das völlig unbegründete Entsetzen, das ich in einer Zeit, die mir seit Ewigkeiten vergangen schien, in einer Mansardenwohnung empfunden hatte, als zwei kleine Jungen sich die Treppe hinaufschlichen – daß dieses Entsetzen über einen kindlichen Streich, über im Grunde genommen nichts, zurückgekehrt war.

Obwohl das Erdbeben für viele in der Stadt katastrophale Folgen hatte, ging Sausalito auf seinem Untergrund aus geborstenem Muttergestein fast unbeschadet daraus hervor. Unser Bauunternehmer hatte gute Arbeit geleistet, und das Haus hielt stand. Ein zerbrochener Blumentopf, ein paar auf den Boden gefallene Bücher, eine Katze, die weglief und dann wieder nach Hause kam, das Telefon, das um drei Uhr morgens klingelte, besorgte Menschen am anderen Ende. Ein paar Freunde aus der immer noch dunklen Stadt flüchteten sich mit verderblichen Lebensmitteln beladen in unsere Enklave, wo die Stromversorgung wiederhergestellt worden war. Wir kochten, tranken, rauchten (auch diejenigen, die das Rauchen aufgegeben hatten) und saßen wie alle Leute überall vor dem Fernseher. Die dort gezeigten Bilder über die Zerstörungen auf der anderen Seite der Bucht, die von Fernsehreportern in teuren Safarianzügen kommentiert wurden, verwandelten unsere individuelle und relativ harmlose Erfahrung des Erdbebens allein durch die Macht der Wiederholung in eine respektable Katastrophe, die wir alle wie durch ein Wunder überlebt hatten. In den folgenden Wochen stellten wir alle individuelle Erdbeben-Überlebens-Köfferchen zusammen, die mitsamt ihren inzwischen ausgelaufenen Taschenlampenbatterien und verdorbenen Gläsern mit Erdnußbutter im hintersten Winkel irgendwelcher Schränke verstaubten. Die Verleugnung, die beste Medizin für ein Leben in einem Erdbebengebiet, setzte bald wieder ein.

Aber die Frau, die anfing, sich zu erinnern, ließ sich nicht länger verleugnen.

Im *New York Times Magazine* erschien ein Artikel über posttraumatische Belastungsstörungen bei Krankenschwestern, die in Vietnam gewesen waren. Darin schildert Laura Palmer den Fall einer Krankenschwester namens Jean Roth, die am Tag nach ihrer Ankunft in Vietnam von einem Colonel der Air Force vergewaltigt wurde. Ein paar Monate später wurde sie noch einmal vergewaltigt, von einem katholischen Priester, der sie an den Knöcheln über den Rand eines Wasserturms hielt, um sie zum Schweigen zu bringen. Zweiundzwanzig Jahre lang vergaß Roth diese und andere Schreckenserfahrungen aus der Zeit des Krieges und brachte es in ihrem Beruf zu beachtlichem Erfolg. Aber nach einer Rückenverletzung verfiel sie in eine so tiefe Depression, daß sie schließlich eine Therapie für traumatisierte Frauen in Menlo Park, Kalifornien, begann. »Was Roth in Menlo Park fand«, schreibt Palmer, »war ein Ort, der endlich sicher genug war, um sich schrecklich zu fühlen.«

Laut Judith Stewart, der klinischen Psychologin des Programms, sind Überengagement und Leistungszwang – beides Strategien, die Wut und Schuld in Schach halten – häufig bei den Frauen anzutreffen, die sie aufgrund einer posttraumatischen Belastungsstörung behandelt hat. Viele dieser Frauen hatten es geschafft, die Symptome von PTSD zurückzuhalten, indem sie drei Jobs gleichzeitig machten, zahllose akademische Grade erwarben und extrem aktiv waren. Aber sobald diese Patientinnen aus welchem Grund auch immer zur Reglosigkeit gezwungen werden, stürzte PTSD auf sie ein.

1989 wußte ich nichts über dieses Syndrom und ahnte nicht, was da in mein Leben zurückgestürzt kam. Weder konnte noch wollte ich sehen, daß meine Identität, die Identität einer Frau, die glücklich und geschäftig ihr Leben lebte, nur eine Teilidentität war. Die Frau, die vergewaltigt worden war, war immer noch da, aber ich wollte nichts mit ihr zu tun haben.

Und es gab noch ein Problem. Ich konnte die intensiven Gefühle, die mich an jenem Tag in Chinatown überwältigt hatten, nicht mit der Vergewaltigung in Verbindung bringen. Sie waren nicht »mit einer Geschichte verbunden«, einer linearen Erzählung, so wie nichttraumatische Erinnerungen es sind. Sie hatten keinen verbalen Kontext und schienen eine andere Dimension zu besetzen, parallel zur Sprache, aber ohne Schnittstelle damit.

Manche Traumaforscher vermuten, daß bei Zuständen hochgradiger Erregung des Nervensystems, wie sie beispielsweise durch Traumata ausgelöst werden, die linguistische Codierung der Erinnerung ausgeschaltet wird, wodurch das zentrale Nervensystem gezwungen wird, auf sensorische Formen der Erinnerung zurückzugreifen, so wie es im frühkindlichen Leben der Fall ist. Ich nenne diese Erinnerungen nur deshalb Erinnerungen, weil ihr Ursprung wie bei wirklichen Erinnerungen in vergangenen Erfahrungen liegt. Aber genaugenommen waren sie keine Erinnerungen. Sie waren Empfindungen und Emotionen – Verletzlichkeit, Wut, Schuld, Ungläubigkeit, Angst, Hilflosigkeit, Scham und Kummer. Und wie das Ereignis, das sie ursprünglich ausgelöst hatte, hatten sie mich aus dem Nichts heraus mit geballter Wut niedergestreckt. Diese Empfindungen waren beim zweiten Mal sogar noch beunruhigender als beim ersten. In Concord hatte ich immerhin gewußt, daß das, was ich fühlte, mit der Vergewaltigung zu tun hatte. Ich hatte mir noch keine Identität aufgebaut, die diesen Zusammenhang ausschloß. Aber nachdem ich mir die Frau zusammengebastelt hatte, die ihr Leben fortsetzte, war das Beobachten ihres Zusammenbrechens Auslöser für eine weitere Schicht der Wut und des Kummers.

Konfuzius sagte: »Unrecht zu erleiden ist nichts, solange man sich nicht fortgesetzt daran erinnert.« Vor der Vergewaltigung hielt ich diese Aussage für die beste Begründung, warum es eine gute Idee ist, erlittenes Unrecht zu vergessen. Solange es sich um alltägliche Erfahrungen handelt, ist sie sicher keine schlechte Grundregel. Aber bei traumatischen Erfahrungen ist »Vergessen« unmöglich, und doch ist »Erinnern« das letzte, was man tun will. Abwehrmechanismen, egal wie solide sie auch sein mögen, können die rohen, unterdrückten Kräfte der traumatischen Erinnerung nicht für immer in Schach halten.

Die Verleugnung ist ein Trickkünstler und zu den erstaunlichsten Verkleidungen fähig. Inzwischen halte ich die Fähigkeit zu verleugnen für etwas Unheimliches, obwohl mir klar ist, daß sie auch eine gute Seite hat, oder zumindest eine nützliche. Sie hilft einem, die praktischen Seiten des Lebens zu meistern – und ist eine unabdingbare Voraussetzung, wenn man beschließt, an der San-Andreas-Spalte zu leben.

Die Erfahrung, die ich 1989 mit der Verleugnung machte, fühlte sich an wie ein Science-fiction-Film: Eine unidentifizierte Lebensform dringt in ein Raumschiff ein; sie kann jedwede Gestalt annehmen, die nötig ist, um sie vor der Entdeckung zu bewahren – die des Kapitäns, eines Schotts, des Lebensrettungssystems. Unsichtbar macht sie sich an ihr Werk der Zerstörung. Die Verleugnung ist eine Präsenz, die sich als Abwesenheit tarnt. Man kann sie nicht sehen, selbst wenn sie einem ins Gesicht starrt.

Wenn ich keine so robuste Konstitution gehabt hätte, wäre ich vielleicht wie Jean Roth durch eine Krankheit zur Reglosigkeit gezwungen worden. So jedoch ließ mein Körper mich noch ein ganzes Jahr weiterstolpern, ein Jahr, in dem ich mich gegen den schmerzlichen Abstieg wehrte, den alle Opfer irgendwann auf sich nehmen müssen, um zu Überlebenden zu werden.

Und so verstrich dieses Jahr der »Erinnerung« gut getarnt. Wo war die Heldin der Geschichte, die ich Steve vor so langer Zeit erzählt hatte? Sie fiel zurück in die Hölle des Vergewaltigers, aber ich mußte auch weiterhin glauben können, daß sie sich immer noch auf festem Boden befand. Kein Held läßt sich seinen Ruhm kampflos nehmen. Das heroische Ideal – der ultimative Triumph über Widrigkeiten – war die einzige Landkarte, die ich besaß, das einzige Hilfsmittel, das einen Ausweg aus dem Schmerz und der Verwirrung zu bieten schien, die das erste Jahr nach der Vergewaltigung bestimmt hatten. Vielleicht gibt es kein Ideal, das in unserer Kultur ein höheres Ansehen genießt als das, daß gute Menschen, wenn ihnen schlimme Dinge zustoßen, die Widrigkeiten durch heroisches Verhalten überwinden. Sie »reißen sich zusammen« und setzen ihr Leben fort. Hatte ich nicht genau das getan?

Während diese traumatischen »Erinnerungen« mich überwältigten, wurden die Aktivitäten, die sie bis dahin in

Schach gehalten hatten, selbst überwältigend. Ich fing an, mich aus dem Leben zurückzuziehen, das ich mir so eifrig aufgebaut hatte. Aber ich mußte einen Grund für diesen Rückzug finden, der die Phantasieheldin, die sich schließlich und endlich in Kalifornien ein verdammt gutes Leben aufgebaut hatte, am Leben erhalten würde. Ich schrieb meine »Erinnerungen« – die Gefühle der Hilflosigkeit, des Verlusts, der Wut und der Selbstvorwürfe – meinen gegenwärtigen Umständen zu. Ich fing an, die Gewinne meines neuen Lebens in Kalifornien als Verluste zu sehen – Verluste an Privatsphäre, Unabhängigkeit, Kontrolle und Kontext. Ich fing an, die Komplikationen und Verpflichtungen zu hassen, die ein Teil davon waren. Die Freuden des Familienlebens fingen an, sich wie aufreibende Forderungen anzufühlen. Und selbst die einfachsten Aufgaben – das Bezahlen einer Rechnung, das Annehmen einer Einladung, die Zubereitung einer Mahlzeit – wurden mir zur Last. Ich lehnte Aufträge ab, ging Freunden aus dem Weg. Während das Glück aus meinem Leben heraussickerte, fing ich an, auch nachträgliche Ressentiments zu entwickeln, bis ich mein neues Leben völlig umgeschrieben und die letzten beiden Jahre vollständig von innen nach außen gekehrt hatte.

Ich mußte weg von allem, was mich so unglücklich machte – von meiner Familie, dem Haus, meinen Freunden, meiner Arbeit. Durch diesen Rückzug hoffte ich, das einzige Selbst zu retten, das ich zu haben glaubte – oder haben wollte.

Nach dem Erdbeben zog ich mich an den einzigen sicheren Ort zurück, den ich finden konnte – mein wenig benutztes Studio am Strand. Es war ein kleines, zugiges Zimmerchen am Ende einer ehemaligen Militärbaracke, einem von etwa zwanzig Gebäuden nur ein paar Meter vom Strand entfernt, die 1941, kurz vor dem japanischen Angriff auf Pearl Harbor, von der Armee aus dem Boden gestampft worden waren. Die Soldaten, die während des Zweiten Weltkrieges hier stationiert waren, betreuten Artilleriebatterien mit Sechzehnzollgeschützen – Festungsanlagen aus Beton und Stahl, die halb in die Hügel und Klippen über dem Meer eingegraben waren. Die großen Geschütze auf den Felsvorsprüngen über dem Strand waren längst abmontiert worden, die Bunker verlassen. Schwerter wurden von Wind und Regen langsam in Erde zurückverwandelt. Auch das Gras, dem Risse in Beton anscheinend lieber waren als gastlichere Böden, holte sich seinen Teil zurück.

Ich sehnte mich danach, allein zu sein, und war doch einsam. Manchmal saß ich an meinem Fenster, sah auf die Lagune hinaus und weinte. Manchmal verschlief ich den ganzen Nachmittag auf einer Luftmatratze, in eine Decke eingewickelt, die meine Tante Lace für mich gemacht hatte, als ich Steve heiratete. Manchmal raffte ich mich dazu auf, eine Eintragung in mein Tagebuch zu machen, das nur noch ein Auffangbecken für mein Selbstmitleid war. Irgendwann kramte ich die unfertigen Gedichte und Kurzgeschichten hervor, die ich vor der Vergewaltigung geschrieben hatte. Ich versuchte, sie zu überarbeiten, hatte aber das Gefühl, eine Fremde hätte sie geschrieben.

Kurz nach Weihnachten stieß ich in der Bibliothek auf eine bei der University of New Mexico Press erschienene Ausgabe von Cabeza de Vacas *Adventures in the Unknown Interior of America.* Das Buch war 1542 unter dem Titel *La Relacion,* »Das Erzählen« oder »Die Erzählung«, als halboffizieller Bericht an den König von Spanien verfaßt worden.

Cabeza de Vaca, der gemeinhin als der erste Europäer gilt, der den nordamerikanischen Kontinent durchquerte, kam 1527 als Mitglied einer spanischen Expedition nach Amerika, die die Absicht hatte, alles zu erobern, was nördlich des Golfs von Mexiko lag. Aber sein dreihundert Mann starker Erkundungstrupp verlor den Kontakt zu den Schiffen. Zu Fuß machte sich de Vaca mit seinen Leuten in Richtung Norden auf den Weg und verbrachte die nächsten acht Jahre damit, den Weg zurück zu dem zu finden, was er als Zivilisation bezeichnen konnte. Nur vier Männer des Trupps überlebten die sechstausend Meilen lange Odyssee.

Ich war besonders beeindruckt von einer Bemerkung, die de Vaca in seiner direkt an den König gerichteten Einleitung machte: »Obwohl alle nach den Vorteilen streben, die durch Ehrgeiz und Taten zu erreichen sind, sehen wir überall große Ungleichheiten des Glücks, die nicht durch Verhalten, sondern durch Zufall herbeigeführt werden, und nicht durch den Fehler eines Menschen, sondern durch den Willen Gottes. So mag es sein, daß die Taten des einen seine eigenen Erwartungen weit übertreffen, während ein anderer keinen höheren Beweis seines Strebens vorzuweisen vermag als seine fruchtlosen Bemühungen, und selbst diese Bemühungen mögen unbeachtet bleiben.«

Ich begann auf der Stelle mit der Arbeit an einem langen erzählerischen Gedicht mit dem (im nachhinein auf fast traurige Weise anmaßenden) Titel »Mundus Novus«, Neue Welt. Zurückblickend verstehe ich, wieso der namenlose Erzähler in meinem Gedicht nicht de Vaca selbst war, von dem die Geschichte uns berichtet, daß er überlebte, indem er sich bei der einheimischen Bevölkerung als Heiler betätigte, sondern einer seiner anonymen Gefährten, der nie nach Spanien zurückkam. Irgend etwas zwang mich geradezu, die Geschichte dieses unaufgezeichneten, unheroischen Lebens der »fruchtlosen Bemühung« zu erzählen. Den ganzen Winter über plagte ich mich viele Stunden täglich damit ab und überarbeitete es endlos. Dann fertigte ich eine Serie kleiner, abstrakter Zeichnungen an, eine für jede Strophe, und stellte ein selbstgemachtes Buch zusammen.

Nach Monaten der Arbeit beschloß ich, das Gedicht zwei Freundinnen vorzulesen, deren literarischen Sachverstand und deren Urteilsvermögen ich schätzte. Die Verzweiflung meines Erzählers bewegte mich so sehr, daß ich bei mehreren Strophen weinen mußte. Als ich fertig war, machte sich ein unbehagliches Schweigen breit. Die bewegenden Gefühle, die ich hatte ausdrücken wollen, waren nicht in den Worten enthalten, die ich zu Papier gebracht hatte, sagten mir beide – behutsam aber bestimmt. Ich war am Boden zerstört. Am selben Abend zerschnitt ich das Buch in winzige Schnipsel. Ich hatte das Gefühl, mir mein eigenes Herz herauszuschneiden.

Obwohl dieser Versuch, meine Verlustgefühle zu ergründen, zum Scheitern verurteilt war, war er nichtsdestoweniger ein erster Schritt hin zur »Erinnerung«. Therapeuten würden sagen, daß meine kreativen Impulse zu Sklaven der allmählich zum Vorschein kommenden traumatischen Empfindungen geworden waren, die ich nicht als traumatische Erinnerungen erkannte. Ich war damit beschäftigt, meine Erfahrung des Ichverlusts noch einmal zu durchleben, und der Versuch, diese Erfahrung in meinem Gedicht auszudrücken, war so unverständlich wie das Gefühl selbst.

Wie Cabeza de Vaca würde ich durch die Wildnis wandern müssen. Auf dieser Reise würde ich das Phantasie-Ich verlieren, das ich zu bewahren versuchte – die liebevolle und tatkräftige Frau, Mutter und Freundin –, und eine andere Frau finden. Das Ich, das ich verleugnet hatte, fing an, aus der Verleugnung hervorzutreten, die meine Phantasieheldin um es herum gesponnen hatte. Aber sein Erscheinen war beängstigend und erschreckend und kostete mich fast meine Ehe.

In jenem Jahr in meinem Studio, konfrontiert mit meinem künstlerischen Versagen, erkannte ich nicht, daß meine Arbeit ein Schritt in die richtige Richtung war. Mein

Versagen bestätigte mir vielmehr, was ich am meisten fürchtete – daß der Vergewaltiger mich für den Rest meines Lebens mundtot gemacht hatte. Er hatte mich der transformativen Macht der Sprache beraubt. Ich sah meine Unfähigkeit, etwas Ganzes und Nachvollziehbares zu schaffen, als letzte, bittere Niederlage.

Im selben Sommer starb unsere geliebte und verhätschelte Katze Minette an einer seltenen Krebserkrankung. Ich war so untröstlich, als hätte ich ein Kind verloren. Steve begrub sie im Garten, mit ihrer Decke, ihrem Namensschild und ihren Spielsachen. Aber nichts konnte meinen Kummer lindern. Zuerst war Steve über die Intensität dieses Kummers verwundert. Dann fing sie an, ihm Sorgen zu machen, und schließlich reagierte er immer gereizter. Seit die Katze nicht mehr da war, schien das Haus seinen Mittelpunkt verloren zu haben. Es war jetzt ein Ort der Leere und der Abwesenheit. Verlust war alles, was ich fühlen konnte.

Am 4. September 1990 stieß ich im medizinischen Teil der *Washington Post* auf einen Artikel. Ich war zufällig wegen einer Konferenz in Washington, sonst wäre mir die fettgedruckte Überschrift entgangen: **Posttraumatische Belastungsstörung häufiges Syndrom bei vergewaltigten Frauen**. Ich war zu dieser Konferenz gefahren, um neue Beratungsaufträge an Land zu ziehen, nachdem ich meine Schreibversuche aufgegeben hatte. Jetzt saß ich beim Frühstück im Speisesaal meines Hotels und dachte mit Grauen an den Tag, der vor mir lag – eine lange Sitzung in einem fensterlosen Konferenzsaal, gefolgt von einem Nachmittagsempfang und einem anschließenden Dinner für mehrere hundert Personen, bei dem zahllose Reden gehalten werden würden.

Meine Depression machte die Notwendigkeit, charmant zu sein und intelligent zu wirken zu einer Tortur. Ich trug eine Persönlichkeit, die sich wie ein Kleid aus Nägeln anfühlte, und tat nur so, als wäre ich die Person, die ich sein wollte. Ich zwang mich dazu, so zu tun, als läge mir etwas an den Themen, die die anderen Konferenzteilnehmer so sehr interessierten und die mich früher gleichermaßen interessiert hatten. Als ich den kurzen Artikel las, überkam mich ein Gefühl der Erleichterung und – so unwahrscheinlich die Kombination auch klingen mag – der Verzweiflung.

Vergewaltigungen, so fing der Artikel an, stellten ein beträchtliches Gesundheitsrisiko für amerikanische Frauen dar. Es folgten Statistiken: 11,8 Millionen Frauen werden irgendwann in ihrem Leben vergewaltigt; 3,9 Millionen von ihnen leiden anschließend unter einer posttraumatischen Belastungsstörung, »einem quälenden und oft langwierigen psychischen Problem, das bisher fast ausschließlich im Zusammenhang mit Kriegsveteranen Erwähnung fand«. Experten wurden zitiert. Dean G. Kilpatrick, der sich an der Universität South Carolina mit der Erforschung und Behandlung von Verbrechensopfern befaßt, schrieb: »Frauen, die von Unbekannten, den eigenen Ehemännern oder ehemaligen Liebhabern vergewaltigt wurden, erlebten ihre Vergewaltigung alle als gewalttätig … In allen Fällen fürchteten die Opfer ernsthafte Verletzungen oder glaubten gar, bei der Vergewaltigung getötet zu werden … Das Trauma kann ein ganzes Leben lang anhalten.«

Ein ganzes Leben lang? Nicht bei mir, dachte ich. Ich hasse mein Leben einfach nur. Mit einem Kloß im Hals dachte ich daran, wie Minette immer am Fenster gesessen und darauf gewartet hatte, daß ich nach Hause kam. Ich bestellte mir noch einen Kaffee und starrte dem Rücken des sich entfernenden Kellners nach.

Dann las ich weiter. Langfristige Studien hatten ergeben, daß fast die Hälfte aller Vergewaltigungsopfer nie ganz genesen und ihr Leben lang unter chronischen Depressionen leiden. War ich chronisch deprimiert? Der Gedanke, ich könnte es sein, entsetzte mich. Ich war vierundvierzig Jahre alt. Konnte ich weitere, sagen wir mal, dreißig Jahre so leben, als wenn ich leben würde? Vielleicht, dachte ich.

Weitere Studien hatten festgestellt, daß 75 bis 80 Prozent der Frauen sich selbst die Schuld an ihrer Vergewaltigung gaben. Gab ich mir selbst die Schuld? Patricia Resick, Professorin für klinische Psychologie an der University of Missouri in St. Louis, schrieb: »Wir haben hier Frauen, die sich erst jetzt damit auseinandersetzen, daß sie vor 30 oder 40 Jahren vergewaltigt wurden.« Das durchschnittliche Opfer, sagte sie, sucht erst fünf Jahre nach der Vergewaltigung professionelle Hilfe.

Fünf Jahre? Ich zählte die Jahre seit 1985 an den Fingern ab. Vielleicht bin ich verrückt, dachte ich. Vielleicht bin ich normal. Fünf Jahre.

Ich stopfte den Teil der Zeitung mit dem Artikel in meine Aktentasche wie ein gestohlenes Dokument von höchster nationaler Geheimhaltungsstufe. Ich werde ihn noch einmal lesen, sagte ich zu mir selbst, wenn ich wieder zu Hause bin. Aber ich tat es nicht. Ich legte ihn zu meinen anderen Papieren und holte ihn nicht wieder hervor. Aber ich wußte, daß er da war.

Vielleicht gibt es für einen Menschen, der glaubt, glücklich verheiratet zu sein, nichts Bedrohlicheres als die Entdeckung, daß der Partner oder die Partnerin plötzlich und unerklärlicherweise todunglücklich geworden ist. Meine Instinkte hatten mich dazu gebracht, mich aus unserem Leben zurückzuziehen und durch die Wildnis zu wandern. Da ich selbst nicht verstand, was mit mir los war, hatte ich auch keine Erklärung für Steve, der versuchte, die energische, engagierte Frau zurückzuholen, die er geheiratet hatte, während ich sie einen ehrenvollen Tod sterben lassen mußte. Bald waren wir in einen erbitterten Machtkampf verstrickt, der sich in der Arena unseres täglichen Lebens abspielte. Wer die Kontrolle über die Fernbedienung oder über den Einkaufswagen hatte, war nichts mehr, worüber wir lachen konnten.

Steves durchaus verständliche Beschwerden kamen mir damals wie heftige Attacken gegen meine ganze Person vor. Ich reagierte mit verbalem Sperrfeuer. Steve feuerte zurück. Mein Bedürfnis, die Emotionen, die aus der Vergangenheit hervorgeschwärmt kamen, in Sprache zu fassen, wurde zur Obsession. Oft zog Steve sich zurück, um schweigend zu schmollen.

Für mich waren seine Rückzugsmanöver niederträchtige und manipulative Versuche, mich zum Schweigen zu bringen. Aber ich weigerte mich, mich zum Schweigen bringen zu lassen. Unsere Auseinandersetzungen, die wir früher mit Humor entschärft hatten, wurden zu dunklen, verschleierten Neuinszenierungen der Vergewaltigung selbst, obwohl ich das damals nicht erkannte. In diesen Neuinszenierungen spielten wir beide sowohl die Rolle des Vergewaltigers als auch die des Opfers. Wir wüteten beide. Und wir fühlten uns beide hilflos, verletzlich, verängstigt und schuldig.

Das Phänomen der Inszenierung ist, wie ich inzwischen weiß, in der Traumaliteratur ausführlich dokumentiert. Es ist ein weiteres der sogenannten intrusiven Phänomene, zu denen Flashbacks, Alpträume und »geschichtenlose« Erinnerungen gehören. Wie »Erinnerungen«, die keine wirklichen Erinnerungen sind, finden die Wiederholungen des traumatischen Ereignisses für gewöhnlich in verschleierter Form statt. So zum Beispiel führt Judith Herman in *Die Narben der Gewalt* den Fall einer Inzestüberlebenden an, die zwanghaft oft gefährliche Risiken einging. Die Frau beschreibt, daß sie regelmäßig auf der Autobahn Machtkämpfe mit männlichen Fahrern austrug, bis sie schließlich einen Unfall hatte: »Ein Lastwagenfahrer wollte sich vor mir auf die Fahrbahn drängeln, da sagte ich mit ziemlich vulgären Ausdrücken: ›Du A… kriegst deinen Schwanz nicht in meine Fahrbahn rein‹.« Sowohl der Unfall selbst als auch die Tatsache, daß sie sich selbst eine verbale und bewußte Verbindung zwischen dem Mißbrauch in ihrer Kindheit und ihrer gefährlichen Fahrweise herstellen hörte, waren ein Wendepunkt. Es war ein Augenblick der Erkenntnis, der sie darauf hinwies, daß sie das emotionale Erbe ihres Mißbrauchs ergründen mußte.

Nicht alle Inszenierungen sind derart pointiert und gefährlich, aber allen ist gemein, daß sie, wie Herman schreibt, »unfreiwillig wirken« und »zwanghaft und hartnäckig« sind. Freud bezeichnete diese Inszenierungen als »Wiederholungszwang«. Die meisten zeitgenössischen Theoretiker vermuten, daß das häufige Wiedererleben der traumatischen Erfahrung einen spontanen, erfolglosen Heilungsversuch darstellt.

Herman beruft sich auf Mardi Horowitz, der im Zusammenhang mit intrusiven Phänomenen, wozu auch die Inszenierungen gehören, von einem »Vervollständigungsprinzip« spricht, das die dem menschlichen Gehirn eigene Fähigkeit bezeichnet, neue Informationen zu verarbeiten, um die inneren Muster für Selbst- und Weltbilder auf den neuesten Stand zu bringen.

Traumatische Erfahrungen sind definitionsgemäß neue Informationen, zu deren Verarbeitung der menschliche Geist nicht in der Lage ist. Sie sind unverständliche Erfahrungen, die das konzeptionelle innere Gerüst zerstören, also das, was ich mir als die Summe unseres Lebens vorstelle, die persönliche Erzählung, die wir alle in uns tragen. Horowitz meint, daß traumatische Erfahrungen aus diesem Grund in einem besonderen aktiven Gedächtnis gespeichert werden, das hochgradig kinetisch und repetitiv ist.

Es läßt dieselbe Szene immer und immer wieder ablaufen, aber sie trotzt allen Versuchen, sie in den Haupttext der Erzählung zu integrieren. Weil diese Szene aber nie herausgenommen werden kann, muß die eigentliche Geschichte irgendwann umgeschrieben werden.

Andere Forscher, die Herman in ihrem Buch diskutiert, sind der Meinung, daß Inszenierungen eher emotional als kognitiv getriebene Versuche sind, das überwältigende Übermaß des traumatischen Erlebnisses zu meistern. Der Zwang, es immer wieder neu zu durchleben, ist ein Versuch, das Entsetzen, die Hilflosigkeit und die Wut angesichts der tödlichen Gefahr zu meistern.

Lenore Terr untersucht in ausführlichen und faszinierenden Einzelheiten, wie traumatisierte Kinder ihre Erfahrungen durch Spiele immer wieder neu inszenieren, eine adaptive Strategie, die erwachsene Überlebende nicht oft anwenden. Dabei stellte sie überrascht fest, daß die posttraumatischen Spiele einiger der Kinder, die die Chowchilla-Entführung überlebt hatten, sogar an jüngere, nicht traumatisierte Kinder weitergegeben worden waren. »Man fragt sich«, schreibt sie, »ob die alte ›traumatische Angst‹ für immer mit derartigen Spielen verhaftet bleibt.« Ihre eigene vierjährige Tochter weigerte sich beispielsweise, das Spiel »Ring Around the Rosie« zu spielen, weil ihr dabei immer »so komisch« wurde. Warum, fragt Terr und erinnert uns daran, daß mit »rosie« die Geschwüre der Pest gemeint sind, die im Mittelalter in Europa wütete. »A pocket full of posies« meint die Blumen für die Toten und die Amulette zur Abwehr der Krankheit. »Ashes, ashes« steht für die Leichen, die auf den Straßen verbrannt wurden, und mit »we all fall down« ist natürlich das Sterben an sich gemeint. Terr mutmaßt, daß ihre kleine Tochter die traumatischen Gefühle aufgegriffen hat, die selbst heute noch mit diesem alten Lied verhaftet sind, zwanzig Generationen nach den

»traumatisierten Erfindern« – eine interessante Spekulation.

Was außer Frage steht, ist die Tatsache, daß dieses aus einem mittelalterlichen Trauma heraus entstandene Lied, an das ich mich lebhaft aus meiner eigenen Kindheit erinnere, bis ins zwanzigste Jahrhundert überlebt hat. Ist es da nicht logisch, anzunehmen, daß derartige traumatische Erfahrungen auch auf weniger spielerische Weisen überliefert oder wiederholt werden könnten? Könnte ein Individuum ein persönliches Trauma nicht, ähnlich wie die Gesellschaft es tut, in verkleideter Form neu inszenieren?

Meine eigene Erfahrung sagt mir, daß alle derartigen Inszenierungen ein Teil des Versuchs sein können, das Trauma überlebbar zu machen, und es oft auch sind. Es gibt Aspekte meines eigenen Verhaltens nach der Vergewaltigung, die ich mir nicht anders erklären kann. Aus irgendeinem Grund kommt das Trauma irgendwann unweigerlich wieder an die Oberfläche. Gefühle wie Grauen, Versagen oder Hilflosigkeit lösen es aus. Manchmal findet dieses Wiederauftauchen ganz offen statt, und ich kann mein Grauen als Erinnerung an den Vergewaltiger identifizieren. Aber oft tritt es auch verschleiert in Erscheinung, und ich weiß nur, daß ich mich hilflos fühle und das Gefühl habe, die Kontrolle verloren zu haben.

Es fällt mir immer noch schwer, klar zu sehen, wie meine nicht assimilierten Gefühle der Wut oder der Hilflosigkeit meine Ehe in diesem Jahr beeinträchtigt haben. Jede intime Beziehung besitzt ihre eigenen Konflikte und Auseinandersetzungen, und alle enthalten bis zu einem gewissen Maß das schwer zu fassende Erbe der Vergangenheit. Kein Mensch ist frei von der Anhäufung vergessener Motivationen und Wünsche, die das sokratische Gebot »Erkenne dich selbst« zu einer so besonders herausfordernden Aufgabe machen. Traumatische Erfahrungen machen es schwer, zwischen »normalen« und »abnormalen« Konflikten zu unterscheiden.

Mir persönlich fällt es immer noch schwer zu entscheiden, ob der Ärger, den ich in einer bestimmten Situation empfinde, legitim ist oder ob er aufgebauscht wurde durch die »abnormale« Wut, die die »normale« Reaktion auf ein Trauma ist. Ich kann die Frau, die nicht vergewaltigt wurde, nicht zurückholen. In einem sehr realen Sinn kann ich mich nicht einmal erinnern, wer sie war, und ich kann auch nicht hoffen, die Ehe zu erleben, die sie vielleicht geführt hätte. Zweifellos hätte sie ihre eigenen Konflikte gehabt.

Nach einem Jahr des Unglücklichseins und der Spannungen wußten Steve und ich, daß irgend etwas ganz schrecklich verkehrt lief, aber keiner von uns wußte, was es war. Vielleicht war unsere Bereitschaft zu kämpfen, mit harten Bandagen, wenn es sein mußte, unsere Rettung, obwohl wir zur betreffenden Zeit beide das Gefühl hatten, unsere Auseinandersetzungen seien das Vorspiel zur Scheidung. An einem Samstag nachmittag im Frühherbst hatten wir wieder einmal einen heftigen Streit. Ich weiß nicht mehr, was der Auslöser war, inzwischen genügte dazu schon eine Kleinigkeit. Ich warf Steve vor, meine Gefühle völlig zu mißachten. Es war vollkommen klar, daß er mich nie geliebt hatte. Ich war für ihn ein Ding, keine Person. Ich belegte sein Verbrechen anhand eines ganzen Katalogs von Gefühlosigkeiten und Mißachtungen, der ein Wunder an Detailgenauigkeit war. Steve explodierte. »Du machst mich zu einem Monster!« schrie er. »Aber ich bin nicht dein Vergewaltiger!«

»Du benimmst dich aber so«, schrie ich zurück, fassungslos darüber, daß er die Vergewaltigung, das Schlimmste, was mir je zugestoßen war, gegen mich verwendete. Jetzt war er tatsächlich ein Monster. Aber in der schockierten Stille, die auf diesen Wortwechsel folgte, erhaschten wir beide einen flüchtigen Blick auf die Bestie, die in unserem Haus umging.

Eine Woche später saßen wir auf einem zweisitzigen Sofa im Sprechzimmer eines Therapeuten, der sich auf Paarberatung spezialisiert hatte. Sein Büro war ganz in Beige und dänisch-modern gehalten, und auf den Beistelltischchen rechts und links der Couch standen Kleenexschachteln parat. Das Problem, auf das Steve und ich uns geeinigt hatten und das wir dem Arzt, den ich Dr. Blanchard nennen will, ruhig und gefaßt vortrugen, lautete, daß wir »Kommunikationsprobleme« hatten, ein Euphemismus, den er mit einem langsamen Blinzeln, einer seiner lebhafteren Reaktionen, zur Kenntnis nahm.

Zehn Wochen lang gingen wir einmal die Woche zu Dr. Blanchard. In diesen Wochen sagte er so gut wie nichts, was man als Vorschlag hätte bezeichnen können. Das einzige, womit er uns bedachte, war das langsame Blinzeln, gelegentlich durch ein »Uhhuh« oder ein Nicken unterstrichen, und die Frage, die unweigerlich auf meine langatmigen und auf Steves eher bündige Schilderungen unserer letzten Auseinandersetzung folgte: »Und wie haben Sie sich dabei gefühlt?« Er machte sich keine Notizen, äußerte keine Meinung. Mit einer einzigen Ausnahme können weder Steve noch ich uns an irgend etwas erinnern, was er gesagt hat. Aber diese Ausnahme fasziniert uns beide, wenn wir daran zurückdenken. Wir sind uns immer noch nicht klar darüber, ob diese Bemerkung ein Beispiel für gröbste Gefühllosigkeit oder ein professioneller Geniestreich war.

In unserer ersten Sitzung forderte Dr. Blanchard uns nacheinander auf, etwas über unseren jeweiligen Hintergrund zu sagen. Steve erzählte mir später, ich hätte meine Schilderung mit der Bemerkung beendet, ich sei vor viereinhalb Jahren in meiner eigenen Wohnung vergewaltigt worden. Ich nannte keine Einzelheiten und sagte nur, der Typ sei nie geschnappt worden.

»War es«, fragte Dr. Blanchard, »eine besonders schlimme Vergewaltigung?«

Ich antwortete ohne Zögern und ohne jede Gefühlsregung: »Der Typ war mehrere Stunden da. Aber er hat kein Messer benutzt, falls es das ist, was Sie meinen.«

Dr. Blanchard nickte, und die Sitzung ging weiter, ohne daß die Vergewaltigung noch einmal erwähnt wurde.

Es war Steve, der mich hinterher auf Dr. Blanchards Frage aufmerksam machte. Ich selbst hatte sie, so seltsam das vielleicht klingen mag, fast vergessen.

»Findest du nicht auch, daß seine Frage nach der Vergewaltigung komisch war?« sagte Steve, als wir zum Auto zurückgingen.

»Welche Frage?« antwortete ich und dachte nur, daß Steve einen Vorwand suchte, sich vor der Therapie drücken zu können. Er wiederholte Dr. Blanchards Frage.

»Ach, das«, sagte ich, als wäre es mir auch aufgefallen. »Was weiß er denn schon? Im Grunde genommen hätte ich sagen sollen: ›O nein, es war eine von diesen zärtlichen Vergewaltigungen, bei denen man sich so gut fühlt.‹«

»Meinst du, wir sollen uns lieber jemand anderen suchen?« sagte Steve.

»Nein, sagte ich. »Meine Vergewaltigung ist hier nicht das Problem.«

Obwohl ich so tat, als wäre Dr. Blanchards Bemerkung mir gleichgültig, ließ sie mich auf kleiner Flamme köcheln. In einem Akt der Übertragung, von dem ich inzwischen meine, daß er ins psychiatrische *Guinness Buch der Rekorde* gehört, projizierte ich meinen Ärger weg von Steve auf Dr. Blanchard. Ich machte mich ständig über ihn lustig und behandelte die Sitzungen bei ihm wie Geschäftstreffen. Ich griff nicht ein einziges Mal nach einem Kleenex und äußerte nie irgendwelche Gefühle. Er war ein unsensibler Klotz, aber ich dachte, er hätte vielleicht ein paar Tips für Steve parat, der, soweit es mich betraf, der eigentliche Patient war.

Im nachhinein ist mir klar, wieso ich nicht auf Dr. Blanchards Frage reagieren konnte. Sie schien Vergewaltigungen herunterzuspielen, indem sie implizierte, daß es welche gab, die nicht so schlimm waren. Einerseits wollte ich meine Erfahrung ebenfalls hinter mir lassen. Andererseits wollte ich ihre Brutalität geltend machen. Das jedoch würde mich zwingen, auch die Folgen dieser Brutalität geltend zu machen. Zwischen diesen gegensätzlichen Bedürfnissen – zu verleugnen und zu bestätigen – fühlte ich mich gefangen und hoffnungslos. Nach jeder Sitzung mit Dr. Blanchard war ich noch deprimierter als vorher. Meine Antwort auf Dr. Blanchards Frage spielte meine tatsächliche Erfahrung herunter – durch meine Aussage, daß ich keine Messerverletzungen davongetragen hatte, schien ich anzudeuten, daß die Vergewaltigung keine große Sache gewesen war. Gleichzeitig deutete ich aber auch an, daß sie sehr wohl eine große Sache war. (»Der Typ war mehrere Stunden da.«)

Falls Dr. Blanchard die Absicht verfolgte, mich zu zwingen, mich meiner eigenen Verleugnung zu stellen, verdient er mehr Ehre, als ich ihm damals zubilligte. Ich weiß nur, daß ich seine Frage als weiteres Beispiel für die Gefühllosigkeit interpretierte, die vergewaltigte Frauen isoliert und demütigt.

An einem Abend, zehn Wochen nachdem wir angefangen hatten, zu ihm zu gehen, saß ich mit einer Rasierklinge in der Hand in der Badewanne. Ich weinte unkontrollierbar. Es war Zeit, meine Heldin von ihrem Elend zu erlösen. Ihre Wunden, so fühlte ich, waren tödlich.

Steve, der auf der anderen Seite der verschlossenen Tür fast umkam vor Sorge, sagte schließlich, er würde Dr. Blanchards Notfallnummer anrufen. Ein paar Minuten später kam er zurück und verlangte, daß ich die Tür aufmachte.

»Ich habe mit Dr. Blanchard gesprochen«, schrie er.

Ich hörte auf zu weinen. In diesem Augenblick hatte ich Mitleid mit Steve. Ich wußte, daß er mich liebte und daß er litt.

»Und? Was hat er gesagt?« fragte ich. Ich stieg aus der Wanne. Und machte die Tür auf. »Es tut mir leid«, sagte ich, als ich ihm in die Augen sah. »Ich weiß nicht, was mit mir los ist.«

»Ich weiß«, sagte Steve und wickelte mich in ein Handtuch.

»Was hat Dr. Blanchard gesagt?«

»Ich hab gesagt, daß du damit drohst, dich umzubringen. Und daß du völlig hysterisch bist. Er hat gesagt, vielleicht wäre es das Beste, wenn ich bei ihm vorbeikommen würde. Und dann hat er mich gefragt, wie ich mich dabei fühle.«

Einen Augenblick lang starrten wir uns an. Dr. Blanchard wollte Steve und nicht mich sehen? Wir fingen an zu lachen. Wir konnten uns nicht mehr halten vor Lachen, während wir Dr. Blanchards langsames Blinzeln nachahmten und in allen möglichen Stimmlagen und mit jeder nur denkbaren Betonung immer wieder wiederholten: »Und wie fühlen Sie sich dabei?«

Als wir nicht mehr konnten, setzten wir uns Hand in Hand aufs Bett, und ich rief Dr. Blanchard an.

»Ich hätte gern eine Empfehlung«, sagte ich. »Ich glaube, ich sollte mit jemand sprechen, der Erfahrung in der Behandlung von Vergewaltigungsopfern hat.«

Dr. Blanchard hatte einen Namen parat – den einer Frau, die mit ihm zusammen studiert hatte, einer »Spezialistin«. Vielleicht hatte er meinen Anruf erwartet. Vielleicht auch nicht.

13.

BROMBEEREN

Du öffnest die Augen
und bist umschlossen von Wäldern –
kahlen Wäldern, wie Dickichten
aus Stacheldraht, verschlungenen Zweigen

FREIDA CHAPMAN
»Sieh noch einmal in diesen Tag«

Sausalito, Kalifornien, September 1993

Gestern ein merkwürdiger Zeitungsausschnitt: »Rumänisches Gesetz ermöglicht Freilassung verurteilter Vergewaltiger, die ihre Opfer heiraten.« Was bedeutet das denn nun schon wieder? Ist es ein altes Gesetz aus einer feudalen Vergangenheit, ersonnen von Patriarchen, die sich die beschädigte Ware vom Hals schaffen wollen? Niemand wird sie jetzt, wo sie vergewaltigt worden ist, noch heiraten wollen? Höchstens ihr Vergewaltiger? Ich kann mir nicht vorstellen, daß irgendeine Frau ihren Vergewaltiger freiwillig heiraten würde. Wie der Heiratsantrag wohl aussehen soll?
»Miststück. Ich weiß, daß du mich nicht vergessen hast. Das Gefängnis ist kein Spaß. Es wimmelt hier nur so von Vergewaltigern und Ratten. Ich hasse dich deswegen nur um so mehr. Ich habe keinen Grund, dich zu hassen, aber mein Haß ist rein, und du kannst immer darauf zählen. Wenn du mich heiratest, werde ich dich für immer hassen. Bitte sag noch einmal nein. Ich weiß ja, was du in *Wirklichkeit* meinst. Mit all meinem Haß, für immer, dein Vergewaltiger.«

Ich gebe den Versuch auf, das rumänische Gesetz zu verstehen. Und auch, warum es in der Zeitung erwähnt wird.

Brombeeren sind dafür bekannt, daß es fast unmöglich ist, sie loszuwerden. Sie entspringen einem Wurzelstrunk tief in der Erde, der schnell wachsende Wurzeln in alle Richtungen aussendet, wie Speichen, die von einer Radnabe ausstrahlen. Sie schicken neue Triebe an die Erdoberfläche, wo sie sehr schnell Blätter hervorbringen. Jeder neue Trieb versucht sodann mit äußerster Energie, einen eigenen Wurzelstrunk zu bilden. Brombeeren wachsen selbst auf den ärmlichsten Böden und stören sich weder an Trockenheit noch Überschwemmung. Sie tun alles, nur im Schatten blühen sie nicht und tragen auch keine Früchte. Dafür steigert eine Existenz im Schatten ihre energische Suche nach dem Sonnenlicht, von dem sie anscheinend glauben, daß es sich gleich um die Ecke befinden muß. Wenn ein Brombeerzweig lange genug auf der Erde liegt, schlägt er ebenfalls Wurzeln. Jede einzelne Beere enthält zahlreiche Samenkörner. Neue Triebe scheinen in der Lage zu sein, strategisch zu denken. Sie schlängeln sich unter Felsen hindurch, die in der Erde eingebettet sind, und kommen erst auf der anderen Seite an die Oberfläche, wodurch es schier unmöglich wird, sie auszugraben. Sie schleichen sich an erwünschte Pflanzen an, wo sie oft so lange unentdeckt bleiben, bis sie sich so fest etabliert haben, daß man unerwünschte Opfer bringen muß, wenn man sie wieder loswerden will. Um sich zu schützen, bilden sie Dornen aus, die selbst dicke lederne Arbeitshandschuhe durchbohren können. Brombeeren wachsen in Hecken, aber diese sogenannten Hecken sind in Wahrheit undurchdringliche, chaotische Dickichte, die selbst den vorsichtigsten Beerenpflücker umschlingen und verletzen können.

»Die werden Sie nie im Leben wieder loswerden«, sagte

der Mann, den Steve angeheuert hatte, um das Brombeerdickicht auf unserem Grundstück zu roden, bevor er die dritte Fuhre mit Ranken abkarrte, und ließ sich dann ausführlich darüber aus, warum wir ihn spätestens in ein paar Monaten zurückholen würden. Diesen Fehdehandschuh vor den Füßen, schwor sich mein Mann, dessen Sturheit gelegentlich von Vorteil sein kann, dem Experten das Gegenteil zu beweisen.

Da Steve nicht mit irgendwelchen Mitteln arbeiten wollte, auf deren Etikett der Totenkopf mit den darunter gekreuzten Knochen abgebildet war, schulterte er über ein Jahr lang jedes Wochenende die Hacke und machte sich daran, die Brombeerwurzeln auszugraben. Ich sammelte sie ein, trocknete sie und hortete sie fürs erste in einem Pappkarton im Schuppen. Auf ihre Art sind diese Wurzelstrünke wirklich schön – knorrige, ineinander verschlungene, an Skulpturen erinnernde Knoten der Entschlossenheit, manche doppelt so groß wie meine Faust. Eines Tages werde ich irgendwas damit anfangen – sie schmirgeln, bunt anmalen und auf mein Bücherregal stellen.

In dem inzwischen fast voll entwickelten Schattengarten, den Steve und ich angelegt haben, finde ich jedes Frühjahr immer noch neue, kräftige Triebe, die sich im Waldmeister oder zwischen den australischen Veilchen verstecken. Brombeeren, die hoch oben auf dem Hügel auf dem Grundstück unseres Nachbarn wachsen, schleichen sich bis an den Rand unseres Gartens an und schlagen manchmal Wurzeln, wenn ich nicht sehr aufpasse. Ich kann mir nicht helfen, ich muß sie einfach respektieren. Wenn ich den Garten vernachlässigen würde, wären die Brombeeren in zwei Jahren mit halber Kraft wieder da, und in drei Jahren hätten sie den Farn, das Springkraut und den Drachenwurz zu Tode gewürgt.

Manche Gedanken sind wie Brombeeren, und es ist taktisch klug, sie zu respektieren. Wenn es um Vergewaltigungen geht, habe ich insbesondere einen Gedanken. Es ist ein dorniger Gedanke.

1996 fragte mich eine Frau, die bei einem Dinner in New York neben mir saß, was ich beruflich machte. Als ich ihr sagte, daß ich in der ersten Person Singular an einem Buch über Vergewaltigung schrieb, sagte sie: »Ich kann mir einfach nicht vorstellen, wie Sie über etwas schreiben können, was so...« Sie zögerte, suchte nach den passenden Worten. »So sehr persönlich ist.«

»Wieso ist das, was ich mache, persönlicher als ein Buch über eine lebensbedrohliche Krankheit oder über eine schreckliche Kindheit?« fragte ich zurück.

»Weil eine Vergewaltigung ein sexueller Akt ist – etwas so Intimes.«

»Das Persönlichste an meiner Vergewaltigung«, sagte ich, »hat nicht das geringste mit meiner Vagina zu tun.« Ich war verärgert, und das hörte man meiner Stimme an.

»Wieso ist es persönlicher, über eine Vergewaltigung zu reden, als darüber, daß man im Central Park West überfallen wurde?« fuhr ich fort. »Die Leute reden ständig darüber, daß sie überfallen wurden. Sie schämen sich nicht deswegen. Überfallen zu werden ist anscheinend nicht zu persönlich, um darüber zu sprechen. Warum sollte eine Vergewaltigung etwas anderes sein?«

»Aber Vergewaltigungen *sind* etwas anderes«, sagte sie.

»Ich muß Ihnen widersprechen«, sagte ich. Dann dachte ich einen Moment nach. »Sie haben recht«, sagte ich dann. »Sie sind tatsächlich anders – aber sie sollten es nicht sein.«

Ich bedauerte sofort, daß ich meinen Zorn an dieser Frau ausgelassen hatte. Sie hatte nur gesagt, daß es sie verlegen machte sich vorzustellen, wie sie selbst sich bei einer so intimen Verletzung ihres Körpers fühlen würde. Ich hatte reagiert, ohne nachzudenken, ohne zu überprüfen, ob mein Zorn eine vernünftige Reaktion oder eine Überreaktion war.

Mir ging auf, daß ich die Tatsache haßte, daß Sex und Vergewaltigung ständig konzeptionell miteinander in Verbindung gebracht wurden, und daß ich mich dagegen wehrte, wann immer sich mir die Gelegenheit dazu bot. Ich wünschte mir eine präzise Unterscheidung, einen Syllogismus: Vergewaltigungen sind Gewalt. Sex ist keine Gewalt. Folglich sind Vergewaltigungen kein Sex.

»Und was ist mit sadomasochistischem Sex?« wird irgend jemand an dieser Stelle unweigerlich fragen. Ist das etwa keine Gewalt?

Ich habe keine persönliche Erfahrung auf diesem Gebiet. Ich gehöre zu den Menschen, die sich schon beim harmlosesten Besuch beim Zahnarzt eine Betäubungsspritze geben lassen. Aber ich kenne Leute, die »Schmerzen« der einen oder anderen Art sexuell erregend finden – Schläge auf den Po beispielsweise, oder gefesselt zu werden. Eine Freundin von mir liebt es, sich mit Halstüchern an die Bettpfosten binden und mit Eiswürfeln »foltern« zu lassen. Eines Nachts schrie sie so laut »nein, nein, nein«, daß ihr Nachbar die Polizei rief. Aber ihr »Nein« bedeutete »Ja«, und sowohl sie selbst als auch ihr williger (und enthusiastischer) Partner wußten das. Menschen haben beim Sex alle möglichen Phantasien, und manchmal leben sie diese Phantasien auch aus. Phantasien sind Fiktionen, die der Vorstellungskraft entspringen und der Kontrolle ihrer Erfinderinnen und Erfinder unterliegen, die auch die Kontrolle darüber haben, sie auszuleben. Sie können Spaß machen, eben weil sie nicht real sind.

Soviel ich weiß, gibt es immer »Vereinbarungen« für sadomasochistischen Sex, und im Gegensatz zu einer Vergewaltigung ist sadomasochistischer Sex einvernehmlicher

Sex. Bei einer Vergewaltigung bedeutet »Nein« tatsächlich nein. Nur die eine Partei denkt anders. Der Unterschied zwischen einem »Sexualpartner« und einem »Vergewaltigungsopfer« liegt vielleicht einfach in dem einen kleinen Wörtchen *Spaß.* Was immer Menschen sich zu ihrem sexuellen Genuß an ausgefallenen oder rauhen Modalitäten ausdenken mögen, Vergewaltigtwerden gehört nicht dazu.

Als ich mit der Arbeit an diesem Buch anfing, dachte ich, die Erkenntnis, daß es bei Vergewaltigungen um Macht und Kontrolle geht, nicht jedoch um Sex, sei fest im allgemeinen Bewußtsein verankert. Ich dachte, dies sei nicht nur mir klar, sondern auch meinem Freundes- und Bekanntenkreis, und deren Freundes- und Bekanntenkreis, und so weiter. Anders ausgedrückt, allen. Wenigstens in diesem Brombeergestrüpp, so glaubte ich, würde ich mich nicht verfangen müssen, weil es in den Jahrzehnten seit Victorias Vergewaltigung vollständig ausgerottet worden sei. Daher war ich sowohl zutiefst erstaunt als auch hochgradig irritiert, als ich zwischen den Lilien kräftige, gesunde Schößlinge entdeckte.

Ich habe eine Freundin, die eine leidenschaftliche Pilzsammlerin ist. Einen Sommer besuchte ich sie in der kanadischen Provinz Quebec und begleitete sie eine Woche lang bei ihren täglichen Streifzügen in die Pilze. Es war genau die richtige Zeit für *Hypomyces lactifluorum,* einen leuchtend-orangefarbenen Schmarotzerpilz, der an den Lamellen und Hüten mehrerer Milchlingarten wächst und wie ein Zwischending zwischen Mandeln und Jakobsmuscheln schmeckt. Natürlich gab es auch andere schmackhafte Arten von Röhrenpilzen und Pfifferlingen in den Wäldern, aber die *Hypomyces* waren der absolute Haupttreffer. Zuerst war ich völlig nutzlos. Ich konnte nicht einen einzigen Pilz finden. Aber nachdem ich die *Hypomyces* zum ersten Mal gegessen hatte (in Butter und Zwiebeln gedünstet), fand ich sie mit fast ebenso großer Treffsicherheit wie meine Freundin. »Es ist wirklich komisch«, sagte sie, »aber wenn man sie einmal gegessen hat, scheint man eine Art Seelenverwandtschaft zu ihnen zu entwickeln. Man fängt an, sie überall zu sehen.«

Während ich dieses Buch schrieb, fing ich an, die Verknüpfung zwischen Sex und Vergewaltigung geradezu überall zu entdecken. Fast machte ich mir Sorgen über mich selbst, während ich immer mehr Artikel aus Zeitungen ausschnitt oder mir Bemerkungen notierte, die mir irgendwo zu Ohren kamen. Trotzdem zeichnete ich alles auf, was ich fand.

So zum Beispiel fiel mir am 21. April 1995 eine Überschrift im *San Francisco Chronicle* auf: VERQUERE VERGEWALTIGUNGSTHEORIE EINES PARLAMENTARIERS. Der Artikel befaßte sich mit den »unverständlichen« Bemerkungen, die der republikanische Abgeordnete Henry Aldridge im Finanzausschuß von North Carolina gemacht hatte, der über den Vorschlag debattierte, einen Fonds abzuschaffen, bei dem einkommensschwache Frauen nach einer Vergewaltigung Zuschüsse für einen Schwangerschaftsabbruch beantragen konnten. Aldridge hatte das Wort ergriffen, weil er sich dafür entschuldigen mußte, daß er zu einem früheren Zeitpunkt geäußert hatte, Opfer von Vergewaltigungen oder Inzest seien sexuell promisk. In dem Versuch, sich aus einem Fettnäpfchen herauszureden, indem er ins nächste hineintrat, sagte Aldridge, vermutlich nach seiner Entschuldigung: »Fakt ist, daß bei Menschen, die vergewaltigt werden – *wirklich vergewaltigt* werden –, die Säfte nicht fließen, die Körperfunktionen nicht arbeiten und sie folglich nicht schwanger werden können. Medizinische Kapazitäten sind sich einig, daß eine Schwangerschaft nur höchst selten, falls überhaupt, vorkommt.«

Einige von Aldridges Mitparlamentariern waren zutiefst empört: »Es ist ja durchaus üblich, daß man Vergewaltigungsopfern die Schuld an ihrer eigenen Vergewaltigung in die Schuhe schiebt. Aber das hier ist das erste Mal, daß ich höre, daß sie auch selbst schuld daran sind, wenn sie schwanger werden«, sagte Henderson, die Präsidentin der National Coalition Against Sexual Assault in North Carolina.

Das Wort »verquer« in der Artikelüberschrift drückt aus, wie der Verfasser des Artikels zu Aldridges Äußerungen steht. Des weiteren werden diese Äußerungen durch das Wort »unverständlich« charakterisiert. Die sprachliche Botschaft ist unmißverständlich: Aldridges Ideen sind sowohl altmodisch als auch idiosynkratisch.

Auch der republikanische Sprecher des Hauses, Harold Brubaker, beeilte sich, sich von Aldridges Bemerkungen zu distanzieren, und sagte, sie spiegelten »nicht die Meinung des Hauses« wider. Dennoch waren anscheinend nur einige der Parlamentarier empört. Die anderen hörten Aldridge womöglich respektvoll zu. Immerhin konnte er sich ja auf »medizinische Kapazitäten« berufen.

Ich machte mir einen Spaß daraus, mit Aldridges Sophistik herumzuspielen. Wirkliche Vergewaltigungen führen nie zu einer Schwangerschaft. Wenn eine Frau nach einer Vergewaltigung schwanger wird, muß sie daran mitgewirkt haben, indem sie ihre »Säfte« fließen ließ. Folglich wurde sie nicht wirklich vergewaltigt. Folglich wäre es unlogisch, staatliche Mittel zur Verfügung zu stellen, damit einkommensschwache Frauen nach einer Vergewaltigung einen Schwangerschaftsabbruch vornehmen lassen können. Schließlich konnten sie nicht wirklich vergewaltigt worden sein. Wenn sie wirklich vergewaltigt worden wären, wären sie nicht schwanger geworden. Was könnte offensichtlicher sein?

Aldridges Kommentar mußte ein faszinierenden Fall von männlicher Projektion sein. Die Vorstellung, daß die Frau etwas zurückhält (ihre »Säfte«), wenn sie überwältigt wird, daß sie immer noch die »Kontrolle« besitzt, scheint die männliche Sicht des Sexualakts widerzuspiegeln. Indem Aldridge die männliche Sexualität auf die Frau projiziert, kann er die Tatsache ignorieren, daß der Penis manchmal als Waffe benutzt wird.

Der Fall ist natürlich völlig absurd und wäre kaum einen Kommentar wert, wäre er nicht auch ein Indiz dafür, wie tief die Vorstellung, daß Frauen selbst dafür verantwortlich sind, wenn sie vergewaltigt werden, in unserer Kultur verwurzelt ist. Diese Vorstellung würde in sich zusammenfallen wie ein Soufflé, das zu früh aus dem Ofen gerissen wird, würde sie nicht von der noch tiefer verwurzelten Vorstellung untermauert, daß eine Vergewaltigung etwas Sexuelles ist. Aldridges Absurdität ist nur eine Variante der immergleichen alten Leier, in diesem Fall noch unerfreulicher, weil sie so auf den eigenen Vorteil bedacht war. Menschen wie Margaret Henderson, die sich zu Fürsprechern der Opfer gemacht haben, gibt es erst seit der Frauenbewegung der 70er Jahre. Wenn Aldridge dieselben Bemerkungen über die schuldhafte Mitbeteiligung der Opfer gemacht hätte, als Victoria vergewaltigt wurde, hätte niemand ihm widersprochen. Der Artikel im *San Francisco Chronicle* ist also insofern ermutigend, als Aldridges Ansichten darin entschieden diskreditiert werden. Aber er ist auch beunruhigend, weil Aldridge immerhin ein Parlamentarier ist, der von den braven Bürgern von North Carolina in sein Amt gewählt wurde. Irgendwo gibt es eben immer noch einen Jurassic Park, in dem Dinge am Leben gehalten werden, über die wir lieber nicht nachdenken würden.

Mit zunehmender Verwirrung las ich Berichte über Fälle wie den folgenden aus dem Jahr 1996. Ein Richter aus Wisconsin verurteilte einen südostasiatischen Einwanderer, der in vier Fällen der sexuellen Nötigung für schuldig befunden wurde, weil er zwei junge Mädchen mehrmals sexuell belästigt hatte, zu vierundzwanzig Jahren auf Bewährung (statt zu der achtzigjährigen Gefängnisstrafe, die er ebenfalls hätte aussprechen können), um ihm die Möglichkeit zu geben, seinen Englischunterricht fortzusetzen und sich somit besser in die amerikanische Kultur integrieren zu können.

Und was sollte ich von dem Richter in Tennessee halten, der einen mutmaßlichen Vergewaltiger 1995 auf freien Fuß setzte, weil dieser behauptete, Stimmen gehört zu haben, die ihn zum Vergewaltigen aufforderten? »Der Verdächtige braucht keinen Wärter«, sagte der Richter, »er braucht eine Freundin.«

Und wo ich schon beim Thema Freundinnen bin – was ist mit Admiral Richard Macke, der 1995 gezwungen wurde, seinen Abschied von der Navy zu nehmen, weil er Reportern gegenüber geäußert hatte, die drei amerikanischen Soldaten, die in Okinawa ein zwölfjähriges japanisches Mädchen vergewaltigt (und die amerikanisch-japanischen Beziehungen ernsthaft gefährdet) hatten, hätten dem Problem aus dem Weg gehen können, wenn sie sich eine Prostituierte genommen hätten. »Ich habe schon mehrmals gesagt, daß sie sich für das Geld, das sie für den Mietwagen ausgegeben haben, genausogut ein Mädchen hätten leisten können.« Dieser Ausrutscher (wie es sowohl in der *New York Times* wie auch in der *Washington Post* hieß) war übrigens nur der letzte in einer Serie von Vorfällen, die vermuten lassen, daß die Navy in ihrer Einstellung und ihrem Verhalten Frauen gegenüber nur wenig Fortschritte gemacht hat, seit es 1991 zum Tailhook-Skandal kam, als zahlreiche Frauen während eines Kongresses von Marinepiloten vergewaltigt wurden.

Im selben Monat, in dem Macke zurücktreten mußte, war der Film *Seven,* in dem eine Vergewaltigungs- und Folterszene vorkommt, die ein Filmkritiker von *Entertainment Weekly* als »zu entsetzlich für Worte« beschreibt, die Nummer eins an den Kinokassen. *Showgirls, Leaving Las Vegas* und *Strange Days,* drei Filme, die ebenfalls 1995 in die Kinos kamen, enthalten gleichfalls brutale Vergewaltigungsszenen, die die gute alte Sexploitation nur zum Teil hinter der Ästhetik des cineastischen Realismus verbergen. Laut einer Statistik von 1993 enthält jeder achte Hollywood-Film »Vergewaltigungsmotive«.

Und nicht zuletzt wäre da noch die Bemerkung des bereits erwähnten Polizeibeamten aus San Diego, einige der Beamte der Abteilung hielten eine Vergewaltigung für einen »Angriff mit einer freundlichen Waffe«. Immerhin stimmt die Hälfte der Aussage. Wenn anstelle der zwei Frauen zwei erwachsene Männer vergewaltigt worden wären, hätten die betreffenden Polizeibeamten sich garantiert nicht derart über das Verbrechen geäußert. Eine Vergewaltigung ist nur dann »freundlich«, wenn weibliche Geschlechtsorgane betroffen sind. Dieselbe Vergewaltigung ist dann auch »so sehr persönlich«.

Vergewaltigungsszenen im Kino lösen bei mir keine unmittelbaren Flashbacks aus, und ich muß mich auch nicht würgend auf die Toilette flüchten. Nicht eine der Szenen, die ich gesehen habe, kam dem Grauen der Wirklichkeit auch nur nahe, und bei einem Film kann man sich wenigstens die Augen zuhalten. Szenen, die eine Vergewaltigung als »sexuellen Akt« darstellen, erinnern mich vielmehr daran, daß ich als Überlebende einer Vergewaltigung vielleicht für immer einen Teil der Schuld des Verbrechens eines anderen tragen muß. Auch wenn allgemein anerkannt ist, daß eine Frau, die vergewaltigt wurde, es nicht »darauf angelegt« hat, können andere schließlich nicht wissen, ob sie nicht doch ihren Spaß an dem hatte, was sie bekam.

Meine Tischnachbarin hatte recht, daß eine Vergewaltigung »so sehr persönlich« ist und daß das auch für das Schreiben darüber gilt. Aber nicht in der Weise, wie sie meinte. Der persönlichste Teil meiner Vergewaltigung hatte weniger damit zu tun, was am 11. Oktober 1985 drei Stunden lang mit meinem Körper geschah, sondern damit, was mit meinem Geist und meiner Psyche geschah. Das Vertrauen zu verlieren, daß das Leben eine Ordnung und eine Kontinuität besitzt – daß es bedeutungsvoll ist –, das ist der persönlichste aller Verluste. Was könnte persönlicher sein als die Antworten auf die ultimativen Fragen der menschlichen Existenz, die zu stellen – oder nicht zu stellen – wir alle uns ein Leben lang abmühen? Der Verlust des Vertrauens in das Leben war für mich gleichbedeutend mit dem Verlust einer Verbundenheit mit der spirituellen Welt – mit Seele, Geist, Anima, Wesenheit, Lebenskraft oder wie immer man es nennen will. Wie hätte ich der verlegenen Frau, die bei jenem Dinner neben mir saß, meine intimsten und persönlichsten Überzeugungen in bezug auf das Leben erklären können – und wie die Vergewaltigung sie alle zunichte machte?

Wenn ich den Gedanken akzeptierte, daß das Sprechen über eine Vergewaltigung irgendwie dem Sprechen über das eigene Sexualleben ähnelte – sehr persönlich und intim auf diese Weise –, stand ich vor einem weiteren Dilemma. Sex und Gewalt sind *überall* – in Kinofilmen, Fernsehsendungen, Rap-Songs –, und zwar oft gleichzeitig. Die amerikanischen Kinogänger sind sexuelle Voyeure geworden. Sex (oft gewalttätiger Sex) ist eine Industrie geworden, nämlich Pornographie, mit der jedes Jahr Millionen von Dollar verdient werden. Was immer ich sonst zum Thema Sex in der amerikanischen Kultur sagen könnte, ein Blick in die Zeitschriftenregale der Supermärkte verrät mir, daß Sex alles andere als sehr persönlich ist.

Ich reagierte so verärgert auf diese Frau, weil ich die Tatsache haßte, daß das Sprechen über Vergewaltigungen (als persönliche Erfahrung, nicht als gesellschaftliches Phänomen) die Leute um mich herum innerlich zurückschrecken läßt. Dieses Zurückschrecken fühlt sich für mich an, als wollte es mich zum Schweigen bringen, obwohl das sicher nicht immer die Absicht ist. Es verwirrt mich, wenn ich es fühle. Ich versuche, meine Erfahrung als gewalttätigen Angriff und traumatisches Erlebnis zu definieren. Aber andere Leute scheinen sie als beschämende sexuelle Begegnung zu sehen. Worte, egal wie präzise, scheinen mich nur tiefer in das Dornengestrüpp hineinzuziehen. Wo sind die Worte? Ich muß sie finden, damit ich nicht das Gefühl haben muß, über etwas »Peinliches« zu sprechen, wenn ich über Vergewaltigungen spreche.

Die Sprache scheint gegen mich zu sein. Die Worte »sexuell« oder »Sex« scheinen neuerdings allgemein dazu benutzt zu werden, Gewalttaten oder gewalttätige Personen zu umschreiben. Vergewaltiger werden inzwischen oft als »Sexualtäter« bezeichnet. Wir sprechen von einem Register für »Sexualdelikte«.

Es gibt einen guten Grund dafür, daß der Begriff sexuelle Gewalt in Mode gekommen ist. Sexuelle Gewalt betont den Gewaltaspekt im Wort Vergewaltigung. Er spiegelt eine historisch noch recht junge klinische, politische und gesellschaftliche Analyse des Phänomens Vergewaltigung wider, durch die versucht wird, der Opferbeschuldigung ein Ende zu machen und die Kriterien einer Vergewaltigung vom Verhalten des Opfers auf das des Täters zu verlagern. Aber wenn ein sexueller Angriff von manchen Gesetzeshütern immer noch als »Angriff mit einer freundlichen Waffe« beschrieben wird, haben die sprachlichen Veränderungen uns nicht sehr weit gebracht. Es scheint eine Strömung zu geben, die tiefer reicht als die Sprache.

Die erste Definition des Wortes **sexuell** lautet, die Sexualität betreffend, darauf bezogen. Die zweite Definition könnte der Grund für einen Teil der Verwirrung sein: zwischen den Geschlechtern stattfindend: sexuelle Beziehungen betreffend. Drittens bedeutet es, Sexualorgane besitzen.

Wenn man erzwungenen und/oder nicht einvernehmlichen Geschlechtsverkehr als »Sexualakt« bezeichnet, läuft man Gefahr, die erste und zweite Definition zu verwaschen. Bei einer Vergewaltigung gibt es keine sexuelle Beziehung. Die einzige Beziehung, die es gibt, hat mit Macht zu tun – damit, daß die eine Seite sie hat, die andere dagegen nicht. Sie ist nur in dem Sinn »sexuell«, als Sexualorgane beteiligt sind und sowohl der Vergewaltiger als auch das Opfer welche haben.

Sicher, Sexualorgane sind kompliziert. In unserer Kultur gelten sie normalerweise als »intim«. In diesem Sinn ist alles, was mit ihnen zu tun hat, »so sehr persönlich«. Man kann verhaftet werden, wenn man sie öffentlich zur Schau stellt. Andererseits kann man zu einer Nudistenversammlung gehen, wo man wahrscheinlich vor die Tür gesetzt wird, wenn man es nicht tut. Irgendwo habe ich gelesen, daß es den Männern eines bestimmten Volkes am Amazonas schrecklich peinlich ist, wenn sich die Schnur löst, mit der sie ihren Penis am Körper hochbinden – ihre einzige Form der Bekleidung. Intimität ist eben relativ, wenn es um die Sexualorgane geht, aber anscheinend haben alle Menschen irgendeine Vorstellung davon.

Die Tatsache, daß sprachliche Veränderungen notwendig waren, um den Sumpf der Opferbeschuldigung trokkenzulegen, läßt darauf schließen, daß er tiefer und größer ist, als es vor dreißig Jahren den Anschein hatte. Und immer noch gibt es Zwiespältigkeiten, ungeachtet tapferer Versuche wie zum Beispiel diesen, die ich in einem studentischen

Handbuch eines kleinen Colleges im Bundesstaat New York gefunden habe.

> Wenn eine Person aufgrund von körperlicher Gewalt, Zwang oder Drohung, egal ob tatsächlicher oder implizierter Art, nichteinvernehmlichen Geschlechtsverkehr praktiziert, gilt dies im Staat New York als Vergewaltigung. Geschlechtsverkehr wird als Vaginalpenetration definiert. Eine Person, die geistig behindert, aufgrund von Drogen- oder Alkoholkonsum körperlich hilflos, bewußtlos oder schlafend ist, gilt als unfähig, ihr Einvernehmen zu bekunden. Wenn Geschlechtsverkehr ohne Einvernehmen stattfindet, gilt das als Vergewaltigung.
>
> **Wenn eine Frau, und zwar ungeachtet der Umstände, »nein« sagt, ist dies keine Frage der Interpretation. »Nein« bedeutet nein. Geschlechtsverkehr, der auf ein gesprochenes »Nein« folgt, oder auf jegliche andere Form der Weigerung oder Ablehnung, ist, auch wenn kein weiterer Widerstand seitens der Frau erfolgt, eine Vergewaltigung und damit im Staat New York ein Kapitalverbrechen.**

Damit scheint das Wesentliche abgedeckt zu sein. Es liegt am Mann, Umstände zu erkennen, die auf einen Mangel an Einvernehmen schließen lassen. Wenn er das nicht tut, ist er ein Vergewaltiger.

Die Sprache des Handbuchs ist präzise, aber ein texanischer Vergewaltigungsfall aus dem Jahr 1992 zeigt, daß sich die Verwischung zwischen Sex und Vergewaltigung, ungeachtet der Präzision der Sprache, von Zeit zu Zeit immer noch sichten läßt wie das Ungeheuer von Loch Ness.

Der Fall handelt von einer Frau, die in ihrem eigenen

Schlafzimmer von einem mit einem Messer bewaffneten Eindringling geweckt wurde, der »Sex verlangte«, wie die Zeitung es ausdrückte. Anscheinend gelang es dem Opfer, sich ein schnurloses Telefon zu greifen, sich im Badezimmer einzuschließen und die Notrufnummer 911 zu wählen. Nachdem der »Eindringling« (war er nicht inzwischen der »Vergewaltiger«?) die Tür eingetreten, »ihr das Telefon aus der Hand geschlagen, sie mit dem Messer angegriffen und ihr befohlen hatte, ihm die Hose auszuziehen«, erkannte das Opfer die Unvermeidlichkeit der Situation und versuchte, ihn zu überreden, wenigstens ein Kondom zu benutzen, um sich selbst vor der Gefahr einer Ansteckung mit dem HIV-Virus zu schützen.

Ein großes Geschworenengericht weigerte sich, Anklage gegen den Angreifer zu erheben, da einige der Geschworenen der Meinung waren, »der Versuch der Frau, sich selbst zu schützen, hätte als Einvernehmen ausgelegt werden können«. Dies löste einen Sturm der Entrüstung aus und »befremdete Anwälte auf beiden Seiten des Falles«. Der stellvertretende Bezirksstaatsanwalt bezeichnete das Verhalten des großen Geschworenengerichts als »sehr eigenartig, sogar bizarr... Irgend etwas an diesem Fall hat sie beunruhigt und aus der Fassung gebracht. Es ist mir wirklich ein Rätsel«.

Cassandra Thomas, die Direktorin der in Washington ansässigen National Coalition Against Sexual Assault, fand die Angelegenheit nicht so rätselhaft. »Wir sagen den Opfern immer: ›Tut, was immer ihr könnt, um euch zu schützen.‹ Jetzt müssen wir ihnen sagen: ›Aber paßt ja auf, wie ihr das macht, weil es euch als Einvernehmen oder Mitwirkung ausgelegt werden könnte.‹ Hier wurde die Geistesgegenwart der Frau gegen sie selbst gewendet.«

Obwohl der Beschluß der Geschworenen später außer Kraft gesetzt wurde, enthüllt er tiefsitzende gesellschaftliche Überzeugungen im Hinblick auf Vergewaltigungen, die immer noch außerhalb der Reichweite von Worten liegen. Wenn es um die Frage geht, ob Vergewaltigungen Sex sind, scheint die Gesellschaft immer noch ähnlich ungläubig zu sein wie die Menschen es vor Hunderten von Jahren gewesen sein müssen, als sie sagten: »Willst du etwa sagen, daß die Erde rund ist? Das ist doch lächerlich! Natürlich ist sie flach!«

Der Unterschied zwischen Sex und Vergewaltigung liegt in der Einvernehmlichkeit. Was das große Geschworenengericht »beunruhigte und aus der Fassung brachte« ist genau das, was Vergewaltigungsopfer jahrhundertelang beunruhigte, aus der Fassung und, wichtiger noch, zum Schweigen brachte. Eine Vergewaltigung ist deshalb so sehr persönlich, weil, wenn man am Leben bleibt, um darüber zu sprechen, immer die Möglichkeit besteht, daß man sich mit einem sexuellen Akt einverstanden erklärt hat, wie diese texanische Frau traurigerweise feststellen mußte.

Als ich mit der Arbeit an diesem Buch anfing, ging ich davon aus, daß die stereotypen Bilder, die den Vergewaltiger als einen sexuell überaktiven Mann darstellen, der das Opfer einer provokativen Frau wurde, oder als einen sexuell frustrierten Mann, der vergewaltigt, um aufgestaute Bedürfnisse abzureagieren, oder als ein Sexmonster mit unersättlichen und perversen Begierden, längst den Weg der Theorie von der Erde als Scheibe genommen hätten. In ihrem Buch *Men Who Rape,* einer ausführlichen klinischen Studie aus dem Jahre 1980, beschrieben A. Nicholaus Groth und H. Jean Birnbaum, um nur ein Beispiel zu nennen, Vergewaltigung als »pseudosexuellen Akt«. Vergewaltigungen werden nicht durch sexuelle Begierden motiviert, lautet ihre Schlußfolgerung: »Im Gegenteil zeigen sorgfältige klinische Studien, daß Vergewaltigungen in erster Linie nichtsexuellen Bedürfnissen dienen. Vielmehr sind sie ein Ausdruck von Macht und Wut... Vergewaltigungen haben mehr mit Feindseligkeit (Wut) und Kontrolle (Macht) als mit Leidenschaft (Sexualität) zu tun. Sie als Ausdruck sexueller Begierde zu betrachten ist nicht nur unzutreffend, sondern auch eine niederträchtige Unterstellung, da daraus folgt, daß ein großer Teil der Verantwortung für das Verbrechen vom Täter auf das Opfer verlagert wird.«

Während der Arbeit an diesem Buch kam das Thema Vergewaltigung mir zunehmend wie ein schwarzes Loch vor. Jedes Wort, das darüber geschrieben oder gesagt wurde, schien in diesen Gravitationskollaps hineingezogen zu werden, der jedes Opfer, mich selbst eingeschlossen, sprachlos zurückließ. Was konnte ich zu jemand sagen, für den das Schreiben über eine Vergewaltigung »so sehr persönlich« war, vor allem, wenn ich wußte, daß dieses Unbehagen größtenteils auf Verlegenheit zurückzuführen war?

Obwohl die sprachlichen Veränderungen – Widerspiegelungen von Veränderungen in unserem Verständnis des Unterschieds zwischen Sex und Vergewaltigung – durchaus eine Hilfe waren, hat es den Anschein, als wäre der Unterschied zwischen diesen beiden völlig verschiedenen Dingen immer noch nicht so ganz klar. Die Definition dessen, was eine Vergewaltigung ist, wurde in dem Versuch, Klarheit darüber zu gewinnen, was »nicht einvernehmlich« bedeutet, ausgepackt, untersucht und wieder weggepackt. Aber die Unklarheit über die Frage der Einvernehmlichkeit ist so problematisch, daß sich Vergewaltigungsopfer in Pennsylvania und mehreren anderen Bundesstaaten Lügendetektortests unterziehen müssen.

Ein Bericht des Justizausschusses des Senats aus dem Jahr 1993 stellte fest, daß Vergewaltigungsopfer weit häufiger als die Opfer anderer Verbrechen Lügendetektortests unterzogen werden. Bei Raub sind es in erster Linie die Verdächtigen, die getestet werden. Bei Vergewaltigungen sind die Chancen, daß sowohl der Beschuldigte als auch die Frau, die die Anschuldigung erhebt, dem Test unterzogen werden, sehr viel größer.

Ich bin noch aus einem anderen Grund froh, daß ich 1985 nicht in Pennsylvania lebte. In Pennsylvania ist ein »Nein« nämlich keineswegs gut genug. Laut den noch 1994 dort herrschenden Gesetzen ist ein Vergewaltigungsopfer, das sich nicht körperlich gegen den Angreifer zur Wehr setzt, nicht vergewaltigt worden, sondern hat Sex betrieben. Das ist dasselbe, als würde man sagen, daß man sich auf einen einvernehmlichen Raubüberfall eingelassen hat, wenn man sich dem Räuber nicht körperlich widersetzt.

Die Frau, die sich fragte, wie ich über etwas »so sehr Persönliches« schreiben konnte, scheint recht zu haben – Vergewaltigungen *sind* anders. Sind sie anders, weil Sex und Vergewaltigung nicht nur durch die Sprache miteinander vermischt werden, die geschaffen wurde, um sie auseinanderzuhalten, sondern auch durch etwas, was über die Sprache hinausgeht. Etwas Tieferes, Dunkleres. Dieses Durcheinander lauert immer im Hintergrund, wenn man vergewaltigt wurde, und man zieht die Opferbeschuldigung hinter sich her wie eine tote Schlange.

Wenn ich dieses Durcheinander doch nur verstehen könnte, denke ich, würde ich mich mit anderen Leuten verbunden fühlen, statt das Gefühl zu haben, von ihnen abgeschnitten zu sein. Dann könnte ich tun, was ich, wie alle ständig sagen, tun muß – die Vergewaltigung »akzeptieren«, sie in mein Leben »integrieren«. Aber wie soll ich sie akzeptieren können, wenn die Bedingungen nicht allgemein akzeptiert werden?

An jenem Abend in New York versuchte ich, einen Punkt herauszuheben, für den viele seit Jahren plädieren – nämlich daß eine Vergewaltigung ein Gewaltverbrechen ist. Wer macht Männern (oder, was das angeht, auch Frauen), die mit vorgehaltener Pistole ausgeraubt werden, den Vorwurf, »es darauf angelegt zu haben«, bloß weil sie mit einer Brieftasche voller Kreditkarten eine Straße entlangspazieren? Wer wirft ihnen vor, sich nicht gewehrt zu haben, wenn sie ihre Brieftasche auf der Stelle rausrücken? Wer fragt, ob sie, da sie so schnell bereit waren, der Anweisung des Täters Folge zu leisten, *wirklich* überfallen wurden?

Das Opfer eines Überfalls wird nicht für das an ihm begangene Verbrechen verantwortlich gemacht und hat folglich keinen Grund, sich zu schämen. Er oder auch sie kann die Geschichte auf jeder Dinnerparty zum besten geben, und garantiert findet sich am Tisch jemand anderes, der eine noch bessere Geschichte zu bieten hat. Ich habe selbst gehört, wie Leute eine Erzählung darüber, daß ihr Haus während ihrer Abwesenheit ausgeraubt wurde, mit den Worten abschlossen: »Wir haben uns gefühlt, als wären wir vergewaltigt worden.« Kein Zurückzucken. Kein Unbehagen. Das, was ihnen zugestoßen war, war zwar *persönlich,* aber nicht *so sehr persönlich.* Wenn Vergewaltigungen wirklich in dieselbe Kategorie fallen, wie ausgeraubt oder Opfer eines Einbruchs zu werden, wieso reagieren die Leute dann nicht auf dieselbe Art und Weise darauf?

Die Verlegenheit und das Unbehagen anderer geben mir das Gefühl, die Komplizin des Vergewaltigers gewesen zu sein, eine Mittäterin, die etwas zu »gestehen« hat. Wenn eine Frau von einem Fremden vergewaltigt wird, der sie in ihrer eigenen Wohnung attackiert, gibt man ihr weniger Schuld, als wenn sie von einem Mann vergewaltigt wird, den sie auf einen Drink in ihre Wohnung eingeladen hat (obwohl auch das, wie der texanische Fall demonstriert, nicht in jedem Fall stimmt). Die letzten fünfundzwanzig Jahre haben tatsächlich Veränderungen in unserer Einstellung zu Vergewaltigungen mit sich gebracht, und neue Gesetze (die z. B. die Zulässigkeit der früheren Sexualgeschichte des Opfers vor Gericht einschränken) spiegeln diese Veränderungen wider. Aber nach wie vor gibt es ein zwiespältiges Zentrum der Vorwurfsverlagerung zwischen Vergewaltiger und Opfer.

Die Juraprofessorin Susan Estrich, selbst Opfer einer schweren Vergewaltigung, analysiert in ihrem 1987 erschienenen Buch *Real Rape* die Haltung von Richtern und kommt zu dem Schluß, daß die Reform der Vergewaltigungsgesetze immer noch nicht dazu geführt hat, daß Richter die häufigste – und am seltensten angezeigte – Form von Vergewaltigungen, nämlich die, die von Verwandten oder Bekannten des Opfers begangen werden, mit anderen Augen betrachten. Wenn der Vergewaltiger kein messerschwingender Fremder, sondern ein Freund, Nachbar, Verwandter oder Mitarbeiter war, bindet das Gesetz, wie Estrich schreibt, »uns immer noch an die Vergangenheit«, in der dem Opfer eine Mitbeteiligung an dem an ihm begangenen Verbrechen unterstellt wird.

Camille Paglia, feministischer Antichrist, behauptet, daß die Frauenbewegung junge Frauen dadurch in Gefahr bringt, daß sie die Wahrheit über die Sexualität vor ihnen verbirgt. Laut Paglia ist die Wahrheit die, daß sexuelle Gewalt ihren Ursprung darin hat, »daß die Männer die psychologische Überlegenheit der Frau spüren« und sexuelle Unterschiede biologisch begründet sind. »Die Männer müssen sich ihre Identität gegen die überwältigende Macht der Mütter erkämpfen. Der Feminismus mit seinem feierlichen Muckertum kann das erotische oder lustbereitende Moment nicht begreifen, das für Männer in der Vergewaltigung steckt...«

Einmal ganz abgesehen davon, daß junge Frauen nicht dadurch in Gefahr gebracht werden, daß andere Frauen »die Wahrheit über die Sexualität vor ihnen verbergen«, sondern durch Männer, die sich ihnen gegenüber gewalttätig verhalten, ist Paglias Männerbild ein finsteres Bild. Die meisten Männer sind keine Vergewaltiger. Sind sie demzufolge »abnormal«, biologische Freaks? Ich denke nicht. Die Männer, denen ich von meiner Vergewaltigung erzählte, reagierten im allgemeinen weniger verlegen als die Frauen, waren aber nicht weniger entsetzt.

Ironischerweise scheint Paglia, die doch Schriftstellerin ist, kein Vertrauen zu Worten zu haben. Die feministischen Versuche, die Welt mit Hilfe der Sprache umzuformen, sind, wie sie sagt, »hirnverbrannte Phantastereien«, die junge Frauen daran hindern, »das Leben realistisch zu sehen«. Ich gebe ihr insofern recht, als junge Frauen wachsam sein müssen, aber als Überlebende einer Vergewaltigung finde ich, daß ihre Worte einen Stachel besitzen. Denn obwohl sie sagt, daß eine Vergewaltigung eine Ungeheuerlichkeit ist, die in einer zivilisierten Gesellschaft nicht geduldet werden kann, untermauert sie auch die Vorstellung, daß Vergewaltigungen normal sind, daß sie Bestandteil der menschlichen Biologie sind, ja sogar, Himmel hilf, »lustbereitend« für Männer. Das »leidenschaftliche sexuelle Begehren« des Vergewaltigers ist in diesem Szenarium das Motiv für sein Verhalten. Eine Vergewaltigung ist auf irgendeine mysteriöse Weise eine Art Sex *zwischen* Männern und Frauen, weil die andere Seite des »leidenschaftlichen sexuellen Begehrens« des Mannes eben der Widerstand und die schließliche Unterwerfung der Frau ist. Ich finde, daß diese Sicht der Sexualität die Millionen Überlebenden von Vergewaltigungen zum Schweigen verdammt, absondert und isoliert, da sie, wenn sie am Leben bleiben, um ihre Geschichten zu erzählen, auf eigene Gefahr hin »beichten«.

Während seiner Entstehung schien dieses Buch selbst mich immer tiefer ins Herz der Verwirrung hineinzuführen.

Wohlwollende Freundinnen und Freunde, die das Manuskript in den verschiedensten Stadien der Überarbeitung lasen, wiesen mich auf Aspekte hin, die mir das Gefühl gaben, das Buch nie zu Ende bringen zu können, da das Schreiben immer mehr Bedeutungsschichten zu enthüllen schien, die ich alle verstehen mußte, um weitermachen zu können.

Zwei Leser wiesen mich auf Probleme mit dem Manuskript hin, die Leserinnen anscheinend nicht hatten. In beiden Fällen hatte das Problem etwas mit Sex zu tun. Mein Freund Paul, selbst Schriftsteller, hatte ein Problem mit meiner Schilderung der Vergewaltigung, das mich verwunderte. »Irgend etwas fehlt«, sagte er, nachdem er das erste Kapitel gelesen hatte. »Der sexuelle Teil. Den hast du völlig ausgelassen. Davor hast du dich meiner Meinung nach gedrückt.«

Fast ein Jahr lang verbannte ich diesen Kommentar in einen Winkel in meinem Hinterkopf. Lag es daran, fragte ich mich, daß eine Frau sich vorstellen konnte, was es bedeutete, wenn ich sagte: »In den nächsten drei Stunden vergewaltigte er mich«, während ein Mann das nicht konnte? War es Paul nicht möglich, sich vorzustellen, daß ein Penis »im Plan der Dinge« nur eine Nebensache sein kann? Eine Vergewaltigung ist der schlimmste Alptraum jeder Frau, nur zu leicht vorstellbar. Erzwungene sexuelle Handlungen (womit in allgemeinster Form gemeint ist, daß eine Frau »nein« sagt und ein Mann sie nicht ernst nimmt) sind etwas, was jede Frau, die mein Manuskript las, bis zu einem gewissen Grad aus eigener Erfahrung kannte, auch wenn meine Erfahrung wahrscheinlich der äußerste Punkt auf dem Kontinuum der Einvernehmlichkeit ist. Angesichts der Tatsache, daß der Bereich der Einvernehmlichkeit so schwammig ist, wie er es zu sein scheint, haben manche Männer vielleicht andere Alpträume in bezug auf Vergewaltigungen: nämlich daß sie einer Vergewaltigung bezichtigt werden könnten.

Paul hatte recht. Ich hatte nicht beschrieben, wie sich der Penis des Vergewaltigers in meiner Vagina anfühlte, in welchem Zustand meine Vagina zum betreffenden Zeitpunkt war, wie es war, den Penis des Vergewaltigers im Mund zu haben, wie sein Orgasmus war (den ich nicht einmal bemerkte) oder was sein Betatschen meiner Brüste bedeutete. Ich hielt es einfach nicht für notwendig. Ich hatte das Gefühl, aus meiner Sicht beschrieben zu haben, wie es sich »anfühlte«, vergewaltigt zu werden. Dachte Paul etwa, die Vergewaltigung sei ein sexueller Akt gewesen? Dachte er, daß der Vergewaltiger sexuell motiviert gewesen war und daß meine Nichtbereitschaft ähnlich wie die Scarlett O'Haras in gewisser Weise Teil des erotischen Inhalts war? Oder war meine Reaktion eine Überreaktion?

Wie viele Bilder hat meine Generation aus Filmen und Büchern übernommen, die eine meistens zornige Frau zeigen, die sich wütend von einem Mann abwendet, worauf der Mann sie grob zurückreißt und sie leidenschaftlich küßt? Sie wehrt sich kurz, dann schlingt sie die Arme um seinen Hals und erwidert den Kuß mit gleicher Leidenschaft. Das Sträuben einer Frau, sagen diese Bilder, ist ein wesentlicher Bestandteil ihres Genusses, der nur durch die Aggression des Mannes freigesetzt wird. Erst dann erkennt sie, wie sehr sie ihn will. Dieses Bild macht die Nichteinvernehmlichkeit der Frau zu einem Teil ganz normaler Sexualität.

Genau dieses Bild hat die Sexualität zwischen Männern und Frauen in der westlichen Kultur jahrhundertelang geprägt, und zwar schon lange vor Freud. Ovid, der große Sammler alter Mythen (die nebenbei bemerkt eine wahre Fundgrube für Vergewaltigungsgeschichten sind), hat in seiner *Liebeskunst* das ein oder andere Wort dazu zu sagen.

So zum Beispiel: »Wie sie sich sträubt, sie wünscht selber, sie werde besiegt.«

Betrachtet man die Vielzahl der Artikel über Vergewaltigungen nach Verabredungen, die in den letzten Jahren erschienen sind, müßte Ovid sich an unseren High-Schools, Colleges und Universitäten durchaus zu Hause fühlen. Laut einer Umfrage unter 6159 Collegestudentinnen an zweiunddreißig US-amerikanischen Bildungseinrichtungen wurde mehr als jede vierte von ihnen schon einmal das Opfer einer Vergewaltigung oder eines Vergewaltigungsversuchs. 75 Prozent der Übergriffe passierten bei Verabredungen, 42 Prozent der Opfer erzählten niemandem etwas davon.

Eine andere Collegeumfrage ergab, daß 43 Prozent der Männer im Collegealter zugaben, Frauen schon massiv bedrängt und genötigt zu haben, um »Sex« zu bekommen. Dazu gehörte auch, den Protest der Frauen zu ignorieren und körperliche Aggression einzusetzen, um den Geschlechtsverkehr zu erzwingen.

Eine weitere Umfrage unter Elf- bis Vierzehnjährigen fand heraus, daß 65 Prozent der Jungen und 47 Prozent der Mädchen es für akzeptabel hielten, wenn ein Junge ein Mädchen vergewaltigte, wenn sie länger als sechs Monate miteinander »gegangen« waren.

Sexuelle Übergriffe stellen oft die erste »sexuelle« Erfahrung eines Mädchens dar. So zum Beispiel wurde die fünfzehnjährige Tochter einer meiner Freundinnen von einem »Freund« sexuell belästigt, der hinterher unter ihren Klassenkameraden verbreitete, sie sei eine »Schlampe« und eine »Hure«. Traurigerweise waren ihre MitschülerInnen nur allzu bereit, ihm zu glauben. Vielleicht versuchte er durch diese Verbreitung der Unwahrheit nicht nur, sich selbst zu schützen. Vielleicht glaubte er tatsächlich, ihr Sträuben sei Bestandteil ihres Genusses gewesen, den er durch seine Aggression freigesetzt hatte. »Nein« bedeutet eben doch »Ja«. Wieso sollte das studentische Handbuch, das meine Freundin mir zuschickte, so ausführlich beschreiben, was »Nein« bedeutet, wenn es diesbezüglich kein vorherrschendes Mißverständnis gäbe?

Das erwähnte studentische Handbuch versucht, Verhalten durch Sprache zu verändern, aber die Einstellungen, auf die dieses Verhalten sich stützt, verschwinden nicht einfach. Im November 1995 wurde, um nur ein Beispiel zu nennen, von vier Erstsemestlern an der Cornell University eine E-Mail an zwanzig Freunde verschickt, die sie an zahllose andere Internetadressen weitergaben. In dieser E-Mail werden fünfundsiebzig Gründe zum Thema aufgelistet: »Warum Frauen (Schlampen) nicht das Recht auf freie Meinungsäußerung haben sollten.«

Die Flut der Rückmeldungen ließ mindestens drei universitäre E-Mail-Systeme zusammenbrechen, und der ganze Vorfall löste aufgebrachte Reaktionen an Universitäten im ganzen Land aus. Hier sind einige von den fünfundsiebzig Gründen der Liste:

11. Wenn sie meinen Schwanz im Mund hat, kann sie sowieso nicht sprechen.
20. Das hier ist mein Schwanz. Ich werd dich jetzt ficken. Keine blöden Fragen mehr.
35. Betrunkene Frauen sind nervig, es sei denn, sie sind zu allem bereit (wobei sie nicht zu reden brauchen).
38. Wenn sie nicht reden kann, kann sie nicht Vergewaltigung schreien.
39. Natürlich kann sie, wenn sie nicht reden kann, auch nicht nein sagen.
47. Nichts sollte je aus dem Mund einer Frau herauskommen – SCHLUCK'S RUNTER, DU MISTSTÜCK!
49. Huren werden pro Stunde und nicht pro Wort bezahlt.
53. Wenn es weh tut, will ich es nicht hören.

Die Verwaltung der Universität Cornell untersuchte den Vorfall und wurde gleich von zwei Seiten kritisiert – von Frauenrechtsaktivistinnen, weil beschlossen wurde, die Studenten nicht zu bestrafen, und von Verfechtern der Redefreiheit, weil überhaupt eine Untersuchung durchgeführt worden war.

Die Studenten (die in einer Zeitung als »Witzbolde« bezeichnet wurden) entschuldigten sich in einem Brief an die Studentenzeitung für das, was als »Scherz« unter Freunden beabsichtigt gewesen war. »Wir hatten keine Ahnung«, schrieben sie, »daß man uns ernst nehmen würde und daß wir Menschen ernstlich kränken könnten, bis wir den Brief einer jungen Frau erhielten, die das Opfer eines sexuellen Übergriffs geworden war. Da erst ging uns auf, wie weit diese Sache gegangen war... Wir erkannten, daß, ganz gleich wie schlecht wir selbst uns fühlen mochten, dies in keiner Weise zu vergleichen war mit der körperlichen und seelischen Tortur, die diese junge Frau ertragen mußte.« Des weiteren erklären sie: »Unsere Liste ist voll von Stereotypen, die unserer heutigen Gesellschaft entnommen sind. Wir haben fast alles auf dieser Liste einer Fernsehshow, einem Rap-Song, einer Internetliste, dem Programm eines Komikers oder einem T-Shirt entnommen.« Traurig, aber wahr.

Ein Jahr vor diesem Vorfall wurde ein anderer Collegestudent verhaftet, weil er seine Phantasien, in denen es darum ging, eine seiner Kommilitoninnen zu fesseln, zu vergewaltigen, zu foltern und zu ermorden, über Internet verbreitet hatte. »Folter ist Vorspiel, Vergewaltigung ist Romantik, Mord ist der Höhepunkt.« Wieder wurde zu seiner Verteidigung das Recht auf freie Meinungsäußerung angeführt.

Schreckliche Worte. Ich lese sie mit ganz besonderem Entsetzen. Sie gehen über die Vermischung von Sex und

Vergewaltigung hinaus. Sie machen sie zu ein und derselben Sache.

Wenn die vorherrschende Sicht der Sexualität zwischen Männern und Frauen immer noch so ist, wie Ovid sie gesehen hat, sind Vergewaltigungen grundsätzlich nichts anderes als »normaler« Sex. Sie unterscheiden sich nur graduell. Sind Vergewaltiger folglich wie andere Männer, nur etwas ausgeprägter? Und falls ja, bedeutet das, daß Vergewaltigungsopfer wie andere Frauen sind, nur etwas ausgeprägter? In einem Fernsehinterview sagte Barry Buckhart, ein Experte in bezug auf Vergewaltigungstäter, Vergewaltiger seien nur ein Extrem normaler männlicher Sexualität, wie sie sich in unserer zeitgenössischen Kultur ausdrücke. Buckhart wies darauf hin, daß es mehr als eine Beleidigung ist, wenn man jemanden in der »Fuck you«-Geste den Mittelfinger zeigt. Symbolisch gesehen verkörpert diese Geste die Vermischung von Sex und Gewalt in der amerikanischen Kultur. »Diese Kultur«, sagt Buckhart, »lehrt die Männer, daß es in Ordnung ist, ihre emphatische Bindung an Frauen zu unterdrücken, und das wiederum erlaubt es ihnen zu vergewaltigen. Erzwungener Sex hat seinen Ursprung in den Köpfen der Männer.«

Das Fernsehinterview endete mit der Bemerkung, daß wir in einer »Vergewaltigungskultur« leben. Macht und Wut durch pseudosexuelle Akte auszudrücken – Vergewaltigung eben – ist eine kulturelle Norm.

Die unsichtbarsten Vergewaltigungsopfer sind Männer selbst. Statistiken über die Zahl der Männer, die der Wut und der Macht anderer Männer zum Opfer fallen, sind schwer zu finden. Ich habe ein kleines Heft, in dem ich mir jedesmal eine Notiz mache, wenn ich im Fernsehen oder im Kino einen Witz über Gefängnisvergewaltigungen höre. Die Liste ist sehr lang. Durch diese Witze spielen wir die Tatsache herunter, daß es bei Vergewaltigungen um Macht geht. Folglich wird Sex weit weniger mit Männern in Verbindung gebracht, die Männer vergewaltigen, als mit Männern, die Frauen vergewaltigen. Aber Männer vergewaltigen Männer, um ihre Macht zu behaupten – aus demselben Grund also, aus dem sie auch Frauen vergewaltigen. Männer, die vergewaltigt werden (im Gefängnis oder anderswo), leiden ebenso unter den Folgen wie ich und Millionen anderer Frauen. Indem wir an dem Gedanken festhalten, daß Vergewaltigungen eine Art Sexualakt sind, können wir die männlichen Vergewaltigungsopfer und das, was ihre Zahlen uns über die Gewalt in der amerikanischen Gesellschaft verraten, außer acht lassen.

Vor kurzem hörte ich einen Politiker sagen: »Schwäche bedeutet Provokation.« Er sprach über die Außenpolitik seines Gegners, aber ich mußte unwillkürlich an die breiteren kulturellen Implikationen denken. Männer betrachten Frauen und Kinder nicht als potentielle Bedrohung, so wie Frauen und Kinder es umgekehrt tun. Frauen und Kinder sehen Männer manchmal als Bedrohung, weil sie es statistisch gesehen sind. Das hat nichts mit Opfermentalität zu tun, sondern mit Opferrealität. Männer betrachten sich selbst nicht als mögliche Beute der Wut und der Macht von Frauen und Kindern. Sie sehen sich selbst nicht als schwach. Schwach zu sein bedeutet, eine Provokation zu sein. Wenn man angegriffen wird, so liegt das entsprechend dieser Logik daran, daß man es darauf angelegt hat. Die Worte dieses Politikers werden von der Zuhörerschaft problemlos verstanden. Sie sind vollkommen einleuchtend.

Der Schauspieler Ned Beatty schrieb vor ein paar Jahren einen kurzen Artikel für die *New York Times,* in dem er seine Erfahrung als Überlebender einer Vergewaltigung schilderte, obwohl es sich bei seiner »Vergewaltigung« nur um eine herausragende schauspielerische Leistung handelte. 1972 spielte er in der Verfilmung von James Dickeys Roman

Flußfahrt, der unter dem Titel *Beim Sterben ist jeder der Erste* in die Kinos kam, einen Mann, der gezwungen wird, wie ein Schwein zu quietschen, während er von einem psychopathischen Hinterwäldler vergewaltigt wird. Niemand, der den Film gesehen hat, wird dieses markerschütternde, entsetzliche Geräusch je vergessen.

»Die meisten Männer«, schrieb Beatty, »müssen nicht mit der Angst leben, vergewaltigt zu werden. Meine Erfahrung sagt mir, daß wir es auch nicht sehr gut könnten.« Dann schreibt er, daß es seit dem Film unzählige Male passiert ist, daß Männer ihm auf der Straße zuschrien: »Los, quietsch wie ein Schwein!« Er reagiert darauf jedesmal, wie er schreibt, mit Wut, weil er stolz auf seine Arbeit in diesem Film ist. »Irgendwo zwischen diesen Zurufen und den Drohungen, mit denen ich darauf reagiere, liegt ein Körnchen Wahrheit darüber, wie Männer in bezug auf Vergewaltigungen fühlen. Ich vermute, daß wir uns davon distanzieren wollen. Das letzte, was wir wollen, ist, uns mit dem Opfer zu identifizieren. Wenn wir das Gefühl hätten, selbst Opfer einer Vergewaltigung werden zu können, wäre diese Angst eine bessere Abschreckung als die Todesstrafe.«

Angesichts der überfüllten Gefängnisse und der Tatsache, daß Vergewaltigungen dort sozusagen zur Tagesordnung gehören, scheint er recht zu haben, daß manche Männer unfähig sind, sich mit dem Opfer zu identifizieren.

Kein Wunder, daß ich mich immer wieder in diesem Durcheinander verfange, wenn ich über meine eigene Erfahrung spreche. Ich kann mich nicht aus dem System der Überzeugungen lösen, die der gesellschaftliche Kontext für meine Erzählung sind. Mit derselben Unbefangenheit über meine Vergewaltigung zu sprechen, mit der ich darüber sprechen könnte, daß ich überfallen wurde, ist unmöglich, solange ich in einer »Vergewaltigungskultur« lebe.

Ein weiterer Leser meines Manuskripts sagte, es falle ihm schwer zu verstehen, wie ich Steve hatte heiraten können, nachdem ich vergewaltigt worden war. »Da ist diese ganze Frage«, sagte er, »wie du mit Steve Sex haben konntest, nachdem du vergewaltigt worden warst. Das mußt du näher erklären.« Ich war überrascht über seine Bemerkung und erwähnte sie ein paar Tage später in einem Telefongespräch mit meiner Mutter. »Wie kann er sich darüber wundern, wie ich mit Steve ins Bett gehen kann?« fragte ich. »Liegt es daran, daß er ein Mann ist?«

»Es sind nicht nur die Männer, die das nicht verstehen«, sagte meine Mutter. »Nachdem dein Artikel erschienen war, hat Betty mich angerufen.« Betty war eine gute Freundin der Familie, die mich seit meiner Geburt kannte und die ich sehr gern hatte. »Sie war schockiert und war sich nicht einmal sicher, ob wirklich du den Artikel geschrieben hattest. Sie dachte, es gäbe vielleicht noch eine andere Frau gleichen Namens. Dann wollte sie wissen, ob der Artikel wahr sei, und ich sagte, ja, er sei wahr, du seist tatsächlich vergewaltigt worden. Anscheinend hatte sie gedacht, es wäre eine fiktive Geschichte. Und dann sagte sie gleich als nächstes, sie könne nicht verstehen, wie du nach der Vergewaltigung hättest heiraten können.«

»Was hast du gesagt?«

Ihre Antwort traf den Kern der Angelegenheit: »Ich hab natürlich gesagt, du wärst nie auf den Gedanken gekommen, Steve *nicht* zu heiraten.«

Ich war über diese Bemerkungen überrascht, obwohl ich es vielleicht nicht hätte sein sollen, denn tatsächlich drängten sich in der ersten Zeit unserer Ehe beunruhigende Gefühle in unser Sexualleben ein, vor allem in meinen verletzlichsten Augenblicken. Wenn wir uns noch spätabends, wenn ich schon halb schlief, in den Armen hielten, schrak ich manchmal hoch und versuchte, mich freizukämpfen, bis ich merkte, wo ich war und mit wem ich zusammen war. Anfangs machte ich mir Sorgen über diese gelegentlichen »emotionalen Überfälle« in meinem Ehebett, aber mit der Zeit legte sich meine Sorge über diese Störungen unseres Sexuallebens. Sie kamen sowieso nicht sehr häufig vor, und wie im Fall anderer intrusiver Störungen aus der Vergangenheit, die in anderen Zusammenhängen auftraten (beispielsweise wenn ich mit dem Rücken zu einer Tür saß), lernte ich, mit ihnen umzugehen.

Ich war deswegen so überrascht über diese Bemerkungen, weil ich das Gefühl hatte, daß sie die komplexen Auswirkungen einer Vergewaltigung auf das gesamte emotionale und seelische Leben des Opfers dadurch leugneten, daß sie den Schaden auf nur einen Teil seines Lebens begrenzten. Sie implizierten auch, daß einvernehmlicher Sex und Vergewaltigung eng miteinander verbunden waren. So eng, daß manche Menschen sich nur schwer vorstellen und manchmal überhaupt nicht glauben können, daß die Überlebende einer Vergewaltigung den Sex mit ihrem Mann genießen kann.

In *Demonic Males* stieß ich auf eine Vergewaltigungsdefinition, die mich faszinierte. Der Forscher Craig Palmer, der 1989 die Literatur nach Beispielen für Vergewaltigungen unter nichtmenschlichen Säugetierspezies absuchte, definierte Vergewaltigung als Kopulation, in der das Opfer (gleich ob weiblich oder männlich) entweder nach besten Kräften Widerstand leistet oder aber ein derartiger Widerstand den Tod oder die körperliche Schädigung des Opfers selbst oder derer, die es normalerweise schützt, zur Folge haben könnte. Palmer fand heraus, daß Vergewaltigungen nur bei zwei nichtmenschlichen Säugetierarten regelmäßig vorkommen, bei Orang Utans und See-Elefanten, während sie in Studien über Schimpansen, Gorillas in Gefangenschaft und wilde Brüllaffen nur gelegentlich erwähnt werden. Der Begriff »erzwungene Kopulation« wird oft benutzt, um Vergewaltigungen bei nichtmenschlichen Säugetieren zu beschreiben.

Die Frage der »Einvernehmlichkeit« ist kein zentraler Bestandteil dieser Definition. Es ist für einen Wissenschaftler unmöglich, »Einvernehmlichkeit« direkt zu beobachten, da sie ein innerer Zustand ist.

John Mitani, der Orang Utans im südöstlichen Borneo studierte, beschrieb die erzwungenen Kopulationen, die er beobachtete, als »ausgedehnte Kämpfe zwischen Männchen und Weibchen«, in deren Verlauf die »Weibchen wimmerten, schrien, quietschten und grunzten«, während die Männchen »die Weibchen packten, bissen oder schlugen, bevor sie die Kopulation durchführen konnten. Während der Kopulation fuhren die Männchen damit fort, die sich wehrenden Weibchen dadurch in Schach zu halten, daß sie ihre Arme, Beine und Körper gepackt hielten.«

Die Orang-Utan-Weibchen, die Mitani beobachtete, können nicht berichten, daß die Kopulation »gegen ihren Willen« stattfand. Außerdem gilt der Wille, die Fähigkeit zu bewußtem und vorsätzlichem Handeln, als menschliches Charakteristikum. Was in dieser Definition den Hauptbestandteil ausmacht, ist die Tatsache, daß Widerstand Tod oder Verletzung zur Folge haben könnte. Die »Einvernehmlichkeit« eines Tiers wird in objektive Begriffe gefaßt. Bei Menschen ist die Sache nicht so einfach. Wie das oben zitierte studentische Handbuch klarmacht, ist Einvernehmen bzw. Mangel an Einvernehmen das einzige Kriterium.

Das amerikanische Justizministerium definiert Vergewaltigung wie folgt: »Der Geschlechtsverkehr mit einer Person, der entweder erzwungen und/oder gegen den Willen dieser Person durchgeführt wird; oder auch nicht erzwungen oder gegen den Willen der betreffenden Person, wenn das

Opfer aufgrund vorübergehender oder dauerhafter geistiger oder körperlicher Beeinträchtigung nicht in der Lage ist, sein/ihr Einvernehmen zu bekunden.«

Der »Anschein« der Einvernehmlichkeit ist ein zentrales Problem für erwachsene weibliche Vergewaltigungsopfer, wie der Fall der texanischen Frau zeigt, die die Geistesgegenwart besaß, ihren Vergewaltiger dazu zu überreden, ein Kondom zu benutzen. Bei erwachsenen männlichen Vergewaltigungsopfern scheint das weniger der Fall zu sein, es sei denn, das Opfer ist homosexuell.

Menschen »haben Sex«, Tiere »kopulieren«. Obwohl beide Begriffe dasselbe umschreiben – den Geschlechtsverkehr –, haben sie unterschiedliche Konnotationen. Der Ausdruck »erzwungene Kopulation« scheint meine eigene Erfahrung besser zu umschreiben als der Ausdruck »sexueller Übergriff«.

Als die Frau in New York zu mir sagte, sie könne nicht verstehen, wie ich über meine Vergewaltigung schreiben könne, »ein sexueller Akt… etwas so Intimes«, war ich wütend, weil sie zu denken schien, ich schriebe über eine »persönliche« sexuelle Erfahrung. Als Paul sagte, ich hätte bei der Beschreibung der Vergewaltigung etwas ausgelassen, den »sexuellen Teil«, störte mich das aus ähnlichen Gründen. Und wenn Freunde sich wundern, wie ich nach meiner Vergewaltigung eine sexuelle Beziehung zu meinem Mann haben kann, impliziert auch das, daß ich »Sex hatte«, als ich vergewaltigt wurde.

Ich fing an, mich zu fragen, ob ich tatsächlich ein »sexuelles Erlebnis« mit dem Vergewaltiger gehabt hatte. In nur einem Sinn lautet die Antwort ja. Sein Penis drang in meine Vagina ein – mindestens dreimal. Anscheinend hatte er Probleme, zur Ejakulation zu kommen, und da ihm der Stimulus meiner Angst fehlte, brauchte er mein »lustvolles« Stöhnen, um die »Kopulation« zu Ende führen zu können.

Dieses »spielte« ich ihm vor, anscheinend zu seiner »Befriedigung«, wenn man nach den Spermaspuren urteilen will, die die Ärztin in meiner Vagina fand. Obwohl ich zum betreffenden Zeitpunkt keine Schmerzen empfand, weil ich gegen alle Schmerzen taub war, führte mein mangelndes Einvernehmen, das sich in der Tatsache äußerte, daß meine Vagina so straff und trocken war wie eine Trommel, zu Verletzungen des Vaginalgewebes. Es ist allgemein bekannt, daß manche Vergewaltiger, die ihre Erektion nicht beibehalten oder aber nicht zur Ejakulation kommen können, ihre Opfer töten, weil sie ihnen die Schuld an ihrer Funktionsstörung geben. Unter diesen Umständen können Opfer sich leicht in einer Situation wiederfinden, in der sie aktiv versuchen, ihren Angreifer »sexuell« zu stimulieren, um ihr Leben zu schützen. Was immer meinerseits an »pseudosexuellem« Verhalten verlangt worden wäre, um mein Überleben zu sichern, ich hätte es getan, hätten die Umstände es erfordert. Wie andere Tiere haben auch Menschen den »Instinkt«, Verletzungen oder Tod möglichst zu vermeiden. Für mich war der Instinkt, am Leben zu bleiben, kein Entschluß. Er war eine Reaktion.

War das für mich Sex? Wenn menschlicher Sex – darunter auch sadomasochistischer Sex – Sex ist, der gewünscht und gewollt ist und dessen Ergebnis der Genuß ist, wie merkwürdig dieser Genuß auch immer aussehen mag, dann lautet die Antwort nein. Aber obwohl ich keinen Wunsch danach hatte und keinen Genuß empfand, legte ich ein Verhalten an den Tag, das als »Einvernehmlichkeit« gesehen werden könnte. Instinktiv »entschied« ich, am Leben bleiben zu wollen – anders als die vielen Märtyrerinnen, an die ich mich halb aus meiner Kindheit erinnere, die den Tod dem Verlust ihrer Tugend vorzogen. Ich schloß sozusagen einen Pakt mit dem Teufel. Hätte er mich tatsächlich umgebracht, wenn ich, statt in jenen losgelösten Zustand zu verfallen, den Livingstone als »träumerischen Zustand« bezeichnete, eine andere, heftigere Reaktion an den Tag gelegt hätte? War mein Fall ein Fall, wo »Widerstand den Tod oder die körperliche Schädigung« zur Folge gehabt hätte? Meinem objektiven Verhalten nach zu urteilen, kann die Antwort nur ja lauten.

Frauen treffen im Bett »Abmachungen« mit Männern. Sie täuschen Orgasmen vor und lassen sich auf Sex ein, wenn ihnen nicht wirklich danach zumute ist. Sie tun das aus allen möglichen Gründen, unter anderem aus Liebe. Frauen können »Sex haben«, ohne »sexuelle Begierde« zu empfinden. Und manchmal ist ihr Motiv vielleicht das, Macht zu gewinnen. War die Abmachung, die ich mit dem Vergewaltiger traf, am extremen Ende des Kontinuums »normalen« weiblichen Sexualverhaltens angesiedelt? Ist das der Grund dafür, daß Opfer mit dem vagen Makel behaftet werden, an einem sexuellen Akt beteiligt gewesen zu sein, wenn sie vergewaltigt werden und am Leben bleiben, um darüber zu berichten?

Es gibt einen Unterschied: Eine Frau, die einen Orgasmus vortäuscht, hat sowohl den Willen als auch den Wunsch, ihn vorzutäuschen, was immer ihr Motiv sein mag.

Trotzdem, ich hatte mich in gewisser Weise »einvernehmlich gezeigt«, oder etwa nicht? Diese Tatsache, die durch mein Überleben bezeugt wurde, warf viele Jahre einen langen und schrecklichen Schatten über mich, der sich bis heute nicht vollends gehoben hat. Vielleicht liegt er an der Wurzel dessen, was mich so wütend auf die Frau machte, die der Meinung war, ich schriebe über etwas »so sehr Persönliches«. Der Schatten, den meine »Einvernehmlichkeit« warf, könnte nur dann vollständig gehoben werden, wenn ich mich bis zum letzten Atemzug »widersetzt« hätte. Tatsache ist, daß ich das nicht tat.

Einstellungen zur Sexualität sind hochgradig vorgeprägt

und zutiefst komplex. Vor der Vergewaltigung war meine grundlegende Einstellung zur Sexualität die, daß sie etwas Angenehmes ist – mit dem richtigen Partner. Ich war nicht »verklemmt«, aber auch nicht besonders experimentierfreudig. Ich kannte Leute, die an den ungewöhnlichsten Orten Liebe machten, unter anderem im Auto, während sie eine Schnellstraße entlangrasten. Ich bewunderte ihren Einfallsreichtum, aber ich selbst war nicht so. Wahrscheinlich könnte man mich als sexuell gemäßigt bezeichnen. Orgasmen waren kein Problem, aber ich brauchte keine drei am Tag, um glücklich zu sein.

Meine grundlegende Einstellung zum Sex und zu meiner eigenen Sexualität wurde durch die Vergewaltigung beeinträchtigt, aber nicht auf offensichtliche Art. Die Vergewaltigung bewirkte in mir keine Aversion gegen Sex, obwohl ich kein Bedürfnis danach hatte, bis ich Steve kennenlernte. Ich hatte nicht das Gefühl, mit dem Vergewaltiger »Sex gehabt« zu haben. Ich hatte einfach nur das Gefühl, mein Körper, einschließlich meiner Sexualorgane, sei attackiert worden. Aber meine Weigerung zu sterben – Beweis für irgendeine Form von »Einvernehmen« – schien mich langsam und unerbittlich zu vergiften. Wenn jemand anklingen ließ, meine Vergewaltigung sei etwas »Sexuelles« gewesen, konnte ich die Bitterkeit des Giftes schmecken, nicht aber identifizieren.

Es war ein Trost für mich, daß die Ärztin während der Unterleibsuntersuchung im Krankenhaus feststellte, daß es Beweise für mein »mangelndes Einvernehmen« in der Form der Schleimhautverletzungen meiner Vagina gab. Aber was, wenn es keine derartigen Verletzungen gegeben hätte? Was, wenn mein Körper auf den »Pseudosex« mit »Pseudoerregung« in Form von vaginalen Sekreten »reagiert« hätte, wie es manchmal vorkommt, eine rein biologische Reaktion? Plötzlich wird etwas, was abscheulich ist, mit sexuellen Funktionen verknüpft, mit etwas, was angenehm ist. Die Perversität ist nicht mehr die des Vergewaltigers, sondern wird zu der des Opfers. Mir gab die Tatsache, daß ich nach der Vergewaltigung lebendig weggekrochen war, das Gefühl, pervers zu sein. Dieser subtile Aspekt des »sexuellen« Teils meiner Vergewaltigung drückte sich nicht»sexuell« aus. Ohne mir dessen bewußt zu sein, machte ich mir jahrelang schlicht und einfach Vorwürfe, weil ich noch am Leben war.

Das seltsame Gefühl, »sexuell« pervers zu sein, weil ich, wenn auch nur »instinktiv«, eine »sexuelle« Abmachung mit dem Vergewaltiger getroffen hatte, vertiefte meinen Selbsthaß. Meine sexuellen Funktionen waren auf dem Altar des Lebens »geopfert« worden. Eine Therapeutin wies mich einmal darauf hin, daß es schrecklich verwirrend für einen Menschen ist, von jemandem gezwungen zu werden, etwas zu tun. Es wirft zutiefst beunruhigende Fragen darüber auf, wie viele Wahlmöglichkeiten die Person in der Situation tatsächlich hatte. Gezwungen zu werden, »sexuelles« Verhalten an den Tag zu legen, »lustvoll zu stöhnen« zum Beispiel, wie es von mir verlangt wurde, ist eine der Methoden, mit denen der Vergewaltiger das Opfer dazu bringt, sich zutiefst zu schämen. Es ist eine Machtergreifung, eine Besetzung, und eine Entstellung der sexuellen Funktionen des Opfers.

Ja, Vergewaltigung ist Gewalt, wie Feministinnen seit Jahrzehnten argumentieren. Und ich muß der Frau in New York zugute halten, daß sie benannte, was sie am meisten erschreckte und beunruhigte: der Gedanke, gezwungen zu werden, an einem derart schrecklichen »sexuellen« Akt »mitzuwirken«. Wenn wir diese Dimension einräumen, müssen wir jedoch vorsichtig sein, weil Einstellungen von anno dazumal immer noch blühen und gedeihen. Die Trägheit der jahrhundertealten gesellschaftlichen Ordnungsprinzipien ist eine furchteinflößende Macht.

1988 führte ein Krisenzentrum für Vergewaltigungsopfer in Rhode Island eine Umfrage unter 1700 Sechst- bis Neuntklässlern durch und stellte fest, daß ein beträchtlicher Prozentsatz dieser Kinder der Meinung war, ein Mann hätte das Recht, eine Frau gegen ihren Willen zu küssen oder Geschlechtsverkehr zu haben, vor allem, wenn er »Geld für sie ausgegeben hat«. Die Hälfte der Schüler und Schülerinnen sagte, eine Frau, die abends allein unterwegs sei und sich »verführerisch« anziehe, »fordere eine Vergewaltigung heraus«. Diese Kinder sind inzwischen im Collegealter. Vielleicht sind ein paar von ihnen an der Universität Cornell gelandet.

Es ist leicht, die Gänsefüßchen wegzulassen und zurückzurutschen in die Überzeugung, daß Vergewaltigungen »normales« und unvermeidliches »sexuelles« Verhalten sind, sowohl für Männer, als auch (wie Camille Paglia traurigerweise behauptet) für Frauen. Einstellungen, von denen wir gerne glauben würden, daß sie sich verändert haben, entgehen unserer Aufmerksamkeit wie die Brombeerranken in meinem Garten, sobald wir aufhören, wachsam zu sein. Wir können »Ausrutscher«, »Witzbolde« und »verquere Theorien« sagen, aber sie sind weit gefährlicher und Schweigen gebietender als diese Ausdrücke vermuten lassen.

Vergewaltigungen *sind* anders als alle anderen Verbrechen, und sie gehören zu den heimtückischsten Verbrechen, die es gibt. Sie sind das einzige Gewaltverbrechen, das sich als Sex tarnt. Eine Vergewaltigung ist der Wolf, der in Großmutters Bett liegt und ihr Nachthemd trägt. Wie Rotkäppchen sind wir uns bewußt, daß irgend etwas an Großmutter anders ist, lassen uns aber trotzdem vom äußeren Anschein täuschen. Eine Vergewaltigung ist eine tödliche Kraft, die sich als die Lebenskraft tarnen kann, zu der sich alle Menschen unweigerlich hingezogen fühlen. Vergewaltiger sind sexuelle Betrüger. Viele von ihnen ziehen Nutzen aus der Verwirrung, die durch ihre Verkleidung entsteht, so wie viele Opfer unter den Folgen dieser Verwirrung leiden. Eine Vergewaltigung imitiert, was sie verschlingen will – die geheimnisvolle, lebensbejahende Kraft, die uns erneuert und unsere tiefste Sehnsucht nach Vereinigung erfüllt. Vergewaltigungen verschlingen die erotische Liebe, die Zwiesprache von Körper und Sein, die geheimnisvolle Bestätigung der Existenz über alle Macht und all ihre Metaphern hinaus, den Fluß, der in den Mittelpunkt der Schöpfung hineinführt, wo Worte und Körper sich im Nichts des Genusses verlieren, der allumfassenden Reise von zweien, die wie eins sind, und von einem, das wie viele und alle ist.

14.

WENDEPUNKT

Und drehe mich um und finde erneut
die Verwirrung des Geistes

ROBERT CREELEY
»Der Held«

Der Dezember 1990, der Monat, nachdem Steve und ich aufhörten, zu Dr. Blanchard zu gehen, war mein letzter Monat in Einzelhaft, obwohl ich glaubte, für den Rest meines Lebens dort bleiben zu müssen. Die Vergewaltigungsspezialistin, an die Dr. Blanchard mich verwiesen hatte, Dr. Deborah Rose, war bis Anfang Januar völlig ausgebucht. Bis dahin mußte ich irgendwie durchhalten. Ich kam mir vor wie ein Astronaut auf einem Weltraumspaziergang, dessen Haltegurt sich gelöst hat. Es gab nur mich und den leeren Raum. Und das bißchen Sauerstoff, das ich noch in meinem Tank hatte.

In diesen Wochen fühlte ich mich dem Wahnsinn so nah, wie ich glaubte, ihm nahekommen zu können, ohne mich endgültig darin zu verlieren. Ich war ihm nah genug, um die Bitterkeit seiner Isolation schmecken zu können. Dazu kam die Scham, diese Verbannung ertragen zu müssen, obwohl ich mein Bestes getan hatte, es nicht so weit kommen zu lassen. Ich hatte gekämpft und verloren. Diese Niederlage kam mir bitterer vor als die eigentliche Vergewaltigung. In gewisser Weise konnte ich verstehen, daß ich an jenem Nachmittag in Boston von dem Vergewaltiger körperlich besiegt worden war. Er hatte das Überraschungsmoment auf seiner Seite gehabt, und er hatte mir Schaden zufügen wollen. Aber ich konnte nicht verstehen, warum sein Geist, inzwischen ein Teil von mir, jetzt noch einmal siegen konnte.

Ich hatte häufig Alpträume, die buchstäblicher waren als früher – immer wieder träumte ich, daß ich die Haustür aufmache, um den Müll nach draußen zu bringen, und der Vergewaltiger ist da, nimmt plötzlich aus dem Nichts heraus Gestalt an. Ich biete all meine Kräfte auf, um die Tür zuzuschlagen, aber er scheint übermenschliche Kräfte zu besitzen, und mein Versuch, ihn auszusperren, ist vergeblich. Er erzwingt sich den Zugang zum Haus. Ich habe das Gefühl, mit einer dunklen, metaphysischen Kraft zu ringen, und wache in einem Zustand panischen Entsetzens auf. Dieses Entsetzen ist keine überspitzte Angst, wie ich früher dachte, sondern ein völlig anderer Zustand. In *Im Westen nichts Neues* schrieb Erich Maria Remarque: »Furcht kennen wir nicht viel – Todesangst wohl, doch das ist etwas anderes, das ist körperlich.« Dies ist eine Beobachtung, deren Wahrheit ich in diesem Monat gut kennenlernte. Gelegenheiten, den Unterschied festzustellen, schlugen wie Blitze viele Male am selben Ort ein.

Ich erinnere mich an einen Vorfall in den Weihnachtsferien, als meine siebzehnjährige Nichte aus Pittsburgh bei uns zu Besuch war. Wir spazierten Arm in Arm über einen Waldweg in den Muir Woods, einem beliebten Ausflugsziel. Ich war froh, daß wir an einem trüben, kühlen Tag hingefahren waren, denn es waren nur wenige andere Touristen da, und wir hatten den Wald fast für uns. Die Wipfel der alten Bäume verloren sich im Nebel, der vom Meer herbeigezogen war, und der Bach, dem wir folgten, führte nach dem Regen eine Menge Wasser. Die Stämme umgestürzter Giganten waren dicht mit Farnen und Moosen bewachsen. Im gedämpften Licht schienen sie grün zu leuchten.

Plötzlich und ohne Vorwarnung spürte ich hinter mir ein Brausen, dem dasselbe übernatürliche Gefühl anhaftete wie meinem Wiederholungstraum. Ich machte einen Satz wie ein aufgeschrecktes Tier. Die Macht und Wucht meines Entsetzens schien sich auf meine Nichte zu übertragen. »Was ist?« fragte sie und fuhr ebenfalls herum. Keine Menschenseele weit und breit. Es hatte kein plötzliches oder fremdes Geräusch gegeben, keinen äußeren Auslöser. Meine Reaktion war eine unwillkürliche körperliche Reaktion auf den Geist in meinem Inneren gewesen, obwohl ich das meiner Nichte in diesem Augenblick nicht hätte erklären können. Ich war ebenso durcheinander wie sie.

Außerdem war es mir schrecklich peinlich, mich ausgerechnet vor meiner einzigen Nichte derart schreckhaft aufgeführt zu haben, die mir seit dem Tod ihres Vaters vor so langer Zeit, als sie nicht einmal ein Jahr alt war, am Herzen lag. Sie wußte nichts von meiner Vergewaltigung, und ich hatte nicht die Absicht, ihr davon zu erzählen. Meine Gründe, weder ihr noch meiner Stieftochter (die vierzehn war) etwas davon zu sagen, waren kompliziert. Ich liebte die beiden und wollte sie vor dem Schmerz bewahren, sich vorstellen zu müssen, was mir zugestoßen war. Es würde ihnen weh tun, so wie es meinen Eltern, meinen Brüdern, meinen Freunden und Freundinnen weh getan hatte. Und ich wollte keine Angst vor den Männern in ihre Köpfe einpflanzen, indem ich ihnen erzählte, wozu einige von ihnen fähig waren, oder die Vergewaltigung benutzen, meinen Ermahnungen zur Vorsicht mehr Nachdruck zu verleihen. Mein Wissen darum, was alles geschehen konnte, ließ die Sorgen, die ich mir angesichts ihrer immer größer werdenden Freiheit machte, zur Qual werden. Ich mußte nicht extra darüber nachdenken, um mir auszumalen, was den Kindern zustoßen konnte, die ich liebte.

»Es ist nichts«, sagte ich und versuchte verzweifelt, mir eine einigermaßen plausible Erklärung einfallen zu lassen. Ich wollte nicht, daß meine Nichte merkte, daß ihre Tante von paranoiden Wahnvorstellungen geschüttelt wurde. »Es waren nur die Nerven – du weißt schon, wenn es einem plötzlich eiskalt über den Rücken läuft. Du kennst das Gefühl doch, oder?« Sie sah mich zweifelnd an, schien aber bereit, sich von meinem Lächeln, so falsch es auch war, beruhigen zu lassen.

Die körperlichen Auswirkungen des Terrors, und darunter das schrecklichste Gefühl, mich von mir selbst abzuspalten, waren in jenem Moment in der Form zurückgekehrt, in der ich sie an jenem bereits Jahre zurückliegenden Nachmittag erlebt hatte. Sie dauerten mehrere Tage an. Ich fühlte mich, als wäre ich aufs neue attackiert worden, weil mein Körper auf genau dieselbe Weise reagierte. Als das Entsetzen nachließ, fiel ich in einen Zustand chronischer Angst zurück. Aber zusätzlich zu meiner Angst empfand ich auch etwas noch Schlimmeres – Selbstverachtung. Ich schien zu einer Person geworden zu sein, die total überreagierte, und zwar nicht auf etwas, sondern auf nichts.

Diese Attacken führten dazu, daß ich mich von allen absonderte, denen ich hätte nah sein sollen. Ich tat so, als sei ich »normal«, orientierte mich an »Hinweiskarten«, die irgendwo in einem Teil meines Hirns aufblitzten. Ich konnte mein Entsetzen mit niemandem teilen, weil ich noch einen Rest Vernunft besaß: Ich wußte, daß das, was ich fühlte, verrückt war.

Während dieses Entsetzen mich von allen anderen absonderte, band es mich gleichzeitig an den Vergewaltiger. Ich war besessen von der Angst, daß er erneut zuschlagen könnte, jeden Augenblick, und er tat es tatsächlich, immer und immer wieder, wenn ich es am wenigsten erwartete. Immer wieder fühlte ich das plötzliche Brausen, das mich zu den verschiedensten Tageszeiten und an den verschiedensten Orten in Panik und Hilflosigkeit versetzte – in meinem Büro, in meinem Auto, wo ich manchmal davon überzeugt war, daß er sich auf dem Rücksitz versteckte. Er war da, griff mich aus dem Nichts an, und wenn er nicht angriff, drohte er, es zu tun. Kein Ort war sicher, nicht einmal mein eigenes Zuhause, nicht einmal, wenn Steve direkt neben mir saß. Trotz all meiner Anstrengungen war ich wieder in der Dachwohnung in Concord und stand mit dem Messer in der Hand oben an der Treppe.

In den fünf Jahren, die seit jenem Nachmittag vergangen waren, war ich ans andere Ende des Landes umgezogen. Und doch war ich immer noch am selben Ort. Bloß daß dieses Mal ein Weihnachtsbaum in der Ecke stand.

Ich suchte Trost bei der einzigen Person in meinem Leben, von der ich glaubte, daß sie meine Gefühle verstehen würde – meiner Freundin Helen.

Helen und ich hatten uns schon lange vor Boston kennengelernt, in Europa, als wir beide noch Söckchen und Lackschuhe trugen. Wir hatten uns »Mutt und Mutt« genannt und waren drei Jahre lang unzertrennlich gewesen. Wir hatten die ganze Intensität, die Verwirrung und Eitelkeit der Pubertät miteinander geteilt. Zumindest hatte ich das gedacht.

Nachdem wir beide in die Staaten zurückgezogen waren, sie mit ihrer Familie nach Oregon, ich mit meiner zurück nach Virginia, ließ der Kontakt nach. Wir schrieben uns noch eine Weile. Schickten uns gegenseitig die Abschlußfotos von unserer High-School, mit der quer darunter gekritzelten Kugelschreiberbotschaft: »Liebe und Küsse, Helen!« »Liebe und Küsse, Nancy.«

Ungefähr ein Jahr vor meiner Vergewaltigung machte Helen mich über meine Eltern in New England ausfindig. Sie lebte inzwischen in Santa Cruz in Kalifornien und rief aus einem ganz bestimmten Grund an. Sie erzählte mir, daß sie in den Jahren unserer Freundschaft von ihrem Vater, einem angesehenen Diplomaten, sexuell mißbraucht worden war. Ich sollte ihr dabei helfen, sich an das Mädchen zu erinnern, das sie damals gewesen war, weil diese Jahre für sie wie ein leeres Blatt waren. »Ich war die ganze Zeit über wie betäubt«, sagte sie.

Sie erklärte mir, daß sie nach dem Scheitern ihrer Ehe angefangen hatte, sich mehr und mehr an den Mißbrauch zu erinnern, und daß sie ihren Vater nach mehreren Jahren der Therapie auf die Übernahme der Behandlungskosten verklagt hatte. »Er gab zu, mich mißbraucht zu haben, wollte sich aber außergerichtlich mit mir einigen«, sagte sie. »Unter der Bedingung, daß ich ein Schriftstück unterzeichnete, in dem ich versprach, nie damit an die Öffentlichkeit zu gehen. Da ich auf das Geld angewiesen war, habe ich unterschrieben.«

Ich war fassungslos, und ich fühlte mich schrecklich schuldig, weil ich nie auch nur vermutet hatte, daß etwas in ihrem Leben nicht in Ordnung war.

»Wie viele Jahre hat das alles gedauert?«

»Es fing an, als ich zwölf war – kurz nachdem wir beide uns kennengelernt hatten. Mit siebzehn bin ich dann von zu Hause abgehauen.«

Ich konnte nicht glauben, daß ich nicht das geringste davon gewußt hatte, daß Helen mir nichts davon erzählt hatte, daß ich nichts gespürt hatte.

Ich erzählte ihr, was ich konnte, erinnerte mich für sie an die Unschuld, von der ich gedacht hatte, wir hätten sie miteinander geteilt – wie wir unsere Haare mit Bier gewaschen hatten, damit unsere turmhohen Frisuren besser hielten, wie wir zu den Platten von Ricky Nelson getanzt hatten, wie wir die Abendkleider meiner Mutter anprobiert hatten. Ich erinnerte mich an die Namen von Jungen, in die wir verknallt gewesen waren, und wie wir sie mit rotem Lippenstift auf den Spiegel meiner Frisierkommode geschrieben hatten.

»Weißt du noch, wie wir uns im botanischen Garten ein Paddelboot geliehen haben – auf dem kleinen See mit den Schwänen und der Insel in der Mitte? Du hattest immer einen Skizzenblock dabei. Ich hab dir immer gern beim Zeichnen zugesehen. Weißt du noch, wie wir gesehen haben, wie die Küken auf dem Rücken ihrer Mutter ritten? Erinnerst du dich noch an das wundervolle Bild, das du gezeichnet hast?«

Nein, sagte sie, nein. Sie erinnerte sich nicht.

Sie erzählte mir, sie sei Malerin. Ich hatte mehrere ihrer alten Zeichnungen aufgehoben und versprach ihr, sie rauszusuchen und ihr zu schicken. Sie war überrascht, daß ich sie all die Jahre aufbewahrt hatte.

»Ich hätte es nicht über mich gebracht, sie wegzuwerfen«, sagte ich.

»Ich bin so froh, daß du sie noch hast. Weißt du, ich kann mich nicht einmal daran erinnern, daß ich damals überhaupt gezeichnet habe. Es ist, als wäre ich im Koma herumgelaufen. Aber du hast den Beweis dafür, daß ich in mir einen sicheren Ort hatte, den ich aufsuchen konnte, auch damals. Er ist der Teil von mir, den ich inzwischen jeden Tag benutze.«

Als ich meiner Mutter von Helens Anruf erzählte, war auch sie schockiert. »Woran ich mich bei Helen vor allem erinnere, ist ihr wunderschönes Lächeln«, sagte sie. »Sie hat immer gelächelt. Dein Vater und ich haben oft gesagt, was für ein unbeschwertes Mädchen sie ist.«

Als ich nach Kalifornien zog, sah ich Helen oft. Das Band

zwischen uns war immer noch stark, vielleicht sogar noch stärker, weil ich jetzt ihre Verbindung zu einem Teil ihrer Vergangenheit war, der für sie nur zu existieren schien, weil ich ihn in mir trug.

Ein paar Tage nach Weihnachten fuhr meine Nichte nach Pittsburgh zurück. Ich war völlig erschöpft von dem Versuch, in dieser Zeit des Jahres, die selbst für die normalsten Menschen aufreibend sein kann, »normal« zu wirken. Als sie abgereist war, warf ich den Weihnachtsbaum weg; seine Lichter und sein glitzernder Schmuck hatten nur bewirkt, daß ich mich noch elender fühlte. Dann packte ich eine kleine Tasche und fuhr nach Santa Cruz, um ein paar Tage bei Helen zu verbringen, die nur einen Häuserblock vom Meer entfernt wohnte. Abends, wenn der Verkehr nachließ, konnten wir die Brandung hören, wenn wir auf ihrer hinteren Veranda saßen, obwohl der Preis für dieses Vergnügen in dicken Mänteln und Handschuhen bestand.

So eingemummelt saßen wir auf ihrer Veranda, als ich ihr erzählte, daß ich demnächst mit einer Psychotherapie anfangen würde. Ich erzählte ihr nichts von den Panikattacken, die mich quälten. Ich hatte das Gefühl, wenn ich meine Wahnvorstellungen in Worte faßte, wäre das der letzte Schritt in den absoluten Irrsinn. Es kam mir sicherer vor, ihr zu erzählen, wie wütend ich darüber war, daß der Vergewaltiger mich dazu zwang, eine Therapie zu machen. Es war seine Schuld, daß ich kurz vor einem Zusammenbruch stand. Die Vergewaltigung, sagte ich, sei »schlimmer als der Tod«, und ich sagte, daß ich das Gefühl hätte, der Vergewaltiger hätte mein Leben so zerstört, daß ich es nie wieder aufbauen könne. »Nie, nie«, sagte ich. Ich haßte ihn mit meinem ganzen Sein. Ich wollte ihn tot sehen. Ich wollte ihn mit eigenen Händen umbringen. Ich hatte meine Wut noch nie so direkt geäußert. Sie war nicht mehr auf eine andere Person oder eine andere Sache verlagert. Es war der Vergewaltiger, den ich in jener Nacht haßte.

Helen hörte mir zu, blieb lange still und sagte dann leise: »Findest du nicht, daß es allmählich Zeit wird, das alles hinter dir zu lassen?«

Ich war zutiefst verletzt. Ohne ein Wort stand ich auf und ging ins Bett. Ich hatte das Gefühl, der Sauerstoff sei mir endgültig ausgegangen.

Aber Helen hatte, wenn auch mit einer gewissen Ungeduld, einen Wunsch für mich geäußert. Sie wünschte sich für mich, daß ich so leben könnte, wie sie es tat, in relativem Frieden mit sich selbst, unbelastet von Schatten, die durch das Gleißen der Vergangenheit hervorgehoben wurden. Aber ich hörte keinen Wunsch. Ich verstand ihre Bemerkung als Zurückweisung. Es sollte noch lange dauern, bevor ich sie als etwas anderes verstehen konnte.

15.

DURCHSTARTEN

Der beste Ausweg ist immer mittendurch

Robert Frost

»Magd des Gesindes«

Es ist Januar 1991. Ich rase bei strömendem Regen über die Autobahn, viel zu spät dran für meine dritte Sitzung bei Dr. Rose. Meine Scheibenwischer schlagen hin und her. Der Tacho zeigt fünfundachtzig Meilen die Stunde – zum Teufel mit der Autobahnpolizei. In der letzten Nacht habe ich, wie in den meisten Nächten, nicht schlafen können. Es war fast fünf Uhr morgens, die Zeit, zu der ich eigentlich hätte aufstehen müssen, als die Erschöpfung mich endlich einschlafen ließ. Schon jetzt hasse ich die Fahrt zu Dr. Roses Praxis in Palo Alto. Die insgesamt drei Stunden, die ich für den Hin- und Rückweg brauche, fühlen sich an wie fünf. Den ganzen Weg habe ich das Gefühl, als würde das Steuer mir jeden Augenblick aus der Hand fliegen.

Es ist gleichzeitig ein Glück und ein Pech, den Achtuhrtermin zu haben, die einzige Zeit, zu der Dr. Rose mich in ihren Terminkalender einschieben konnte. Ein Glück insofern, als sie überhaupt Zeit für mich hat. Aber der frühe Zeitpunkt macht es für mich noch unerfreulicher, mich in die Vergewaltigung und alles, was sie hervorgebracht hat, zurückstürzen zu müssen.

Wenn die gute Nachricht darin besteht, daß ich nach wie vor durchhalte und mich einmal die Woche in Dr. Roses Büro blicken lasse, so besteht die schlechte darin, daß ich trotz des Antidepressivums, das sie mir verschrieben hat, immer noch deprimiert bin. Ich mache mir selbst Vorwürfe, weil ich eine pharmazeutische Krücke brauche, und bin doppelt unglücklich, weil sie nicht einmal hilft. Ich habe Steve gesagt, daß Dr. Rose mir das Mittel für drei Monate verschrieben hat, und ich versichere ihm und mir selbst, daß es mir über »das Gröbste hinweghelfen« wird. Er merkt, daß es nicht wirkt, sagt in dieser Phase des Waffenstillstands aber nichts. Wenigstens gebe ich mir Mühe.

Und was für Mühe. Ich habe das Gefühl, durch hüfthohen nassen Zement zu laufen, um von etwas Unsichtbarem wegzukommen, das mir seinen Atem ins Genick bläst. Die Entfernung, der Verkehr, das Wetter, meine Erschöpfung, meine Angst – sie alle sind Teil des nassen Zements, der mich zu Boden zieht, während ich um mein Leben laufe. Und die Kosten – 115 Dollar pro Sitzung, 460 Dollar pro Monat – sind das Lösegeld eines Vergewaltigers.

Als ich die Hauptstraße von Palo Alto erreiche, bin ich schon fünfundzwanzig Minuten zu spät dran. Der Regen hat aufgehört, aber die Straße ist verstopft, und ich komme nur im Schrittempo voran. Ich warte auf Fußgänger, Ampeln, Autos, die aus Parklücken zurückstoßen. Ich fädele mich durch die Stadt, biege rechts ab, warte an der Ampel. Ich suche auf dem überfüllten Parkplatz hinter dem Gebäude mit Dr. Roses Praxis einen Parkplatz. Ich drehe eine Runde und warte darauf, daß jemand wegfährt. Ich zähle die Minuten – drei, dann fünf. Eine Ewigkeit.

Endlich sehe ich eine Frau mit Autoschlüsseln in der Hand auf ihr Auto zuschlendern. Ich fahre rückwärts und mache den Blinker an, um meinen Anspruch auf ihre Lücke geltend zu machen. Sie nickt mir zu und steigt in ihr Auto.

Sie klappt den Sichtschutz herunter und benutzt erst einen Lippenkonturenstift, dann einen Lippenstift. Sie kämmt sich die Haare. Sie begutachtet ihr Spiegelbild, zieht den Sicherheitsgurt vor und hakt ihn ein. Sie läßt den Motor an und tritt auf die Bremse. Sie beugt sich zur Seite und sucht etwas auf ihrem Sitz. Ich würde sie am liebsten aus dem Auto zerren und ihr ins Gesicht schlagen. Dann endlich setzt sie zurück, langsam, vorsichtig, als führe sie einen Bus und nicht ein rotes Mercedes Cabriolet. Sie winkt, lächelt.

»Großer Gott!« fauche ich vor mich hin, als ich in ihre Lücke donnere.

Im Inneren des Gebäudes flitze ich durch die Halle zur Treppe, rase, zwei Stufen auf einmal nehmend, die Treppe hinauf und hetze in Dr. Roses Wartezimmer. Es ist leer. Die Tür zwischen Sprechzimmer und Wartezimmer ist offen. Als ich die ersten beiden Male hier war, war sie geschlossen. Ich zögere einen Moment. Soll ich einfach reingehen, oder soll ich anklopfen? Ich nähere mich der Tür. Dr. Rose sitzt nicht an ihrem Schreibtisch, der genau vor mir steht. Der Schreibtisch sieht sehr ordentlich aus mit seinen geraden Papierstapeln und der Vase mit gelben Tulpen. »Hallo?« sage ich und denke, daß sie weggegangen ist. Ich bin dreißig Minuten zu spät dran.

»Kommen Sie rein«, sagt sie aus dem Inneren des Zimmers. Ich trete ein und gehe zu meinem Platz, einem bequemen schwarzen Ledersessel vor dem Fenster. Dr. Rose sitzt auf ihrem Stuhl, die Hände im Schoß gefaltet. Sie liest nicht, sie macht sich keine Notizen, sie telefoniert nicht. Sie sitzt einfach nur da und wartet. Sie sagt »Hallo«. Es ist ein professionelles Hallo. Unergründlich.

Ihr Sprechzimmer ist geschmackvoll und warm eingerichtet – ein Orientteppich, eine Wand voller Bücher, ein gesunder Ficus in einer Ecke, Bilder an den Wänden. Sie selbst trägt ein Schneiderkostüm, eine schlichte silberne

Halskette, kleine silberne Ohrringe, schwarze Pumps. Sie ist eine gepflegte, attraktive Frau mit kurzen dunklen Haaren, ungefähr in meinem Alter, Mitte Vierzig.

Verlegen setze ich mich. »Ich habe verschlafen.«

Ist sie verärgert, weil ich sie habe warten lassen? Wird sie mein Zuspätkommen als Beweis dafür deuten, daß ich nicht will, daß es mir bessergeht?

Bevor sie auf meine erste Entschuldigung reagieren kann, lasse ich eine zweite folgen. »Und der Verkehr war einfach schrecklich.« Ich erzähle ihr nichts von der Frau auf dem Parkplatz und wie ich auf sie reagiert habe. Ich will, daß Dr. Rose mir sagt, daß es nicht meine Schuld ist.

»Ich weiß, daß es schwer für Sie ist hierherzukommen«, sagt sie.

Ich fange an zu weinen. »Ich habe schon gedacht, Sie wären weggegangen.«

»Das hier ist *Ihre* Zeit«, sagt sie. »Wir sind hier, um herauszufinden, weshalb Sie sich so schlecht fühlen – damit wir Ihnen helfen können.«

Ihre Worte öffnen die Schleusen. »Ich hoffe, Sie haben genügend von den Dingern hier«, sagte ich zwischen zwei Schluchzern und ziehe ein weiteres Kleenex aus der Schachtel auf dem Tisch neben mir. »Ich habe das Gefühl, daß ich eine Menge davon brauchen werde.« Ich versuche zu lächeln, aber ich glaube nicht, daß eine von uns darauf hereinfällt.

Nach der dreißigminütigen Sitzung sitze ich auf dem Parkplatz hinter dem Gebäude in meinem Auto, rauche eine nach der anderen und versuche, den Willen aufzubringen, nach Hause zu fahren. Als ich zu Hause bin, krieche ich in mein Bett. Ich arbeite wieder als Beraterin, und auf meinem Anrufbeantworter sind dringende Nachrichten von Kunden. Aber ich kann sie mir nicht anhören. Ich will nur eines: schlafen.

16.

ALTE JAHRESTAGE

Denn in dieser fremden, dieser Iris-Region im Wind
träum ich von gräßlichen Dingen
die auf ewig halten dein Kind.

DOROTHY WELLESLEY
»Demeter in Sizilien«

An einem Abend im Winter 1991 hörte ich eine Vergewaltigungsüberlebende im Fernsehen in zwei kurzen Sätzen erklären, was eine Vergewaltigung ist: »Die Vergewaltigung selbst ist nur der Anfang. Was dann kommt, ist ein langer Absturz in die Hölle.«

Als Kind habe ich gelernt, daß die Hölle Getrenntsein von Gott bedeutet. Die Qualen der Hölle waren die Qualen dieses Getrenntseins. Der Vergewaltiger lehrte mich noch etwas über die Hölle: Sie ist ein Ort der Spaltung, ein Platz im Herzen, wo Vorher und Nachher niemals eine Geschichte ergeben. Zwischen der Wut und der Verzweiflung dieser beiden auseinandergerissenen Bereiche lag die Bühne, auf der sich das entfaltete, was als normales Leben gelten mußte.

In den Monaten nach dem Beginn meiner Therapie konstruierte ich mir eine dritte Person, die sich verhielt, als ob sie weder Wut noch Kummer oder Verzweiflung fühlte. Diese Person beriet ihre Geschäftskunden (die im großen und ganzen mit ihrer Leistung zufrieden schienen), wischte

Staub, pflanzte Blumemzwiebeln, kochte Suppen. Die Als-ob-Frau bemühte sich, Ehefrau, Freundin und Mutter für die Tochter ihres Mannes zu sein, ein vierzehnjähriges Mädchen, das in der ganz eigenen Problematik seines Alters verfangen war. Was ich in dieser Zeit an Leben erlebte, schien ein Hologramm meiner selbst zu sein, ein schimmerndes, substanzloses Ding, das irgendwie ein Jahr lang die Stellung hielt.

Obwohl ich lebte, fühlte ich mich nicht lebendig. Und das Leben, das ich führte, fühlte sich nicht wie ein Leben an. Über ein Jahr lang hing das Leben in der Schwebe zwischen einem Vorher, das ich nicht zurückholen, und einem Nachher, das ich noch nicht verstehen konnte. Meistens gelang es mir, die Frau, die wütete, trauerte und über ihr Los verzweifelte, auf die wöchentlichen Sitzungen bei Dr. Rose zu beschränken.

Steve war nicht sehr glücklich mit der Frau, die er jetzt hatte, aber sie war besser als die Frau, die ihn zu hassen schien. Sie zog ihn nicht so ins Vertrauen, wie ich es einst getan hatte. Sie sprach nur selten über die Sitzungen bei Dr. Rose. Statt dessen zog sie sich abends in ihr Büro zurück, wo sie stundenlang in ihr Tagebuch schrieb, und an den Wochenenden verschwand sie in ihrem Studio am Strand, wo er nicht willkommen war.

Manchmal machte das Zusammenleben mit einer Frau, die sich nicht real anfühlte, ihn wütend. Aber wenn er die Beherrschung verlor, verwandelte sich die Als-ob-Frau in eine wütende Furie, die um das Selbst trauerte, das sie verloren hatte, und ihre Wut war stärker als seine. Es war einfacher, mit der Als-ob-Frau zu leben, also nahm er mit ihr vorlieb.

Ich kenne kein allgemein gebräuchliches Wort, mit dem man den Zustand von Menschen beschreiben könnte, die einen schweren Verlust erlitten haben und jetzt den komplizierten, introspektiven Prozeß der Selbsterrettung durchlaufen. Das war mein Zustand, als ich anfing, zu Dr. Rose zu gehen. Vielleicht hatte es einmal ein Wort dafür gegeben, als es Riten für geistige Übergänge gab und diese Riten in Gemeinschaften eingebunden waren. Als ich selbst mich in diesem Zustand befand, wünschte ich mir ein Wort.

Ich weiß nicht mehr, wer gesagt hat, daß das Universum aus Geschichten gemacht ist, nicht aus Atomen. Zweifellos ein Schriftsteller. Ich hatte daran geglaubt, seit ich an der High-School fast in Physik durchgefallen war. Folglich suchte ich, als ich kein Wort finden konnte, nach einer Geschichte, weil es mir ein Bedürfnis war, meine persönliche Erfahrung mit der menschlichen Geschichte zu verknüpfen, die ihr Zeuge ist. Andere Menschen hatten den langen Abstieg in die Spaltung hinter sich gebracht, die mein Zustand war. Ein Zustand, von dem ich hoffte, daß Dr. Rose mir dabei helfen würde, ihn entweder zu akzeptieren oder zu verändern. Es mußte einfach eine Geschichte für mich geben.

Es gab tatsächlich eine Geschichte, die mir sofort einfiel, als ich anfing, in dieser Richtung zu denken. Es war eine griechische Geschichte über eine Vergewaltigung und einen »Abstieg in die Hölle« – der Mythos von Persephone und Demeter. Ich war in groben Zügen mit der Geschichte vertraut, da ich am College Ovids Version gelesen hatte. Nach ein paar Tagen der Recherche entdeckte ich, daß die früheste existierende Version der Geschichte das griechische Gedicht »Hymnos an Demeter« ist, das irgendwann zwischen 650 und 550 v. Chr. von einem unbekannten griechischen Barden erdichtet wurde. In einem Secondhandbuchladen unter einer Autobahnüberführung in San Francisco stöberte ich zwei Übersetzungen dieses Gedichts auf und setzte mich an einem trüben Winternachmittag in meinen Lesesessel, um zu sehen, was die alten Griechen zu sagen hatten.

Die Geschichte fängt damit an, daß Persephone auf einer Wiese Blumen pflückt. In ihrem Fall war es nicht der Gesang eines Vogels, der ihre Aufmerksamkeit auf sich zog, sondern eine Blume, eine Narzisse mit hundert Blüten, die Gaia, die Erdgöttin, »als Falle wachsen ließ«. Als Persephone nach der atemberaubend schönen Blume griff, klaffte die Erde auf, und Hades, der Herr der Unterwelt, donnerte in einem goldenen Wagen, gezogen von unsterblichen Rossen, ans Licht. Persephone wurde gepackt und in die Tiefe verschleppt. Sie rief um Hilfe, aber niemand hörte sie. Nur das Echo ihrer Stimme blieb und »durchhallte die Gipfel der Berge«.

Es kam mir seltsam vor, daß der griechische Dichter dem Aufenthalt Persephones in der Hölle einen Augenblick der Verbundenheit mit der Natur voranstellte, die Narzisse mit den hundert Blüten. Eine Blume, die für die alten Griechen, die ihr einschläfernde Eigenschaften zusprachen, eine mythische Bedeutung hatte. Mein eigener Aufenthalt in der Hölle hatte ganz ähnlich angefangen – mit der »Falle« der quälendsüßen Melodie des unbekannten Vogels.

Wegen des Zusammentreffens des Vogelgesangs mit dem Überfall des Vergewaltigers an jenem Nachmittag in Boston litt ich unter beunruhigenden Assoziationen von Schönem und Schrecklichem. Jedes Vergewaltigungsopfer lebt mit einem Satz komplexer und sich unendlich weiterentwickelnder Assoziationen, und nicht zwei davon sind gleich. Was immer im Lichtstrahl des Terrors eingefangen wird, nimmt in der Landschaft der Gefühle des einzelnen Menschen eine erschreckende Bedeutung an, die von der Zeit zwar abgemildert, aber nie völlig ausgelöscht wird. Assoziationen können sogar durch konstruierte Momente des Terrors hervorgerufen werden. Nachts im Meer zu schwimmen ist für manche Kinogänger vermutlich mit gewissen Vorbehalten besetzt, weil es in dem Film *Der weiße Hai* eine besonders grausame Szene gibt, in der ein junges Mädchen von einem Hai gefressen wird. Auch ein Geruch kann mit so tiefen Assoziationen verbunden sein, daß er längst verschwundene Zimmer oder Gesichter hervorrufen kann.

Diese Nachwirkungen sind manchmal bestürzend für Menschen, die nicht mit der geschärften Wahrnehmung vertraut sind, die oft mit traumatischen Erfahrungen einhergeht. Ein Beispiel dafür ist ein Detail, das mir in einem Zeitungsartikel über den Vergewaltigungsprozeß gegen Kerry Kotler auffiel, von dem bereits die Rede war. In dem Versuch, das Opfer zu diskreditieren, wurde die vergewaltigte Frau von Kotlers Verteidigern gefragt, wie zu erklären sei, daß sie sich daran erinnern könne, daß der Griff des Messers, das Kotler ihr an den Hals hielt, blau war und die Wasserflasche, die er benutzte, um sein Sperma wegzuspülen, einen roten Verschluß hatte, nicht jedoch, ob Kotler einen Schnurrbart hatte oder nicht.

Meine Erfahrung sagt mir, daß sie sich an diese trivialen und unter normalen Umständen unwichtigen Details erinnerte, weil ihre Aufmerksamkeit auf die Elemente der Attacke gerichtet war, die die Ursache ihrer Panik und ihrer Demütigung waren – das Messer und die Wasserflasche. Es würde mich nicht überraschen, wenn der Anblick von Wasserflaschen, vor allem von solchen mit roten Verschlüssen, noch lange später quälende Empfindungen in ihr auslösen würde, und ich finde es auch nicht verwunderlich, daß Kotlers Schnurrbart ihrer Aufmerksamkeit entging.

Umzugskartons sind für mich immer noch mit unangenehmen Assoziationen verbunden, obwohl ich sie benutze, wenn ich muß. Ich bin mir bewußt, daß eine mißtönende Saite in mir angeschlagen wird, wenn ich jemanden »Halt's

Maul« sagen höre, und ich weiß, daß sogar das unaufgeräumte Zimmer meiner Stieftochter ein leises Unbehagen in mir auslöst, das ich als Echo der besonderen Umstände jenes lang vergangenen Tages erkenne. Die Worte oder Berührungen eines Liebhabers, sogar etwas so Bedeutungsloses wie die Farbe seiner Socken, können diese Assoziationen ebenfalls auslösen.

Opfer traumatischer Verletzungen lernen, diese Subtexte zu lesen. Ehepartner und Geliebte lernen es ebenfalls, wenn sie aufmerksam sind.

Die Assoziation zwischen natürlicher Schönheit und Schrecken war für mich ganz besonders schmerzlich. Es ging dabei um mehr als um die Erkenntnis, daß ein einsamer Spaziergang durch den Wald oder an einem verlassenen Strand nicht so sicher war, wie ich einmal gedacht hatte, und daß es vielleicht besser wäre, mir eine Begleitung zu suchen, wenn ich denn eine schweigsame finden könnte. Es ging um etwas Tieferes als um das Wissen, daß es gefährlich war, als Frau allein zu sein. Es ging um den Verlust der Tröstungen wilder, natürlicher Orte, oder auch der wilden Ecken zahmer Orte. Der Vergewaltiger hatte meine Fähigkeit für etwas zerstört, was für mich eine Form von Gebet gewesen war. Ich verweigerte mir jetzt die andächtige Versunkenheit, mit der ich früher auf die Wunder reagiert hatte, die die Natur meinen Sinnen zukommen ließ, um mich vor dem Bösen zu schützen, das knapp außerhalb der sichtbaren Welt zu lauern schien. Es war ein Verlust, der meinen Geist und meine Seele viele Jahre lang ärmer machte.

Ich wußte, daß es keinen göttlichen Plan hinter meiner Vergewaltigung gab und daß ihre Brutalität rein zufällig war. Und doch fragte ich mich manchmal, ob dahinter nicht doch vielleicht ein metaphysischer Sinn zu erkennen sei. War sie die Glaubensherausforderung, der wir alle irgendwann gegenüberstehen? Gott, wie immer wir ihn sehen oder wo immer wir ihn anbeten, verlangt Glauben, wo keiner gerechtfertigt scheint. Würde ich je wieder beten können, wo mein Glaube derart auf die Probe gestellt worden war?

Ich fühlte mich getröstet durch die poetische Einfügung der Narzisse, die nicht beachtete Warnung, obwohl ich nicht erklären konnte, warum die Gesellschaft von Persephone, einer Gestalt aus einer Legende, mir das Gefühl gab, weniger allein zu sein.

Der Dichter sagt kaum etwas über Persephones Erlebnisse in der Unterwelt – einem Ort dämmriger Düsternis, der völlig von der überirdischen Welt der Götter und der Menschen abgeschnitten ist. Ihre Vergewaltigung wird, wie die Anmerkungen des Übersetzers mir sagen, durch die Sprache angedeutet, insbesondere durch die Verwendung des griechischen Wortes *biazomenes,* das in etwa »Gewalt erleiden« bedeutet, und durch Persephones Sträuben, ihr lautes Jammern und die Plötzlichkeit und Heftigkeit ihrer Verschleppung in die Unterwelt.

Ich fand es hochinteressant, daß der Dichter Persephones Vergewaltigung als brutale Verschleppung aus der Welt des Lichts in die Welt der Dunkelheit umschrieb. Er hatte das Wesentliche erfaßt – die Verletzung der Seele. Ich dachte an die Vergewaltigungsszenen, die ich in Filmen gesehen hatte, wie direkt sie in diesem Medium sein mußten, wie sie unseren Blick allein auf die Körper lenkten.

Wenn ich das Gedicht vor meiner Vergewaltigung gelesen hätte, hätte ich das Schweigen des Dichters über Persephones physische Erfahrung vielleicht für eine merkwürdige Auslassung gehalten. Aber als Frau, die vergewaltigt worden war, war ich bewegt von der Wahrheit dieser alten Worte. Die Trennung von der Welt des Lichts, von Bedeutung, Erinnerung, Natur, Mutter, Erde und Fruchtbarkeit, das war die eigentliche Gewalttat. Offensichtlich war es einem unbekannten, seit über zweieinhalbtausend Jahren toten Dichter gelungen, in ein paar eleganten Zeilen zusammenzufassen, was eine Vergewaltigung ausmacht – das plötzliche Aufklaffen des festen Bodens, das den unvorstellbaren Alptraum des Todes mit sich bringt.

Es war auch eine Metapher für den Moment, in dem das Vorher zum Nachher wird – den Moment, der nicht rückgängig gemacht werden kann und der das Leben für alle Zeiten verändert.

Das Bild der plötzlich aufklaffenden Erde fiel mir kürzlich wieder ein, als ich hörte, wie ein Arzt den Moment beschrieb, in dem er wußte, daß er sich mit Aids infiziert hatte. Seine Hand war ausgerutscht, als er eine Autopsie an einem Mann durchführte, der daran gestorben war. In einem einzigen Augenblick, den er nie mehr vergessen wird, verlor er das Leben, das er bis dahin gehabt hatte, und fing an, ein anderes zu leben – das eines Mannes, der mit Aids lebt.

Der Dichter widmet Persephone nur 40 von insgesamt 495 Zeilen. Der Rest der Hymne befaßt sich mit dem Schmerz und dem Zorn ihrer Mutter. Mit Fackeln in den Händen durchstreift Demeter, die Göttin der Feldfrüchte, die Welt und sucht vergeblich nach ihrer Tochter. Nach mehreren enttäuschenden Versuchen, den anderen Unsterblichen die Wahrheit zu entlocken, erfährt sie von Helios, dem Sonnengott, »der alles erspäht, was vorgeht bei Göttern und Menschen«, was ihrer Tochter zugestoßen ist. Ihr Kummer ist so groß, daß sie das Reich der Götter verläßt, um als alte Frau über die Erde zu wandern. In der Stadt Eleusis läßt sie sich schließlich am Hof des Königs nieder, gibt sich nach einer Weile zu erkennen und befiehlt den Menschen, ihr einen Tempel zu erbauen. In dieses Heiligtum zieht sie sich zurück und »saß entfernt von den Seligen allen, voller Sehnsucht und Harm« um ihre Tochter.

Ich erkannte mich in Demeters Wanderungen und Kummer wieder. Als ich von ihrer verzweifelten Suche las, dachte ich an meine eigene Sehnsucht nach meinem verlorenen Ich, an meine wilden, aber letztlich fruchtlosen Versuche, den Teil meiner selbst, den der Vergewaltiger mir gestohlen hatte, zurückzuholen. Ich dachte an die Dachwohnung in Concord und welche Mühen ich darauf verwendet hatte, sie zu einem Heiligtum zu machen. Ich dachte an mein Studio am Strand, in das ich mich zurückgezogen hatte, um zu trauern. Wie es schien, hatte auch ich die Welt durchstreift und nach meiner unschuldigen Tochter gesucht – der Frau, die sich sicher fühlte.

Ich dachte auch an meine eigene Mutter, die nie darüber gesprochen hatte, wie sie sich nach dem fühlte, was mir angetan worden war. Meine Vergewaltigung hatte uns einander entfremdet. Nach jenen ersten Wochen in Virginia spürte ich, wie sie immer mehr von mir fortglitt. Ich wollte sie vor dem Schmerz beschützen, den ich in Concord litt. Ich sehnte mich nach ihr, wollte ihr aber die Traurigkeit ersparen, die mich erfüllte und von der ich wußte, daß sie auf sie übergehen würde, wenn ich davon sprach. Es gab nichts, was sie tun konnte, um mir zu helfen. Sie wußte das ebenfalls, und dieses Wissen muß sie ebenso geschmerzt haben, wie es mich schmerzte.

Als ich dann heiratete und die Vergewaltigung in den Untergrund abtauchte, um ihre seltsame Metamorphose zu durchlaufen, konnte ich ihr nicht sagen, was ich selbst nicht verstehen konnte. Mein selbstgeschaffenes Schweigen sollte sie schützen. Sie hatte diesen Schutz nicht verlangt, und im nachhinein denke ich, daß sie ihn auch nicht brauchte.

Aber mit der Zeit kam es mir so vor, als hätte meine Mutter mich verlassen. Ich stellte mir Persephone vor, zusammengekauert in einer Ecke der Hölle, wo sie die Schatten der Toten sah, die nur Abstufungen von Dunkelheit waren, wie ein Wind, der durch die Düsternis strich. Ich stellte mir vor, wie sie an Demeter dachte und sich fragte, wieso sie nicht kam, um sie zu retten. Aber nicht einmal eine mächtige Göttin konnte das Reich der Toten betreten. Es gab nichts, was meine Mutter hätte tun können. Obwohl ich das Glück hatte, meiner Mutter so nahe zu sein, wie nur die wenigsten meiner Freundinnen es ihren Müttern zu sein schienen, hatte ich diese Nähe während meines Abstiegs in die Tiefe verloren.

Ich spürte, daß sowohl meine Mutter als auch ich selbst von Teilen unserer Persönlichkeit abgeschnitten waren. Sie hatte die Verbindung zu der Tochter verloren, die vergewaltigt worden war. Meine Mutter hatte mich neununddreißig Jahre lang gekannt. Aber die Frau, zu der ich geworden war, die Frau, die von sich selbst abgeschnitten war, die Frau, die so lebte als ob, diese Frau kannte sie nicht. Diese fragmentarische Frau war eine Fremde. Ich hatte den Kontakt zu meiner Mutter und zunehmend auch zu dem Teil meiner selbst verloren, der mir einst Trost geboten hatte – meinen eigenen mütterlichen Eigenschaften.

Demeters Kummer verwandelt sich in schrecklichen Zorn, den sie an der Welt der Menschen ausläßt. Sie schickt eine so verheerende Hungersnot über die Erde, daß die Sterblichen den Göttern nicht mehr die üblichen Getreideopfer darbringen können. Zeus, der Herrscher über Himmel und Erde, fängt allmählich an, sich Sorgen zu machen, und schickt Boten zu Demeter, durch die er sie bitten läßt, doch endlich nachzugeben. Sie weigert sich. Sie wird die Erde erst dann wiederherstellen, wenn sie mit ihrer Tochter vereint ist. Konnte auch ich, so fragte ich mich, meinen Zorn dazu nutzen, eine neue, ganze und authentische Frau zu schaffen?

Schließlich erteilt Zeus dem Gott der Unterwelt den Befehl, Persephone freizulassen, aber bevor Hades sie in seinem goldenen Wagen zu ihrer Mutter nach Eleusis zurückbringt, zwingt er sie dazu, einen Granatapfelkern zu essen. Da Persephone in der Unterwelt Nahrung zu sich genommen hat, muß sie fortan den dritten Teil eines jeden Jahres in die Unterwelt zurückkehren, teilt Demeter ihrer Tochter mit, als sie endlich wiedervereint sind. »Wenn die Erde sich schmückt mit buntesten, duftenden Blumen, wie sie der Frühling bringt, dann wirst du aus dämmrigem Düster wiederum auferstehn.«

Am Ende des Gedichts ist die Ordnung wiederhergestellt. Die Fruchtbarkeit kehrt auf die Erde zurück, die Menschen von Eleusis werden in Demeters heilige Riten eingeweiht, von denen es heißt, »Keiner darf sie je verletzen, erforschen, verkünden«, und Mutter und Tochter kehren in die Gemeinschaft der Götter auf dem Olymp zurück. Aber die Ordnung, die nach Persephones Vergewaltigung hergestellt wird, ist eine andere Ordnung, eine, die neue Mysterien enthält.

Der Herbst ist auch die Zeit von Persephones Jahrestag, dachte ich, als ich die letzten Zeilen las. Wenn sie in die Unterwelt zurückkehrt, verdorrt die Welt, aber nur für eine begrenzte Zeit. Für den griechischen Dichter beinhaltete die Vereinigung von Mutter und Tochter für alle Zeiten einen neuen Zyklus von Trennung und Wiedervereinigung. Vielleicht mußte ich die Hölle nicht vergessen. Vielleicht mußte ich mich an sie erinnern.

An jenem Nachmittag des Jahres 1991 hatte ich keine Ahnung, wie ich dieses Erinnern bewerkstelligen sollte, aber ich fing an, meine wöchentlichen Fahrten nach Palo Alto als eine Chance zu betrachten, mein verlorenes Ich zurückzuerobern. Mein Kummer hatte sich in Zorn verwandelt, den Zorn, den ich mit Helen geteilt hatte. War es ein Zorn, der wie der Zorn Demeters dazu verwendet werden konnte, einen Pakt mit dem Teufel zu schließen?

Ich legte das Gedicht beiseite, mehrere Jahre lang. Dann las ich diverse wissenschaftliche Aufsätze darüber und erfuhr, daß das Gedicht, in vertonter Form, einst der zentrale Text eines religiösen Rituals gewesen war, der Eleusinischen Mysterien, die die griechisch-römische Welt tausend Jahre oder länger bestimmt hatten. Cicero nannte die Mysterien Athens größtes Geschenk an die Menschheit, obwohl dieses Geschenk, anders als die Demokratie, nicht an uns weitergereicht wurde. Wie immer die Mysterien aussahen, sie sind uns für alle Ewigkeit verschlossen, wie die alten Griechen und Römer es anscheinend gewollt hatten. Die Riten, die in Eleusis abgehalten wurden, waren ein sorgfältig gehütetes Geheimnis. Die Halle, in der sie stattfanden, faßte mehrere tausend Männer und Frauen, und die Mysterien selbst, die eine Woche dauerten, fanden tausend Jahre lang in jedem Herbst statt. Niemand hat sie je beschrieben. Aber die meisten Wissenschaftler sind sich einig, daß die Gläubigen auf irgendeine Weise die Leiden und die Wiedervereinigung von Persephone und Demeter nachvollzogen.

Für die Menschen der antiken Welt war dieser Mythos das zentrale Drama eines Rituals, das ein so tiefes Geheimnis barg, daß niemand, dem es enthüllt wurde, je direkt darüber sprach. Aristoteles sagte, die Teilnehmer hätten nichts gelernt, sondern seien dazu gebracht worden, etwas zu erfahren. Plutarch sagte, »all das Furchtbare, Schauder, Zittern, Schweiß« seien in Staunen und Klarheit verwandelt worden. Der Rhetoriker Sopatros beschrieb seine Erfahrung in Eleusis wie folgt: »Ich trat aus der Mysterienhalle und empfand mich als einen Fremden.« Selbst wenn diese Schilderungen Ausdruck hellenistischer Übertreibungskunst sind, wäre ich trotzdem zu gern bei einer dieser Zusammenkünfte dabeigewesen.

Was mich besonders beeindruckte, war die Tatsache, daß eine Geschichte, die eine Vergewaltigung zur Metapher für den Prozeß des Abstiegs in die Hölle und die darauf folgende Wiedergeburt machte, für diese alten Völker eine derartige Macht besaß. Auch Männer fanden anscheinend eine Bedeutung in ihr. Die Riten boten ihnen eine Struktur für das Verständnis ihrer Welt. Aber in der Welt, die ich bewohnte, einer Welt, die den alten Griechen viel zu verdanken hat, gab es kein Ritual, das mir helfen konnte, meinen Schrecken und meine Verwirrung in Klarheit zu verwandeln. Statt dessen schien es nur Schweigen zu geben.

Aber während ich über den Mythos von Persephone und Demeter nachdachte, schienen flüsternde Stimmen aus dieser längst verschwundenen Vergangenheit zu mir zu dringen. Obwohl Persephones Befreiung nicht der endgültige Triumph des Guten über das Böse durch eine bewußte heroische Tat war, war sie dennoch eine Befreiung. Persephone schien das klassische Opfer zu sein. Wie ich war sie nicht auf ihre Prüfung vorbereitet worden und hatte in der ganzen Angelegenheit keinerlei Wahl. Sie wurde gegen ihren Willen gezwungen, in den Hades hinabzusteigen, und wurde wiederum gezwungen, die Nahrung der Toten zu essen. In diesem Mythos, und vielleicht auch in den Riten, die Plutarch so beeindruckt hatten, besteht der Weg aus der Viktimisierung heraus nicht im Triumph über Widrigkeiten. Er besteht in der Transformation des Ich durch Kummer, Wut und Verlust.

Es gibt nur wenige Vorbilder für diesen Prozeß. Ich fand in dieser alten heidnischen Geschichte, was ich finden konnte. In einer Kultur, die das Gefühl dafür verloren hat, daß die Sprache des Transzendenten einen Bezugspunkt in der Realität hat, wird es zunehmend schwierig, sich vorzustellen, wie der Prozeß der Transformation aussehen könnte. Wie kann ich das »Opfer« in eine Frau verwandeln, die eine Brücke zwischen Dunkelheit und Licht schlägt, wie Persephone es am Ende ihrer Geschichte tut?

Ich bin sicher nicht die erste, die vor der Schwierigkeit

steht, diese nichtrationale, unwirtliche Reise im Kontext einer säkularen Weltsicht zu unternehmen, die das Universum der Phänomene als essentiell mechanistisch sieht, als einen Kosmos, der durch das Medium der menschlichen Erkenntnis verstanden werden kann. Wie die alten Griechen und Römer zu wissen schienen, die sich jedes Jahr in Eleusis versammelten, kann man sich aus der Hölle nicht herausdenken oder herauskämpfen. Man muß sich seinen Weg heraus erfühlen.

Die Geschichte von Persephone und Demeter gehört zu den wenigen griechischen Mythen, in denen es in erster Linie um Protagonistinnen geht, und die Tatsache, daß eine Vergewaltigung eine zentrale Rolle in ihrem Leben spielt, überraschte mich nicht. Wahrscheinlich weil der Mythos von Persephone und Demeter die weibliche Erfahrung in den Mittelpunkt der Erzählung stellt, wurde er zum Dreh- und Angelpunkt zahlreicher Forschungen im Bereich Frauenstudien und aus vielen theoretischen Blickwinkeln analysiert, auch aus psychoanalytischer Sicht.

Er war für eine breite Palette von Feministinnen von großem Interesse, darunter auch für die Soziologinnen Nancy Chodorow und Carol Gilligan. Er verkörpert, was viele für eine archetypische Frauenreise halten, einen weiblichen Übergangsritus. Die wenigen Arbeiten über die Bedeutung des Mythos und seine Relevanz für das zeitgenössische Leben, die ich gelesen habe, schienen jedoch meine besonderen Bedürfnisse nicht anzusprechen. Mein Interesse daran war weder scholastisch noch theoretisch. Ich las den Mythos buchstäblich, als eine Geschichte über eine wirkliche Erfahrung. Aus diesem eingeschränkten Blickwinkel scheint es mir, daß die Geschichte, egal worum es in ihr sonst noch alles geht – beispielsweise die psychologische Beziehung zwischen Müttern und Töchtern in der westlichen Welt –, auch von einer Vergewaltigung handelt. Und ich frage mich, ob andere Überlebende von Vergewaltigungen die Geschichte auch so lesen wie ich – mit den Augen einer neuzeitlichen Persephone, die nach einem Ausweg aus der Hölle sucht.

Als der Religionswissenschaftler Karl Kerényi diesen Mythos über achtundzwanzig Jahrhunderte, seit er erstmals aufgeschrieben wurde, interpretierte, schrieb er: »In die Gestalt der Demeter eintreten, das heißt verfolgt, beraubt, ja geraubt werden; nicht verstehen, sondern zürnen und trauern, dann aber doch zurückerlangen und wiedergeboren werden: Was anderes bedeutet dies als die allgemeinste Idee des Lebewesens, das Los der Sterblichen verwirklichen?« Menschen, die nicht selbst eine Vergewaltigung erlebt haben, entdecken in dieser heidnischen Geschichte eine Aussage über Tod und Wiedergeburt. Aber wenn man selbst vergewaltigt wurde, verleiht die Tatsache, daß eine Vergewaltigung mehr ist als eine Metapher, daß sie eine Erfahrung ist, die man selbst gemacht hat, der Suche nach Bedeutung eine besondere Dringlichkeit.

Als ich über die Macht nachdachte, die diese Geschichte einst für Frauen und Männer gleichermaßen besaß, fragte ich mich, was wir alles im Sieb der Zeit verloren haben. Die Erlösung nach den Leiden Persephones und Demeters ist eine Beziehung zwischen Dunkelheit und Licht. Sie ist nicht der endgültige Sieg über die dunklen Mächte, sondern eine Versöhnung mit ihnen.

Ich fand Trost in der Tatsache, daß Persephone jedes Jahr in den Hades zurückkehren muß – sie läßt ihre Vergewaltigung nicht hinter sich. Sie »vergißt« sie nicht. Sie bewegt sich für alle Zeiten zwischen den beiden Welten, die sie kennengelernt hat, der Welt des Lichts und der Welt der Dunkelheit.

Laut Tanya Wilkinson, deren ausgezeichnete Studie *Persephone Returns* die individuellen und kulturellen Dynamiken untersucht, die in der zeitgenössischen westlichen Kultur zur Kluft zwischen Opfern und Helden beitragen, zeigt uns die Vergewaltigung Persephones »auf unzweideutige Weise, daß es Risse im Stoff des Lebens gibt, die nicht völlig repariert werden können, eingeschlagene Richtungen, die, auch wenn sie unfreiwillig und unfair sind, nie völlig rückgängig gemacht werden können, weil das Ich durch sie verändert wird.«

Unschuld kann nicht zurückerlangt werden. Wenn sie einmal verraten wurde, muß sie verwandelt werden. Das Problem mit der Erfahrung der Opfer scheint meiner Meinung nach darin zu bestehen, daß wir die Sprache der Transformation verlieren. Mit dem Wegfall der Worte verlieren wir vielleicht auch das Gespür dafür, daß sie einen Bezugspunkt in der menschlichen Erfahrung haben. Während heroische Mythen, so wie sie in unseren Massenmedien nacherzählt werden, unsere Kultur auch weiterhin prägen, könnte der Mythos von Persephone und Demeter zukünftigen Generationen immer unzugänglicher werden.

Als Helen zu mir sagte, ich müsse endlich aufhören zu glauben, daß der Vergewaltiger mein Leben zerstört hatte, wollte sie mir damit sagen, daß Persephones Geschichte mehr beinhaltet als ihren Abstieg in die Hölle. Wenn sie immer noch besungen würde wie einst, hätte Helen das, was sie mir sagen wollte, vielleicht in diese Worte gefaßt, und ich hätte verstanden, was sie meinte. Aber keine von uns beiden kannte die geheime Geschichte, die vor so langer Zeit in Eleusis erzählt wurde. Vielleicht spürte Helen, daß ich in meiner dunklen Wut bereit war, so wie Demeter fortzurennen »übers Feste und Nasse, wie Vögel es können, immer suchend«. Und vielleicht wußte sie, daß ich den Willen einer wütenden Demeter würde finden müssen, um meine verlorene Tochter aus dem Hades zurückzuholen.

Vielleicht hat die Weisheit der Worte, die spröde sind vor Alter, die Jahrhunderte doch überdauert. Ich wäre froh, es wäre so.

17.

IM HAUS DER SELBSTBESINNUNG

Das Zimmer soll sprechen,
es soll mich einfangen und tragen,
ich will fühlen, daß ich hierhergehöre.

Erich Maria Remarque
Im Westen nichts Neues

Ich glaube, es würde dir helfen.«

Helen ist am Telefon. Ich bin immer noch gekränkt und versuche immer noch, es mir nicht anmerken zu lassen. Wir haben seit fast drei Wochen, seit meinem Besuch nach Weihnachten, nicht mehr miteinander gesprochen. »Es ist eine neue experimentelle Behandlungsmethode, die sich EMDR nennt. Die Behandlung dauert nicht lange, nur vier Sitzungen oder so. Sie würde sich nicht mit deiner normalen Therapie überschneiden.«

»Ganz schöner Brocken«, sagte ich, schrieb mir die ellenlange Bezeichnung aber trotzdem auf. EMDR – Augenbewegungs-Desensibilisierung und -Reprozessierung. Dazu den Namen, den Helen mir nannte: Francine Shapiro.

»Ich weiß, daß du sauer auf mich bist«, sagte sie. »Ich hoffe, du weißt, daß ich dir keine Vorwürfe machen wollte.«

Ich schwieg.

»Bist du noch da?« fragte sie.

»Es hat sich aber so angehört«, sagte ich schließlich.

»Tut mir leid, daß du es so aufgenommen hast.«

»Ich mache meine Ehe kaputt. Ich kann nicht mehr schreiben. Ich kann nicht mehr schlafen. Ich bin die ganze Zeit deprimiert. Ich hasse mich.«

Ich sagte nicht, daß ich auch Helen haßte. Meine Wut, zusammenhanglos und beängstigend, verwandelte sich auf der Stelle in erdrückende, schweigengebietende Scham. Schließlich, so dachte ich, wollte sie mir nur helfen. Trotzdem hielt ich sie für herzlos und unsensibel.

Als ich eingehängt hatte, starrte ich den Namen und die Telefonnummer, die ich mir notiert hatte, lange an. Dann nahm ich meinen Kaffeebecher und schmetterte ihn mit aller Kraft an die Wand, wo er in tausend Stücke zersprang.

Nicht lange danach fuhr ich wieder einmal über die Autobahn nach Palo Alto, unterwegs zur ersten von insgesamt vier zweistündigen Sitzungen mit Francine Shapiro, einer klinischen Psychologin. 1991 stand Shapiros »Entdeckung«, EMDR, noch am klinischen Rand der Behandlung posttraumatischer Belastungsstörungen. Obwohl sie 1995 einen gewichtigen Band über EMDR veröffentlichte, der inzwischen von über achtzehntausend klinischen Psychologen in den ganzen Vereinigten Staaten benutzt wird, und obwohl die Fernsehsendung *Sixty Minutes* einen Beitrag über ihre Behandlungsmethode brachte, ist EMDR nach wie vor eine Art Rätsel. Es gibt Theorien darüber, wie oder weshalb die Methode funktioniert, aber immer noch keine definitive Erklärung.

Wie Shapiro in ihrem Buch schreibt, beruht EMDR auf einer zufälligen Beobachtung, die sie 1987 machte. »Als ich eines Tages durch einen Park ging«, schreibt sie, »merkte ich, daß gewisse belastende Gedanken, die mich verfolgt hatten, plötzlich verschwanden. Außerdem fiel mir auf, daß diese Gedanken, wenn ich sie mir absichtlich wieder in Erinnerung rief, nicht mehr so belastend und so real bedrohlich auf mich wirkten wie ursprünglich.« Als sie versuchte dahinterzukommen, was den Charakter ihrer Gedanken verändert hatte, merkte sie, daß ihre Augen immer dann, wenn sie belastende Gedanken hatte, spontan anfingen, sich sehr schnell in einer Diagonale hin und her zu bewegen. Sie fing an, ihre Augen absichtlich auf diese Weise zu bewegen, während sie sich auf belastende Gedanken und Erinnerungen konzentrierte, und wie zuvor verschwanden die betreffenden Gedanken und verloren ihren belastenden Charakter.

Im Lauf der nächsten Monate arbeitete Shapiro eine Vorgehensweise aus, bei der sie ihre Finger benutzt, um die Augenbewegungen ihrer Patienten zu steuern. 1988 führte sie eine kontrollierte Studie mit zweiundzwanzig Opfern von Vergewaltigung und sexuellem Mißbrauch und mit Vietnamveteranen durch, die unter traumatischen Erinnerungen litten. Shapiro stellte fest, daß bei den Patienten, die mit EMDR behandelt wurden, im Gegensatz zu denen in der Kontrollgruppe, die nur aufgefordert wurden, ihre traumatischen Erinnerungen detailliert zu beschreiben, eine »starke Desensibilisierung und eine deutliche kognitive Restrukturierung der Sicht des traumatischen Ereignisses« erreicht worden war. »Die Erinnerungen verloren ihren belastenden Charakter.«

In unserer ersten Sitzung erklärte mir Shapiro, Ziel der Methode sei es, Informationen aus meinem Nervensystem zu »entriegeln«, und daß wir versuchen würden, Augenbewegungen durchzuführen, die denen in der REM-Phase des Schlafes ähnlich waren, der Phase, in der man träumt. Diese Augenbewegungen, sagte sie, würden mir helfen, das unbewußte Material hervorzuholen, damit es verarbeitet werden konnte.

Die Sitzungen waren aus mehreren Gründen eine Tortur, nicht zuletzt deswegen, weil meine Augenmuskeln die schwächsten Muskeln meines Körpers sind. Es war harte körperliche Arbeit, ihren Fingern zu folgen, während sie mich aufforderte, mich auf besonders belastende Bilder der Vergewaltigung zu konzentrieren. Die körperliche Anstrengung war noch aus einem anderen Grund belastend. Der Vergewaltiger hatte mich in den ersten Minuten des Angriffs unter Kontrolle gebracht, indem er mir die Finger in die Augen drückte. Nachdem ich mehrere Minuten versucht hatte, ihrer Hand zu folgen, schmerzten meine Augen so wie an jenem Tag. Vielleicht intensivierte diese Nachinszenierung einer der körperlichen Empfindungen der Vergewaltigung meine Bilder. Was immer der Grund war, sie kamen mit einer Lebhaftigkeit zurück, bei der mir übel wurde.

Das schlimmste Bild war das, das mich gefesselt und mit verbundenen Augen zeigte. Mit ihm fing ich an. Ich stellte mir vor, wie ich mit auf dem Rücken gefesselten Händen auf Pamelas Bett lag, die Augen mit Klebeband verklebt, mein Körper von der Hüfte abwärts nackt, mein BH aufgehakt, mein Hemd aufgerissen. Ich sah mich so, wie der Vergewaltiger mich gesehen hatte, so, wie auch ich selbst mich gesehen hatte, als ich meinen Körper verließ, um von oben zu »beobachten«. Was ich sah, war das Bild des bratfertig verschnürten Hähnchens, das der Polizistin damals so spontan eingefallen war. Für mich das Bild eines machtlosen, häßlichen, wertlosen Objekts.

Es ist nicht weiter überraschend, daß es dieses Bild war, das ich nicht »verarbeiten« konnte, oder daß die Metapher der Polizistin, ich sei zusammengeschnürt gewesen wie ein Hähnchen, das gleich in den Ofen soll, ein weiteres widerliches Bild der Kränkung war, das ich assimilieren mußte. Die Polizistin hatte das Wesentliche erfaßt, obwohl ich bezweifle, daß sie das wußte. Die Scham meiner nackten Hilflosigkeit, mein totales, absolut passives Ausgeliefertsein an den Willen eines anderen Menschen, siegelte dieses Bild in einen durchsichtigen Stein ein, der nie aufgebrochen und nie aufgelöst werden konnte. Der Stein war kalt. Und er lag im Zentrum meiner Seele.

Ich brauchte EMDR und zweieinhalb Jahre intensiver Psychotherapie, um an einen Punkt zu kommen, an dem ich das Gefühl hatte, mit diesem in einem Stein eingeschlossenen Bild leben zu können, weil ich genau das für den Rest meines Lebens würde tun müssen.

Ich sah den eisigen Stein und hielt ihn vor mir fest, während ich Francine Shapiros Fingern vor und zurück folgte. Als sie innehielt, war ich einem Zusammenbruch nahe, unfähig zu stehen, unfähig, meine Tränen zurückzuhalten. Erst nach einem langen Kampf darum, die Kontrolle über meinen Körper zurückzuerlangen, konnte ich die Prozedur wiederholen. Beim zweiten Mal hatte ich Schmerzen in den Armen, so als risse der Vergewaltiger sie hinter meinem Rücken nach oben. Dann hatte ich überall Schmerzen. Meine Beine schienen zu schrumpfen, bis sie sich wie Stummel anfühlten. Aber ich weinte nicht.

Während ich meine wöchentlichen Besuche bei Dr. Rose fortsetzte, arbeitete ich einen Monat lang auch systematisch mit Francine Shapiro, stellte mir die Vergewaltigung selbst und das, was unmittelbar danach kam, bildlich vor. Es war eine einzige Tortur, und es war keine »Heilung« im eigentlichen Sinn, aber ich glaube, daß EMDR die Natur meiner Wahrnehmung der Vergewaltigung veränderte. Ich bin froh, daß ich soviel Verstand hatte, eine langfristige Psychotherapie zu machen. Trotzdem glaube ich, daß EMDR dazu beitrug, daß ich schließlich dazu fähig war, dieses Material auch auf andere Weise zu »verarbeiten« – in Form geschriebener Sprache. Der Schriftsteller Julian Jaynes sagte einmal, die Sprache sei »ein Wahrnehmungsorgan und nicht einfach nur ein Kommunikationsmittel«. Ich finde, er hat recht. Dieses Buch hier ist eine andere Phase der Regeneration, eine andere Übersetzung.

Vielleicht hat das Ausgraben der Bilder »aus meinem Nervensystem« in jenem Winter 1991 mir dabei geholfen, diese Erzählung zu konstruieren. Vielleicht wird die Neurobiologie eines Tages in der Lage sein, die Verbindungen zwischen Neuronen und Seele zu erklären. Vielleicht entdeckt die Wissenschaft mit der Zeit einen schnellen, einfachen Weg, die Vergangenheit zu heilen. Der Weg, den ich einschlug, war weder das eine noch das andere.

Eine Psychotherapie zu machen – unbewußte Konflikte zu erforschen und zu interpretieren – ist etwas Unnatürliches. In meinem Fall brauchte es die schlimmste Seelenqual und die Hoffnung, daß diese Qual gelindert werden könnte, um damit weiterzumachen, Woche für Woche, Jahr für Jahr.

Carl Jung sprach von dem Mann, der im »Hause der Selbstbesinnung« lebt – gemeint ist der Patient in der Psychoanalyse. Er ist tapfer genug, schrieb Jung, »seine Projektionen allesamt zurückzuziehen«, und wenn er das tut, wird er sich eines beträchtlichen Schattens bewußt. »Ein solcher Mensch hat sich neue Probleme und Konflikte aufgeladen. Er ist sich selbst eine ernste Aufgabe geworden, da er jetzt nicht mehr sagen kann, daß die anderen dies oder jenes tun, daß sie im Fehler sind...« Ehe es besser wird, wird es schlimmer.

Zweieinhalb Jahre lang war ich mir selbst »eine ernste Aufgabe«, während ich mich in Dr. Roses Praxis meinem Schatten stellte. Wenn ich schon vor der Vergewaltigung eine Psychotherapie gemacht hätte, hätten die Dinge vielleicht anders ausgesehen. Aber vorher hatte ich nicht das Gefühl gehabt, eine zu brauchen. Ich führte ein durchschnittlich glückliches Leben, das mich manchmal verwirrte und nicht immer authentisch mein eigenes zu sein schien. Ich hatte das Gefühl, mich zu sehr darum zu bemühen, anderen zu gefallen, und war mir vage bewußt, daß ich jedesmal, wenn ich meinen eigenen Bedürfnissen entsprechend handelte, einen inneren Kampf gegen irgendwelche Schuldgefühle führen mußte. Aber mein Zustand schien nicht besser und nicht schlechter zu sein als der der meisten anderen Leute, die gelegentlich über ihre eigenen Gefühle oder Verhaltensweisen verwirrt sind.

Das Unbewußte übt eine Zugkraft aus, die uns zutiefst formt. Mir dieses verborgenen Bereichs bewußt zu werden war die Aufgabe, die vor mir lag, als ich mit der Psychotherapie bei Dr. Rose anfing. Die logische Aufeinanderfolge von Ereignissen ist eine Illusion, die von den Regeln der Erzählung verlangt wird. Wenn ich jetzt über meine Erfahrungen mit Dr. Rose schreibe, verleihe ich ihnen eine logische Aufeinanderfolge, die nicht vorhanden war, um Geheimnisse, die ich nicht verstehe, kohärent in Form von Sprache auszudrücken. Was in Dr. Roses Sprechzimmer zutage trat, war Chaos, das Chaos der Schöpfung. Ich wußte das damals nicht, aber was ich dort tun mußte, war, ein neues Bewußtsein zu schaffen, in gewisser Weise ein neues Selbst. Eins, das mit dem eisigen Stein leben konnte, dem Bild der Vergewaltigung, das in seinem Inneren eingefroren war.

Als ich mit der Psychotherapie anfing, wußte ich nicht, daß die Gefühle, die die Vergewaltigung in mir ausgelöst hatte, in die Dunkelheit jenseits meines Bewußtseins abgetaucht waren, und es sollte noch lange dauern, bevor ich verstand, daß diese neuen Gefühle, die in die unsichtbaren Tiefen hinabgesunken waren, schlafende Konflikte aus meiner frühen Kindheit geweckt hatten. Alte Gefühlsmuster, die von der Frau verbannt worden waren, die an jenem Oktobernachmittag dem Gesang des Vogels gelauscht hatte – der Frau, die ganz glücklich gewesen war –, würden aus dem Schlamm der fernen und unverständlichen Vergangenheit herausgeglitscht kommen, um mich zu quälen. Mein Verständnis dieser Dinge ist in der Zwischenzeit nicht sehr viel größer geworden, aber ich habe doch etwas mehr Einsicht darin gewonnen, was für ein Dilemma das Bewußtsein darstellt – es entwickelt sich ständig weiter, und seine Grenzen sind unbekannt. Es wird immer einen Schatten geben, trotz des gelegentlichen Lichtscheins, den ich darauf richten kann. Was sich geändert hat, ist vermutlich die Tatsache, daß ich inzwischen akzeptiere, daß er da ist.

Ich machte mir keine Notizen darüber, was Dr. Rose in den ersten beiden Sitzungen oder während des vorhergegangenen Telefongesprächs zu mir sagte. Dann jedoch fing ich an, mir detaillierte Aufzeichnungen zu machen. Von unserer ersten Sitzung weiß ich nur noch, daß ich sagte, ich hätte das Gefühl, verrückt zu werden. Ich glaubte, nur um Haaresbreite von der Einweisung in eine Klinik entfernt zu sein, und ich erwartete, daß sie eine solche Einweisung empfehlen würde.

Statt dessen gelang es ihr, mir zu vermitteln, daß mein Gefühl, verrückt zu werden, eine durchaus normale Reaktion auf eine Vergewaltigung war. Sie akzeptierte das Grauen meiner Erfahrung und wie unglücklich ich mich fühlte. Sie versicherte mir, daß es völlig normal war, nach einer Vergewaltigung das Gefühl zu haben, verrückt zu werden, und sie gab mir das Gefühl, keineswegs verrückt zu sein, auch wenn ich mich so fühlte. Nach unserer dritten Sitzung Anfang Januar, als sie so ruhig in ihrem Büro gewartet hatte, schrieb ich in mein Tagebuch: »Zum ersten Mal seit der Vergewaltigung habe ich das Gefühl, daß es jemanden gibt, der keinen Grund hat, *nicht* zu wollen, daß ich fühle, was ich fühle.«

Heute weiß ich, daß der Jemand, der nicht wollte, »daß ich fühlte, was ich fühlte«, ich selbst war.

In einem Aufsatz, der 1986 unter dem Titel »Schlimmer als

der Tod: Die Psychodynamik von Vergewaltigungsopfern und die Notwendigkeit einer psychotherapeutischen Behandlung« im *American Journal of Psychiatry* erschien, betont Dr. Rose, daß die Verlusterlebnisse von Vergewaltigungsopfern verheerend und tiefgreifend sind. Sie berühren »alle Stufen der psychosexuellen Entwicklung, das Selbstkonzept und die Objektbeziehungen« (das heißt, die unbewußten Bilder, die wir von uns selbst und von anderen und von den Beziehungen zwischen uns selbst und den anderen haben) und »beeinträchtigen die Sexualität und die Beziehungen zu anderen«. Anders ausgedrückt, der Verlust ist total. Vergewaltigungstraumata können nicht in irgendeinem Teil des Ich in ein Schubfach eingesperrt werden, weil kein Teil vor den verheerenden Auswirkungen sicher ist.

Ursache dieser Verlustgefühle ist die Vernichtungsdrohung, von der Dr. Rose glaubt, daß jedes Vergewaltigungsopfer sie empfindet. »Obwohl dies nur dann bereitwillig anerkannt wird, wenn der Angreifer dem Opfer über den erzwungenen Geschlechtsverkehr hinaus physischen Schaden zufügt«, schreibt sie, »wird sie von allen Vergewaltigungsopfern als allzeit präsente Gefahr empfunden.«

Offensichtliche Ursachen dieser Bedrohung sind entweder der Gebrauch einer Waffe, der Einsatz lebensbedrohlicher körperlicher Gewalt oder das Äußern verbaler Todesdrohungen. Mein Vergewaltiger gehörte zur offensichtlichsten Sorte und ängstigte mich mit ständigen verbalen Todesdrohungen. Zu den Vernichtungsängsten des Opfers trägt auch das Wissen bei, daß viele Vergewaltiger ihre Opfer tatsächlich umbringen. Dieses Wissen war für mich quälend und machte die Drohungen des Vergewaltigers nur um so glaubwürdiger.

Aber selbst wenn keine Todesdrohungen geäußert werden, schreibt Dr. Rose, »ist sich das Opfer der mörderischen Wut des Vergewaltigers bewußt. Plötzliche, unbewußte Bewegungen des Opfers, beispielsweise Geräusche, wie man sie beim Aufwachen unwillkürlich von sich gibt, können zu erschreckend gewalttätigen, wütenden Reaktionen des Angreifers führen«, der unbedingt die absolute Kontrolle über sein Opfer haben muß.

Selbst in den Fällen, in denen der Vergewaltiger ein Bekannter des Opfers war oder er weder eine Waffe noch eine explizite Todesdrohung, noch mörderische Wut einsetzte, erlebten Dr. Roses Patientinnen die Vergewaltigung als traumatisch. In diesen Fällen umfaßte die Lebensbedrohung das ganze soziale Umfeld des Opfers, ihre Arbeit, die Art, wie sie sich selbst in der Welt erlebte, und ob sie den Menschen, die sie kannte, trauen konnte.

Aber die Vernichtungsdrohung hat auch noch eine andere Ursache. »Das Gefühl von Tod und Verlust entsteht auch durch die Zerstörung wichtiger Aspekte des Selbst«, schreibt Dr. Rose. »Einstellungen, die für das psychische Überleben notwendig sind, werden häufig zerstört.« Die meisten Opfer, so schreibt sie, verlieren ihr grundlegendes Vertrauen und ihre Omnipotenzgefühle. Obwohl ich das nicht wußte, als ich mit meiner Psychotherapie anfing (ich las Dr. Roses Artikel erst 1994), mußte ich noch einmal ganz von vorn anfangen. Ich konnte mir selbst nicht trauen, und aus diesem Grund auch sonst niemand – nicht Steve, nicht Helen, nicht meiner Mutter, und manchmal nicht einmal Dr. Rose.

Meine Erfahrung, außerhalb meines Körpers zu schweben und mich selbst und den Vergewaltiger zu »beobachten«, war nichts Einzigartiges. Dr. Rose schreibt, daß viele Opfer schildern, daß sie ihren Körper verlassen, über sich schweben, und von oben auf ihre Körper herabsehen, die vergewaltigt werden. Psychiater sehen darin einen Schutzmechanismus, auf den das Ich zurückgreift, um sich vor dem vollständigen Überwältigtwerden zu schützen.

»Die Überwältigung des Ego«, konstatiert Dr. Rose, »wird als Tod des alten Selbst erlebt, eines Selbst, das unwiederbringlich verloren ist... Unglücklicherweise bleibt dieser Schutzmechanismus aber noch lange nachher bestehen, und das alte Selbst wird durch ein betäubtes, hölzernes, abgetötetes, distanziertes Selbst ersetzt.«

Der Versuch, mit diesem »hölzernen« Selbst zu funktionieren, der Als-ob-Frau, war eine neue Quelle des Kummers für mich. Das Leben schien mich nur an die verlorene geliebte Person zu erinnern – das wache, flexible, fühlende, verbundene Selbst, das ich verloren hatte.

Der Verlust meiner Fähigkeit, Vertrauen zu empfinden oder auch nur das Gefühl einer autonomen Existenz zu haben, trug zu meinem Gefühl bei, meine Vergewaltigung sei schlimmer als der Tod. Ich war überrascht, ebendiesen Ausdruck als Titel von Dr. Roses Artikel wiederzufinden und zu entdecken, daß meine bizarre Erfahrung, gestorben zu sein, nicht ungewöhnlich war. Mehrere Frauen, die mir nach der Veröffentlichung meines eigenen Artikels schrieben, sagten ebenfalls, sie hätten das Gefühl, am Tag ihrer Vergewaltigung gestorben zu sein.

Die Tatsache, daß die Menschen, die mir am nächsten standen, diese Charakterisierung für selbstmitleidig, melodramatisch oder metaphorisch hielten, erboste mich. Sie war keine Übertreibung – sie war eine exakte Beschreibung meines Zustands. In den ersten Monaten der Psychotherapie sehnte ich den körperlichen Tod herbei, hatte ständig Todesphantasien. Ich fing an, meinen tatsächlichen Tod für die Metapher zu halten, die den mörderischen Akt, der bereits stattgefunden hatte, zu Ende führen würde. Ich weiß immer noch nicht, wieso ich mich nicht tatsächlich umbrachte. Vielleicht, weil ich sehr gut darin war, mir diesen Selbstmord vorzustellen. Dr. Rose hielt mich in der Schwebe zwischen diesen beiden Zuständen – dem Tod, den ich bereits erlebt hatte, und dem, nach dem ich mich sehnte. Lange war dieser Schwebezustand alles, was ich über das Leben wußte.

Obwohl Vergewaltigungstraumata viele der psychologischen Aspekte anderer Traumata besitzen, ist die Art, auf die sie sich von ihnen unterscheiden, ein wesentlicher Bestandteil der inneren Verheerungen, die eine Vergewaltigung anrichtet. Wie bei Folteropfern ist auch bei Vergewaltigungen die Ursache der Verletzung *ein mit Absicht handelndes anderes menschliches Wesen,* nicht ein unbelebter Gegenstand oder ein durch die Natur oder durch Menschen ausgelöstes Unglück. Dieser Faktor wirft einen langen Schatten über das Unbewußte des Opfers – den Schatten des Folterers selbst.

Dies geschieht aufgrund eines Phänomens, das Psychiater als »projektive Identifizierung« bezeichnen. Das klassische Beispiel, anhand dessen sie erklären, wie projektive Identifizierungen funktionieren, handelt von einem Mann, der sich die Harke seines Nachbarn ausleihen will. Der Mann ist sicher, daß der Nachbar sich weigern wird, ihm die Harke zu leihen. Während er zum Haus des Nachbarn geht, sagt er sich immer wieder: »Er wird mir die Harke nicht leihen. Ich weiß genau, daß er mir die Harke nicht leihen wird.« An diesem Punkt projiziert der Mann – er fürchtet, daß der Nachbar ihm die Harke nicht leihen wird. Er kommt zum Haus und klopft an die Tür. Der Nachbar öffnet und sagt »hallo«. Und der erste Mann schreit: »Sie können Ihre verdammte Harke behalten!« Natürlich schlägt der Nachbar ihm die Tür vor der Nase zu.

Der Mann, der die Harke braucht, hat genau das bewirkt, was er befürchtete, und der Nachbar wurde zu einem Mitspieler in seinem Drama. Projektive Identifizierungen sind häufig bei Menschen anzutreffen, die Zurückweisung fürchten. Sie sind oft aggressiv, was andere Menschen dazu veranlaßt, sich von ihnen zurückzuziehen, genau wie sie es gefürchtet haben. Dazu kommt, daß projektive Identifizierungen und Inszenierungen in einem Zusammenhang stehen: Der Junge, der andere auf dem Schulhof schikaniert, wird wahrscheinlich zu Hause geprügelt.

Laut Dr. Rose und anderen ist ein Großteil aller Vergewaltiger in projektiven Identifizierungen und Inszenierungen verfangen. Sexueller Mißbrauch in irgendeiner Form lauert oft in der Vergangenheit des Vergewaltigers. Er macht sein Opfer zum Empfänger von Gefühlen, die er selbst nicht verarbeiten kann, und das macht ihn zu dem, was er ist – zu einem Menschen, der auf monströse Weise außer Kontrolle geraten ist.

Der Vergewaltiger projiziert seine eigenen unerträglichen Gefühle der Hilflosigkeit, der Demütigung, des Schmerzes, der Wut, der Schuld und des Grauens auf sein Opfer, das zum Gefäß für sie wird, so wie er von seinem eigenen Mißhandler zum Gefäß gemacht wurde. Obwohl Vergewaltiger sich wie Tiere verhalten, sind sie trauriger- und schrecklicherweise menschliche Wesen. Anders als der Orang Utan, der die Köchin in Galdikas' Forschungscamp vergewaltigte, hat der menschliche Vergewaltiger einen biologischen, sexuellen Drang mit dem unkontrollierbaren menschlichen Bedürfnis verknüpft, sich selbst von überwältigenden Gefühlen zu befreien, die ihn vernichtet haben. »Immense Aggression und Überstimulation durch Gefühle treten auf, wenn ein Mensch sich auf diese Weise vernichtet fühlt«, stellt Dr. Rose fest. Ein Vergewaltiger läßt seine Hilflosigkeit und seine Scham, seine Wut und seinen Selbsthaß bei seinem Opfer zurück. »Er fühlt sich nicht mehr hilflos«, sagte Dr. Rose einmal zu mir. »Er hat jetzt die Macht; er hat jetzt die Kontrolle. Sie sind diejenige, die hilflos ist. Sie sind diejenige, die keine Kontrolle hat. Sie sind widerlich, entwertet, wertlos, schmutzig. Er ist es nicht mehr.«

Vergewaltigungsopfer nehmen diese Projektionen in sich auf und werden gezwungen, an ihrer eigenen Verletzung mitzuwirken und die zentrale Rolle in der Neuinszenierung des »Schlimmer als der Tod«-Erlebnisses des Vergewaltigers zu spielen. Sie verinnerlichen die Projektionen des Vergewaltigers, die dann zu einem Teil ihres eigenen unbewußten Lebens werden. »Die eigene Wut zulassen«, ein Ausdruck, den viele Menschen beiläufig benutzen, bedeutet für Vergewaltigungsopfer, den Vergewaltiger zuzulassen, der jetzt in ihnen wohnt.

Diese Identifizierung mit dem Vergewaltiger durch die Mitwirkung an seiner Inszenierung könnte eine Erklärung dafür sein, weshalb so viele Vergewaltigungsopfer anscheinend keine bewußte Wut auf ihre Vergewaltiger empfinden. Mir selbst war lange bewußt, daß ich nur begrenzt fähig war, meine Wut auf den Mann zu richten, der mich vergewaltigte, und Freunde haben im Lauf der Jahre öfter Bemerkungen darüber gemacht. Wenn ich an ihn denke, empfinde ich eher so etwas wie Mitleid.

Dr. Rose beschreibt den Fall einer Frau, die von ihr behandelt wurde. »Sie sehnte sich danach, ihrem Angreifer gegenüberzutreten und ihm zu sagen, wie sie sich fühlte. Aber als er sich schuldig bekannte, machte sie einen Rückzieher und drückte sich davor, bei der Urteilsverkündung das Wort zu ergreifen. In letzter Minute schrieb sie zwar eine Rede, beschloß dann aber, sie doch nicht zu verlesen, nachdem der Richter ähnliche Gefühle geäußert hatte wie die, die sie selbst hatte.« Die unbewußten Konflikte dieser Patientin in Hinblick auf ihre Wut- und Haßgefühle brachten sie so effektiv zum Schweigen, daß sie im ersten Jahr der Therapie keinerlei Wut auf den Vergewaltiger äußerte.

Mit Ausnahme der Nacht auf Helens Veranda konnte

auch ich meine Wut auf den Vergewaltiger nicht äußern – nicht einmal Dr. Rose gegenüber. Diese Wut war natürlich da, aber ich richtete sie entweder in Form verkrüppelnder Selbstbezichtigungen gegen mich selbst oder ließ sie wie der Mann mit der Harke an den Menschen aus, deren Unterstützung ich am meisten brauchte. Wie er mußte auch ich die absehbaren Konsequenzen tragen.

Meine Beziehung zu Steve wurde zu einem Sumpf der Feindseligkeit und der Zurückweisung. Jede Zurückweisung schleuderte mich in einen grauenvollen Mahlstrom der Wut. Obwohl ich meine Wut oft auf Steve projizierte, der sich häufig verhielt wie der Nachbar in der Geschichte mit der Harke, waren die Schuldgefühle, die ich anschließend empfand, schlimmer als die momentane Befriedigung, die ich daraus zog, die Schuld auf einen anderen abschieben zu können. Ohne grundlegendes Vertrauen oder ein Gefühl der Autonomie war ich unfähig, mich selbst zu stützen oder die Unterstützung anderer wahrzunehmen. Ich zog daraus den Schluß, daß diese Verarmung meines Lebens darauf zurückzuführen war, daß ich wertlos war – ein »Nichts«. Der Vergewaltiger hatte mich als wertloses »Nichts« behandelt. Jetzt behandelte ich mich selbst so.

Aus Gründen, die ich erst in meinem zweiten Jahr der Psychotherapie herausfand, glaubte ich, daß das, was mich wertlos machte, der Impuls war, meine Bedürfnisse zu äußern und ein authentisches menschliches Wesen zu sein. Steve wäre mir gern eine Stütze gewesen, aber ich ließ ihn nicht. Ich warf ihm seine – in meinen Augen – mangelnde Unterstützung vor und empfand ihn als herzlos, kalt und brutal, woraufhin er mir vorwarf, ihn zu einem Monster zu machen. Wir hatten nur die Wahl, uns immer weiter im Kreis zu drehen oder zum Scheidungsrichter zu gehen.

Diese Möglichkeit ängstigte und schmerzte mich so sehr, daß ich meine gewaltigen Aggressionen meistens nach innen richtete. Zum Glück hatte ich, nachdem ich mit der Psychotherapie angefangen hatte, Dr. Rose, die mich davor bewahrte, in der Flut aus Selbsthaß und Selbstvorwürfen zu ertrinken. Ich beschuldigte und haßte die Teile meiner selbst, die mich nicht vor dem überwältigenden Verlust geschützt hatten – dem Verlust jener mütterlichen Aspekte meiner selbst, die mir einst Trost und Zusammenhalt geboten und mich dann verlassen hatten. Obwohl der griechische Dichter uns nicht sagt, was Persephone nach ihrer Entführung in die Unterwelt fühlte, glaube ich manchmal, es zu wissen. Sie hatte das Gefühl, ihre Mutter habe sie im Stich gelassen. Ihre Mutter liebte sie nicht und hatte sie nie geliebt. Sie selbst war so »schlecht«, daß sogar ihre eigene Mutter sie verstoßen hatte. Wenn sie die Augen öffnete und die grauenvolle Gestalt des Herrn des Todes auf seinem Thron sitzen sah, war es, als blickte sie in einen Spiegel.

Bevor ich mit der Therapie anfing, war das einzige »Selbst«, das ich besaß, ein infantiles Selbst. Ich stand der gnadenlosen Attacke meiner eigenen unbewußten Gefühle, vor allem der Wut, hilflos gegenüber. Diese Wut zuzulassen hätte bedeutet, »wie« der Vergewaltiger zu werden und in seiner hassenswerten, dunklen Welt zu leben. Rachephantasien waren mir nach jenem dunklen Ritual im Garten von Concord, als ich ihn »lebendig verbrannt« hatte, unmöglich. Ich war zu keiner Form der Selbsttröstung fähig. Ich war zurückgefallen in einen Zustand des Mißtrauens und der Angst, der nur durch ständige Projektion ertragen werden konnte, die die Ursache meiner Misere mit Steve war, oder durch die emotionale Starre eines hölzernen Lebens. Wie der Vergewaltiger war ich zu einer Person geworden, die hoffnungslos außer Kontrolle geraten war.

Dr. Rose vermutet, daß die Tatsache, daß viele Opfer ihre Vergewaltigung nicht anzeigen, auf ihre unbewußten Konflikte mit Wut und Haß zurückzuführen sind, die, wie sie schreibt, bei Vergewaltigungsopfern eine zentrale Rolle spielen. Wenn diese verborgenen Konflikte unbehandelt bleiben, bewirken sie verheerende Schuldgefühle, die wiederum Depressionen und selbstzerstörerisches Verhalten auslösen. Selbstmord und Selbstmordgedanken, Mißbrauch von Alkohol, Zigaretten und anderen Drogen, die Beendigung von Beziehungen und der Verlust von Arbeitsplätzen lassen sich häufig bei Vergewaltigungsopfern nachweisen, die keine effektive Behandlung erfahren. Prostitution oder das Eingehen von Mißbrauchsbeziehungen sind ebenfalls nicht ungewöhnlich.

»Keine Therapie zu machen«, schreibt Dr. Rose, »ist eine weitere Form selbstzerstörerischen Verhaltens.« Sie führt den Fall einer Frau an, die vergewaltigt und ausgeraubt worden war und aufgrund ihrer Krisensituation in eine Notfalltherapie aufgenommen wurde. Die Frau sagte der Therapeutin wiederholt, sie habe beim Opferhilfeprogramm einen Antrag auf Übernahme der Kosten gestellt. Dann brach sie die Therapie plötzlich ab und überließ es der Therapeutin herauszufinden, daß sie gelogen und den Antrag keineswegs gestellt hatte. Die Therapeutin erhielt keine Bezahlung für die Behandlung und wurde folglich ebenso ausgeraubt wie das Opfer.

Obwohl ein Zusammentreffen mit einer Naturgewalt – einem Hurrikan, einem Erdbeben, oder vielleicht sogar einem gerade geschlechtsreif gewordenen Orang Utan – traumatisch sein kann, hinterlassen Ereignisse von höherer Gewalt nicht die schrecklichen Schatten, die die massive Wut, Scham und Hilflosigkeit menschlicher Peiniger im Unbewußten ihrer Opfer hinterlassen. Die Präsenz dieses menschlichen Schattens ist das Bindeglied zwischen Vergewaltigung und Folter, unterscheidet sie von anderen Traumaformen und macht sie »zu schrecklich für Worte«. Das menschliche Bedürfnis, unerträgliches Leid durch Handlungen weiterzugeben, die es wiederholen, ist eine Geschichte, die vielleicht nie enden wird. Sie zu erzählen macht uns alle hilflos und beschämt.

Wenn ich heute auf die erstaunliche Komplexität meiner eigenen Inszenierungen zurückblicke, habe ich das Gefühl, daß ich die Geschichte meines Vergewaltigers immer und immer wieder neu erzählte. Mein Leben war zu seiner Geschichte geworden, obwohl ich erst jetzt, während ich das hier schreibe, einen flüchtigen Blick auf diese schreckliche Wahrheit erhasche.

Es fällt mir nicht leicht, dem Mann, der mich vergewaltigte, den Status eines menschlichen Wesens zuzugestehen, und doch bleibt mir nichts anderes übrig. Ich finde den Trost seltsam, den mir das bringt. Vielleicht entspringt dieser Trost dem Gedanken, daß ich nur, *indem* ich ihn als menschliches Wesen sehe, hoffen kann, daß die Umstände, die ihn geschaffen haben, sich ändern könnten. Nicht mehr für ihn, und aus diesem Grund auch nicht mehr für mich. Aber irgendwann. Für irgend jemand anderen. Ich kann das Leid, das er mir zufügte, nicht vergessen. Und mein Wissen um sein eigenes Leid, ein Wissen, das mich dazu bringt, ihn zu bemitleiden, ändert nichts an meinem Wunsch, ihn für alle Zeiten hinter Gittern sehen zu wollen. Die einzige Vergebung, zu der ich fähig bin, ist die, ihn menschlich zu nennen.

1991, in meinem ersten Jahr der Behandlung, wußte ich nicht, daß Dr. Rose an der Verfeinerung des Modells einer psychodynamischen Psychotherapie für Vergewaltigungsopfer arbeitete, das sie im selben Frühjahr in der Fachzeitschrift *Psychotherapy* vorstellte. In ihrem Aufsatz, den ich erst las, nachdem ich mit der Arbeit an diesem Buch angefangen hatte, beschreibt sie, daß Vergewaltigungsopfer eine innere Vernichtung empfinden, die aus einem Erlebnis rührt, das außerhalb dessen liegt, was nach menschlicher Erfahrung zu erwarten ist. Aus diesem Grund umgeben sie sich mit einer »Traumamembran«, die das beschädigte Selbst ersetzt – jenes dynamische Bündel aus bewußten und unbewußten Kräften, das menschliches Verhalten und menschliche Einstellungen bestimmt. Was sie sich aufbauen, ist ein »Außenskelett«, ein Selbst, das nur nach außen hin existiert.

Hätte ich ihren Artikel 1991 gelesen, hätte ich dieses Konzept sicher nicht verstanden, weil ich mich damals noch innerhalb meiner eigenen Traumamembran befand. Selbst jetzt fällt es mir schwer, mein Gefühl, mich innerhalb dieser Membran zu befinden, in Sprache zu übersetzen, und die technische Sprache der Psychotherapie wirkt besonders weit entfernt von dieser sehr realen Erfahrung. Ich sehe diese Membran inzwischen als fast undurchdringlich und fast, aber nicht völlig undurchsichtig. Die Außenwelt ist ein Schatten, der auf ihre Oberfläche geworfen wird. Worte sind im Inneren zwar hörbar, ihre Bedeutung wird jedoch deformiert und verzerrt, wenn sie mit der Membran in Kontakt kommen. Im Inneren dieser Membran interpretiert man das undeutliche Gemurmel auf der Grundlage von Überzeugungen und Gefühlen, von denen man nicht einmal weiß, daß man sie hat, die aber jede Interaktion mit anderen zu einem fortgesetzten Drama der Kränkung machen.

Ohne grundlegendes Vertrauen und ohne ein Gefühl der Autonomie ist es unmöglich, Empathie von anderen zu erfahren, dabei ist Empathie das, was man will und verzweifelt braucht, um eine Verbindung herstellen zu können. Das scheint ein unlösbares Dilemma zu sein, wenn man ihm gegenübersteht. Man hat das Gefühl, wie ich es bei Helen oder Steve hatte, daß andere einen absichtlich so verletzen, wie der Vergewaltiger es tat, und dieses Gefühl hat man die ganze Zeit.

Therapeuten müssen mit Menschen arbeiten, die sich innerhalb dieser Traumamembran befinden. Diese Arbeit ist anspruchsvoll und gefährlich. Sie muß erschöpfend sein, obwohl Dr. Rose das nie so zu empfinden schien. Die Tatsache, daß Dr. Blanchard gesagt hatte, Dr. Rose sei eine »Spezialistin«, war mir eine Beruhigung, und ich war eher bereit, ihr aus diesem Grund zu vertrauen. Ich hatte mehr Glück, als mir klar war, ausgerechnet an eine Therapeutin von Dr. Roses Erfahrung und Kompetenz verwiesen zu werden. Ironischerweise muß ich Dr. Blanchard dafür danken. Wie ich noch herausfinden sollte, kann die psychotherapeutische Arbeit mit einem Vergewaltigungsopfer so kompliziert und hochspezialisiert sein wie eine Rückenmarkoperation.

Dr. Rose wußte sehr genau, was sie in der Anfangszeit unserer Beziehung vermeiden mußte – Schweigen, den Anschein, mich zu bewerten oder zu verurteilen, Unbehagen mit meiner Erzählung. All das hätte ich als schreckliche Zurückweisung empfunden. Daß ich Dr. Rose zu Anfang unserer Bekanntschaft so ruhig auf ihrem Stuhl sitzen und warten sah, war ein beeindruckendes Bild der Unterstützung, das mit den Jahren zu einem Symbol für meine eigene Beziehung zu mir selbst werden sollte. So seltsam es auch klingen mag, aber hätte ich sie an dem Tag, an dem ich zu spät kam, anderweitig beschäftigt vorgefunden, oder wäre sie, wie ich fürchtete, gar nicht dagewesen, oder hätte sie auf meine Begründung meines Zuspätkommens reagiert, ohne meine Verfassung zu berücksichtigen, hätten die Schwierigkeiten, auf die wir im späteren Verlauf der Aufdeckung meiner Schutzmechanismen stießen, gut und gerne dazu führen können, daß ich die Therapie ein für allemal abgebrochen hätte.

In den siebziger Jahren ging man bei der Behandlung von Vergewaltigungstraumata davon aus, daß die psychologische Krise relativ kurzlebig sei. Kriseninterventionsberatungen, wozu Gespräche über das Erlebnis selbst, Stärkung des Selbstvertrauens und die Unterstützung von Verhaltensänderungen gehörten, galten als ausreichend. Man nahm an, daß das Erlebnis innerhalb weniger Wochen integriert werden könne. Eine Psychotherapie wurde nur dann als notwendig erachtet, wenn das Opfer schon vorher psychische Probleme gehabt hatte. Da vorherige psychische Probleme bei Vergewaltigungsopfern nicht häufiger sind als in der Allgemeinbevölkerung, steht zu vermuten, daß die Mehrheit der Opfer – emotional gesunde Individuen – nicht auf der Couch eines Psychiaters landeten.

Aber Studien über Vergewaltigungsopfer und Überlebende großer Katastrophen, die Ende der siebziger und Anfang der achtziger Jahre durchgeführt wurden, kamen zu einem völlig anderen Ergebnis. In einem 1986 im *American Journal of Psychiatry* erschienenen Artikel befaßt sich Dr. Rose mit Untersuchungsergebnissen, die zu dem Schluß kamen, daß Vergewaltigungsopfer in der Mehrzahl über lange Zeiträume hinweg »symptomatisch bleiben und ihre Persönlichkeiten rund um die Symptome, Konflikte und Schutzmechanismen organisieren, die durch das Trauma ausgelöst wurden«.

Weil eine Psychotherapie aber nicht als Primärbehandlung für Vergewaltigungstraumata gilt (außer, das Opfer litt bereits vorher unter psychischen Störungen), können Opfer, die psychiatrische Hilfe suchen, sich noch alleingelassener fühlen, als sie es sowieso schon tun. Das Modell für eine Psychotherapie, die speziell auf die einzigartigen Psychodynamiken von Traumata abgestimmt ist, wird immer noch ausgearbeitet.

In ihren Arbeiten diskutiert Dr. Rose die Schwierigkeiten, denen sich Psychiater bei der Behandlung von Vergewaltigungsopfern gegenübersehen. Ein Beispiel ist das, was während der sogenannten »Gegenübertragung« passieren kann. Im weitesten Sinne versteht man unter einer Gegenübertragung die unbewußte Reaktion anderer auf das Opfer, die Tat und den Täter. Familienmitglieder, Freunde und Therapeuten, sie alle bringen unbewußte Gefühle in ihre Interaktion mit den Vergewaltigungsopfern ein.

Die Angst vor Hilflosigkeit – die zentrale Kränkung bei einer Vergewaltigung – ist etwas Universelles, und allen Reaktionen auf die Opfer liegt Verteidigung gegen diese Angst vor der Hilflosigkeit und gegen andere Ängste zugrunde. Der Wunsch, den Vergewaltiger zu kastrieren, den mein Vater an jenem Tag in seiner Werkstatt äußerte, war für ihn vielleicht nicht nur ein Versuch, sich für mich rächen zu wollen, sondern auch seine Art, sich gegen seine eigenen Gefühle der Hilflosigkeit zu schützen. Damals war sein Zorn unerwünscht und beängstigend, weil meine eigene Wut mörderisch war und ich sie nicht zulassen konnte.

Den Opfern auf jede nur erdenkliche Art die Schuld zuzuweisen ist eine weitere unbewußte Verteidigung gegen Gefühle, die universell traumatisch sind. Ich halte es für wahrscheinlich, daß die Frau mit der Bernsteinkette nur versuchte, sich selbst zu schützen – was verständlich ist. Das gleiche gilt für die Frau auf der Dinnerparty, die fand, eine Vergewaltigung sei »so sehr persönlich«. Und auch für die Verwandte, die mich kritisierte, weil ich im ersten Jahr nach der Vergewaltigung eine Therapie machte.

Therapeuten versuchen ebenfalls, sich zu schützen – indem sie die Auswirkungen der Vergewaltigung herunterspielen oder indem auch sie dem Opfer die Schuld zuweisen. Wenn Patientinnen ihre Gefühle der Hilflosigkeit oder der Wut auf ihre Therapeutin oder ihren Therapeuten verlagern, was unweigerlich geschieht, sofern die Behandlung erfolgreich ist, kann dies bei letzteren unbewußte Gefühle auslösen, die zum totalen Abbruch der Behandlung führen können. Wie Dr. Rose ausführt, »können sie passiv und zögerlich werden, wenn es darum geht, die Vergewaltigungserfahrung des Opfers zu erkunden. Im Extremfall kann es sogar sein, daß die Vergewaltigung überhaupt nicht zur Sprache kommt oder als für die Therapie unwichtig abgetan wird. Es ist durchaus nicht unüblich, daß Vergewaltigungsopfer nach der Vergewaltigung in psychiatrischen Kliniken behandelt werden müssen und die Mitarbeiter die Vergewaltigung nie zur Sprache bringen, selbst wenn das Opfer offen zum Ausdruck bringt, welche Bedeutung diese Vergewaltigung für es hat.«

Die unbewußte Reaktion anderer, Therapeuten eingeschlossen, die sich gegen ihre eigenen unbewußten Ängste schützen wollen, kann die Konflikte und Schutzmechanismen der Opfer verstärken. Schweigen kann die Psychotherapie eines Vergewaltigungsopfers in eine weitere Erfahrung der Kränkung verwandeln.

Wenn ich die große Zahl der Vergewaltigungsopfer mit der sehr viel niedrigeren Zahl derer vergleiche, die auf ihre Behandlung spezialisiert sind, mache ich mir Sorgen. Dr. Rose stand nicht auf der Empfehlungsliste meiner Krankenversicherung. Keiner der Psychiater auf dieser Liste hatte spezielle Kenntnisse auf dem Gebiet der Behandlung von Vergewaltigungstraumata. Obwohl ich betonte, daß ich einen Spezialisten brauchte, weigerte sich die Versicherung, meine Besuche bei Dr. Rose zu bezahlen, eben weil sie nicht auf ihrer Liste stand.

Freundlicherweise stellte Dr. Rose den Antrag, in diese Liste aufgenommen zu werden, um meine finanzielle Belastung zu verringern. Keine Reaktion. Nicht einmal ihre Anrufe wurden erwidert. Irgendwann gaben wir es auf. Die Gesamtkosten meiner Behandlung – und sie war es mir wert – beliefen sich auf fast 15.000 Dollar. Ich hatte das Glück, daß Steve und ich über die finanziellen Mittel verfügten, eine Spezialistin wählen zu können, die nicht durch unsere Krankenversicherung abgedeckt wurde. Nach meiner dritten Sitzung bei Dr. Rose hatte ich intuitiv das Gefühl, daß ich endlich, aus reinem Glück, auf jemanden gestoßen war, der wußte, wie er mich behandeln mußte. Ich spürte, daß meine Vergewaltigung irgendwie meine ganze Persönlichkeit umorganisiert hatte und daß ich eine massive Umstrukturierung brauchte. In meinem Fall erwies sich die Psychotherapie bei einer Spezialistin für Vergewaltigungstraumata als die richtige Wahl.

Die Kosten meiner Behandlung – 15.000 Dollar – liegen über sechseinhalbmal höher als die durchschnittlichen 2.200 Dollar, die laut einer Berechnung des Justizministeriums von den Krankenkassen bezahlt werden. Weil keine bekannten Schätzungen über die Kosten psychotherapeutischer Behandlung für Vergewaltigungsopfer verfügbar waren, befragte das Justizministerium 168 Fachleute insbesondere nach der Zahl der Sitzungen mit »PatientInnen, die *primär* behandelt wurden, weil sie das Opfer einer Vergewaltigung geworden waren«. Diese bescheidene Zahl läßt vermuten, daß den meisten Opfern, die eine Behandlung suchen (laut Studie nur 25 bis 50 Prozent), nur eine kurzfristige Beratung zuteil wird, entsprechend den Behandlungsmodellen, die in den siebziger Jahren, als Vergewaltigungstraumata noch als kurzfristige Krisen galten, für effektiv gehalten wurden.

Ich selbst brauchte fünf Jahre, bevor ich mich in Behandlung begab, und viele Vergewaltigungsopfer zögern sogar noch länger. Als ich endlich soweit war, war mein größtes Problem meine Depression. Die ersten neun Monate mit Dr. Rose verbrachte ich damit, mich auf die vielen

Probleme zu konzentrieren, die durch meine ständigen Inszenierungen meiner Vergewaltigung in meiner Ehe und in anderen engen Beziehungen entstanden waren. Die Vergewaltigung selbst blieb in dieser Zeit im wesentlichen unsichtbar. Zwar übte sie einen massiven, schwerkraftähnlichen Sog auf mein Verhalten und meine Vorstellungen von mir selbst und anderen aus, aber ihr Einfluß ließ sich nur anhand der Störungen aufspüren, die sie in meinem sichtbaren Verhalten auslöste.

Eine Spezialistin wie Dr. Rose hätte mich wahrscheinlich in die Liste der Patientinnen aufgenommen, die *primär* in Behandlung waren, weil sie das Opfer einer Vergewaltigung geworden waren, wenn das Justizministerium auch sie für seine Studie befragt hätte. Ich bin mir ziemlich sicher, daß Dr. Blanchard es nicht getan hätte.

Jede Vergewaltigung überschneidet sich mit den bereits vorhandenen Charaktereigenschaften des individuellen Opfers, den angeborenen und den angeeigneten, und denen, die sich durch die Interaktion der beiden herausbilden. Unsere unbewußten Schutzmechanismen und Konflikte, die Matrix unserer Überzeugungen über uns selbst und die Welt, die sich in der frühen Kindheit herausbilden, sind unsere tiefsten Geheimnisse. Unser Schatten hat einen Anfang, obwohl wir uns vielleicht nicht daran erinnern, wie es dazu kam, daß er ausgerechnet die Form annahm, die er hat, eine Form, die sich bei keinem anderen menschlichen Wesen wiederholt.

Ich denke inzwischen, daß meine Vergewaltigung wie eine chemische Substanz war, die in meine Psyche injiziert wurde und alles verstärkte, was ich an unbewußten Schutzmechanismen, Konflikten, Selbstbildern und Überzeugungen bereits besaß. Sie war ein psychisches Steroid: Alles, was vorher nur leise beunruhigend gewesen war, alles, was mich dazu gebracht hatte, mich ungeliebt und verlassen, verwirrt und ungeschätzt zu fühlen, all die geheimen und verborgenen Selbstzweifel und die Selbstverachtung, die ich neununddreißig Jahre mit mir herumgetragen hatte, konnten nicht mehr ignoriert werden.

Das Aufwallen von Konflikten aus meiner frühen Kindheit war ein bestürzender Aspekt meiner Behandlung bei Dr. Rose. Wäre ich nicht vergewaltigt worden, wäre die kleine, verängstigte Person, die so lange aus meinem Bewußtsein verbannt war, wahrscheinlich immer noch in ihrer Verbannung. Dieses kleine Kind aus meiner eigenen Vergangenheit hatte sich vor langer Zeit von mir weggeschlichen – vor so langer Zeit, daß ich vergessen hatte, daß es existierte. Erst die Verheerungen der Vergewaltigung lockten die Kleine aus dem Schatten heraus und gaben ihr eine Stimme. Ich hätte in Zukunft vielleicht auch ohne sie ein durchschnittlich glückliches Leben geführt. Ich kann nicht sagen, daß ich dankbar für die Vergewaltigung bin, weil sie sie zurückgebracht hat. Wenn ich die Wahl gehabt hätte, hätte ich mich für das durchschnittlich glückliche Leben entschieden, das ich vorher hatte. Aber jetzt, wo sie zurückgekommen ist, heiße ich sie willkommen.

Ich entdeckte sie in einem Traum, den ich Ende März 1992 hatte. Fünfzehn Monate lang hatte ich gemeinsam mit Dr. Rose meine Projektionen aus der Welt außerhalb meiner selbst zurückgeholt. Das Einbringen dieser Ernte intensivierte meinen Schmerz, statt ihn zu mildern. Ich weinte während vieler Sitzungen, merkte aber, daß ich mich hinterher ein paar Tage lang besser fühlte. Ich fing an zu ahnen, daß der Schmerz ein wenn auch bitteres Gegenmittel gegen das Todesgefühl war, das mich immer noch quälte. Trotzdem behagte er mir nicht. Mein Wunsch, ihn mir zu ersparen, führte oft dazu, daß ich Sitzungen »verschlief«, eine teure Kur, die mich jedesmal zutiefst beschämte.

Mit der Zeit aber führte dieses Einbringen projizierter Gefühle zu einer Veränderung der Art, wie ich meine engen Beziehungen wahrnahm. Ich fühlte mich nicht mehr völlig »überwältigt« von den Bedürfnissen meiner Familie und meiner Freunde, weil ich lernte, mir selbst mehr zu vertrauen, mich selbst besser zu schützen. Ich fühlte mich weniger hilflos und war daher weniger häufig ärgerlich. Steve und ich verbrachten mehr Zeit in einer »vorwurfsfreien« Zone, die sich im Zentrum unseres häuslichen Schlachtfelds kaum merklich immer mehr auszuweiten schien. Ich hatte das Gefühl, mein Leben stärker »unter Kontrolle« zu haben, hatte nicht mehr das Gefühl, in häuslichen Arbeiten und Papierkram, gesellschaftlichen Verpflichtungen und beruflichen Anforderungen zu ertrinken. Ich schrieb wieder, obwohl ich immer noch das Gefühl hatte, im kreativen Bereich nur zu humpeln.

Und Dr. Rose und ich hatten eine Phase von »Übertragung« überstanden. Ich war wütend auf sie, weil sie mir Sitzungen in Rechnung stellte, die ich ausfallen lassen mußte, weil ich mit Steve und den Kindern in die Ferien fuhr oder meine Eltern besuchte – alles Dinge, die monatelang vorher geplant worden waren. Ich fühlte mich in der Falle einer Strategie gefangen, die ich vor Beginn der Behandlung akzeptiert hatte, und drohte zweimal, überhaupt nicht mehr zu kommen. Die Therapie drücke mir die Luft ab, sagte ich zu Dr. Rose. Sie ginge nicht auf »meine Bedürfnisse« ein.

Die Stolperstelle schien sie nicht weiter zu überraschen. Sie hatte gewußt, daß sie kommen würde. Ich selbst war natürlich nicht wirklich bereit, alles hinzuschmeißen, und sie brachte mich geschickt dazu, bei der Stange zu bleiben, auch wenn ich nicht mehr weiß, wie. Der Ort, den Dr. Rose so sorgfältig konstruiert hatte, hielt. Er fühlte sich nicht sicher an, aber er war solide – und etwas Solides war genau das, was ich brauchte.

Im März hatte ich einen lebhaften Traum. In diesem Traum stehe ich allein in einer kargen Landschaft, als plötzlich ein kleines Mädchen neben mir auftaucht. »Ich bin deine Tochter«, sagt sie. Zuerst glaube ich ihr nicht. Wir unterhalten uns. Sie sagt, daß sie »im Exil« war. Sie erklärt, wieso ich ihre Mutter bin, und überzeugt mich schließlich. Ich weine – erst vor Traurigkeit, weil ich so lange ohne sie gelebt habe, und dann vor Freude über unsere Vereinigung. Als ich aufwache, verschwinden ihre Worte und die Freude, die ich empfunden habe, und ich fühle nur noch Kummer und Verlust.

Dr. Rose und ich sprachen ein paar Tage später über diesen Traum. Ich wußte, daß er wichtig war, hatte aber keine Ahnung, wieso. Dr. Rose sagte, dieses Kind verkörpere einen »verbannten« Teil meiner selbst. Sie wies mich darauf hin, daß in der Geschichte vom Garten Eden die Vorstellung von Strafe mit »Verbannung« und tiefer Scham verbunden ist. »Sie wurde zur Strafe ins Exil geschickt«, sagte Dr. Rose. »Sie versucht zurückzukommen, aber Sie tun sich schwer damit, sie aufzunehmen.«

Obwohl dieser Traum einen Impuls der Selbstvereinigung verkörperte, löste dieser Impuls auch Konflikte aus. Ich hatte Angst zu erkunden, was die Kleine ursprünglich vertrieben hatte. Ich sollte noch ein weiteres Jahr daran arbeiten müssen, bis ich dahinterkam, wer sie war und wieso ich sie ins Exil geschickt hatte. Dieses Schattenkind verkörperte komplizierte Überzeugungen und Gefühle in bezug auf meine eigenen Bedürfnisse, die sich sehr früh in meinem Leben herausgebildet hatten. Ich hatte den Teil meiner selbst, der eigene Bedürfnisse hatte, ins Exil geschickt.

Vor der Vergewaltigung hatte diese Vernachlässigung meiner selbst mich nicht genügend beunruhigt, als daß ich sie genauer unter die Lupe genommen hätte. Nach der Vergewaltigung verkrüppelte sie mich. Die Vergewaltigung war eine Erfahrung gewesen, in der ein anderer Mensch unter Androhung des Todes von mir verlangt hatte, *seine* Bedürfnisse an die erste Stelle zu stellen. *Meine* Bedürfnisse interessierten ihn nicht im geringsten. *Meine* Gefühle mußten unterdrückt werden, und meine Mitwirkung an meinem eigenen Mißbrauch – meine Entscheidung, am Leben bleiben zu wollen – löste in mir eine tiefe Scham aus. Diese Begegnung mit einer so absoluten und tödlichen Selbstsucht schien sich zu einer primitiven Scham zu verknäueln, die zu fühlen ich mir nie zugestanden hatte.

Ich wurde als Kind nicht vernachlässigt oder mißbraucht. Das Verhalten meiner Eltern in den Wochen nach meiner Vergewaltigung war emblematisch für die Art, wie sie mich mein ganzes Leben lang umsorgt hatten. In meiner Vergangenheit lauerten keine traumatischen Erfahrungen. Meine Brüder hatten mich nie geschlagen. Meine Mutter hatte mir zweimal den Po versohlt, mein Vater nicht ein einziges Mal. Es gab keinen schmierigen Onkel, keinen Fremden mit Süßigkeiten. Ich suchte nach Erinnerungen, die diesen exilierten Teil meiner selbst erklären könnten, und war mir bewußt, daß ich aus dem Phantomreich der Kindheit Elemente auswählte, die durch den Auswahlprozeß an sich verändert wurden.

»Wahrheit« war unmöglich. Was möglich war, war eine Rekonstruktion des unvollkommenen Bildes, das ich vom Kindsein hatte. Ich wuchs in einer Zeit auf, in der Kinder als brav galten, wenn man sie sah, aber nicht hörte – ein Grundsatz, von dem ich mir manchmal wünsche, er gelte immer noch, vor allem, wenn ich in teuren Restaurants in der Nähe von Kindern sitze. Vielleicht war diese Erwartung ein Teil meiner Überzeugung, daß das Ausdrücken eines authentischen Selbst etwas Schlechtes war, und daß ich mich schämte, wenn ich es doch tat. Ich war das einzige Mädchen unter drei Brüdern und fünf männlichen Cousins, und in vieler Hinsicht spiegelte meine Familie die Ansicht der Gesellschaft wider, die Frauen als zweitklassig betrachtete.

Die natürliche Aggressivität meiner Brüder und Cousins hatte bei vielen Gelegenheiten, an die ich mich in dieser Arbeitsphase mit Dr. Rose erinnerte, von mir verlangt, meine authentischen Gefühle zu unterdrücken. Ich muß mir damals gewünscht haben, mein »wahres Ich« häufiger ausdrücken zu können.

Mit Hilfe von Dr. Rose erinnerte ich mich beispielsweise daran, daß ich mir in der Grundschule gewünscht hatte, eine reine Mädchenschule besuchen zu können. Da meine Eltern es sich nicht leisten konnten, mich auf eine private Mädchenschule zu schicken, wurde nie was aus meiner Sehnsucht nach einer Art Schutz vor dem männlichen Konkurrenzgebahren, den eine derartige Schule mir vielleicht geboten hätte. Meine katholische Erziehung spielte zweifellos auch eine Rolle dabei, wie ich meine dunkleren Impulse sah. Dr. Rose und ich erkundeten dieses Territorium nach Hinweisen und förderten die üblichen Verdächtigen zutage. Außerdem waren da die unbekannten Beiträge der Biologie selbst – neurologische Schaltkreise, die bestimmen, wie ein Reiz in Gefühl und Erinnerung aufgezeichnet wird. Nicht jedes Vergewaltigungsopfer und nicht jeder Kriegsveteran entwickelt eine posttraumatische Belastungsstörung. Ich jedoch tat es. Vielleicht war ich von Anfang an physisch »überempfindlich«.

Letztendlich spielt es keine Rolle, weshalb ich aus meiner Kindheit mit der – so viele Jahre unbewußten – Überzeugung hervorging, daß der Teil von mir, der eigene Bedürfnisse hatte, ins Exil geschickt werden mußte. Dieses Ins-Exil-Schicken war eine Möglichkeit für ein Kind, den Konflikt zu lösen, den seine unerfüllten Bedürfnisse darstellten. Kein Elternteil ist je perfekt, wie ich gelernt habe, seit ich selbst die Elternrolle übernahm. Wir alle gehen mit einem Schatten aus unserer Kindheit hervor. Ihn zu haben gehört zum Menschsein. Aber meine unbewußte Überzeugung, daß ein Teil von mir es verdiente, bestraft zu werden, beeinflußte die Art, wie ich meine Vergewaltigung erlebte. In gewisser Weise war sie eine Metapher für meine eigene gleichgültige Reaktion auf mich selbst. Solange ich nicht fühlen konnte, daß dieser alte Aspekt meiner selbst ein Teil von mir war, den ich wiederhaben wollte, konnte ich die Wiedervereinigung von »Mutter und Tochter«, die im Mythos von Persephone und Demeter eine so zentrale Rolle spielt, nicht erleben. Und ich konnte auch keinen Pakt mit dem Teufel schließen, wie Demeter es getan hatte, um diese freudige Erlösung herbeizuführen.

Ich hatte viele unbewußte Konflikte in bezug auf diese Vereinigung mit mir selbst, die wieder einmal durch einen Traum in mein Bewußtsein gebracht wurden. Bloß daß es dieses Mal ein Alptraum war.

Drei Monate nachdem sich meine verbannte Tochter angekündigt hatte, träumte ich, daß ich aus einer Schlacht flüchtete, die in vergangenen Zeiten stattfand. In meiner Panik stürzte ich mich in einen dunklen, stehenden Teich, der von steilen, bewaldeten Felsen umgeben war. Die Szenerie ist chaotisch – andere schreiende Kriegerinnen und Krieger, die wie ich in zerrissene Felle und Häute gekleidet sind, schlagen im Wasser um sich, das rot ist vor Blut und in dem die Kadaver toter Menschen und Kühe treiben. Wegen der aufgedunsenen Leichen ist Schwimmen fast unmöglich. Der Feind kommt immer näher. Verzweifelt bemüht, mich zu retten, entdecke ich am Ufer einen Baum und verstecke mich dahinter, die Beine immer noch tief im trüben Wasser. Dann spüre ich, daß irgend etwas, was ich für einen weiteren Kadaver halte, im Wasser treibt, und greife hin, um es wegzuschieben. Zu meinem Entsetzen sehe ich, daß es eine »prähistorische« Schildkröte mit langem Hals und scharfen Zähnen ist – und sie ist sehr lebendig. Sie packt meinen Arm mit ihrem riesigen, schraubstockähnlichen Maul. Ich versuche, mich zu befreien, und wache schreiend auf.

Der Traum war derart angstbesetzt, daß ich zu Dr. Rose sagte, ich hätte Angst, einen Nervenzusammenbruch zu haben, als ich ihr davon erzählte. Ich hatte das Gefühl, sagte ich, die Therapie helfe überhaupt nicht. Dr. Rose schien sehr an meinem Traum interessiert und sogar erfreut, daß ich ihn gehabt hatte.

Wir verbrachten Monate damit, meine unbewußten Konflikte in bezug auf die Annahme meiner »Tochter« zu erforschen, die jetzt durch die »prähistorische« Schildkröte verkörpert wurde. Der Traum sagte mir, daß ich dabei war, den Kampf zu verlieren, in dem es darum ging, diesen vorverbalen Teil meiner Selbst im Exil festzuhalten, aber auch, daß er mich ängstigte. Wir schlugen uns mit den Leichen meiner Kindervergangenheit herum, um ein Muster für die Angst und die Selbstvorwürfe zu finden, die mich von der Vereinigung mit mir selbst abzuhalten schienen. Dieser Prozeß, mir selbst immer noch rätselhaft, schien das letzte Hindernis aufzulösen. Wir kehrten in diesem Jahr oft zu diesem Traum zurück, und jedesmal schien seine Bedeutung sich zu verändern. Schließlich aber lernte ich, die Schildkröte – diese prähistorische Überlebende – als starken und notwendigen Teil meiner selbst zu sehen. Ich lernte, ihren schützenden Panzer zu schätzen, ihre Stärke und ihre Fähigkeit, an einem »stagnierenden« Ort des Todes am Leben zu bleiben. Ich lernte, ihre Gewohnheiten und Fähigkeiten zu bewundern, und hatte das Gefühl, daß Dr. Rose es auch tat. Die Vitalität kehrte in jenen Teil meines Lebens zurück – langsam, so wie Feuchtigkeit in einen Felsen in der Wüste einsickert.

Im Lauf dieser Jahre der Therapie verinnerlichte ich meine Beziehung zu Dr. Rose, so wie ich als Kind die Beziehungen zu meiner Familie verinnerlicht hatte. Bloß war ich dieses Mal eine Erwachsene mit der Fähigkeit einer Erwachsenen zu verstehen. Ich lernte, Dr. Rose zu vertrauen, und dadurch auch mir selbst. Genauso war das zerschlagene Selbst ursprünglich konstruiert worden, genauso mußte es wieder konstruiert werden. Meine Beziehung zu Dr. Rose wurde zum Modell für meine Beziehung zu den verschiedenen Aspekten meiner selbst – zum Modell für mein Bewußtsein.

Dann kam der Tag im Vorfrühling 1993, an dem Dr. Rose und ich bereit waren, uns zu trennen. Ich hatte mich hin und her bewegt zwischen dem Kind, das ich einmal gewesen war, der Frau, die vergewaltigt worden war, und der Frau, die Monat für Monat in ein Zimmer kam, das sie auffing und hielt. Wenn Erinnern gleich Wiederherstellen war, dann, so hatte ich erkannt, kann das Verständnis der Vergangenheit durch die Gegenwart verändert werden. Und ich hatte gelernt, daß selbst in den schlimmsten Verlusten eine Erlösung gefunden werden kann.

In den Monaten und Jahren in diesem Zimmer mit Dr. Rose hatte ich sogar gelernt, die Dunkelheit meines Grauens zu schätzen, vielleicht ähnlich wie jene verwandten Seelen, die sich zweitausend Jahre vor mir in Eleusis versammelt hatten.

Steve war wieder zum Vorschein gekommen, erkennbar als der Mann, in den ich mich auf den ersten Blick verliebt hatte. Selbst meine Wut hatte sich verändert, so wie Steine durch Wassertropfen oder Jahrhunderte von Schritten geglättet werden.

Als ich an jenem letzten Tag aus Dr. Roses Büro ging, wurde mir bewußt, daß sie mich so gut kannte wie vielleicht niemand sonst in diesem Augenblick, ich jedoch überhaupt nichts über sie wußte. Ich wußte nicht, ob sie selbst vergewaltigt worden war oder ob sie verheiratet war und Kinder hatte. Sie war in vieler Hinsicht eine absolut Fremde für mich, und doch hatte sie einen heiligen Ort für mich errichtet und seine Grenzen getreulich, manchmal leidenschaftlich verteidigt. Sie hatte mich in ein neues Leben geleitet.

»Ich weiß nicht, wie ich Ihnen danken soll«, sagte ich. Und dann, einen Moment lang voller Angst vor der Frau, zu der ich geworden war, fragte ich, ob ich zurückkommen könne, wenn ich es brauchte – sozusagen zur Inspektion.

»Sie haben meine Nummer«, sagte sie.

»Also dann, auf Wiedersehen«, sagte ich. Sie hielt nicht viel von Umarmungen. Ich umarmte sie trotzdem.

EPILOG

In dunkler Zeit beginnt das Auge zu sehen.

THEODORE ROETHKE
»In dunkler Zeit«

Es ist Juni 1993. Helen und ich posieren für ein Foto vor dem bescheidenen Schindelgebäude, das der Santa Cruz Art League als Galerie und Büro dient. Hinter uns prunkt eine von rosa Blüten übersäte Kamelie. Steve, der die Kamera hält, knickt, kurz bevor er auf den Auslöser drückt, leicht in den Knien ein. Er imitiert meinen Vater, von dem wir uns wünschen, er könnte bei uns sein. »Das Einknicken«, erklärte Steve an Helen gewandt, »aktiviert meinen Kamerafinger.«

Helen und ich lachen, als er auf den Auslöser drückt. Dann hakt Steve uns unter – Helen links, mich rechts – und eskortiert uns hinein. Vor der Plakattafel am Eingang bleiben wir kurz stehen: »Frauenvisionen: Die Tabus zerbrechen – Eine Ausstellung über Frauen von Frauen.«

Helen und ich habe beide ein Bild in dieser Ausstellung. Gastkuratorin ist eine Frau von einem Museum in Südkalifornien. Ich bin nur deshalb in dieser Ausstellung vertreten, weil Helen darauf bestand, ich müsse das Bild einreichen, das ich im vergangenen Winter gemacht und an die

Wand meines Studios am Strand gepinnt hatte, wo es ihr aufgefallen war. »Ich bin doch keine Malerin«, hatte ich gesagt, als sie den Vorschlag machte.

»Stimmt«, hatte sie geantwortet. »Aber ich bin eine, und ich sage, daß es in die Ausstellung gehört. Laß es rahmen – mit einem breiten Passepartout – und schick es, so schnell du kannst, zu uns.«

Als sie anrief und sagte, die Kuratorin hätte mein Bild ausgewählt, war ich stolz und aufgeregt. Aber ein paar Tage vor der Ausstellungseröffnung fing ich an, mir zu wünschen, ich hätte mich nicht überreden lassen. Das Bild zeigte das zusammengeschnürte Hähnchen, das der Kriminalbeamtin, die meine Aussage aufgenommen hatte, so spontan eingefallen war. Es war klein, nur fünfzehn mal zwanzig Zentimeter, aber trotzdem hatte ich Monate dafür gebraucht. Ich hatte Stunden in meinem Studio gesessen und die Elemente skizziert, die schließlich in das Bild eingingen – den Hühnerkadaver selbst, das Bett, auf dem er lag, und den grünen Kopf des Monsters, das darunter hervorlugte. Je mehr ich an diesen Elementen arbeitete, desto weniger Macht schienen sie zu besitzen. Als ich endlich mit dem eigentlichen Bild anfing, mit Wasserfarben und Tusche, war der Schmerz handhabbar geworden. Er schien zu einer Quelle der Energie geworden zu sein.

Was mich jetzt beunruhigt, als Steve, Helen und ich einen Moment zögernd in der Tür der Galerie stehenbleiben, ist der Gedanke, daß dieses Bild meiner Hilflosigkeit jetzt mit der Außenwelt zusammentrifft. Ich bin verlegen – nicht weil das Bild dilettantisch ist, sondern weil andere Menschen meine Scham betrachten werden. Das Publikum besteht etwa zu gleichen Teilen aus Männern und Frauen, Freundinnen, Freunde und Verwandte der Künstlerinnen, deren Arbeiten für die Gruppenausstellung ausgewählt wurden. Die Beteiligung ist beeindruckend hoch. Steve läßt uns einen Moment allein und kommt mit Weißwein in zwei Plastikbechern zurück.

Wir schlendern durch den Raum und sehen uns die Bilder an, bis wir zu Helens Bild kommen. Es ist eine elegante Bleistiftzeichnung, die den nackten Torso einer jungen Frau zeigt. Auf jeder der kleinen Brüste ist der Abdruck einer Hand zu sehen, rot eingezeichnet. Die Linien sind minimalistisch, die Bleistiftstriche zart, aber kunstvoll.

»Die Hände erinnern mich an ein Brandzeichen«, sage ich.

»Ich habe es schon vor Jahren gemacht und es mir dann lange nicht ansehen können. Es lag immer im Schrank in meinem Studio. Aber als ich von der Ausstellung hörte, fiel es mir wieder ein, und ich dachte: Wieso eigentlich nicht? Ich habe nur ein einziges anderes Bild über den Mißbrauch gemacht, ein abstraktes.«

Wir gehen weiter durch den Raum, bis wir nur noch zwei Bilder von meinem entfernt sind. Anscheinend haben nur Helen und ich die großen Tabus aufgegriffen – Inzest und Vergewaltigung.

Ein junger Mann in Bluejeans und schwarzer Lederjacke steht vor meinem Bild. Er nippt an seinem Wein, geht näher an das Bild heran, um es sich genauer ansehen zu können. Ich merke, daß ich rot werde, als ich diesen jungen Mann beobachte. Ich weiß, daß er versucht, die Worte zu lesen, die ich auf die schwarzen Balken gekritzelt habe, die auf der linken Seite des Bilds vertikal nach unten verlaufen und an die Tür einer Gefängniszelle erinnern. Es sind die schrecklichen Worte, die aus dem Mund des Vergewaltigers kamen. Sie sind krakelig, als hätte die Hand, die sie schrieb, gezittert.

Der junge Mann beugt sich vor und liest den Titel: »Vergewaltigt und verschnürt«.

Steve merkt, daß ich rot geworden bin, und legt den Arm um meine Schulter.

»Es ist merkwürdig, zu sehen, wie die Leute sich meinen schlimmsten Alptraum ansehen«, sage ich. »Aber noch merkwürdiger ist, daß ich hier stehe und mir Leute ansehe, die sich meinen schlimmsten Alptraum ansehen. Es verändert den Alptraum.«

Der junge Mann geht weiter. Wir drei nehmen seinen Platz ein.

»Weißt du, dieser kleine blaue Keil unter den Balken – ich kann nicht sagen, ob die Tür sich öffnet oder schließt«, sagt Helen. »Das gefällt mir. Es ist gut, daß es beides ausdrückt.«

»Ich denke ständig, daß da dieses Paradox ist – man macht mit seinem Leben weiter und erinnert sich, und es ist ein und dieselbe Bewegung.«

»Die dunkle Seite ist ein Teil dessen, was wir sind«, sagt Helen. »Sie ist dunkel, aber wenn wir hier stehen und uns all diese Kunstwerke ansehen, fühlt sie sich nicht mehr so dunkel an.«

»Das erinnert mich an etwas, was ich neulich gelesen habe – über Balzacs Tod«, sagt Steve. »Es hat mich fasziniert. Wißt ihr, wie seine letzten Worte lauteten?«

»Wie?« fragt Helen.

»Er hat gesagt: ›Ich sehe ein schwarzes Licht.‹«

Helen denkt einen Moment nach und lächelt dann. »Komisch. Es ist, als hätte er die Antwort gefunden, und als er sie dann aussprach, war sie ein Widerspruch.«

Dann fordert Steve mich auf, mich vor mein Bild zu stellen – für ein Foto. Wieder knickt er in den Knien ein, und ich lache.

»Vergewaltigt und verschnürt« hängt an der Wand des Zimmers, in dem ich dieses Buch geschrieben habe. Das Bild erinnert mich daran, daß es die Dunkelheit ist, die das Licht sichtbar macht, nicht umgekehrt. Es erinnert mich daran, dankbar zu sein für das Licht, das ich gefunden habe.

Aber es erinnert mich auch daran, daß Vergewaltigungen ein Übel sind. Sie sind kein Akt Gottes, sondern das Werk von Menschen. Und weil sie das Werk von Menschen sind, habe ich die Hoffnung, daß Menschen mit der Zeit etwas dagegen tun können.

Während ich dieses Buch schrieb, suchte ich Dr. Rose noch einmal auf, nicht als Patientin, sondern weil ich Empfehlungen für Bücher über Traumata brauchte, die mir helfen würden, meine eigene Reise zu verstehen.

Es war ein Jahr her, seit ich das letzte Mal nach Palo Alto gefahren war, und die vertraute Strecke brachte die Erinnerung an die Frau zurück, die das Gefühl hatte, durch nassen Zement zu laufen. Ich war glücklich, daß nicht mehr sie am Steuer saß. Während die Landschaft in meinem Rückspiegel zurückblieb, maß ich die andere Entfernung ab, die ich zurückgelegt hatte, die in meinem Inneren.

Als ich in Dr. Roses Praxis Platz genommen hatte, sagte ich etwas über die Freude an dieser Entdeckung. Auch sie war erfreut.

Ich erzählte ihr von der Reaktion, die ich nach meinem Artikel im *New York Times Magazine* von der Frau mit der Bernsteinkette bekommen hatte, und daß ihre Bemerkung mich wochenlang stumm gemacht hatte, daß ich dann aber beschlossen hatte, sie in mein Buch aufzunehmen. »Ich glaube, sie hat recht, und ich glaube, sie verdient Anerkennung für ihre Ehrlichkeit. Gleichzeitig will ich nicht glauben, daß Vergewaltigungen verheimlicht werden sollten.«

»Im Grunde genommen hat diese Frau für uns alle gesprochen«, antwortete Dr. Rose. »Es fällt allen Menschen schwer, sich der Tatsache zu stellen, wie unerträglich Vergewaltigung, Folter und andere Greuel sind. Vielen Menschen wird richtiggehend schlecht, manche übergeben sich sogar, wenn sie von Greueltaten hören oder lesen. Sie halten sich die Augen zu, selbst im Kino. Niemand von uns kann es ertragen. Selbst in meinem Beruf gibt es Leute, die sich damit schwertun. Es gibt Widerstände. Auf Konferenzen kann es einem passieren, daß man erst als letzte an die Reihe kommt, wenn die meisten der Konferenzteilnehmer die Stadt schon wieder verlassen haben. Es ist noch nicht lange her, da lud eine Kollegin mich ein, auf einem monatlichen Fachseminar, das sie in ihrem Haus abhält, über Vergewaltigungstraumata zu sprechen. Oh, es waren eine Menge Leute gekommen, aber sie hingen alle in der Küche herum und wollten nicht ins Wohnzimmer kommen.«

Wir mußten beide lachen.

»Sie hingen in der Küche rum, wo das Essen aufgebaut war, und es ist eine gute Sache, eine kleine Belohnung parat zu haben, wenn man den Leuten etwas über Vergewaltigung erzählen will. Sie brauchen eine orale Stärkung, um sich besser zu fühlen. Der Widerstand ist menschlich, eine Reaktion, die wir alle haben, wenn wir uns vorstellen, daß auch wir Opfer sein könnten. Es ist uns eine entsetzliche Vorstellung. Es ist dieselbe Reaktion wie die des Opfers, dieselbe Reaktion, die das Opfer verstummen läßt und es dazu bringt, sie vermeiden zu wollen, sie abzuspalten. Es führt zu einer Art psychologischem Auseinanderbrechen. Wir können diese Fragmente unseres Ich nicht verstehen. Wir wissen nicht, wie wir uns mit den Gefühlen helfen sollen, die wir haben, wenn wir sie sehen. Also denken wir, daß wir ein Monster geworden sind. Wir tun unser Bestes, es mit einer Mauer zu umgeben und es zu meiden. Erinnern Sie sich noch an die Schildkröte, an die schreckliche prähistorische Szene, an die Leichen im Wasser?«

»Ja«, sagte ich.

»Wir alle versuchen, diesen Alptraum zu vermeiden. Wir wollen nicht wissen, was er in Wahrheit bedeutet.«

Da erzählte ich ihr von dem Bild des verschnürten Hähnchens.

»Mein schlimmster Alptraum hängt an meiner Wand. Ich sehe ihn mir jeden Tag an. Er macht mir keine angst mehr.«

»Erinnern Sie sich noch an die sechziger Jahre, an die Informationskampagne über Krebs, die mit den sieben Warnsignalen?« fragte Dr. Rose. »Sie informierte Menschen über eine Krankheit, die sie ängstigte und die einst unaussprechlich war. Ich wäre froh, es gäbe etwas Ähnliches für Vergewaltigungen und für andere Traumata. Hilflosigkeit ist traumatisch, und Unwissenheit gibt uns allen das Gefühl, hilflos zu sein. Die Kampagne von damals hat nicht nur Leben gerettet, sie hat Menschen dabei geholfen, sich weniger hilflos zu fühlen, weniger ängstlich.«

»Ich habe meiner Mutter die fertigen Kapitel meines Buchs geschickt. Letzte Woche hat sie gesagt, daß sie ihr geholfen haben und daß sie jahrelang wie erstarrt war, wenn sie daran dachte, daß jemand ihr Kind auf die schlimmste nur vorstellbare Weise verletzt hat.«

»Sie war sich nicht sicher, wer ihre Tochter nach dieser unvorstellbaren Verletzung war. Sie wußte es nicht. Sie haben einmal gesagt, daß das Schweigen es für Sie und andere, die vergewaltigt wurden, schlimmer macht, und ich stimme Ihnen zu. Aber Ihre Mutter sagt Ihnen, daß dieses Schweigen es auch für alle anderen schlimmer macht.«

Am zehnten Jahrestag der Vergewaltigung schickte ich die ersten Kapitel dieses Buchs an meine Literaturagentin in New York. Während ich am Postschalter in der Schlange stand, wußte ich, daß ich weitermachen würde, egal, ob meine Geschichte gedruckt wurde oder nicht. Zu sprechen, und wenn auch nur zu mir selbst, zu Steve und meinen Eltern, war schon ein Segen.

Viele Nächte war ich in den dunklen Stunden vor Tagesanbruch aus dem Bett geschlüpft, hatte Steves Wärme und den Trost seines ruhigen, gleichmäßigen Atems verlassen, um zu der Frau zu gehen, die wartend am Schreibtisch saß. Ich machte die Lampe an und setzte mich. Ich arbeitete, bis ich die Zweige des Holunderstrauchs vor meinem Fenster allmählich erkennen konnte und die Schwärze draußen sich in Grau verwandelte. Dann, wenn die ersten Vögel anfingen aufzuwachen, schlüpfte ich ins Bett zurück. Ohne richtig wach zu werden, drehte Steve sich im Schlaf um und zog mich in seine Arme.

Dann, an einem Morgen mehr als zwei Jahre später, als ich endlich mit diesem Buch fertig war, sah ich, daß die Frau am Schreibtisch und die Frau in Steves Armen wieder ein und dieselbe Frau waren. Und ich erhielt ein Geschenk, mit dem ich nicht gerechnet hatte. Die Jahre, in denen ich die Worte für meine Erinnerungen gefunden hatte, haben mir meinen Geburtstag zurückgegeben.

Ich bin am 25. Juli 1946 geboren.

DANKSAGUNG

Obwohl die Saat für dieses Buch gelegt wurde, als ich den Essay »Die Wiederkehr des Tages« schrieb, hätte es niemals Wurzeln schlagen und blühen können, wenn andere – Freunde und Fremde – sein Wachstum nicht in jeder Phase unterstützt hätten: Melanie Beene, die den Essay gleich, am Tag nachdem ich ihn geschrieben hatte, las und mir durch ihre Tränen sagte, daß er sie berührt hatte; Lydia Fakundiny, die mir großzügig dabei half, die Rohfassung zu überarbeiten; Cyra McFadden, eine Schriftstellerin, deren Arbeit mich seit langem inspiriert und die den Feinschliff des Essays übernahm und ihn an eine weitere begnadete Schriftstellerin weiterreichte; Laura Palmer, die dafür sorgte, daß er zu Nora Kerr gelangte, meiner wundervollen Redakteurin beim *The New York Times Magazine;* Julie Metz, Marti Copleman, Erica Weinstein, Maureen McNeil, deren an den Herausgeber gerichtete Briefe mich unterstützten, so wie die Briefe so vieler anderer Überlebender es taten, die mir direkt schrieben, deren Namen ich aber auf ihren eigenen Wunsch nicht nennen soll.

Diese Briefe, und auch die, die ich von Gail Skoff, Barbara Jay, Carol Field, Sally Lilienthal, Leilani Duke, Larry Josephson, Maggie Brown, Nellie Hill, Juliana Grenzeback, Evelyn White, Jim Moore, Doris Cellarius, Patty Backlund, John Connolly, Sands Hall, Judy Andry, Jerry Lutovich, Morrie Warshawski, Renee Golden, Tamara Traeder und Heather Cohen erhielt, gaben mir eine Kraft, von der ich nicht wußte, daß ich sie besaß.

Ich stehe in der Schuld von Kris Dahl, meiner Literaturagentin, die der Katalysator für dieses Buch war und deren Klugheit mich frei machte. Ohne ihren Rat wäre ich nie in der Lage gewesen, meinen Weg durch die Worte auf diesen Seiten zu finden. Dank auch an Holly Blade und das Headland Center for the Arts in Sausalito, Kalifornien, die mir einen ruhigen Ort zur Verfügung stellten, an dem ich mit der Arbeit anfangen konnte, und an Nancy Reid, Arden Jones, Gerald Stevick, Nancy Legge und Christina Hoffman, die die ersten Seiten lasen und kommentierten.

Ich kann mir nicht vorstellen, daß dieses Buch ohne meine unvergleichlichen, klugen, talentierten und geduldigen Lektorinnen bei Crown Publishers hätte geschrieben werden können – Elaine Pfefferblit, die das Manuskript durch viele Versionen hindurch mit unvergleichlicher Intelligenz und Einfühlsamkeit redigierte, und Ann Patty, deren Überzeugung nie wankte. Daß die beiden so unerschütterlich an das Buch glaubten, war mir eine persönliche und kreative Stütze. Ihre einfühlsame Überarbeitung verbesserte die endgültige Version entscheidend.

Ich stehe in der Schuld von Freida Chapman, Freundin seit dreißig Jahren und Dichterin von ungewöhnlichem Rang, deren Hingabe an dieses Buch ein seltener Segen war. Ihr kritisches und einfühlsames Lesen des Manuskripts verbesserte seine Qualität und seinen Zusammenhalt. Ich erhielt auch unschätzbare Hilfe von Chloe Aaron, deren Freundschaft, Ratschläge und redaktionelle Kommentare bedeutsam waren. Ein besonderer Dank an Perrin Ireland, dessen Arbeiten mich inspirierten und dessen Ermutigung mich während der ganzen Zeit stützte, und an Miranda Kaiser, meinen tanzenden Stern.

Für Informationen, Rat, Inspiration und Freundschaft danke ich Simone Reagor, Suzanne Simpson, Fenton Johnson, Sara Livermore, Barbara Hall, Irving Wiesenfeld, Annis McCabe, Sue Yung Li, Maud Morgan, Susan Rice, David

Aaron, Ellie Coppola, Shelby Van Meter, Anita Knight, Mary Grace Smith, Neva Goodwin, Lynn Freed, Linda Coe, Sam Fisk, Pamela Worden, Susan Bailey, Christopher Corkery, Jennifer Dowley, Susan Tixier, Chris Enos, Brian Dowley, Andrew Daland und Kate Winter.

Ganz besonders dankbar bin ich Dr. Deborah S. Rose dafür, daß sie mir Forschungsunterlagen zur Verfügung stellte und mehrere Kapitel einfühlsam überarbeitete. Ich danke auch Gunilla Jainchill für ihre professionelle Überarbeitung einiger Teile des Buchs und für ihre Freundschaft.

Am meisten stehe ich in der Schuld meiner Familie. Mein Mann, Steve Stevick, unterstützte meine Arbeit auf jede nur denkbare Weise. Er las und kommentierte jede einzelne Version und leistete unschätzbare editorische Hilfe. Seine intellektuelle und emotionale Unterstützung, sein unerschütterlicher Glaube an das, was ich tat, und sein unfehlbarer Sinn für Humor halfen mir, das alles durchzustehen. Meine Mutter, Frances Jamerson Raine, war eine ausgezeichnete Leserin und inspirierende Kritikerin. Ihr Glaube an mich war groß genug für uns beide. Mein Vater, Thomas C. Raine, war mein Fels in der Brandung. Ich danke meiner Stieftochter, Elizabeth Stevick, die die langen Tage des Schreibens mit mir durchlebte und mich als liebevolle Gefährtin stets anspornte, und meinem Stiefsohn, Sayre Stevick, für seine Unterstützung und seine Hilfe in juristischen Fragen. Ich danke meinen Brüdern Eward und Thomas und meiner Nichte und meinem Neffen, Aimee Carlesi und Christopher Raine, für ihre Liebe und Ermutigung.

Besondere Dankbarkeit schulde ich Nancy Ziegenmeyer und Migael Scherer, Vergewaltigungsüberlebende, deren Bücher mir Hoffnung und Inspiration gaben. Es sind ihre Schultern, auf denen ich stehe.

ZITIERTE LITERATUR

Aus folgenden Werken wurde in *Jenseits des Schweigens* zitiert. Soweit nicht anders angegeben, stammen die deutschen Übersetzungen von Brigitte Walitzek.

Brownmiller, Susan: *Gegen unseren Willen. Vergewaltigung und Männerherrschaft.* Aus dem Amerikanischen von Ivonne Carroux. Frankfurt am Main: Fischer. 1980

Buchwald, Emilie; Fletcher, Pamela; Roth, Martha: *Transforming a Rape Culture.* Minneapolis, MN: Milkweed Editions. 1993

Burkert, Walter: *Antike Mysterien. Funktionen und Gehalt.* München: Beck. 1990

Conroy, Pat: *Die Herren der Insel.* Übersetzt von Hartmut Zahn und Christel Rost. Bergisch Gladbach: Lübbe. 1987

Estrich, Susan: *Real Rape.* Cambridge, Mass.: Harvard University Press. 1987

Evans-Wentz, W. Y. (Hg.): *Das tibetanische Totenbuch oder die Nachtod-Erfahrungen auf der Bardo-Stufe.* Übersetzt von Louise Göpfert-March. Mit einem Geleitwort von C. G. Jung. Olten und Freiburg im Breisgau: Walter Verlag. 1977

Freud, Sigmund: »Die Verdrängung«. In: Ders.: *Gesammelte Werke.* Bd. 10. Frankfurt am Main: Fischer. 1973

Frost, Robert: »Der Tod des Tagelöhners« und »Magd des Gesindes«. Übertragen von Eva Hesse. In: Ders.: *Gesammelte Gedichte.* Mannheim: Kessler Verlag. 1952

Goleman, Daniel: *Emotionale Intelligenz.* Aus dem Amerikanischen von Friedrich Griese. München, Wien: Hanser. 1996

Groth, Nicholas; Birnbaum, Jean H.: *Men Who Rape. The Psychology of the Offender.* New York: Plenum Press. 1979

Herman, Judith Lewis: *Die Narben der Gewalt. Traumatische Erfahrungen verstehen und überwinden.* Aus dem Amerikanischen von Verena Koch. München: Kindler. 1994

Homer: »An Demeter«. In: Weiher, Anton (Hg.): *Homerische Hymnen.* München, Zürich: Artemis. 1986

Hopkins, Gerard Manley: »Aas-Asyl«. Übersetzt von Stefan Döring. In: Ders.: *Pied Beauty. Gescheckte Schönheit. Gedichte.* Zweisprachige Ausgabe. Berlin: Hans Galrev. Edition Quert Zui Opü. 1995

Jaynes, Julian: *Der Ursprung des Bewußtseins.* Übersetzt von Kurt Neff. Reinbek bei Hamburg: Rowohlt. 1993

Jung, C. G.: *Gesammelte Werke.* Bd. 11. Zürich und Stuttgart: Rascher. 1963

Kerényi, Karl und Jung, C. G.: *Einführung in das Wesen der Mythologie. Der Mythos vom göttlichen Kind und Eleusinische Mythen.* Düsseldorf: Walter. 1999

Kolk, Bessel A. van der: *Psychological Trauma.* Washington, D.C.: American Psychiatric Press. 1987

Kunitz, Stanley: *The Poems of Stanley Kunitz.* 1928–1978. Boston: Little, Brown. 1979

Lewis, Michael: *Scham. Annäherung an ein Tabu.* Aus dem Amerikanischen von Rita Höner. Hamburg: Kabel. 1993

Livingstone, David: *Zum Sambesi und quer durchs südliche Afrika. 1849–1856.* Herausgegeben von Heinrich Pleticha. (Übersetzer nicht angegeben) Tübingen: Erdmann. 1980

Mann, Thomas: *Der Zauberberg.* Frankfurt am Main: S. Fischer. 1995

Nunez Cabeza de Vaca, Alvar: *Cabeza de Vaca's Adventures in the Unknown Interior of America.* Translated by Cyclone Covey. Albuquerque: University of New Mexico Press. 1983

Ovid (d.i. Ovidus Naso, Publius): *Liebeskunst.* Übersetzt von W. Hertzberg. Frankfurt am Main: Insel. 1976

Paglia, Camille: *Der Krieg der Geschlechter. Sex, Kunst und Medienkultur.* Aus dem Amerikanischen von Margit Berner, Ulrich Enderwitz und Monika Noll. Berlin: Byblos Verlag. 1993

Remarque, Erich: *Im Westen nichts Neues.* Köln: Kiepenheuer und Witsch. 1993

Roethke, Theodore: *Words for the Wind. The collected verse of Theodore Roethke.* Garden City, N.Y.: Doubleday. 1958

Shapiro, Francine: *EMDR – Grundlagen und Praxis. Handbuch zur Behandlung traumatisierter Menschen.* Aus dem Amerikanischen von Theo Kirdorf in Zusammenarbeit mit Hildegard Höhr. Paderborn: Junfermann. 1998

Shengold, Leonard: *Soul Murder. Seelenmord – die Auswirkungen von Mißbrauch und Vernachlässigung in der Kindheit.* Aus dem Amerikanischen von Silvia Sernau. Frankfurt am Main: Brandes und Apsel. 1995

Stevens, Wallace: »Der Mann mit der blauen Gitarre«. Übertragen von Hans Magnus Enzensberger. In: Ders.: *The man with the blue guitar. Der Mann mit der blauen Gitarre.* Zweisprache Ausgabe. München, Paris, London: Schirmer/Mosel. 1995

Stevens, Wallace: »Vom bloßen Sein«. Übertragen von Kurt Heinrich Hansen. In: Ders.: *Der Planet auf dem Tisch.* Hamburg: Claassen. 1961

Swenson, May: *The Love Poems of May Swenson.* Boston: Houghton Mifflin. 1991

Terr, Lenore: *Too Scared to Cry. Psychic Trauma in Childhood.* New York: Harper & Row. 1990

Thoreau, Henry David: *A week on the Concord and Merrimack rivers.* New York: AMS Press. 1982

Wilkinson, Tanya: *Persephone Returns. Victims, Heroes and the Journey from the Underworld.* Berkeley, Calif.: PageMill Press. 1996

Woolf, Virginia: *Die Fahrt hinaus.* Aus dem Englischen von Karin Kersten. Frankfurt am Main: S. Fischer. 1989

Wrangham, Richard W.: *Demonic Males. Apes and the Origins of Human Violence.* Boston: Houghton Mifflin. 1996.

NACHWORT ZUR DEUTSCHEN AUSGABE

Informationen zur Situation in Deutschland

Auch in Deutschland sind Vergewaltigung und sexuelle Nötigung noch immer ein tabuisiertes Thema. Das Schweigen, das sexuelle Gewalt gegen Frauen umgibt, schlägt sich unter anderem in einer extrem hohen Dunkelziffer nieder. Die zur Anzeige kommenden Taten sind nur die Spitze eines Eisbergs, und der Anteil der angezeigten Fälle, in denen es tatsächlich zu einer Verurteilung des Täters kommt, ist noch geringer. Zudem ist das Strafmaß im Verhältnis zu den lebenslangen Folgen für die betroffenen Frauen und Mädchen in der Regel niedrig.

Die erfaßten Fälle: Nach der Statistik des Bundeskriminalamtes (Berichtsjahr 1998) kamen 1998 im gesamten Bundesgebiet 7.914 Fälle von Vergewaltigung und besonders schwerer sexueller Nötigung sowie 5.259 Fälle sonstiger sexueller Nötigung zur Anzeige. (1997: 6.636 Vergewaltigungen und 5.343 sexuelle Nötigungen.) Erst seit 1998 werden Vergewaltigung und besonders schwere Fälle sexueller Nötigung in der Statistik des BKA gemeinsam erfaßt. Hinzu kommen 1997 und 1998 jeweils knapp 2.000 Fälle »sexuellen Mißbrauchs von Schutzbefohlenen oder unter Ausnutzung einer Amtsstellung«. Hierunter fällt nicht sexueller Kindesmißbrauch, der gesondert aufgeführt wird (1997 und 1998 jeweils knapp 17.000 Fälle).

Die Aufklärungsquote bei Vergewaltigung und besonders schwerer sexueller Nötigung wird im Bericht des BKA 1998 mit 77 Prozent angegeben (1997: 76 Prozent). Laut der Statistik über »Verurteilte nach Art der Straftat« des Statistischen Bundesamts pendelt die Zahl der Verurteilungen wegen Vergewaltigung bundesweit über viele Jahre bei um die tausend (seit 1990 zwischen 897 und 1.124), die verurteilten Fälle wegen sexueller Nötigung bewegen sich seit 1990 zwischen 550 und 758. Wegen der zeitlichen Verzögerung zwischen Anzeige und Urteil lassen sich die Zahlen nicht innerhalb eines Jahrgangs vergleichen. Dennoch fällt auf, daß die Zahl der Verurteilungen kontinuierlich deutlich unter der Zahl der angezeigten und aufgeklärten Fälle liegt. Da bei Vergewaltigung und sexueller Nötigung die Staatsanwaltschaft klagt, während die betroffene Frau Zeugin oder Nebenklägerin ist, kann eine Anzeige nicht zurückgenommen werden. Folglich muß es in der Mehrzahl zu einer Einstellung des Verfahrens gekommen sein, etwa wegen »schwieriger Beweislage«.

Die Dunkelziffer: Die große Mehrheit der Vergewaltigungen und sexuellen Nötigungen kommt gar nicht erst zur Anzeige. Das BKA weist in seinem Bericht auf eine sehr hohe Dunkelziffer hin, und die Fachfrauen der Notruftelefone gehen davon aus, daß den angezeigten Fällen eine zehn- bis zwanzigfache Zahl tatsächlich erfolgter sexueller Gewalttaten gegenübersteht. Legt man die Zahlen der letzten beiden Jahre zugrunde, kämen auf etwa 14.000 angezeigte Fälle von Vergewaltigung, sexueller Nötigung und sexuellen Mißbrauchs Erwachsener (auch hier sind die Opfer zu 94 Prozent Frauen) nach dieser Schätzung etwa 200.000 tatsächlich begangene sexuelle Gewalttaten gegen Frauen und Mädchen im Jahr (sexueller Kindesmißbrauch ist hier nicht mitgerechnet). Demnach wird in Deutschland ca. alle

3 Minuten eine Frau oder ein Mädchen vergewaltigt oder sexuell genötigt.

Die Täter und die Opfer: (Zahlen aus dem Berichtsjahr 1998 des Bundeskriminalamtes): Die Tatverdächtigen sind zu über 99 Prozent Männer, davon über 80 Prozent älter als 21 Jahre. Jugendliche (14–18 Jahre) und Heranwachsende (18–21) machen jeweils knapp 9 Prozent der Täter aus, 1 Prozent sind Kinder. 315 der 7.914 angezeigten Vergewaltigungen wurden durch Gruppen begangen (knapp 4 Prozent).

Die Opfer sind zu 96,8 Prozent weiblich, davon knapp 60 Prozent über 21 Jahre, knapp 22 Prozent Jugendliche, 13 Prozent Heranwachsende und 5 Prozent Kinder. Gemessen an ihrem relativen Anteil an der Bevölkerung sind Mädchen und junge Frauen besonders häufig sexueller Gewalt ausgesetzt. Mädchen werden überproportional oft Opfer von Vergewaltigungen durch Gruppen.

Die Täter sind nur selten Unbekannte. Mehr als 50 Prozent der angezeigten Taten wurden von Verwandten (18,7 Prozent) und Bekannten (32,3 Prozent) begangen. Weitere 12,3 Prozent waren flüchtige Bekannte, und in weniger als einem Drittel der angezeigten Fälle waren die Täter Unbekannte. Gerade bei den sogenannten Beziehungstaten muß von einer besonders hohen Dunkelziffer ausgegangen werden; sie kommen gar nicht erst zur Anzeige. Das gilt insbesondere für Vergewaltigung in der Ehe, die erst seit dem 1. 7. 1997 überhaupt strafbar ist. Beim Notruf für vergewaltigte Frauen sind zwei Drittel der hilfesuchenden Frauen Opfer von Beziehungstaten.

Das Klischee und die Realität: Vergewaltigung sieht in vielen Köpfen (und Medien) so aus: Eine junge, attraktive Frau wird im Dunkeln und in einsamer Umgebung von einem Fremden überfallen. Der Vergewaltiger ist ein »Triebtäter«.

Tatsächlich werden Frauen jeden Alters zu jeder Tageszeit Opfer sexueller Gewalt. Tatort ist meist ein geschlossener Raum, und Täter sind überwiegend Bekannte, Verwandte, Kollegen, Ehemänner. In den allermeisten Fällen handelt es sich um geplante Gewalttaten, in denen sexuelle Übergriffe gezielt als Mittel der Machtausübung eingesetzt werden.

Die Gesetzeslage: Seit dem 1. 4. 1998 ist folgende Gesetzesänderung in Kraft: Der neue § 177 StGB faßt die Tatbestände Vergewaltigung und sexuelle Nötigung (bisher § 178) zusammen, § 178 StGB wurde neu definiert. Während bis dahin nur die erzwungene vaginale Penetration außerhalb der Ehe als Vergewaltigung galt (Mindeststrafe 2 Jahre, in minder schweren Fällen 6 Monate bis 5 Jahre), wurden alle anderen Formen sexueller Gewalt als sexuelle Nötigung eingestuft und unterlagen damit automatisch einem geringeren Strafmaß (Mindeststrafe 1 Jahr, in minder schweren Fällen 3 Monate bis 5 Jahre). Sexuelle Gewalt in der Ehe war straffrei.

Nach dem neuen Gesetz gilt jede erzwungene Form der Penetration, auch orale oder anale, als besonders schwere Form sexueller Nötigung und ist der Vergewaltigung rechtlich gleichgestellt (Mindeststrafe 2 Jahre). Als besonders schwerer Fall wird auch eine von mehreren Tätern erzwungene sexuelle Handlung gewertet. Während bisher »Gewalt oder Drohung mit gegenwärtiger Gefahr für Leib und Leben« Voraussetzung war, um den Straftatbestand der Vergewaltigung zu erfüllen, kann nun auch das »Ausnutzen einer Lage, in der das Opfer der Einwirkung des Täters schutzlos ausgeliefert ist« zur Erfüllung dieses Straftatbestandes ausreichen. Die Schwere der Tat und das Mindeststrafmaß erhöhen sich, wenn Waffen mitgeführt (3 Jahre) oder eingesetzt wurden (5 Jahre) und wenn das Opfer in die Gefahr schwerer Gesundheitsschädigung gebracht (3 Jahre) oder tatsächlich körperlich schwer mißhandelt oder der Todesgefahr ausgesetzt wurde (5 Jahre). Allerdings gibt es auch hier bei minder schweren Fällen eine Mindeststrafe von einem Jahr.

§ 178 wird angewendet, wenn infolge der Vergewaltigung oder sexuellen Nötigung der Tod des Opfers verursacht wird. Bisher galt eine Mindeststrafe von fünf Jahren, seit der Gesetzesänderung ist das Strafmaß lebenslang, die Mindeststrafe zehn Jahre. Das Wort »außerehelich« wurde aus der Definition für Vergewaltigung und sexuelle Nötigung gestrichen.

Die Gesetzesänderung bringt einige Verbesserungen: Zum einen gelten Ehefrauen nicht mehr als sexueller Besitz ihres Mannes und haben zumindest dem Gesetz nach die Möglichkeit, sich gegen sexuelle Übergriffe zu wehren. Der Vergewaltigungsbegriff wurde flexibilisiert, das Strafmaß differenziert und teilweise erhöht. Zudem muß das Opfer nicht mehr mit Gefahr für Leib und Leben bedroht worden sein, sondern kann sich auch ohne explizite Gewaltandrohung in einer Zwangslage oder schutzlosen Situation befunden haben.

Der Alltag des Überlebens: Viele von sexueller Gewalt betroffenen Mädchen und Frauen entscheiden sich gegen eine Anzeige, weil sie die Öffentlichkeit, die Begegnung mit dem Täter oder die Angriffe auf ihre Glaubwürdigkeit als Zeugin fürchten. Vor Gericht wie auch im Alltag, in Begegnungen mit Familienangehörigen, Freunden oder Kolleginnen, erleben vergewaltigte Frauen immer wieder, daß ihnen eine Mitschuld an der Tat unterstellt wird. Entweder haben sie den Täter gereizt, sich nicht genug gewehrt oder den Übergriff gar (unbewußt) provoziert. Hat beispielsweise eine Frau gemeinsam mit dem Täter Alkohol getrunken, so wird ihr dies als Leichtfertigkeit angerechnet, während derselbe Umstand für den Täter strafmildernd wirken kann. Die Frau wird nicht nur für ihr eigenes Handeln verantwortlich gemacht, sondern zumindest mitverantwortlich auch für das Handeln des Täters und sogar für dessen Interpretation ihres eigenen Handelns (»Er mußte ja denken…«, »Er konnte ja nicht wissen…« usw.).

Eine andere verbreitete Reaktion der Umwelt, die vergewaltigte Frauen oft schmerzlich erfahren und die von der Autorin dieses Buches eindrücklich geschildert wird, ist der Versuch, die Tat und ihre Folgen zu verharmlosen und das Opfer zum Schweigen zu bringen. In der Suche nach einer Mitschuld des Opfers sowie in der Tabuisierung des Themas liegt für viele ein Negieren der in der Tat ungeheuerlichen Realität, daß sexuelle Gewalt gegen Frauen zum Alltag unserer Gesellschaft gehört und daß es jede Frau treffen kann.

Hilfen zum Überleben: Für die traumatisierten Frauen und Mädchen ist in dieser Situation praktische, kompetente und uneingeschränkt für sie Partei ergreifende Unterstützung notwendig, oft lebenswichtig. Solche Hilfe bieten in Deutschland vor allem die Beratungsstellen »Notruf für vergewaltigte Frauen und Mädchen«, die es mittlerweile in jeder größeren Stadt und auch in vielen ländlichen Gemeinden gibt. Die ausgebildeten Beraterinnen bieten erste Hilfe in der akuten Krise, begleiten zu Ärztinnen, zur Polizei und zum Gericht, bieten aber auch längerfristig Gespräche, initiieren Selbsthilfegruppen, vermitteln geeignete Therapeutinnen oder beraten die oft überforderten Angehörigen.

Seit 1998 gibt es eine Internetseite unter der Adresse www.Gegenwehr.de, die sich an vergewaltigte Frauen und Mädchen richtet. Sie bietet die Möglichkeit zum Erfahrungsaustausch und aktuelle Informationen zu einer Vielzahl von Themen.

Sybil Volks und Anne Stalfort,
Lektorat TEXT+STIL,
Hamburg

Gudrun Ortmann vom *Notruf für vergewaltigte Frauen und Mädchen in Hamburg e.V.* hat durch die vom Notruf herausgegebenen Broschüren und informative Gespräche einen wertvollen Beitrag zu diesem Nachwort geleistet.